Das Geistbuch

Studies in the History of Christian Traditions

General Editor

Robert J. Bast

Knoxville, Tennessee

In cooperation with

Henry Chadwick, Cambridge
Paul C.H. Lim, Nashville, Tennessee
Eric Saak, Liverpool
Brian Tierney, Ithaca, New York
Arjo Vanderjagt, Groningen
John Van Engen, Notre Dame, Indiana

Founding Editor

Heiko A. Oberman†

VOLUME 160

The titles published in this series are listed at brill.nl/shct

Das Geistbuch

Ein Traktat zur Vollkommenheit aus dem
Umkreis Meister Eckharts

Kritisch ediert von

Dagmar Gottschall

Mit einem Vorwort von

Maarten J. F. M. Hoenen und Loris Sturlese

BRILL

LEIDEN • BOSTON
2012

Cover illustration: Christus spricht zu Johannes und Petrus, auf der Schriftrolle die Verse Io 21, 21-22. Graduale von St. Katharinenthal, Oberrhein, 1312. Zürich, Schweizerisches Landesmuseum, Inv. nr. LM 26117, fol. 161r, Detail.

This book is printed on acid-free paper.

ISSN 1573-5664
ISBN 978 90 04 21805 5 (hardback)
ISBN 978 90 04 21807 9 (e-book)

MIX
Paper from
responsible sources
FSC
www.fsc.org   FSC® C008919

PRINTED BY AD DRUK BV - ZEIST, THE NETHERLANDS

INHALTSVERZEICHNIS

Vorwort

Die mittelalterliche Kultur ist eine Wissenskultur. Dies zeigt sich schon an der Tatsache, dass die Universität eine mittelalterliche Erfindung ist. An der Universität wurde das herkömmliche Wissen im Rahmen des Lehrbetriebs strukturiert und geordnet. Die besonderen Leistungen von Autoren wie Thomas von Aquin oder Wilhelm von Ockham liegen nicht nur in der Schöpfung von Inhalten, sondern auch in der Entwicklung von Methoden, wie die Lehre des Aristoteles oder des christlichen Glaubens auszulegen sei. Eine wichtige Aufgabe bei der Deutung von Quellen und der Lösung von Problemen bestand dabei in der Unterscheidung. Der Magister klärte einen Sachverhalt, der zu Schwierigkeiten führte, indem er eine Unterscheidung traf. Vielfach werden die Stellen, an denen die Magister ihre Ausführungen beginnen, mit den Worten eingeleitet: «Sed in talibus distinguendum est».

Die Unterscheidung war ein wichtiges Instrument, um Ambiguitäten zu lösen und Fehlschlüssen vorzubeugen. Dies gilt nicht nur für den akademischen Bereich. Bereits in der Heiligen Schrift wird das Unterscheiden, und zwar insbesondere das Unterscheiden von Gut und Böse, als ein Zeichen der Vervollkommnung gesehen. Es bedarf Übung und einer guten Unterweisung, so heißt es im Hebräerbrief, um sich hier zurecht zu finden und sicher urteilen zu können. Nicht jede Person ist zu einem solchen Urteil fähig und so gibt es immer wieder falsche Propheten, die zur Nachfolge Christi aufrufen, seine Lehre jedoch verkehrt darstellen und somit ihre Anhänger in die Irre führen. Die Unterscheidung der Geister ist nach dem ersten Korintherbrief eine besondere Gabe Gottes. Nur solche Personen, die im Geiste Gottes wandeln, können und dürfen hier urteilen.

Diese Konstellation gibt im Wesentlichen die Zielsetzung des *Geistbuchs* wieder. Der anonyme Autor des um die Mitte des vierzehnten Jahrhunderts geschriebenen Werkes versucht, eine Lehre der Nachfolge Christi zu liefern, die den Lesern helfen soll, die wahren von den falschen Lehren zu unterscheiden. Das Werk spiegelt die Debatten um die Lehre von Meister Eckhart wider, insbesondere bezüglich der Frage, wie das Leben eines Menschen aussehen solle, der seinen eigenen Willen ganz dem göttlichen Willen angeglichen hat. Die Aussage Eckharts, ein solcher Mensch solle

in gewisser Weise mit Gott auch wollen, dass er gesündigt habe, wurde
von Johannes XXII. als Irrtum gebrandmarkt. Damit wurde es wichtig, bei
der Frage nach der Nachfolge Christi solche Irrtümer zu vermeiden. Seine
Leser dabei zu unterstützen, die wahre Lehre zu erkennen und die falsche zu
vermeiden, setzte sich der Autor des *Geistbuchs* zur Aufgabe.

Das hohe Reflexionsniveau weist auf einen geschulten Autor hin. Er
spricht jedoch nicht als akademischer Lehrer, denn gerade die Art und
Weise, wie an den Universitäten unterschieden wird, lehnt er ab. Die akade-
mische Praxis des Unterscheidens setze das Widerspruchsprinzip voraus,
das im Bereich des Göttlichen keinen Sinn mache, so argumentiert er.
Führe man dieses Prinzip ein, so gelange man auf die falsche Spur. Denn
ein sachgerechtes Urteil über die göttliche Natur, der es nachzufolgen gilt,
könne nur von der göttlichen Natur selbst geliefert werden, die vollkommen
eins sei. Der Mensch solle seinen geschöpflichen Geist vollkommen
vernichten, damit Gott ohne Begrenzung in ihm Wirken kann. Ein solcher
Aufruf ist natürlich schwer zu verstehen, denn was ist gemeint mit «sich
selbst vernichten»? Gewiss, es handelt sich hier um ein Wort der heiligen
Schrift. Markus lässt in seinem Evangelium Jesus sagen, wer ihm folgen
wolle, müsse sich selbst «vernichten». Aber was heißt dies? Hier droht
unverkennbar der Häresieverdacht, denn sich selbst töten darf der Mensch
nicht. Der Autor wendet sich daher auch gegen eine übertriebene Askese.
Dieses «Vernichten» finde nicht am Körper, sondern in der Seele statt.
Um auch hier keine Missverständnisse aufkommen zu lassen, geht der
Autor ausführlich auf die verschiedenen Bedeutungen von «Nichts» und
«Begreifen» ein. Die Seele solle nichts mit ihrem «eigenen Begriffe»
begreifen. Nur Gott solle die Seele begreifen, und zwar mit dem göttlichen
«begreifenden Begriff». Diese Ausführungen sind philosophiegeschichtlich
höchst bedeutsam und belegen die intellektuelle Begabung des Autors.

Das Werk hat zwar einen besonderen Zugang zur Problematik der
Nachfolge Christi, steht damit jedoch nicht allein. Wie Dagmar Gottschall
in der Einleitung aufdeckt, greift der Autor viele Motive und Unterscheidun-
gen auf, die in der Literatur um die Mitte des vierzehnten Jahrhunderts
virulent waren. Vor allem die Nähe zu Heinrich Seuse ist auffallend, der in
seinem *Buch der Wahrheit* ebenfalls versucht hatte, eine Antwort auf die
Lehre Eckharts zu geben. Das *Geistbuch* bezeugt somit die Lebendigkeit
der Debatten, eine Lebendigkeit die wohl darin ihren Ursprung fand, dass
das Bedürfnis an geistiger Führung jenseits der akademischen Theologie
groß war. Oder ist «jenseits» hier das falsche Wort? Denn um die Zeit,

als das *Geistbuch* geschrieben wurde, gab es in Deutschland noch keine Universitäten. Die Dynamiken der Belehrung waren somit andere. Es gab kein festes Korpus an Texten, aus denen geschöpft wurde, wie die Schriften des Aristoteles und des Petrus Lombardus an den Universitäten, die als Grundlage für Fragen und Antworten dienen konnten. Für das *Geistbuch* stellte die Heilige Schrift den Bezugsrahmen dar. Dies gibt dem Werk eine Unmittelbarkeit, die vielen akademischen Werken fehlt, erschwert zugleich aber auch die Interpretation. Denn der Autor folgt keiner vorgeschriebenen Methode und bewegt sich in einem Feld von Quellen, das unbestimmt ist.

Gerade in dieser Unbestimmtheit liegt die Herausforderung des *Geistbuchs*. Die akademische Theologie hatte im Laufe der Zeit feste Vorgehensweisen entwickelt zur Unterscheidung von Orthodoxie und Heterodoxie. Bereits Augustin hatte hervorgehoben, dass in der Theologie nicht dieselbe Freiheit herrsche wie in der Philosophie. Der Theologe spreche von Gott und sei somit an bestimmte Regeln gebunden. Er könne nicht aus sich selbst heraus agieren, sondern sei an das Wort Gottes gebunden. Die Regulierung der theologischen Sprache war im Westen außerdem traditionell an das Latein gebunden. Wie sollte jetzt eine volkssprachliche und nicht-akademische Lehre aussehen, die versuchte zwischen einer wahren und falschen Nachfolge Christi zu trennen? Der Autor hat eine Antwort. Hat der Mensch sich in seiner Seele «vernichtet», so denkt und urteilt Gott in ihm. Er urteilt dann mittels Unterscheidungen, die selbst keine Unterscheidungen mehr sind. Diese Methode ziehe die letzte Konsequenz aus der Nachfolge Christi: der Mensch werde wie Gott. Sie ist aber für die pastorale Praxis in dieser Form unbrauchbar, denn es bleibt unklar, ob wirklich Gott oder nicht vielmehr der Mensch über sich selbst urteilt. Der Autor ist sich dieses Problems bewusst und hebt deshalb immer wieder hervor, dass sich die «Vernichtung» der Seele in der praktischen Lebensführung zeigen müsse. Der Weg, dem hier gefolgt wird, ist die Einheit von Leben und Lehre, die «vita et doctrina apostolica», wie Paulus sie lebte, nachdem Christus sich ihm offenbart hatte. Paulus ist für den Autor der Maßstab, den er dem Denker Johannes und dem Praktiker Petrus vorzieht. Nicht die richtige Begrifflichkeit, wie sie an den Universitäten gelehrt wird, auch nicht die Vorschriften der Kirche, sondern der Mittelweg, ein Leben, das durch die Lehre Christi geleitet wird und sich jedem öffentlich zeigt, ist für den Autor der Prüfstein.

Im *Geistbuch* wird vielfach über die Seele gesprochen. Dies geschah auch an den Universitäten, in den Kommentaren zu Aristoteles und Petrus

Lombardus. Dennoch findet sich im *Geistbuch* wenig von den universitären Debatten. Auch das ist wohl eine Folge der Tatsache, dass das Werk in einer Umgebung abseits der Universitäten entstand. Obschon der Autor selbst mit diesen Debatten vertraut war, fehlte das Publikum, das mit Hinweisen auf diesen Kontext etwas anfangen konnte. Ein Anlass, diese Debatten aufzugreifen, wäre eigentlich gegeben, denn die These, dass die Seele sich völlig «vernichten» könne, wurde von vielen Scholastikern als unmöglich betrachtet. Die menschliche Seele ist Form des Körpers, so hatte es das Konzil von Vienne im Jahre 1312 bestimmt. Wie könnte die Seele sich nun durch das Denken vernichten? Sie bleibt immer, so lange der Mensch auf Erden lebt, an den Körper gebunden. Es ist bezeichnend, dass diese scholastischen Fragen nicht aufgegriffen wurden, sondern nur solche, die im unmittelbaren Zusammenhang mit der Verurteilung Eckharts standen und in volkssprachlichen Quellen erörtert wurden. Die Frage, die sich hier stellt, ist, ob diese Situation, wie sie sich im *Geistbuch* vorfindet, auch für die spätere Zeit gilt, nachdem in Deutschland mehrere Universitäten entstanden waren. Hier könnte sich ein Vergleich mit volkssprachlichen Quellen aus dem Kölner Raum seit dem späten vierzehnten Jahrhundert als fruchtbar erweisen.

Mit dieser letzten Frage ist auch die Thematik angesprochen, die zur Entstehung dieser Edition geführt hat. Im Mittelpunkt stand die Frage nach der spätmittelalterlichen Wissensvermittlung im Rahmen der Mendikantenausbildung. Dabei wurde vor allem nach Quellen gesucht, die über die Sprachgrenzen hinweg verbreitet waren. Das *Geistbuch* erweckte wegen seiner Nähe zu dem Dominikaner Eckhart, seiner Erwähnung des Ordensheiligen der Franziskaner, Franciscus, und seiner frühen niederländischen Überlieferung Aufmerksamkeit. Zwar kann die Autorschaft nicht eindeutig bestimmt werden, jedoch ist anzunehmen, wie Dagmar Gottschall in der Einleitung argumentiert, dass es sich um einen Dominikaner handelt, der in Köln oder am Oberrhein tätig war. Der Inhalt des *Geistbuchs* sowie die vielen Forschungsfragen, die der Traktat aufwirft und die in der Einleitung besprochen werden, führten zu dem Entschluss, den Text in der mittelhochdeutschen Version kritisch zu edieren.

Dagmar Gottschall übernahm die Editionsarbeit. Die vorbereitende Arbeit dazu bestand in vielen Sitzungen gemeinsam mit unseren Kollegen in Leiden – Geert Warnar und Wybren Scheepsma –, in Lecce – Alessandra Beccarisi und Nadia Bray – und in Freiburg – Hans-Jochen Schiewer und Burkhard Hasebrink. Die Ergebnisse dieser Sitzungen sind in den Kommentar, den Dagmar Gottschall der Edition beigegeben hat, eingeflossen. Zugleich wurde auch an der mittelniederländischen Überlieferung gearbeitet. Eine Edition dieses Überlieferungszweiges wird zur Zeit von Wybren Scheepsma vorbereitet, die in einem zweiten Band zusammen mit einigen kommentierenden Aufsätzen zur Veröffentlichung ansteht.

Die „Onderzoekschool Medievistik", die ihren Sitz in Groningen hat, und die Università del Salento (Lecce) haben das Unternehmen mit viel Geduld getragen. Den Kollegen Catrien Santing, der jetzigen Direktorin der „Onderzoekschool Medievistik", sowie Arjo Vanderjagt, Dick de Boer und Bart Ramakers, den ehemaligen Direktoren, möchten wir für die Unterstützung unsere Dankbarkeit aussprechen. Die Niederländische Organisation für Wissenschaftliche Forschung und das italienische Ministerium für Universität und Forschung haben die Zusammenarbeit großzügig unterstützt und sehr viel Entgegenkommen gezeigt. Ihnen sei deshalb auf ganz besondere Weise gedankt.

Freiburg und Lecce, 3. September 2011

Maarten J.F.M. Hoenen
Loris Sturlese

Einleitung

Das *Geistbuch* ist ein anonymer theologischer Traktat in der Volkssprache aus der ersten Hälfte des 14. Jahrhunderts. Ausgehend von dem Herrenwort *Sequere me* diskutiert der unbekannte Autor den christlichen Weg zur Vollkommenheit, wobei er in einem ersten Teil ‚Vollkommenheit' definiert und in einem ausführlichen zweiten Teil aufzeigt, wie und inwieweit sie erreicht werden kann.

Abgesehen von einem kurzen Eintrag im Verfasserlexikon durch Karin Schneider[1] hat der Text bisher in der Forschung keinerlei Aufmerksamkeit gefunden. Seine Edition und Kommentierung ist aus zwei Gründen zu rechtfertigen. Erstens: Von seinem literarischen Genus her, sprachlich, stilistisch und inhaltlich reiht er sich auf einen ersten Blick in die umfangreiche Gruppe der sog. «mystisch-aszetischen» Traktatliteratur in der Nachfolge Eckharts, Taulers und Seuses ein[2]. Bei genauerem Zusehen unterscheidet er sich jedoch in spezifischer Art und Weise. Das *Geistbuch* ist kein Komposittraktat, in dem in loser thematischer Reihung Kernsätze spekulativer Theologie und Sentenzen zur praktischen Lebensführung zusammengestellt werden, sondern eine kohärent durchstrukturierte Abhandlung eines theologisch-philosophisch gebildeten Autors, der auf freigeistig-häretische Strömungen seiner Zeit reagiert. Daher ist wohl auch der Titel des Traktats zu erklären. Der unbekannte Autor ist zeitlich einzuordnen in das erste Jahrzehnt nach der Verurteilungsbulle von 1329: *In agro dominico* gegen Eckhart, da er Eckhartische Themen, die sich freigeistig mißinterpretieren lassen, kritisch reflektierend aufgreift und zu korrigieren versucht. Damit steht das *Geistbuch* im Umfeld Seuses und seinem *Buch der Wahrheit*. Es bestehen Beziehungen zwischen unserem

---

[1] K. Schneider, «*Geistbuch*», in K. Ruh (Hg.), *Die deutsche Literatur des Mittelalters. Verfasserlexikon*, Bd. 2, Berlin, New York 1980, Sp. 1157-1158.

[2] Die Literaturgeschichtsschreibung stellt diesen Literaturtyp in der Regel in die Nachfolge Eckharts und erklärt ihn damit zu einer Form der Eckhart-Rezeption. Vgl. J. Janota, *Vom späten Mittelalter zum Beginn der Neuzeit. Teil 1: Orientierung durch volkssprachige Schriftlichkeit (1280/90-1380/90)* (Geschichte der deutschen Literatur von den Anfängen bis zum Beginn der Neuzeit, Band III/I), Tübingen 2004, S. 73-85.

Traktat und diesem Text sowie zu den spekulativen Kapiteln aus Seuses *Vita*, sodann der Glosse zu dem mystischen Gedicht *Von dem überschalle* und einer bestimmten Quaestionengruppe aus Pfeiffers *Liber positionum*.

Zweitens verdient der Text Interesse aufgrund seiner besonderen Überlieferungskonstellation. Das *Geistbuch* ist sowohl im mittelhochdeutschen als auch im mittelniederländischen Sprachraum überliefert. Der älteste Textzeuge aus der ersten Hälfte des 14. Jahrhunderts ist in brabantischer Mundart geschrieben, im 15./16. Jahrhundert wird unser Text von oberdeutschen und niederländischen Handschriften dokumentiert und im 16. Jahrhundert ist er nochmals in einer neuen Redaktion in den Niederlanden zu finden. Das wäre an sich nichts Ungewöhnliches. Allerdings ist die Überwindung der Sprachgrenze vom Niederländischen zum Oberdeutschen oder umgekehrt im 14. Jahrhundert kein selbstverständlicher Vorgang. Im Normalfall bleiben Spuren der Ausgangssprache in der Zielsprache sichtbar. Doch gerade diese Spuren fehlen im *Geistbuch* fast gänzlich. Beide Versionen sind sprachlich fast perfekt. Die Qualität der Übersetzung ist ungewöhnlich gut. Die sprachliche Heimat des Autors läßt sich nur an wenigen sicheren Übertragungsfehlern des niederländischen Übersetzers festmachen. Der Autor bewegte sich offenbar in jenem intellektuell aufgeschlossenen und literarisch aktiven Kulturraum, der *oberlant* und *niderlant* in kontinuierlichem Gedankenaustausch miteinander verband und dessen Lebensachse das Rheintal mit seinen großen Handelsstädten und seinen religiös interessierten Bewohnern darstellte.

Diese besondere geistesgeschichtliche Situation gab schließlich den Anstoß, 2003 das *Geistbuch* in den Mittelpunkt eines gemeinsamen Forschungsprojekts der Universitäten Lecce, Freiburg i. Br. und Leiden zu stellen[3]. Eine erste Veröffentlichung zum Thema erfolgte von Alessandra Beccarisi, die sich neben der Präsentation des Textes besonders der Quellenfrage widmete[4]. Die hier vorgelegte Edition der oberdeutschen, und damit originalen, Version des *Geistbuchs* ist ebenfalls aus dem Gemeinschaftsprojekt erwachsen. Studien zur niederländischen Tradition des Textes werden folgen.

---

[3] Das Forschungsvorhaben «Philosophy and Theology at Dominican Studia in Fourteenth Century Germany» war ein gemeinsames Projekt von The Netherlands Research School for Medieval Studies und Centro per l'edizione di testi filosofici medievali e rinascimentali, Università del Salento, Lecce. Das Projekt ist auch durch die Universität Freiburg i. Br. und durch das Italienische Ministerium für Universität und Forschung unterstützt worden.

[4] A. Beccarisi, «Meister Eckhart und die Frage nach den Quellen in *Des gheest boeck*», in: L. Cesalli, N. Germann, M. J. F. M. Hoenen (Hgg.), *University, Council, City. Intellectual Culture on the Rhine (1300-1550)* (Rencontres de Philosophie Médiévale, 13), Turnhout 2007, S. 171-202.

I. Die Handschriften

Das *Geistbuch* ist im mittelniederländischen und im mittelhochdeutschen Sprachraum überliefert. Bisher liegen vier mndl. Textzeugen (drei Vollhandschriften und ein Fragment) und sechs mhd. Textzeugen (drei Vollhandschriften und drei Fragmente) vor. Außerdem verweist eine Exzerptensammlung in Form eines Rapiariums aus der Kartause Salvatorberg in Erfurt aus dem 15. Jh. auf die damalige Existenz einer *Geistbuch*-Abschrift in dieser Bibliothek. Im Folgenden wird die gesamte Überlieferung chronologisch geordnet vorgestellt, wobei die niederländischen Textzeugen nur kurz angesprochen werden[5].

1. Brüssel (Sigle: Br1), Koninklijke Bibliotheek van België / Bibliothèque Royale de Belgique, Ms. 19565.

> Pergament, 364 Bll., Oktav (104 x 65 mm), 14. Jh. (Teil I: fol. 2-87 von ca. 1325-1350; Teil II: fol. 88-364 von ca. 1350). Schreibsprache: brabantisch. Auf fol. 1v drei Besitzeinträge aus dem 15. Jh. von Lievijn Longijn, wahrscheinlich einer Begine.

Beschreibungen: J. Van den Gheyn, *Catalogue des manuscrits de la Bibliothèque Royale de Belgique*, tom. 1, Bruxelles 1901, 383 (Nr. 609). J. Reynaert, «Het vroegste Middelnederlandse palmboomtraktaat», in: *Ons Geestelijk Erf* 52 (1978), S. 3-32, hier S. 13-17. W. F. Scheepsma, «Filling the Blanks: a Middle Dutch Dionysius Quotation and the Origins of the *Rothschild Canticles*», in: *Medium Aevum* 70 (2001), S. 278-303, hier S. 283-284.

Geistbuch fol. 39r-83r: Inc.: *Sequere me et cetera. onse here Jhesus Cristus sprect volghe mi Wat es volghen ...* Expl.: *Hier int des gheest boec dat vele ondersceeds heeft hoe men inden gheeste wijslec leven sal ende wandelen. Dat ghewerdege god ane ons te vervulne. Amen.*
  Der erste Teil der Hs. enthält neben dem *Geistbuch* im Wesentlichen den ndl. *Palmbaumtraktat*[6] in der Redaktion E (fol. 2r-16r), die ndl. Version des

---

[5] Ich danke den Kollegen Wybren Scheepsma und Geert Warnar von der Universität Leiden für die Bereitstellung entsprechender Materialien.
[6] Ausgabe nach der Brüsseler Handschrift: J. Reynaert, «Het vroegste Middelnederlandse palmboomtraktaat», in: *Ons Geestelijk Erf* 52 (1978), S. 202-217.

Traktats *Diu zeichen eines wârhaften grundes*[7] (fol. 21v-25v), unidentifizierte Dicta und Exempel von Vätern und Heiligen (fol. 25v-39r). Der zweite Teil enthält die flämisch-brabantische Standardredaktion der Psalmen und Cantica[8] (fol. 88r-334v), das athanasianische Glaubensbekenntnis (fol. 334v-359v) und geistliche Betrachtungen (fol. 359v-361r).

Die Handschrift, die keine Jahreszahl enthält, wurde von Reynaert mit Vorsicht auf das 14. Jh. datiert. In den letzten Jahren erneut vorgenommene paläographische Untersuchungen präzisierten die Datierung auf das zweite Viertel des 14. Jhs.[9]

2. Salzburg (Sigle: S1), Universitätsbibliothek, Cod. M I 476.

Papier, I + 287 Bll., Quart (200 x 147 mm), 15. Jh. (um 1441) geschrieben von Jörg Gartner aus Lahr am Schwarzwald (Diözese Straßburg). Schreibsprache: elsässisch. Der Codex ist (im 16. Jh.?) im Franziskanerkloster zu Basel nachgewiesen (fol. 37r: *ad minores basilee. 16.*).

Beschreibungen: A. Jungreithmayr, *Die deutschen Handschriften des Mittelalters der Universitätsbibliothek Salzburg*, Wien 1988, S. 69-135. J. Quint, *Neue Handschriftenfunde zur Überlieferung der deutschen Werke Meister Eckharts und seiner Schule*, I, Stuttgart, Berlin 1940, S. 169-205 (S1). N. F. Palmer, *«Visio Tnugdali». The German and Dutch Translations and their Circulation in the Later Middle Ages* (Münchener Texte und Untersuchungen zur deutschen Literatur des Mittelalters, 76), München 1982, S. 305-313.

Geistbuch fol. 162v-166v: rote Überschrift: *dz geist bůch.* Inc.: *Unser herr spricht volg mir volgen ist volkomenheit ... - ... Dis bůchli git vil vnderscheides wie man in dem geist wandelen sol vnd in der nature.*

Die umfangreiche Sammelhandschrift, deren Inhaltsbeschreibung

---

[7] F. Pfeiffer (Hg.), *Deutsche Mystiker des 14. Jahrhunderts.* Bd. 2: *Meister Eckhart, Predigten, Traktate*, Leipzig 1857, Nachdr. Aalen 1962, S. 475-478 (Traktat VII).

[8] J. G. Heymans (Hg.), *Het Psalter van Leningrad*, Leiden 1973.

[9] E. Kwakkel, H. Mulder, *«Quidam sermones*. Mystiek proza van de Ferguut-kopiist (Brussel, Koninklijke Bibliotheek, hs. 3067-73)»*, in: *Tijdschrift voor Nederlandse taal- en letterkunde* 117 (2001), S. 151-165, hier S. 159 und W. Scheepsma, «Het oudste Middelnederlandse palmboomtraktaat en de ‚Limburgse Sermoenen'», in: *Ons Geestelijk Erf* 75 (2001), S. 153-181, hier S. 155.

im modernen Katalog 431 Einträge umfaßt und von dem ansonsten unbekannten Schreiber Jörg Gartner alleine, sehr wahrscheinlich aus den Beständen einer Straßburger Bibliothek, zusammenkopiert wurde, beginnt mit der Abschrift von Seuses *Büchlein der Ewigen Weisheit* (fol. 1r-28v), die Gartner 1441 beendete: *1441 in dem hömanet wart dis geschriben von Jŏrg Gartner von Lor in Strossburger bistům* (fol. 28v). Es ist der einzige umfangreichere Text, der vollständig kopiert wurde[10]. Alle übrigen wurden von Gartner systematisch gekürzt. Die Handschrift, die in die Kategorie der sog. «Mosaikhandschriften» fällt, zeigt kein für uns einsichtiges Ordnungsprinzip. Palmer versuchte, thematisch zusammengehörige Blöcke zu unterscheiden. Nach seinem Raster steht das *Geistbuch* in einem Block «Exzerpte aus mystischen Texten, vornehmlich aus Eckhart»[11]. Die unmittelbare textliche Umgebung des *Geistbuchs* zeigt, daß sich Gartner zumindest in diesem Fall von gemeinsamen Themen leiten ließ:

fol. 160v-162v: Fragen einer Beichttochter an ihren Beichtvater über den Weg zum ewigen Leben. Es handelt sich um ein Konglomerat aus Pfeiffers Sektion *Sprüche*[12] und dem Traktat *Schwester Katrei*[13].
fol. 162v-166v: *Geistbuch*.
fol. 167r: Geistliche Lehre (Über den liebsten Willen Gottes).
fol. 167r: *Von falschen und rehten geisten*[14].

Der Traktat Schwester Katrei diskutiert wie das *Geistbuch* den Weg zur Vollkommenheit und ist vor dem Hintergrund freigeistiger Strömungen zu lesen. Und ebenso sind der Wille Gottes und die Unterscheidung der Geister wichtige Themen im *Geistbuch*.

---

[10] N. F. Palmer, «*Visio Tnugdali*», S. 311 suggeriert als Beweggrund das ausdrückliche Verbot Seuses, seinen Text zu kürzen: «Swer dis bůchli ... well ab schriben, der sol es alles sament eigenlich an worten und sinnen schriben, als es hie stat, und nút dar zů noh dur von legen noh dú wort verwandlen ...» (Heinrich Seuse, *Büchlein der Ewigen Weisheit*, in: K. Bihlmeyer, (Hg.), *Heinrich Seuse, Deutsche Schriften*, Stuttgart 1907, Nachdr. Frankfurt a.M. 1961, S. 325).
[11] N. F. Palmer, *ibid.*, S. 307: «154r-178v: Extracts from mystical texts, mainly from Eckhart».
[12] F. Pfeiffer (Hg.), *Deutsche Mystiker des 14. Jahrhunderts*. Bd. 2, III. Sprüche, S. 597-627
[13] F. Pfeiffer, *ibid.*, Traktat VI *Daz ist swester Katrei Meister Ekehartes tohter von Strâzburc*, S. 448-475. Genaue Zusammensetzung des Salzburger Textes bei A. Jungreithmayr, *Die deutschen Handschriften*, S. 92 (Nr. 81).
[14] Es handelt sich um ein Exzerpt aus einer bei A. Jundt gedruckten ps.-eckhartischen Predigt: *Histoire du pantheisme populaire au Moyen Age et au seizième siècle*, Paris 1875, Nachdr. Frankfurt a.M. 1964, Nr. 6 *Ain guote kurtze ler*, S. 253-255. Unser Exzerpt S. 254, 17 - 255, 11.

3. Melk (Sigle: Me1), Stiftsbibliothek, Cod. 705 (371/G33).

Papier, 242 Bll., Folio (300 x 222 mm), um 1450 geschrieben von Lienhart Peuger für die Bibliothek der Laienbrüder des Benediktinerklosters Melk. Schreibsprache: bairisch.

Beschreibung: F. Löser, *Meister Eckhart in Melk. Studien zum Redaktor Lienhart Peuger. Mit einer Edition des Traktats ‚Von der sel wirdichait vnd aigenschafft'* (Texte und Textgeschichte, 48), Tübingen 1999, S. 172-186 und S. 212-256; Abdruck des *Geistbuch*-Fragments S. 401-403. Löser identifizierte als *Geistbuch* fol. 272ra-272va (Nr. 33 seiner Inhaltsbeschreibung, S. 219f.) und beschrieb den Anschlußtext fol. 272va-273rb wie folgt: «Der Text, der zu Anfang *vierlay menschen* charakterisiert, *dy got nach volgen*, geht erst gegen Ende in den Prolog Heinrichs von Friemar über» (Nr. 34: Heinrich von Friemar der Ältere, *De quattuor instinctibus*, Melker Kurzfassung, Prolog [stark bearbeitet], S. 221). Es handelt sich jedoch bei dem gesamten Komplex um einen bearbeiteten Auszug aus dem *Geistbuch*.

Geistbuch-Auszug, stark bearbeitet, fol. 272ra-273rb: Inc.: *wann man list luce v° das der herr ihesus einn offen sünter sach am tzol sitzen der hies leui zw dem sprach er volig mir nach. vnd er verlies alle ding vnd voligt im nach. Nach volgen gueter ding ist ein volchömenhait* ... Expl.: *vnd haissen dy strick des tewfels da mit er ander in irn weg tzewcht* + Schlußformel: *Da vor vns got pewar vnd rüeff vns zw der hachtzeit da von das hewtig ewangeli spricht da pey pedewt ist das ewig leben. Das vns peschaffen hab got der vater vnd der sun vnd der heilig geist Amen.*

Der Melker Codex 705 ist der zweite Band (erster Band: Melk, Stiftsbibl., Cod. 1865) der deutschen Jahrespredigten des Nikolaus von Dinkelsbühl, die von dem sog. Nikolaus von Dinkelsbühl-Redaktor bearbeitet wurden und die Peuger um Predigten anderer Autoren, vornehmlich Eckhart, ergänzte. Der gesamte Predigtzyklus, also beide Bände, wurde von Lienhart Peuger um 1450, sicher nach 1439, geschrieben. Das Predigtwerk des Nikolaus von Dinkelsbühl folgt dem üblichen Schema *De tempore* und *De sanctis*. Daher beginnt Melk 705 mit dem 8. Sonntag nach Pfingsten und reicht bis zum 26. Sonntag nach Pfingsten. Es folgen eine Reihe von Heiligen-Predigten und einige «geistliche Auslegungen». Der stark bearbeitete *Geistbuch*-Auszug findet sich in der zweiten Predigt zum 21. Sonntag nach Pfingsten, die

Meister Eckhart zugeschrieben ist: *Dy predig schreibt Maister Ekchart von paris* (fol. 270ra). Bei dieser Predigt handelt es sich um eine Komposition aus folgenden Texten:

fol. 270ra-271rb: Ps.-Eckhart, Predigt auf Mt. 22, 2 (= Sievers Nr. 24)[15].
fol. 271rb-vb: Ps.-Eckhart, Predigt auf Sap. 3, 1 (= Sievers Nr. 23)[16].
fol. 271vb-272ra: Ps.-Eckhart, *Von der edelkeit der sêle (înslac)* (= Pfeiffer, Traktat II, Auszug, 392, 37 - 394 [Schluß])[17].
fol. 272ra-272va: Predigt auf Lc. 5, 27 = *Geistbuch*-Auszug +
fol. 272va-273rb: *Geistbuch*-Auszug: *Hie ist ein frag wie man inn pleibund mug aws gen*.

Die nächste Predigt auf den 22. Sonntag nach Pfingsten (fol. 273rb-275ra) stammt wieder von Nikolaus von Dinkelsbühl[18].

Es ist völlig klar, daß in den Augen des Kompilators auch das letzte Textstück, das offenbar mit *Sequere me* begann – was dieser als Lc. 5, 27 interpretierte – eine Predigt Meister Eckharts war. Da im Layout der Handschrift die Einzelteile dieser Komposition jeweils mit roten Caputzeichen markiert sind, wie es der Arbeitsweise Peugers entspricht, ist davon auszugehen, daß Peuger selbst diese «Eckhart-Großpredigt» auf das Schriftwort Mt. 22, 2 zusammenbaute. Er bediente sich dafür aus seiner Sammlung von Eckhart-Materialien[19]. Darunter befand sich auch eine Abschrift des *Geistbuchs* sowie ein Fragment daraus mit dem Incipit: *Nvn ist ein frage, wie man sol vss gon* (Edition, S. 15, 169). Im Geistbuch beginnt an dieser Stelle die Darstellung des Stufenwegs zur Vollkommenheit, wobei auf der Stufe der Vollkommenen eine differenzierte Lehre von drei Lichtern entwickelt wird, die den Erkenntnisformen entsprechen. Peuger, oder schon seine Vorlage, biegen beim Stichwort «Licht» auf das Schema der vier Lichter (natürlich, göttlich, englisch, teuflisch) aus der *Unterscheidung der Geister* des Heinrich von Friemar ein.

---

[15] E. Sievers, «Predigten von Meister Eckhart», in: *Zeitschrift für deutsches Altertum und deutsche Literatur* 15 (1872), S. 373-439, hier S. 427, 1 - 430, 95.

[16] Ibid., S. 425, 1 - 427, 83.

[17] F. Pfeiffer (Hg.), *Deutsche Mystiker des 14. Jahrhunderts*. Bd. 2, S. 382-394.

[18] A. Madre, *Nikolaus von Dinkelsbühl. Leben und Schriften. Ein Beitrag zur theologischen Literaturgeschichte* (Beiträge zur Geschichte der Philosophie und Theologie des Mittelalters, 40,4), Münster i. W. 1965, S. 151, Nr. 75.

[19] Zu Peugers Interesse für Eckhart vgl. F. Löser, *Meister Eckhart in Melk*, S. 265-272. Löser, S. 268, betont die enge Verwandtschaft der Melker Sammlung mit der mitteldeutschen Gruppe der Eckhartüberlieferung, wozu eine Reihe von Handschriften gehört, die nach Köln weisen.

4. Nürnberg (Sigle: N1), Stadtbibliothek, Cod. Cent. VI 46h.

Papier, 177 Bll., Quart (215 x 160 mm), vom Jahre 1461. Provenienz: Dominikane-
rinnenkloster St. Katharinen in Nürnberg. Mundart: nordbairisch (nürnbergisch).

Beschreibung: K. Schneider, *Die Handschriften der Stadtbibliothek
Nürnberg,* Bd. 1: *Die deutschen mittelalterlichen Handschriften,* Wiesbaden
1965, S. 158-162.

Geistbuch fol. 23v-48v: Inc.: *UNser herr Jhesus x͞pus sprach volg mir nach
was ist volgen ... -* ... Expl.: *Hie endet sich das puch der geistlichen ubung
daz vill unterscheidens gibt wie man in dem geistlichen schauen* (schauen am
Rand nachgetr.) *wandeln schulle das helf uns gott mit seinem ungeschaffen
geist un<d> der vater und der sun und der heilige g<eist> Amen.*

Schneider gibt im Katalog, S. 159 als Explizit die unmittelbar
anschließende, aber vom *Geistbuch* mit rotem Caput-Zeichen abgetrennte,
Sentenz an: (*Sant paulus spricht Es wirt jn den letzten tagen vil leut sich
selben mynen*) *vnd werden tragen den schein geistlichs leben<s> vnd
verlaugent seiner tugent.*

Die sorgfältig angelegte Sammelhandschrift geistlicher Literatur wurde von
einer Hand im Katharinenkloster geschrieben und dort am Tag der heiligen
Maria Magdalena (22. Juli) 1461 vollendet:

Ditz puch hat ein end das da zu hoch und unverstentlich ist vil menschen ... vnd ich
beger das jr für den armen closner bittet der es gemacht hat geschriben vnd geendett in
Nůremberg an sant Maria Madalena tag Anno etc. lxi (fol. 173v).

Der *arme closner* ist, wie Ruh gezeigt hat, eine Fiktion. Die gleiche
Schreiberformel stand bereits in der Vorlage der Nürnberger Handschrift
vor dem Traktat *Blume der Schauung*[20]. Die Nürnberger Schreiberin ließ
sich von dem Klausner-Bild so beeindrucken, daß sie es für sich selbst in
Anspruch nahm.

Der Hinweis auf den hochsubtilen Inhalt des Codex am Ende entspricht
der Warnung durch die Schreiberin am Anfang, fol. 2r:

Ditz puch ist swer vnd vnbekant manigen menschen. Darumb sol man es nit gemeyn
machen. Des pitt ich durch got, wann es ward auch mir verbotten. Wer ymantz, der es

---

[20] Vgl. K. Ruh (Hg.), *Blume der Schauung* (Kleine deutsche Prosadenkmäler des Mittelalters,
16), München 1991, S. 31-32.

straffen wolte, der sol es werlich schuld geben seiner plintheit. Wer aber icht hie jnne, das man straffen möcht jn der warheit, so sol man da wissen, das es nicht schuld ist meins vngelaubens, sunder es ist schuld meiner vnbekantnüß. Dorumb pild man es zu dem pesten.

Der Codex wurde nach der Reform von St. Katharinen für die Bibliothek der Schwestern hergestellt. Zur Tischlesung wurde er nicht verwendet, wohl wegen der brisanten Inhalte. Auch sonst zeigt die Handschrift keine Gebrauchsspuren, wurde jedoch von einer anderen Hand als der der Schreiberin sorgfältig durchkorrigiert[21]. Der Codex gliedert sich in zwei Teile (2r-67r und 67v-173v), deren Beginn jeweils mit einer mehrzeiligen Zierlombarde markiert ist. Das *Geistbuch* steht im ersten Teil, der sich wie folgt zusammensetzt:

fol. 2r-3r: Hane der Karmelit, Predigt auf Ps. 103, 30[22].
fol. 3v-5v: (Hane der Karmelit), Predigt auf Lc. 6, 19[23]
fol. 5v-6v: (Eckhart), Predigt auf Ps. 13, 4: *Illumina oculos meos*[24].
fol. 6v-21v (Ps.-Eckhart), Traktat XIV: *Sant Johannes sprichet 'ich sach daz wort in gote'* ... und Traktat XV: *Die drîe persône geschuofen die crêatûre von nihte ...*[25]
fol. 21v-23v: (Ps.-Eckhart), Predigt auf Joh. 15, 16: *Posui vos ut eatis et fructum afferatis*[26]

---

[21] Vgl. B. Hasebrink, «Tischlesung und Bildungskultur im Nürnberger Katharinenkloster. Ein Beitrag zu ihrer Rekonstruktion», in: M. Kintzinger, S. Lorenz, M. Walter (Hgg.), *Schule und Schüler im Mittelalter. Beiträge zur europäischen Bildungsgeschichte des 9. bis 15. Jahrhunderts* (Beihefte zum Archiv für Kulturgeschichte, 42), Köln, Weimar, Wien 1996, S. 187-216, hier S. 198-199, sowie D. Gottschall, »Meister Eckhart-Rezeption in Nürnberg», in: *Zeitschrift für deutsches Altertum und deutsche Literatur* 138 (2009), S. 199-213, hier S. 206-208.

[22] Die Predigt ist aufgenommen in die Sammlung *Paradisus anime intelligentis*; vgl. Ph. Strauch (Hg.), *Paradisus anime intelligentis (Paradis der fornuftigen sele). Aus der Oxforder Handschrift Cod. Laud. Misc. 479 nach E. Sievers Abschrift*. Zweite Aufl. hg. und mit einem Nachwort versehen von N. Largier und G. Fournier (Deutsche Texte des Mittelalters, 30), Hildesheim 1998, S. 65-66 Nr. 30. Die Predigt erscheint anonym in der «Sammlung Jostes» (Nürnberg, Stadtbibl. Cent. IV 40): F. Jostes (Hg.), *Meister Eckhart und seine Jünger. Ungedruckte Texte zur Geschichte der deutschen Mystik*. Mit einem Wörterverz. von P. Schmitt und einem Nachwort von K. Ruh (Deutsche Neudrucke, Reihe: Texte des Mittelalters), Berlin, New York 1972, S. 48-49 Nr. 46.

[23] Die Predigt, die im *Paradisus anime* als Nr. 54 (S. 118-119) Hane dem Karmeliten zugeschrieben ist, erscheint in der «Sammlung Jostes», Nr. 42 (S. 40-42) unter dem Namen eines Bruder Heinrich.

[24] Der als Predigt Eckharts anerkannte Text steht anonym als Nr. 56 (S. 121-122) im *Paradisus anime intelligentis* und anonym als Nr. 69.1 (S. 67-69) in der «Sammlung Jostes». Anonym findet er sich auch in unserer Hs.: *Nun spricht sant Dionysius von dreierlei liehtern die die sele haben muss die in lutre bekantniss komen wil. Dz erst ist naturlich, dz ander geistlich, dz drit ist gotlich* ... (fol. 5v). Für das *Geistbuch* ist die Predigt insofern interessant, da sie ebenfalls drei Lichter als Erkenntnisformen behandelt. Zudem enthält die Version Jostes 69.1 ein Schlußstück (S. 69, 17-32), das von einem Vollkommenheitswettstreit zwischen Petrus, Johannes und Paulus berichtet, auf den im *Geistbuch* angespielt wird. Dieses Schlußstück fehlt in der Version Par. an. 56 und in der Version unserer Hs.

[25] F. Pfeiffer (Hg.), *Deutsche Mystiker des 14. Jahrhunderts*. Bd. 2, S. 527 - 541, 10.

[26] *Ibid.*, Predigt Nr. 92, S. 301-303.

fol. 23v-48v: *Geistbuch*
fol. 48v-56v: *Traktat von der Minne*[27]
fol. 56v-67r: (Ps.-Eckhart), Traktat II: *Von der edelkeit der sêle* (*Der înslac*)[28].

Es folgen im zweiten Teil die *Blume der Schauung* und weitere Predigten und Traktatstücke, ganz überwiegend ps.-eckhartisches Material oder anonym. Außer Eckhart ist nur Johannes von Sterngassen identifiziert.

Der Nürnberger Codex Cent. VI 46h ist angelegt als Eckhart-Sammlung. Seine Affinität zum *Paradisus anime* und ganz besonders zur «Sammlung Jostes», dem alten Nürnberger Predigt-Buch Cent. IV 40, ist evident. Sein Inhalt präsentiert sich ganz überwiegend anonym, als Autoren-Namen erscheinen nur *bruder hane* (fol. 3r), jedoch auch zweimal Meister Eckhart (fol. 172r-v in Sprüchen, die sich mit Zuweisung an Eckhart auch bei Jostes finden). Auffallend sind vier umfangreichere anonyme Traktate: eine Komposition aus den Ps.-Eckhartischen Traktaten XIV und XV, der Ps.-Eckhartische Traktat II, das *Geistbuch* und die *Blume der Schauung*. Die *Blume der Schauung* trägt nur in Nürnberg den erweiterten Titel: *Ditz buch heisset die plum der beschaung vnd der geistlichen ubung* (fol. 67v). Die leicht zu beeindruckende Schreiberin hatte sich für diese Variante vom Explizit des *Geistbuchs* anregen lassen: *hie endet sich das puch der geistlichen ubung ...* (fol. 48).

5. Augsburg (Sigle: Au1), Universitätsbibliothek, Cod. III. 1. 4° 41.

Papier, 258 Bll., Quart (205 x 153 mm) 3. V. 15. Jh. Um 1570 gehörte die Hs. dem Zisterzienserinnenkloster Kirchheim (Diöz. Augsburg). Schreibsprache: nördl. Mittelbairisch.

Beschreibungen: K. Schneider, *Deutsche mittelalterliche Handschriften der Universitätsbibliothek Augsburg. Die Signaturengruppen Cod. I. 3 und Cod. III. 1*, Wiesbaden 1988, S. 358-363. J. Quint, *Neue Handschriftenfunde zur Überlieferung der deutschen Werke Meister Eckharts und seiner Schule*, I, Stuttgart, Berlin 1940, S. 113-115. G. Steer, *Scholastische Gnadenlehre in mittelhochdeutscher Sprache* (Münchener Texte und Untersuchungen zur deutschen Literatur des Mittelalters, 14), München 1966, S. 71-74.

---

[27] Gedruckt nach unserer Hs. bei W. Preger, *Geschichte der deutschen Mystik im Mittelalter nach den Quellen untersucht und dargestellt*, II, Neudruck der Ausgabe 1874-1893 in drei Teilen, Aalen 1962, S. 419-426.

[28] F. Pfeiffer (Hg.), *Deutsche Mystiker des 14. Jahrhunderts*. Bd. 2, S. 382-394.

Geistbuch fol. 198v-215r: Inc.: *(U)Nser herr ihesus cristus sprach Volg mir nach was ist Volgen ... - ...* Expl.: *Hie endet sich das puch der geistlichen ubung das vil unterscheidens gibet wie man jn dem geistlichen wandeln schulle das helf vns got mit seinem vngeschaffen geist vnd der vatter vnd der sun vnd der heilig geist Amen.*
Wie schon in Nürnberg, Cent. VI 46h, folgt in unmittelbarem Anschluß die Sentenz: *Sant paulus spricht Es wirt jn den leczten tagen vil leut sich selber mynnen vnd werden tragen den schein geistlichs lebens vnd verlaugent seiner tugent.*

Die Handschrift aus dem ehemaligen Besitz der Grafen Öttingen-Wallerstein wurde in Maihingen gebunden. Wahrscheinlich gelangte sie über Gnadenberg dorthin. Um 1570 lag sie im Zisterzienserinnenkloster Kirchheim, wie der Besitzeintrag *Mangmaist<rin>* am unteren Rand von fol. 258v nahelegt. Magdalena Mangmeisterin (Konbeckin) war Priorin in Kirchheim um 1570[29]. Kirchheim war 1534 reformiert worden.
Der Codex wurde im wesentlichen von zwei Händen geschrieben: Hand 1 schrieb auf fol. 1r-157r Predigten und Exzerpte aus dem Jahreszyklus eines Augustiners und auf fol. 194r-244r den «Geistbuch-Komplex». Hand 2 kopierte auf fol. 158r-193v die Apokalypse, deutsch. Auf den letzten Blättern des Codex stehen jüngere Nachträge von einer dritten und vierten Hand. Wie schon das gleichlautende Incipit und Explizit des *Geistbuchs* und die fast identische Mitüberlieferung im Augsburger und im Nürnberger Codex vermuten lassen, handelt es sich bei den beiden Bänden um Schwesterhandschriften. Die Schreiberin der Nürnberger Handschrift und der Schreiber/die Schreiberin der Augsburger Handschrift kopierten von derselben Vorlage. Bei dieser Vorlage handelte es sich um einen Faszikel aus Predigten und Traktaten aus dem Umkreis Meister Eckharts. Dazu gehörte auch das *Geistbuch*. In Augsburg ist das *Geistbuch* in dasselbe Textkonglomerat eingebettet wie in Nürnberg, nur daß die Komposition aus den Ps.-Eckhartischen Traktaten XIV und XV weggelassen wurde. Wie in Nürnberg wird der Faszikel eröffnet mit einer Warnung: *Dicz buch ist swer und unbekant manigen menschen ...* (fol. 194r)[30] und beschlossen mit einer Schreiberbitte: *Bittent got fur den*

---

[29] Vgl. K. Schneider, *Deutsche mittelalterliche Handschriften der Universitätsbibliothek Augsburg*, S. 358.
[30] Abgedruckt nach dieser Hs. bei W. Stammler, *Gottsuchende Seelen. Prosa und Verse aus der deutschen Mystik des Mittelalters*, München 1948, S. 8.

armen closner der es geschriben hat ... amen (fol. 227v).

> fol. 194r-195r: Hane der Karmelit, Predigt auf Ps. 103, 30
> fol. 195r-196r: (Hane der Karmelit), Predigt auf Lc. 6, 19
> fol. 196r-197r: (Eckhart), Predigt auf Ps. 13, 4: *Illumina oculos meos*
> fol. 197r-198v: (Ps.-Eckhart), Predigt auf Joh. 15, 16: *Posui vos ut eatis et fructum afferatis*
> fol. 198v-215r: *Geistbuch*
> fol. 215r-220r: *Traktat von der Minne*
> fol. 220r-227v: (Ps.-Eckhart), Traktat II: *Von der edelkeit der sêle* (*Der înslac*).

Als Autorenname taucht in diesem Faszikel auch in Augsburg nur *Pruder Han<e>* (fol. 195r) auf. Daß ein allgemeines Interesse für Eckhart und Eckhartische Texte vorhanden war, läßt sich vermuten. Schließlich fügte dieselbe Hand auf fol. 230r-244r noch Eckharts Weihnachtszyklus von der Gottesgeburt in der Seele an[31].

6. Nürnberg (Sigle: N1a), Stadtbibliothek, Cod. Cent. VI 46h.

Papier, 177 Bll., Quart (215 x 160 mm), vom Jahre 1461. Provenienz: Dominikanerinnenkloster St. Katharinen in Nürnberg. Mundart: nordbairisch (nürnbergisch).

Angaben zur Hs. sieh oben.

Geistbuch-Fragment fol. 116v-117v: Inc. *SElig sind die totten die jn gott sterben* ... Expl.: ... *das ist einfaltig ploß wesen der dreÿen persone jn der gottheit da sy einen einslag haben jn die einfeltigkeit ires naturlichen wesens Da enist vatter noch sun noch heyliger geist jn dem ein(*über der Zeile nachgetragen)*slag etc.*[32]

Das Textstück aus dem *Geistbuch* (Edition S. 49, 1 - 59, 70) mit dem Incipit «Selig sind die Toten, die in Gott sterben» (Apc. 14, 13), steht im zweiten Teil der Nürnberger Handschrift, der mit der *Blume der Schauung* einsetzt und anschließend überwiegend Kurztexte in Form von Sprüchen und kurzen Betrachtungen aus Ps.-Eckhartischen Materialien zusammenstellt.

---

[31] Eckhart, Pr. 101, 102 und 103 in DW. IV/1, hg. von G. Steer, S. 279-492.
[32] Das Textstück, das K. Schneider im Katalog unter Nr. 25 als «Betrachtung» aufführt, wurde von Geert Warnar (Leiden) als Exzerpt aus dem *Geistbuch* identifiziert.

Ein zweites Mal findet sich dieser Textblock aus dem *Geistbuch* im deutschen Streugut einer ansonsten lateinischen theologischen Handschrift aus der Sammlung des Freiherrn von Hardenberg[33].

7. München (Sigle: M1), Bayerische Staatsbibliothek, clm 28917.

Papier, 127 Bll., 4°, Ende 15. Jh., Provenienz: Franziskanerkloster Ingolstadt (fol. 1r). Schreibsprache: bairisch.

Beschreibung: J. Zacher, «Bruchstücke aus der Sammlung des Freiherrn von Hardenberg», in: *Zeitschrift für deutsche Philologie* 14 (1882), S. 63-96.

Der Codex enthält fol. 1ra-86va einen lateinischen Kommentar zu den zehn Geboten. Unmittelbar anschließend, ab fol. 86va, wurden die restlichen Blätter der Handschrift von einem wenig jüngeren Schreiber benutzt, um Exzerpte aus deutscher geistlicher Literatur ohne erkennbare Ordnung zusammenzutragen. So finden sich Vätersprüche, ein Eckhart zugeschriebener Spruch (Pfeiffer, Spr. 1), Auszüge aus Ps.-Eckhartischen Traktaten, Auszüge aus dem *Compendium theologicae veritatis* des Hugo Ripelin von Straßburg auf deutsch, Auszüge aus David von Augsburg, eine Vaterunserauslegung, zahlreiche Merksätze und ein umfangreicher Traktat auf das Schriftwort Rom. 11, 36: *Sanctvs Pavlus spricht: avz im, vnd durch in, vnd in im, dem sey ere* (fol. 107v-111v). Unter diesen Materialien steht auch ein Auszug aus dem *Geistbuch*:

Geistbuch-Fragment fol. 106v-107v: Inc.: *Selich sint die toten spricht sand Pavls die in dem herren ersterbent ... Expl.: Daz ist ainvaltich ploz wesen der dreyer personen in der gothait do di einen inslack habent in die einvaltikeit ires natvrlichen wesens do enist vater noch sven noch der heiliger geist in dem slag. etc. Amen.*

Das von Cent. VI 46h und clm 28917 überlieferte Textstück aus dem *Geistbuch* ist stark gekürzt und bearbeitet. Ausgehend von Apc. 14, 13 «Beati mortui qui in Domino moriuntur» behandelt es die letzte und höchste

---

[33] Freundlicher Hinweis von Geert Warnar (Leiden). Clm 28917 enthält einen weiteren Paralleltext: Nürnberg, Cent. VI 46h, fol. 75v-76v: Von 7 Eigenschaften eines geistlichen Menschen (Schneider, *Katalog*, S. 159, Nr. 11) = München, clm 28917, fol. 98r-99r (Zacher, S. 70).

Stufe der Überkommenen, deren Seele sich mit dem göttlichen Nichts vereinigt.

8. Paris (Sigle: P2), Bibliothèque Nationale, Ms. Néerl. 37.

Papier, 318 Bll., Oktav (145 x 106 mm); 15. Jh. (1471). Schreibsprache: mittelniederländisch.

Beschreibungen: G. Huet, *Catalogue des manuscrits néerlandais de la bibliothèque nationale*, Paris 1886, S. 40-43. J. Quint, *Neue Handschriftenfunde zur Überlieferung der deutschen Werke Meister Eckharts und seiner Schule*, I, Stuttgart, Berlin 1940, S. 269-270.

Geistbuch-Fragment fol. 82r-88v + 97r-98r: Rote Überschrift: *dit spreckt onse heer*. Inc.: *ONse heer ihs spreckt volcht my nae wat is volgen ... Expl.: Nu is te vragen hoe salmen wtgaen Onse heer sprac tot abraham Ganck wt dynen lande ... Mer der goeder wellust is datse god veel groter eer bieden ende des en willen si niet wtgaen.*

Es handelt sich um den Anfang unseres Textes (Edition S. 1, 2 - 17, 191). Aufgrund eines Bindefehlers sind die letzten zwei Blätter vom Vorausgehenden getrennt worden. Der erste Teil des *Geistbuchs*, in dem das Schriftwort *Sequere me* als ‚Vollkommenheit' ausgelegt wird, läßt sich auch als eigene Abhandlung lesen. Sie ist in unserem Fall eingebettet in die Materialien einer typischen geistlichen Sammelhandschrift in der Volkssprache: Lehren, Exempel, Betrachtungen, Traktate und Predigten. Identifiziert sind Briefe von Seuse, Predigten von Tauler und Exzerpte aus den Eckhart-Predigten 5b und 60.

9. Paris (Sigle: P1), Bibliothèque de l'Arsenal, Cod. 8209.

Papier, 349 Bll., Quart (203 x 134 mm); 1507 geschrieben von dem Laienbruder Jan de Swettere aus dem Kanonikerkloster Bethlehem zu Herent. Schreibsprache: brabantisch.

Beschreibung: H. Martin, *Catalogue général des manuscrits des bibliothèques publiques de France*, Tom. 6: *Paris, Bibliothèque de l'Arsenal*, Paris 1892, S. 436-437.

Geistbuch fol. 262r-281r: Überschrift: *Hier beghint des gheest boeck dat veel onderscheets heeft hoemen inden gheest wijselijc wandelen sal.* Inc.: *SEquere me etc. Onse here ihesus x̄p̄s sprect volghet my Wat es volghen ...* Expl.: *Hier indet des gheest boeck dat veel onderscheets heeft hoe men inden gheest wiselijc vandelen sal Dat ghewerdeghet ons god te veruullene Amen*

Der Codex ist evtl. als eine Art «Hausbuch» für die Laienbrüder des Konvents gedacht. Dabei steht die praktische Spiritualität der Devotio moderna im Vordergrund, wie aus der Mitüberlieferung des *Geistbuchs* deutlich wird:

> fol. 1-149: *Explicatio in Cantica canticorum* des Ps.-Richard von St. Viktor (Kap. 1-40) in mndl. Übersetzung.
> fol. 150-199: *boecken van den inwendeghen gheestelike oefeninghe*
> fol. 200-251: *boecken van den wt wendeghen lichameliicken oefeninghen*
> fol. 251-261: *van den sueten brugom Jhesus een gheestelike vermakinghe*
> fol. 262-281: *des gheest boeck*
> fol. 286-349: Predigten und Traktate

Das «Buch der inneren geistlichen Übung» und das «Buch der äußeren körperlichen Übung»[34] stellt eine Einheit dar und wurde von Jan de Swettere zusammen mit dem Schreibervermerk seiner Vorlage kopiert. Daraus geht hervor, daß die Vorlage 1429 bei den Regularkanonikerinnen von Barberendaal in Tienen, einer der dreizehn Frauengemeinschaften des Windesheimer Kapitels, begonnen, im Rode Closter weitergeschrieben und in Sevenbornen in der Fastenzeit (1430?) vollendet wurde. Auftraggeber waren Geistliche aus dem Kreis um Geert Groote und Florens Radewijns von Deventer.

> fol. 251: Ende hier mede eynde ic dat boecken van desen gheesteliken inwendeghen end wtwendeghen oefeninghen ... Niet dat ic alle dinghen scriven woude die hier toe dienen mer een forme ende een beghin woude gheven den beghinnenden menschen tot gheesteliker oefeninghen gheliic dat ic yerste inghenet was van minen werde vaders die dit ghevoelen ende dese leere hadden van meester Gheriit de Grote ende meester Florens te Deventer daer sy onder stonden ende van welken sy onderwiist worden[35].

Jan de Swettere bezog seine Vorlage offenbar aus der Buchproduktion und dem Leihverkehr der devoten Häuser[36].

---

[34] Zu diesem Text vgl. K. Stooker, T. Verbij, *Collecties op orde. Middelnederlandse handschriften uit kloosters en semi-religieuze gemeenschappen in de Nederlanden*, vol. 1: *Studie*, vol. 2: *Repertorium* (Miscellanea Neerlandica, 16), Leuven 1997, vol. 1, S. 243.

[35] H. Martin, *Catalogue général*, S. 436.

[36] Vgl. dazu W. Scheepsma, *Medieval Religious Women in The Low Countries. The «Modern Devotion», the Canonesses of Windesheim and their Writings*, Woodbridge 2004, bes. S. 2-16 und S. 234-235.

10. Gaesdonck (Sigle: Ga1), Bibliothek des Bischöflichen Gymnasiums Collegium Augustinianum, Ms. 16 (Kriegsverlust).

Papier, 288 Bll. (vi + 267 + xv), Oktav (154 x 106 mm), geschrieben um 1550 im Kanonikerinnenkloster St. Agnes in Arnheim und seit etwa 1640 im Besitz des Kanonikerklosters Gaesdonck bei Goch. Schreibsprache: nordwestliches bzw. Geldersches Niederrheinisch.

Beschreibungen: J. H. A. Beuken, «Rondom een Middelnederlandsche Eckehart-tekst», in: *Ons Geestelijk Erf* 8 (1934), S. 310-337. *Het Gaesdonckse traktatenhandschrift. Olim hs. Gaesdonck, Collegium Augustinianum, ms. 16. Diplomatische editie op basis van foto's uit de Titus Brandsmacollectie*, bezorgd door M. K. A. van den Berg met medewerking van A. Berteloot en Th. Mertens en een beschrijving met een codicologische reconstructie van de bron door H. Kienhorst (Middeleeuwse Verzamelhandschriften uit de Nederlanden, 9), Hilversum 2005, S. 11-59.

Geistbuch fol. 125r-164r: Rote Überschrift: *Hier begynt des geestes bouwe dat ons voel onderscheits gheeft hoemen inden geest wysselick wanderen sal* Inc.: *SEquere me onse lieue here seyt volget my nae wat is volgen ...* Expl.: *Hier eyndet des geestes bouwe welck ons voel onderscheits gheeft hoemen inden gheest wisselick wanderen sal dat gheweerdiget god aen ons te veruullen. Amen.*

Die Gaesdoncker Handschrift stellt mit fünf authentischen Eckhart-Predigten und einer Fülle Ps.-Eckhartischer Traktatliteratur ein wichtiges Dokument der Eckhart-Überlieferung in den Niederlanden dar. Von besonderem Interesse sind die fünf sog. *Gaesdonckschen Traktate*[37]. Im fünften konnte Alessandra Beccarisi Spuren einer Dietrich von Freiberg-Rezeption ausmachen[38]. Der Codex, der 48 verschiedene Texte enthält, wurde als geschlossene Einheit konzipiert.

fol. 1r-34v: Passionsgeschichte Christi
fol. 35r-75v: *Gaesdoncksche Traktate*; Tr. 1 und 2 steht in Verbindung zur Ps.-Eckhartischen Traktatliteratur.

---

[37] Vgl. P. W. Tax, «*Gaesdoncksche Traktate*», in K. Ruh (Hg.), *Die deutsche Literatur des Mittelalters. Verfasserlexikon*, Bd. 2, Berlin, New York 1980, Sp. 1099-1101.
[38] A. Beccarisi, «Dietrich in den Niederlanden. Ein neues Dokument in niederrheinischer Mundart», in: A. Beccarisi, R. Imbach, P. Porro (Hgg.), *Per perscrutationem philosophicam. Neue Perspektiven der mittelalterlichen Forschung. Loris Sturlese zum 60. Geburtstag gewidmet* (Corpus Philosophorum Teutonicorum Medii Aevi. Beiheft 4), Hamburg 2008, S. 292-314.

fol. 76r-v: Definition des «auserwählten Gottesfreunds»
fol. 77r-124v: Ruusbroec-Texte, gekürzt und redigiert; den Abschluß bildet eine ebenfalls gekürzte und redigierte Tauler-Predigt (Vetter, Nr. 60).
fol. 125r-164r: Geistbuch (*geestes bouwe*), redigiert.
fol. 164r-164v: Dialog zwischen Seele und Christus
fol. 165r-203v Seuses Briefe
Ab fol. 204r-267v wurde Eckhart und Ps.-Eckhart zusammengestellt, unterbrochen nur durch Gerlach Peters' *Soliloquium* in mndl. Übersetzung.

Das *Geistbuch* bildet in der Gaesdoncker Handschrift zusammmen mit dem Dialog zwischen Seele und Christus eine kodikologische Einheit. Mit der vorausgehenden Ruusbroec-Sektion, die von einer Definition des Gottesfreundes eingeleitet wird, ist unser Text hier in die sog. Gottesfreunde-Literatur eingereiht und wird offenbar nicht mit der Sammlung Eckhartscher Texte in Verbindung gebracht. In Gaesdonck haben wir die einzige bekannte Neuredaktion des *Geistbuchs* vor uns. Der Wortlaut des Textes wurde bewahrt, seine Abfolge jedoch grundlegend verändert, ohne daß sich ein System für diese Umstrukturierung feststellen ließe.

Bezeugung in mittelalterlichen Bibliothekskatalogen

Erfurt, ehemalige Kartause: *Registrum librarie fratrum Carthusiensium apud Erffordiam* des Jacobus Volradi aus dem letzten Viertel des 15. Jhs.:
Codex D 11[3] enthält:
Excerptum in Theutonico de libro, qui intitulatur vulgariter Das geystbuch[39].

Das hier erwähnte Geistbuchfragment aus dem verschollenen Codex D 11[3] wurde vom Schreiber einer theologisch-astronomisch-geographischen Sammelhandschrift benutzt, die heute in Leipzig liegt:

Weimar, Herzogin Anna Amalia Bibliothek, Cod. Q 51.

Erfurt, Kartause Salvatorberg, D 5[1] und G 32[1], Papier, V + 286 + III Bll., Quart (225 x 165 mm), 15. Jh. (ca. 1483-1491). Provenienz: Erfurt. Schreibsprache: lateinisch.

Vorläufige Beschreibung: M. Eifler, Katalog der lateinischen mittelalterlichen

---

[39] P. Lehmann, *Mittelalterliche Bibliothekskataloge Deutschlands und der Schweiz*, Bd. 2: *Bistum Mainz: Erfurt*, München 1928, S. 314, 24-25.

Handschriften der Herzogin Anna Amalia Bibliothek Weimar, 2. Teil: Quarthandschriften[40].

Es handelt sich um die persönliche Exzerptensammlung eines Schreibers in Form eines Rapiariums, das dieser zwischen 1483-85 und 1486-91 anlegte. Auf das *Geistbuch* wird verwiesen auf zwei Schaltzetteln:

fol. 41r: [Verweis auf Werke zum Thema *De anima* in Codices der Bibliothek]: ... *in quinto libro spiritus de anima pulchre ... Item in primo libro spiritus folio lxxx de triplici lumine.*

fol. 45r-v: [Exzerptensammlung zur Gnadenlehre der scholastischen und mystischen Theologie: Hartwig von Erfurt, Andreas de Zerwesth, Ps.-Dionysius Areopagita, Johannes Tauler, *Geistbuch*]: ... *Item in dem geystbuchge. Nota von den vyerden seligen menschen circa principium: Darumme spricht sanctus Dionisius: Das man got nicht bekennen mack dan myt unbekanttenisse.*

[40] Ich danke Herrn Matthias Eifler vom Handschriftenzentrum der Universitätsbibliothek Leipzig für die freundliche Überlassung des Materials, Stand 04. 01. 2010.

II. Zur Text- und Überlieferungsgeschichte

Das *Geistbuch* reiht sich in jene Texte ein, die zwischen *oberlant* und *niderlant*, d.h. hochdeutschem und niederländischem Sprachgebiet, ausgetauscht wurden. Seit dem grundlegenden Aufsatz von Kurt Ruh[41], der erstmals eine Systematik der Überlieferungswege vom niederländischen Literaturraum in den oberdeutschen und umgekehrt entwarf und die Möglichkeiten für die Überwindung der Sprachgrenzen untersuchte, rückte das Phänomen zunehmend ins Zentrum des Interesses[42] und stellt heute einen wichtigen Forschungsschwerpunkt dar, der sich besonders auf den überregionalen Literaturaustausch zwischen dem Rheinland und Brabant konzentriert[43].

All diese Studien haben eine wichtige Gemeinsamkeit: sie betrachten stets Texte, deren Autoren bekannt sind[44]. In solchen Fällen läßt sich der jeweilige

[41] Vgl. K. Ruh, «Altniederländische Mystik in deutschsprachiger Überlieferung», in: A. Ampe (Hg.), *Dr. L. Reypens-Album*, Antwerpen 1964, wieder abgedruckt in K. Ruh, *Kleine Schriften*, Bd. II: *Scholastik und Mystik im Spätmittelalter*, hg. von V. Mertens, Berlin, New York 1984, S. 94-117.

[42] Vgl. z. B. die Beiträge in A. Lehmann-Benz, U. Zellmann, U. Küsters (Hgg.), *Schnittpunkte. Deutsch-Niederländische Literaturbeziehungen im späten Mittelalter* (Studien zur Geschichte und Kultur Nordwesteuropas, 5), Münster 2003. Gregor Wünsche, «,Hadewijch am Oberrhein'. Niederländische Mystik in den Händen der sogenannten ,Gottesfreunde'», in: B. Fleith, R. Wetzel (Hgg.), *Kulturtopographie des deutschsprachigen Südwestens im späteren Mittelalter. Studien und Texte*, Berlin, New York 2009, 83-97, kann heute konstatieren: «Ein Literaturaustausch, der, wie wir inzwischen wissen, ... hervorragend in beide Richtungen funktionierte» (S. 83).

[43] Ein erstes Fazit dieses Ansatzes ist zu finden in dem Sammelband L. Cesalli, N. Germann, M. J. F. M. Hoenen (Hgg.), *University, Council, City. Intellectual Culture on the Rhine (1300-1550)* (Rencontres de Philosophie Médiévale, 13), Turnhout 2007; vgl. dort besonders die Beiträge von W. Scheepsma, «Überregionale Beziehungen zwischen dem Rheinland und Brabant in der mystischen Literatur des 14. Jahrhunderts», S. 247-275 und G. Warnar, «Men of Letters: Medieval Dutch Literature and Learning», S. 221-246, der zu dem Schluß kommt: «There is sufficient historical, textual, linguistic and codicological evidence to conclude that Dutch and German mystical texts were collected, copied and discussed among the same readers in the fourteenth century» (S. 242).

[44] Es ging um Eckhart und Tauler in den Niederlanden: vgl. R. A. Ubbink, *De receptie van Meister Eckhart in de Nederlanden gedurende de Middeleeuwen. Een studie op basis van middelnederlandse handschriften*, Amsterdam 1978; W. Scheepsma, «Meister Eckhart in den Niederlanden. Rezeption und Überlieferung im vierzehnten Jahrhundert», in: R. Brandt, D. Lau (Hg.), *Exemplar. Festschrift für Kurt Otto Seidel*, Frankfurt a. M. 2008, S. 9–54; G. L. Lieftinck, *De Middelnederlandsche Tauler-Handschriften*, Groningen 1936; um Ruusbroec und Hadewijch im oberdeutschen Raum: vgl. W. Eichler, *Jan van Ruusbroecs «Brulocht» in oberdeutscher Überlieferung. Untersuchungen und kritische Textausgabe* (Münchener Texte und Untersuchungen zur deutschen Literatur des Mittelalters, 22), München 1969; G. Wünsche, «,Hadewijch am Oberrhein'» (Anm. 42); um *Devotio moderna*-Rezeption in Rebdorf; vgl. K. Ruh, «Altniederländische Mystik» (Anm. 41), S. 105-107; mit Einschränkung um das niederdeutsche *Fließende Licht der Gottheit* von Mechthild von Magdeburg in Basel: vgl. D. Gottschall, «Basel als Umschlagplatz für geistliche Literatur: Der

Überlieferungsweg ohne große Schwierigkeiten beschreiben, weiß man doch, wo der Ursprung liegt. Im Falle des *Geistbuchs* fehlt diese Prämisse. Der Text gehört, wie aus den Handschriften deutlich wurde, zum großen Kreis der sog. Ps.-Eckhartischen Traktatliteratur mit dem wesentlichen Merkmal: sie ist rigoros anonym. Es gibt keinen inhaltlichen Hinweis, der es erlaubte, unseren Text mit Gewißheit einem niederländischem oder einem oberdeutschen Autor zuzuweisen. Die Kriterien für eine Zuordnung lassen sich nur in der Chronologie der Handschriften und in der Sprachqualität der beiden Versionen finden. Im Idealfall sollten sie sich harmonisch ergänzen, tun sie es nicht, so ist die linguistische Analyse ausschlaggebend[45].

Die Überlieferungschronologie des *Geistbuchs* ist zunächst verlockend. Die in brabantischer Schreibsprache abgefaßte Brüsseler Handschrift Br1 aus der ersten Hälfte des 14. Jahrhunderts ist mit Abstand der älteste Überlieferungszeuge. Erst gut hundert Jahre später ist der Text wieder bezeugt, diesmal in elsässischer Schreibsprache in der Salzburger Handschrift *S1*. Der Schluß, den Ursprung des *Geistbuchs* in den Niederlanden zu suchen, liegt nahe. Doch das Niederländische ist nicht die sprachliche Heimat des *Geistbuchs*, wie im Folgenden gezeigt werden soll.

Bei der Überlieferungsgeschichte des *Geistbuchs* handelt es sich ganz allgemein um interlingualen Texttransfer im westgermanischen Dialektkontinuum, der von Schreibern überwiegend in Form von Umschriften vorgenommen wird: das heißt, daß die graphische Ausdrucksseite des Vorlagentextes morph- und graphembezogen in Richtung der Zielsprache umgeschrieben wird[46]. Kurt Ruh hatte bereits auf dieses Verfahren bei der Überlieferung mndl. Traktate des Jan van Ruusbroec aufmerksam gemacht.

Fall des *Fließenden Lichts der Gottheit* von Mechthild von Magdeburg», in: *University, Council, City* (Anm. 43), S. 137-169; oder um «Deutsche Predigtsammlungen im Mittelniederländischen» von Th. Mertens und W. Scheepsma, in: *Schnittpunkte* (Anm. 42), S. 67-81.

[45] Ein dem *Geistbuch* vergleichbarer Fall wäre die bislang nicht untersuchte Text- und Überlieferungsgeschichte des anonymen Traktats *Diu zeichen eines wârhaften grundes* (F. Pfeiffer (Hg.), *Deutsche Mystiker des 14. Jahrhunderts*, Bd. 2, S. 475-478). Auch hier ist der älteste Textzeuge der ndl. Version die Brüsseler Handschrift Br1. Daneben gibt es eine oberdeutsche Überlieferung. Wo der Ursprung des Textes liegt, ist nicht geklärt.

[46] Zu einer Analyse der Transferverfahren anhand konkreter Textbeispiele vgl. Th. Klein, «Umschrift - Übersetzung - Wiedererzählung. Texttransfer im westgermanischen Bereich», in: W. Besch, Th. Klein (Hgg.), *Der Schreiber als Dolmetsch. Sprachliche Umsetzungstechniken beim binnensprachlichen Texttransfer in Mittelalter und Früher Neuzeit*, in: *Zeitschrift für Deutsche Philologie*. Sonderheft zum Band 127 (2008), S. 225-262, hier S. 226.

Ein gut untersuchtes Beispiel ist die Übertragung geistlicher Traktate des Jan van Ruusbroec aus dem Mittelniederländischen ins Oberdeutsch-Alemannische in Straßburg oder Basel etwa um 1350[47]. Im Falle der *Geesteliken brulocht* handelt es sich um eine mechanische Umsetzung der mndl. Vorlage ins Alemannische. Vergleicht man das erste Kapitel der oberdt. Version mit dem mndl. Original[48], so ergibt sich, daß der Bearbeiter nur wenige Wörter lexikalisch ersetzte:

Mndl. *te ontmoete* - mhd. *engegene*; mndl. *gracie* - mhd. *gnade*; mndl. *doghen* - mhd. *liden*; mndl. *puerste* - mhd. *reinste*; mndl. *consent* - mhd. *gehengnisse*; mndl. *toent* - mhd. *wiset*; mndl. *profijt ende orbore* - mhd. *nútz vnd fruht*.

In den meisten Fällen schrieb er die ndl. Lexeme graphembezogen um und erhielt so rein ausdrucksseitig die gleichen Lexeme in seiner heimischen Schreibform:

Mndl. *scalc* - mhd. *schalg*; mndl. *swaerheit* - mhd. *swarheit*; mndl. *ontscaecte* - mhd. *entsatte*; mndl. *soene* - mhd. *sŏne*; mndl. *ghevisiteeren* - mhd. *geuisitieren*; mndl. *trouwen* - mhd. *vertruwen*; mndl. *maniere* - mhd. *maniere oder wise* (der Einsatz der lexikalischen Doppelformel weist auf den Versuch der Übersetzung); mndl. *overmids* - mhd. *ouer mitz*.

Da bei dem Transferverfahren im sublexikalischen Bereich die Inhaltsseite jedoch unberücksichtigt bleibt, besteht die Gefahr, daß ein in die Zielsprache umgeschriebenes Lexem in dieser Sprache gar nicht existiert oder daß es eine andere Bedeutung trägt (der sog. *faux-amis*-Effekt), die dann den Inhalt der Aussage empfindlich stört. Dies sind die Punkte, die eine Beurteilung der Transferrichtung erlauben. In der überwiegend transkribierenden Übertragung der *Geesteliken brulocht* des Jan van Ruusbroec ins Oberdeutsch-Alemannische finden sich viele solche Sinnstörungen aufgrund umgeschriebener homonymer Lexeme. Klein konstatiert: «Der Umgang mit *faux amis* wird also nicht nur nicht gemieden, sondern geradezu gesucht!»[49].

Für das *Geistbuch* trifft diese Beobachtung jedoch nicht zu. Zwar gingen die Kopisten auf ähnliche Weise vor und schrieben ihre Vorlage graphem- und morphbezogen um. Doch zeigten sie dabei eine beachtliche Sprachkompetenz. Es gelang ihnen, die *faux amis* weitgehend zu vermeiden, indem sie ungewöhnlich oft auf den Transfertyp der Übersetzung zurückgriffen, d.h. Wörter oder Phrasen lexikalisch ersetzten. Ein Vergleich der ersten beiden Seiten des edierten oberdeutschen Textes (obere Zeile) mit

[47] Vgl. Th. Mertens, «Ruusbroec onder de godsvrienden», in: R. Schlusemann, P. Wackers (Hgg.), *Die spätmittelalterliche Rezeption niederländischer Literatur im deutschen Sprachgebiet* (Amsterdamer Beiträge zur älteren Germanistik, 47), Amsterdam 1997, S. 109-130.

[48] Vgl. Jan van Ruusbroec, *Die geestelike brulocht*, hg. von J. Alaerts u. a. (CCCM 103), Turnhout 1988, S. 151-157 und Jan van Ruusbroec, *Von einre geistlichen brunlŏfte zwüschen gotte vnd vnserre naturen*, hg. von W. Eichler, *Jan van Ruusbroecs «Brulocht»*, S. 81-83.

[49] Th. Klein, Umschrift - Übersetzung - Wiedererzählung (Anm. 46), S. 232.

der niederländischen Version (untere Zeile, Text nach der Graphie der mndl. Hs. *Br1*) soll das Umsetzungsverfahren kurz verdeutlichen[50]:

1. Unser herr *Jhesus Cristus* spricht: «Volg mir».
   Onse here Jhesus Cristus sprect: «Volghe mi».

2. *Was ist volgen*? Volgen ist volkomenheit.
   Wat es volghen? Volghen es volcomenheit.

3. *Volgen ist*, daz der mensch   sinen willen vff geb
   Volghen es dat die mensche **gode** sinen wille   op geeft

4. *an*   behalten *vnd wider nemen,*
   sonder behouden ende weder nemen

5. *also   das er gehorsam sey* **gottlichem** *willen* **an** *murmelung vnd wider* **sprechen**.
   alsoe dat hi gehorsaem si **gods**   wille **sonder** mormeringhe en*de* weder**sprake**.

6. Das ist gottes wille, daz **wir** mit einer **demütigen**   **forcht**   **an** allen
   vnsern werken sinen willen sůchen.
   Dat es gods wille   dat **hi** met ere **oedmoedegher vresen en***de* **wi in** al
   onse   werken sine*n* wille soeke*n*.

7. *Sant* Augustinus *spricht*: <u>Daz ist volkomenheit, daz wir an kleinen dingen gottes willen sůchen</u> vnd erfullen,
   S*inte* Augustijn sprect: <u>Dat wi an cleine*n* dinge*n* gods wille soeke*n*, dat es volco-me*n*heit</u> en*de* ve*r*vullen,

8. vnd wo es der mensch nit **erkennet**, *da* sol er tůn, daz der warheit aller glichest ist.
       Waer   die me*n*sche niet **en beke***n***t**, daer sal hi doe*n* dat der wareit alre ghelijcst es.

9. *Jn dem ewangelio Sant Johannis* <u>spricht *vnser herr*</u>:
   Inder   ewa*n*gelien <u>sprect Sinte Jans</u>   onse h*er*e:

10. «Wer mir volget, der   wandelt nit in   **vinsterniss**, *aber* er sol haben daz liehte des *lebens*».
    «Wie mi volghet, die en wa*n*delt niet in **dee***m***sternessen**, **maer** hi sal hebben dat licht des leve*n*s».

11. *Wan er ist* **ein** *weg   des lebens vnd ein haupt aller gewarer   tugent.*
    Wa*n*t hi es **die** wech des leve*n*s en*de* een hoeft alre ghewaregh*er* doghet.

12. Vnd wer jm volget an den tugenden, **der** wirt   eins mit im.
    En*de* wie he*m* volget aen de*n* doechde*n*, **hi**   wert **saen** een m*et* heme.

---

[50] Ich folge dem von Klein (Anm. 46) angewandten Vergleichsverfahren. Hervorgehoben sind alle Fälle von Wortersatz bzw. Textbearbeitung. Wybren Scheepsma danke ich für die Transkription der Brüsseler Hs. *Br1*.

13.   *Wer jm   nach gett,   <u>der geet auch mit jm</u>.*
      En*de* **soe** wie he*m* naer gheet, <u>daer gheet hi oec mede</u>.

14. Wir súllent im nach gon an bekantniss,   an minn   vnd an eÿnung.
      Wi selen   he*m* na gaen ane beki*n*nesse **en***de* ane mi*n*ne en*de* ane eni*n*ghe,

15. **Aber** niemant   **mag** in   bekennen *noch* geminnen noch **sich** vereinen ***mit*** im an
      glichen tugenden,
      maer nieme*n* **en mach** he*m* bekinne*n* noch ghemi*n*ne*n* noch   vere*n*e*n*   ane
      gheliken doechde*n*

16. **wenn so   vil**   als es múglich ist, *vnd **mit** gesellichen wercken,*
      dan   alsoe verre alst   moghe*n*lec es en*de* **ane** gheselleke werke*n*,

17. *das **man** mit cristo   geselschaft   halt   mit*
      *thun vnd   lassen vnd **mit** leiden.*
      dat wi   met *Christo* ghesellheit **en***de* **gherechte co*m*paengie** houde*n* **selen** met
      doene en*de* **met** latene en*de*   lidende

18. *Das **sprach** er selber: «Wer nicht mit mir **ist**,   der ist **wider** mich».*
      Dat **sprect**   hi selve: «Wie **dat** m*et* mi niet **en es**, die es **ieghe***n* mi».

19.   Wer   got also   volget mit sinem willen, der **erhebt** got   an lob vnd ***an***
      ere   ***vnd*** *der gibt got lob vnd ere,*
      Soe wie **soe** gode alsoe volghet met sine*n* wille, die **verheft** gode **in** love en*de* **in**
      ere*n*. **Want** hi   geeft gode lof en*de* ere

20. vnd den *wil* **er** wider **erhaben**,   *da*   er selber **erhaben** ist,
      en*de* die*n* wilt **god** weder **verheffen** daer hi selve   **verheve***n* es.

21. **als** er sprichet: «Ist das ich **erhaben** wúrd, so wil ich alle ding *zu* mir **ziehen**».
      Dat sprect hi **selve**: 'Eest dat ic **verheve***n* werde, soe willic alle dinc te mi **trecken**'.

22. Er meÿnt: in sine eÿnunge, da   er mit sinem vatter *ein* ist.
      Hi meint: in sijn eni*n*ghe, daer hi met sine*n* vader een es

Die aufgeführten 22 kurzen Textabschnitte enthalten acht Fälle von
Übersetzung: mhd. *âne*, mndl. *sonder* (4,5); mhd. *diemüetic*, mndl. *ootmoedich*
(6); mhd. *vorht*, mndl. *vrese* (6); mhd. *vinsternisse*; mndl. *deemsternisse* (10);
mhd. *aber*, mndl. *maer* (10, 15); mhd. *ziehen*, mndl. *trecken* (21). Zweimal
werden Wortbildungsmorpheme ersetzt: mhd. *erkennen*; mndl. *bekennen* (8);
mhd. *erheben*; mndl. *verheffen* (19, 20, 21). Daneben gibt es Wortersatz (5,
11, 16, 17, 18, 19, 20), der sich bis auf den Ersatz syntaktischer Strukturen
ausweitet: es gibt Zusätze bzw. Auslassungen (3, 8, 17) und Ersatz der
logischen Satzverbindungen (8: mhd. Konjunktion *vnd*; mndl. parataktische
Reihung; 13: mndl. Konjunktion *ende soe*; mhd. parataktische Reihung;
19: mhd. *wer* ...; mndl. *soe wie soe* ...; 19: mhd. parataktisches *vnd*; mndl.
kausales *want*; 21: mhd. modales *als*; mndl. parataktische Reihung). Die

Eigenheiten der jeweiligen Syntax werden vom Kopisten eingehalten: im Mhd. muß auf *in*, Akk. Sg. Mask. des Personalpronomens, ein *sich*, Akk. Sg. Mask. des Reflexivpronomens folgen; im Mndl. genügt *hem*, das für Personalpronomen und Reflexivpronomen stehen kann (15). In 6 und 9 ist der mndl. Text verderbt, was auf mechanische Fehler beim Kopiervorgang zurückgeht und keinen Hinweis auf den Ursprung gibt. Und schließlich haben wir es in 13 mit zwei völlig verschiedenen Aussagen zu tun, so daß man von Bearbeitung sprechen kann: die mhd. fügt sich besser in den Kontext, doch auch die mndl. ist nicht abwegig. Alles in allem unterscheidet sich der Umgang mit dem *Geistbuch* nicht vom intralingualen Texttransfer zwischen verschieden Dialekten.

Welche Version die ursprüngliche ist, die mndl. oder die mhd., läßt sich an diesen 22 Textpassagen nicht feststellen. Die vorliegenden Sinnverschiebungen auf der Inhaltsseite sind nie so gravierend, daß eine Aussage nicht mehr für den Autor in Anspruch genommen werden könnte.

Doch verrät sich der Übersetzer des *Geistbuchs* an einigen wenigen Stellen, an denen er seine Vorlage nicht oder nicht richtig verstand. Diese Stellen weisen ihn als Niederländer aus. Der eklatanteste Fall findet sich

> S. 56, 49-50: *daz wer der blossen sel ein helle wise, daz sú iht bekante mit sich des sinen, daz sin alleine ze bekennen vnd ze begriffen ist* [‚es wäre für die entblößte Seele eine Höllenqual, etwas von ihm (*sc.* von Gott) aus eigener Kraft zu erkennen, was alleine ihm zu erkennen und zu begreifen zukommt'].

Das mhd. Lexem *wîze*, stswF., stN.: ‚Strafe, Folter Qual' ist im Niederländischen nicht belegt. In Ermangelung echten Textverständnisses transkribiert unser Übersetzer phonetisch, indem er die Regeln der zweiten Lautverschiebung anwendet, in mndl. *wijt*, Adj.: ‚weit, breit', was den Sinn aber verfehlt:

> S. 56, 49: *mhd.* helle wise *(hell weitz am Rand* pein *N1) x1;* pein vnd ein hell *x4*]
> *mndl.* helle wijt *(waert Ga1) y*

Im konservativen Südwesten des deutschen Sprachgebiets, wo das bis ins Althochdeutsche[51] zurückreichende Lexem auch im 15. Jahrhundert als

---

[51] Ahd. *wīzi*, stN.: ‚Strafe, Qual Strafgericht, Hölle' aus germ. **weitja*; vgl. G. Köbler, *Wörterbuch des althochdeutschen Sprachschatzes*, Paderborn u.a. 1993, Sp. 1286-1287. Das Lexem ist in der gesamten Germania präsent: got. **weiti*, aisl. *vīti*, ae., afr. *wīte*, as. *wīti:* vgl. F. Holthausen, *Gotisches etymologisches Wörterbuch*. Mit Einschluß der Eigennamen und der gotischen Lehnwörter im Romanischen, unver. Nachdruck der Ausgabe von 1934, Heidelberg 2002, S. 124.

terminus technicus für *poena inferni* gebräuchlich ist, wird *wîze* von Jörg Gartner problemlos kopiert. Die bairischen Kopisten verstehen das Wort, doch glossieren bereits, wie im Falle der Nürnberger Handschrift *N1*, oder ersetzen durch das längst weit gebräuchlichere *pein*, wie im Falle des Fragments *Selig sind die Toten*, überliefert von *x4*. Der niederländische Übersetzer des *Geistbuchs* verstand das Wort nicht. Er wußte sich nicht anders zu helfen, als es nach den ihm bekannten Regeln phonetisch zu transkribieren. Der Schreiber der Gaesdoncker Handschrift *Ga1*, der Unverständliches stets zu korrigieren versucht, ändert das sinnlose nachgestellte Adjektiv *wijt* in das Basissubstantiv *waert* für das Determinativkompositum *helle waert*: ‚Höllenwächter'. Damit wird zwar ein gebräuchliches mndl. Lexem gewonnen, der Sinn der Aussage aber noch weiter zerstört.

Es gibt weitere Stellen, an denen sich die ndl. Version als sekundär erweist[52]:

S. 36, 167: *mhd.* vol listiger swindekeit *x1*] *mndl.* veel lusteger *(wale lutere Br1)* ende zins rijkere *y*
Die nur angelernte Weisheit der Ungelehrten ist voll listigem Ungestüm. Diese negative Bewertung wird von dem ndl. Übersetzer mißverstanden und ins Positive gekehrt.

S. 44, 247: *mhd.* Antweder sú *(sc.* die tugend*)* enthaltet sich in got oder in hoffart] *mndl.* Ende weder si onthout hare in gode ochte inder hoverden *Br1*; En weder si onthout haer in gode oft inder hoverdien *P1*; ten waer dat sij oer ontholt in god of inder hoeverdien *Ga1*
Der ndl. Übersetzer übernimmt hier die mhd. entweder-oder Konstruktion, die es im Mndl. so nicht gibt. Mndl. *enweder*: ‚noch'; mhd. *entweder-oder*: mndl. *oft(e)-oft(e)*

S. 46, 270: *mhd.* den sÿnnen ze vil gesippe] *mndl.* den ghesibbelden (gesubtilen *Ga1*; geesteliken *Br1*) sinne *y*
Das mhd. *ze vil gesippe* wurde vom Übersetzer nicht verstanden. Die erhaltenen Lesarten zeigen Imitationsversuche bzw. ändern wie Br1. Der Sinn der Aussage wird in keinem Fall bewahrt.

Unter Berücksichtigung der bisherigen Überlegungen läßt sich für die Textgeschichte des *Geistbuchs* folgendes *Stemma codicum* entwerfen:

---

[52] Ich danke für diese Hinweise Wybren Scheepsma.

mhd. Original

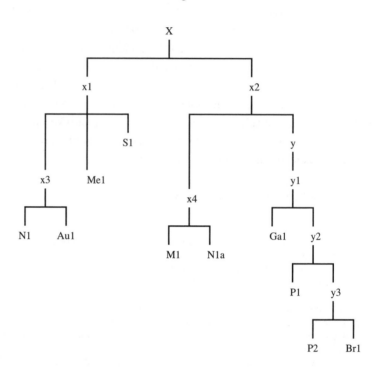

Die sprachliche Heimat des *Geistbuchs* ist sehr wahrscheinlich eine Mundart des Oberrheingebiets. Jörg Gartner, der Schreiber der Salzburger Mosaikhandschrift, kopierte von einer guten Vorlage, die dem Original sehr nahe stand. In seiner Abschrift von etwa 1441 ist unser Text heute am besten dokumentiert. Daß es sich um eine Abschrift des 15. Jahrhunderts handelt, ist nicht ungewöhnlich. Zahlreiche Handschriften des 14. Jahrhunderts wurden Makulatur, als im Rahmen der Ordensreformen und des ständig wachsenden «Lesehungers» eines laikalen Publikums in den Großstädten neue geistliche Texte bereitgestellt werden mußten[53]. Für die Erstellung des

---

[53] Zum Stellenwert von Privatbibliotheken bei der Rezeption und Distribution deutschsprachiger geistlicher Literatur vgl. neuerdings B.J. Nemes, «*Dis buch ist iohannes schedelin*. Die Handschriften eines Colmarer Bürgers aus der Mitte des 15. Jahrhunderts und ihre Verflechtungen mit dem Literaturangebot der Dominikanerobservanz», in B. Fleith, R. Wetzel (Hgg.), *Kulturtopographie des deutschsprachigen Südwestens* (Anm. 42), S. 157-205. Nemes kann dabei zeigen, daß die

mhd. Ausgangstextes eignet sich *S1* als Leithandschrift. Sie hat nur einen Mangel: Gartners Kürzungssystem.

Jörg Gartner, oder besser: der Schreiber seiner Vorlage[54], hatte offenbar den Auftrag, den Inhalt einer ganzen Bibliothek zwischen die Buchdeckel seines Codex zu pressen. Dafür mußte er längere Texte, das sind Predigten oder Traktate, kürzen[55]. Er kopierte nur das, was zum Verständnis des Argumentationsganges eines Textes unbedingt erforderlich war. Dieses Verfahren verlangt ein hohes Maß an Konzentration, was bei längeren Traktaten nur schwer durchzuhalten ist. Im Falle des *Geistbuchs* ist etwa ab der Mitte des Textes eine Verringerung der Einkürzung zu beobachten. Unser Schreiber kopierte zunehmend mechanisch, so daß immer mehr Vorlagentext erhalten blieb.

S1 repräsentiert also am besten den mhd. Ausgangstext. Er läßt sich bis auf die Stufe des Archetypus *X* rekonstruieren, von dem sämtliche uns heute bekannten Textzeugen abhängen. Belegbar ist die Existenz eines Archetypus mit einer Stelle, an der die gesamte Überlieferung gestört ist und sich nur ein hypothetischer Text erstellen läßt. Mit Bezug auf das Schriftwort Gn 6,7: «Poenitet enim me fecisse eos» wird die «Reue» Gottes beschrieben:

S. 14,159-160: (Also ist die rewe nach menschlichem sÿnne vnd nach dem teil des nach volgens) *[ende]* des mitwúrckens *]* ... des wegens des mitwúrckens *S1;* ende des voeghens *(volgens P2)* des mede werkens *y3;* ende des werckens *Ga1;* des mit wurkkens *x3, P1*

Der Text ist an dieser Stelle verderbt, vermutlich aufgrund einer Dittographie des vorausgehenden *(nach) volgens*, die ihre Spuren in Form eines eingefügten Verbs (*voeghens, volgens, wegens*) hinterlassen hat. Dabei ist die zum Verständnis nötige Konjunktion *und* ausgefallen, die die Verben *nachfolgen* und *mitwirken* verbinden sollte.

Unmittelbar nach seiner Entstehung in der ersten Hälfte des 14. Jahrhunderts wurde das *Geistbuch* ins Mittelniederländische übersetzt. Rein hypothetisch ist von dem in vielen Fällen bezeugten Literaturtransport entlang des

Observanz «auch zur Wiederbelebung und Verbreitung von geistlichem Schrifttum dominikanischer Provenienz des 14. Jahrhunderts beigetragen hat» (S. 160).
[54] Der von Gartner angelegte Codex Salzburg, Universitätsbibl., Cod. M I 476 ist eine äußerst sorgfältig und akkurat angefertigte Reinschrift. Gartner hat während des Kopiervorgangs seinen Text eigenhändig rubriziert, eine sinnvolle rote Interpunktion eingetragen und stellenweise am Rand korrigiert.
[55] Zur Beurteilung von *S1* vgl. G. Steer, «Die Schriften Meister Eckharts in den Handschriften des Mittelalters», in: H.-J. Schiewer, K. Stackmann (Hgg.), *Die Präsenz des Mittelalters in seinen Handschriften*, Tübingen 2002, S. 209-302, hier S. 268-270: «Hätte er (Jörg Gartner) brav und gedankenlos seine Texte abgeschrieben, müßte man seine Leistung rühmen – aus Dankbarkeit für eine der besten und verläßlichsten Abschriften von Eckhartpredigten» (S. 269f.)

Rheintals auszugehen. Als «Literaturdrehscheibe» in die Niederlande ist
Köln denkbar und für die Umsetzung ins Mittelniederländische kommt
der Raum um Brüssel in Betracht[56]. Eine, leider recht fehlerhafte, frühe
Abschrift dieser Übersetzung hat sich in der brabantischen Handschrift Br1
erhalten. Sehr zuverlässig wurde sie dagegen in der späten Handschrift P1
aus dem 16. Jahrhundert bewahrt, die im Rahmen der Literaturproduktion
der *Devotio moderna* hergestellt wurde. P1 wäre als Leithandschrift für die
Erstellung eines kritischen niederländischen Textes zu wählen.

Daß die mndl. Übersetzung auf einer bereits sekundären Textebene Y
basiert, zeigen folgende *x1* bzw. y verbindende Lesarten:

S. 4, 43: (Die Seligen sind so mit Gottes Willen vereint, daß sie willenlos sind). da
enist nit denn ein wille *x1, fehlt y*
S. 20, 33-34: (Sú nement aber zů) an der würkenden eÿnung *x1]* ... aenden wercken
der vereninghen *y*
S. 74, 56: (Von) der würkenden eÿnung (halb vallen dise gŏtliche lewtt in drÿerhand
geprechen) *x1]* ... den *(der P1)* werken der eninghen ... *y*
S. 30, 103: einsinnig *x1]* eensalich *(een sedich Ga1) y*
S. 36, 167 (Die «gewonnene» Kunst erlangen Ungelehrte ohne Gnade): (Aber denn
so ist ir wissheit) vol listiger swindekeit *x1]* ... veel lustegher ende sijn rijckere *y*
S. 36, 168: Hier vmme *x1]* haer minne *y*
S. 38, 188: (Sunder dem lieht des glŏben so) so ziehend wir die ding (in manigfaltig
sÿn) *x1]* ... soe sien wi die dinghen ... *y*

Die schlechtere Qualität des *y*-Textes kann dabei auf Mängel seiner Vor-
lage *x2* oder auf Fehler des ndl. Übersetzers zurückgehen. Letztendlich
entscheidbar ist das sekundäre Niveau von *y* über die Existenz der Text-
stufe *x2*.

Peugers Redaktion *Me1* ist so stark bearbeitet, daß sie sich nicht mehr
mit dem ursprünglichen Text des *Geistbuchs* vergleichen läßt. Die Melker
Handschrift ist für die Erstellung eines kritischen Textes wertlos und wurde
nicht in den Lesartenapparat aufgenommen. Wollte man sie in das Stemma
einzeichnen, so wäre sie, mit Vorbehalt, einer ebenso guten Vorlage wie der
Gartners zuzuordnen. Eine einzige Lesart belegt diese Entscheidung:

S. 31, 114 - 32, 115: vnd wenent *(mainent Me1)* in da mit erkennen *(oder sy erchen-*

[56] E. Kwakkel, H. Mulder, «Quidam sermones» (Anm. 9), verweisen auf den Raum Brüssel
als Zentrum deutsch-niederländischen Literaturaustausches mit besonderer Berücksichtigung der
Ruusbroec- Handschrift Vv (Brüssel KB 3067-73) aus dem 14. Jh., die nicht nur Paralleltexte zu
den gleichaltrigen alemannischen Hss. Einsiedeln Ms. 277 und 278 enthält, sondern sogar Spuren
einer oberdeutschen Glossierung aus dem 14. Jh. aufweist.

nen den da mit *Me1;* bekennen *y)* der die vinsterniss hat gesaczt zů siner winkel hůt *S1,*
Me1, y] vnd wenen in den bekennen der die vinsternuß hat gesetzet zu seiner winckel
huett *x3*

Die Schwesterhandschriften N1 und Au1 repräsentieren eine fehlerhafte
und recht individuelle Redaktion unseres Textes, die eindeutig sekundär ist.
Dieses Ergebnis deckt sich mit den stemmatischen Erörterungen Ruhs zur
Blume der Schauung in unserer Handschrift N1[57]. Die Textstufe x3 ist mit
zahlreichen Bindefehlern belegbar:

S. 6, 73: (da ist got meister vnd gezöw vnd materie) in ettlicher wise *S1, y]* ... mater-
licher weiße *x3*
S. 7, 85: (Nu ist ein frag ob got sÿ ein beweger gůter vnd) bôser ding *S1, y]* ... hoch-
er werck *x3*
S. 78, 99: (Wer aber) vermesselich (sich insenket) *S1, y]* ... vmb zeitlich ding ... *x3*
S. 82, 148: (daz ich gott) minnete in mir vnd durch got *S1, y]* ... mynens myne durch
gott *x3*

Interessant ist die Textstufe *x2*, die nur über das Fragment *Selig sind die*
Toten faßbar wird (S. 50, 1 - 59, 70). Der ebenfalls stark bearbeitete und
gekürzte traktatartige Text auf das Schriftwort Apc. 14, 13 gründet auf
einer *Geistbuch*-Handschrift, die auch dem niederländischen Übersetzer als
Vorlage diente:

S. 50, 7: mit sich *x1]* in sich selber *x2 (M1)*
S. 50, 11: mit *x1]* in der *x2 (M1)*
S. 50, 14: von wissen *(wissent x3) x1]* avs wizzen *x2 (M1)*
S. 54, 36-37: vergisst sú bilden vnd formen *(form vnd pild x3) x1]* vergaet sijn *(si y2,*
fehlt x4) formen ende beelden *(alle pild x4) x2 (Ga1)*
S. 58, 63: vnd leschet *S1;* vnd lost *(loft Au1) x3; fehlt x2*

Die Fragmente *M1* und *N1a*, die stark bearbeitet die Stufe der Überkommenen
mit dem Thema *Selig sind die Toten* (Apc. 14, 13) überliefern, bezeugen in
einer Reihe individueller Lesarten die Textstufe *x4*:

S. 50, 9: begriffen *x1, y]* bekennen *x4*
S. 50, 11-12: daz man ... komet zů dem riche *x1, y]* daz man ... chom zve dem weg *x4*
S. 51, 16 auf das er weiß werd *(si Br1) x1 (fehlt S1), y]* avf daz er weis sey *(werd*
N1a) in rehter warheit *x4*
nach S. 53, 33-34: Da bekennent sú stillich in vnbekantheit on bezeichnung *x1, y*
eingefügt: also spricht sand *(der werde N1a)* Dyonisius *x4*

Die niederländische Übersetzung wird auf der Textstufe *y1* von allen mndl.

---

[57] Vgl. K. Ruh, *Die Blume der Schauung* (Anm. 20), S. 17.

Überlieferungsträgern dokumentiert. In dieser Form repräsentiert *y1* den Archetyp *y* und wird als solcher im Lesartenapparat verzeichnet.

Innerhalb dieser Übersetzung schließen sich die Handschriften *P1*, *Br1* und *P2* zu einer Textform *y2* zusammen:

> S. 4, 37: gûtes *x1*, *Ga1*] gods *y2*
> S. 5, 55: vnd *(vnd jn der x3)* meÿnung *x1*, *Ga1*, *fehlt y2*
> S. 6, 71: geedelt *x1*, *Ga1*] ghedeylt *y2* *(Lücke P2)*

Das Fragment *P2* vom Anfang des *Geistbuchs* läßt sich nur schwer einordnen. Doch scheint es mit *Br1* eine individuelle Textform *y3* zu bilden. Im ersten Textbeispiel überliefern *P2* und *Br1* als einzige Textzeugen das falsche Personalpronomen *hi* anstelle von *wir*. Im zweiten Beispiel wurde das mhd. *vngliche* im Ndl. offenbar nicht verstanden oder verderbt überliefert. *P2* und *Br1* schließen sich zu *gheluc* zusammen:

> S. 1, 5-6: daz wir mit einer demütigen forcht an allen vnsern werken sinen willen sůchen *x1*, *Ga1*, *P1*] daz hi met eerre oetmoediger vresen *(vresen en wi Br1)* in allen onsen wercken god suecken en synen wil *(god ... wil: sinen wille soeken Br1) y3*
> S. 3, 31-32: vngliche valscher gnade *S1*] gheluc valscher gracien *y3*; liecht falscher gnad *x3*, *Ga1;* valsche gracie *P1*

III. Aufbau und Inhalt des *Geistbuchs*

Das *Geistbuch* ist ein präzise durchstrukturierter Traktat, dessen Argumentationsgang mit rhetorischem und stilistischem Geschick vorgetragen wird. Inhalt ist die Vollkommenheit: In einem ersten Teil erörtert der unbekannte Autor[58], was ein Christ unter «Vollkommenheit» zu verstehen hat. In einem zweiten Teil werden die Bedingungen und Möglichkeiten ihrer Verwirklichung in diesem Leben diskutiert. Dies sind keine sonderlich originellen Themen und so ähnlich sicher in jedem Erbauungstraktat des Mittelalters anzutreffen. Doch unser Autor setzt Akzente, die eine Einordnung seines Textes in den ideengeschichtlichen Kontext der ersten Hälfte des 14. Jahrhunderts erlauben.

Zunächst ist der Titel *Geistbuch* ungewöhnlich. Es dürfte sich bei diesem Kompositum um einen Neologismus handeln, der darauf abzielt, Aufmerksamkeit zu wecken. Incipit und Explizit kündigen Belehrung an, wie man klug «in dem Geist» wandeln solle. Was auch immer konkret damit gemeint war, für den zeitgenössischen Leser lag die Assoziation zur Sekte der Brüder und Schwestern vom Freien Geist auf der Hand, die seit dem ausgehenden 13. Jahrhundert die kirchliche Hierarchie beunruhigte. Die Adepten des Freien Geistes wandelten aus orthodoxer Sicht nicht klug im Geist. Sie vertraten eine Lehre von Vollkommenheit, die der des *Geistbuchs* diametral entgegensteht. Wer unter ihren Anhängern nach harter Askese und Bußübungen Vollkommenheit erreicht hatte, war in unverrückbarem Besitz eines Zustandes, den ihm niemand mehr nehmen konnte. Folglich konnte solch ein Vollkommener sich jede Freiheit gestatten[59].

---

[58] Der Text ist in sämtlichen Handschriften anonym überliefert, lediglich in der Melker Bearbeitung (*Me1*) durch Lienhart Peuger wird er explizit in den Kontext von Meister Eckhart gestellt (s. o. S. XIVf.). In der Forschung brachte Georg Steer als erster das *Geistbuch* mit Eckhart in Verbindung: G. Steer, *Scholastische Gnadenlehre in mittelhochdeutscher Sprache* (Münchener Texte und Untersuchungen zur deutschen Literatur des Mittelalters, 14), München 1966, S. 72, bei der Beschreibung unserer Handschrift *Au1*: «198v-215r Meister Eckhart?: [U]nser herr ihesus cristus sprach volg mir nach ...». Diese Vermutung Steers wurde dann von Karin Schneider in ihrem Verfasserlexikon-Artikel aufgegriffen (Anm. 1).

[59] Zumindest berichten uns dies Inquisitionsprotokolle und Streitschriften von orthodoxer Seite gegen die Anhänger des Freien Geistes; vgl. W. Senner, «Rhineland Dominicans, Meister Eckhart and the Sect of the Free Spirit», in: J. Greatrex (Hg.), *The Vocation of Service to God and Neighbour. Essays on the Interests, Involvements and Problems of Religious Communities and their Members in Medieval Society*, Turnhout 1998, S. 121-133, hier S. 122 und R. Guarnieri, Il movimento del Libero Spirito dalle origini al secolo XVI. Testi e documenti», in: *Archivio Italiano per la Storia della Pietà* 4 (1965), S. 351-708, hier S. 414-416, mit Diskussion der Bulle «Ad nostrum», in der

Ganz anders im *Geistbuch*: den ganzen Text durchziehendes Motto ist das stoisch-humanistische «nichts im Übermaß», das rechte Maßhalten zwischen Askese und Befriedigung leiblicher Notdurft, zwischen *vita contemplativa* und *activa*, zwischen «Geist» und Natur. Die Essenz seiner Lehre lautet: Vollkommenheit kann in diesem Leben höchstens gestreift werden, sie wird nie zum festen Besitz. Niemand wird je ohne Fehler sein, selbst die Vollkommenen, insofern sie Menschen sind, fallen notwendigerweise zurück.

1. Was ist Vollkommenheit

Das *Geistbuch* setzt mit dem Schriftwort Joh. 21, 19 als Thema ein: «Unser herr Jhesus Cristus spricht: ‚Volg mir'» (S. 1, 2)[60]. Diese Aufforderung wird ausgelegt: «Nachfolgen» ist Vollkommenheit. «Nachfolgen» bedeutet, den eigenen Willen aufgeben und ganz dem Willen Gottes gehorchen.

Daraus ergibt sich das Prothema Joh. 8, 12: «Wer mir volget, der wandelt nit in vinsterniss, aber er sol haben daz liehte des lebens» (S. 2, 10-11)[61]. Auch diese Aussage wird ausgelegt: «das Licht des Lebens haben» heißt, mit Christus eins werden. Wer also Christus nachfolgt im oben genannten Sinne,

---

1313 in acht Artikeln die freigeistigen Irrtümer von Beginen und Begarden im deutschsprachigen Raum («in regno Alemanniae») von Papst Clemens V. als häretisch verurteilt wurden.

[60] Es handelt sich um das letzte Kapitel des Johannesevangeliums, in dem Petrus und Johannes über ihre Liebe zu Christus wetteifern: «Hoc autem dixit (*sc*. Christus), significans qua morte clarificaturus esset Deum. Et cum hoc dixisset, dicit ei (*sc*. Petro): Sequere me». Auf dieses Schriftwort existieren an gedruckten Predigten Ps.-Eckhart, Sammlung Jostes, Nr. 74 und anonym in Amsterdam, Univ.-Bibl., Cod. I G 41, fol. 270vb - 273va vom Jahr 1348 auf das Schriftwort «Sequere me». Dieser Text verbindet Joh. 21, 19 mit Joh. 8, 12 und handelt von der Nachfolge Christi in Minne und geistlichem Sterben; vgl. C. G. N. De Vooys, «Twee mystieke traktaatjes uit de eerste helft van de veertiende eeuw», in: *Tijdschrift voor Nederlandse taal- en letterkunde* 40 (1921), S. 301-309.

Joh. 21, 19-22 ist Evangeliumstext für den 27. Dezember, dem Fest Johannes' des Evangelisten. Der Vers *Sequere me* (Joh. 21, 19) wird zusammen mit *Conversus Petrus* (Joh. 21, 20) im Stundenbuch als Antiphon /Responsorium benutzt. Dem Hörer oder Leser verband sich das Initium «Sequere me / Volg mir» mit Johannes-Predigten. Die Perikope aus dem Johannesevangelium enthält *in nucleo* die Lehre des *Geistbuchs*, wie im Folgenden deutlich werden wird: «Hoc autem dixit (*sc*. Christus), significans qua morte clarificaturus esset Deum. Et cum hoc dixisset, dicit ei (*sc*. Petro): Sequere me. Conversus Petrus vidit illum discipulum quem diligebat Iesus sequentem, qui et recubuit in cena super pectus eius et dixit: Domine, qui est qui tradit te? Hunc ergo cum vidisset Petrus, dicit Iesu: Domine, hic autem quid? Dicit ei Iesus: Si sic eum volo manere donec veniam, quid ad te? Tu me sequere.»

[61] Der Textbeginn mit Thema und Prothema entspricht dem der Predigt. Im Fall des *Geistbuchs* haben wir es mit einer rein literarischen Predigt bzw. mit einem Traktat in Predigtform zu tun. Zur Textgattung vgl. P.-G. Völker, «Die Überlieferungsformen mittelalterlicher deutscher Predigten», in: *Zeitschrift für deutsches Altertum und deutsche Literatur* 92 (1963), S. 212-227, hier S. 214.

wird eins mit ihm. Dieses Ziel erreicht man kontemplativ über Erkenntnis (*bekantniss*), Liebe (*minn*) und Vereinigung (*eÿnung*) im Zusammenspiel mit der aktiven Komponente des Tun (*thun*), Lassen (*lassen*) und Leiden (*leiden*).

Wer auf diese Weise Christus nachfolgt, der erhöht und ehrt ihn, und für den gilt die Verheißung Joh. 12, 32: «Ist das ich erhaben wúrd, so wil ich alle ding zu mir ziehen» (S. 2, 21-22). Und auch das bedeutet, Eingehen in die Einheit.

Unser Autor schließt seine Exposition mit einer Klimax von positiven Eigenschaften, die denen zuteil werden, die ihren Willen mit Gott vereinen, also «nachfolgen» und somit vollkommen werden:

- sie werden so stark, daß sie jede Schwierigkeit überwinden;

- sie werden so «abgeschieden», daß keine irdische Lust sie mehr locken kann;

- sie werden so erleuchtet, daß sie keine falsche Einflüsterung[62] betrügen kann;

- sie werden so erfüllt von «Gottvertrauen», daß sie kein Zweifel mehr quält.

Es geht also um die Frage, wie die Nachfolge Christi zu verstehen und umzusetzen ist in diesem Leben. Dieses Thema ist generell interessant für jeden Menschen, der an einem spirituellen Leben interessiert ist. Doch es ist auch eine Frage, die in der ersten Hälfte des 14. Jhs. von neuen und experimentellen religiösen Bewegungen laikaler Gruppierungen gestellt wurde. Beginen und Begarden ging es nicht um dogmatische Probleme, sondern um gelebte Christusnachfolge und damit um ein vollkommenes christliches Leben. Es boten sich verschiedene Modelle an, diese Nachfolge zu gestalten: radikale Armut, tätige Nächstenliebe, Nachleben der Passion in asketischen Übungen. Auch unser Autor greift diese Frage auf, auch er definiert die Nachfolge als vollkommenes Leben. Und er entwickelt ein ganz präzises Modell von Nachfolge bzw. Vollkommenheit: Aufgabe des Eigenwillens und Vereinigung mit dem göttlichen Willen.

Nachdem Nachfolge bzw. Vollkommenheit als Aufgabe des Eigenwillens definiert wurde, gilt es nun, diese Definition durch entsprechende Autoritäten abzusichern und zu begründen. Die höchste Autorität ist Christus selbst:

«Nü sprechen wir in dem Pater Noster: ,Dein wil werd hie in der erden als in dem himel volbracht'» (S. 4, 41-42).

Die dritte Bitte des Vaterunsers läßt sich als Aufforderung lesen, den eigenen Willen aufzugeben. Unser Autor interpretiert «in dem Himmel»

---

[62] Unser Autor zitiert hier 1 Joh. 4, 1-2: «Man sol haben vnderscheid der geist. Weler geist bezúget Christum, der ist gewer» (S. 3, 34-35).

als die Willenlosigkeit der Seligen, die wir uns hier auf Erden als Vorbild nehmen sollen, soweit es möglich ist.

> Der seligen wille in dem himel ist so gar eins mit gottes willen, daz sú willelos sint. Da enist nit denn ein wille. Also will got, daz öch hie vff erden wir also vereint sint, daz wir jn der selben weiß also willelos sient, also verr als es vns múglich ist jn der wandlung der czeit (S. 4, 42-45).

Eine derartige Auslegung der dritten Vaterunser-Bitte entspricht dem Texttypus der spekulativ-mystischen Vaterunser-Auslegung, der etwa ab dem 14. Jh. entsteht. Als Beispiele dafür gelten zwei Meister Eckhart zugewiesene Vaterunser-Auslegungen: *Diz ist daz pater noster myt der glosen Meister Ekkart*[63] und *Hie beginnet oder veht an daz sunnenteglich gepet*[64]. Der *Geistbuch*-Autor liegt auf einer Linie mit dem Ps.-Eckhartischen Text:

> Also sult unser wille mit got vireiniget sin; wir sagen wol mit dem monde: din wille werde, aber wir sagen iz wieder mit dem hertzen; so got wil, daz wir arme sin, oder virsmehet, oder vngemach haben an dem libe, oder daz vns die lute ubel dûn, so wollen wir ez nit. war vmb ist aber daz? daz ist dar vmb, daz vnser herce vnd vnser wille nit eyne ist mit gottes willen yn allen dingen vnd yn allen sachen zu got, waz wir dan deten oder liezen oder lieten, an vns selber oder an andern luten, mit wortten oder mit werken oder mit gedencken, so mochten wir sicherlichen sprechen: din wille werde in der erde als yn dem hiemel[65].

Eckhart selbst geht noch einen Schritt weiter: «dein Wille werde» bedeutet für Eckhart die Vereinigung von menschlichem und göttlichem Willen, ja, die Transformation des menschlichen in göttlichen Willen oder die Vergottung des Menschen[66]. Diesen radikalen Ansatz verfolgt er allerdings nur in der Volkssprache. Sein lateinischer *Tractatus super Oratione Dominica* spricht nicht von der Einheit im Willen, sondern folgt der traditionellen Exegese der Patristik[67]. Die Interpretation der dritten Vaterunser-Bitte als Aufforderung zur Aufgabe des Eigenwillens und Vereinigung des menschlichen mit dem göttlichen Willen ist also nicht allgemein üblich und traditionell.

---

[63] Ed. J. Zacher, «Bruchstücke aus der Sammlung des Freiherrn von Hardenberg», in: *Zeitschrift für deutsche Philologie* 14 (1882), S. 89-96. Es ist daran zu erinnern, daß in dieser Handschrift München, BSB, clm 28917 (*MI*) auch das *Geistbuch*-Fragment *Selig sind die Toten* überliefert ist.

[64] Ed. J. Bach, *Meister Eckhart*, Wien 1864, Nachdr. 1964, S. 233-240.

[65] Zacher (Anm. 63), S. 93.

[66] Vgl. Eckhart, Pr. 30: «Ich saz gester an einer stat, dô sprach ich ein wörtelîn, daz stât in dem pater noster und sprichet: ‚dîn wille der werde!' Mêr: ez wære bezzer: ‚werde wille dîn!'; daz mîn wille sîn wille werde, daz ich er werde: daz meinet daz pater noster» (DW II, S. 99, 1-3).

[67] Vgl. Eckhart, *Tractatus super Oratione Dominica*, LW V, S. 109-130 mit Quellennachweisen.

Eckhart legt in der Volkssprache großen Nachdruck auf diese Deutung, wie überhaupt das Thema der Willensaufgabe eines der wichtigsten Themen bei ihm ist. Auch Eckhart vertritt die Ansicht, daß der gute, ja der vollkommene Mensch seinen eigenen Willen aufgeben und ganz mit dem Willen Gottes vereinigen muß. Er lehrt dies bereits in den Erfurter Reden[68], in den Predigten und im *Liber Benedictus*.

In Predigt 6 *Iusti vivent in aeternum* schreibt Eckhart den Gerechten Willenseinheit mit Gott zu und entwirft eine Skala der Annäherung bis zur Einheit, die der *Sequere me*-Auslegung des *Geistbuchs* entspricht:

> Ich gedâhte niuwelîche umbe ein dinc: enwölte got niht als ich, sô wölte ich doch als er. Sumlîche liute wellent irn eigenen willen hân an allen dingen; daz ist bœse, dar în vellet gebreste. Die andern sint ein wênic bezzer, die wellent wol, waz got wil, wider sînen willen enwellent sie niht; wæren sie siech, sô wölten sie wol, daz es gotes wille wære, daz sie gesunt wæren. Alsô wölten die liute, daz got nâch irm willen wölte, lieber dan daz sie nâch sînem willen wölten. Man muoz es vertragen, im ist aber unreht. Die gerehten enhânt zemâle keinen willen; waz got wil, daz ist in allez glîch, swie grôz daz ungemach sî (DW I, S. 102, 6-14).

Dem *Geistbuch* noch näher steht Predigt 59:

> Etlîche liute loufent vor gote, etlîche neben gote, etlîche die volgent gote nâch. Die vor gote loufent, daz sint, die irm eigenen willen volgent und enwellent gotes willen niht loben; daz ist alzemâle bœse. Die andern, die gânt neben gote, die sprechent: ,here, ich enwil niht anders, dan daz dû wilt'. Sint sie aber siech, sô begernt sie, daz got wölte, daz sie gesunt wæren, und daz mac bestân. Die dritten, die volgent gote nâch; swar er wil, dâ volgent sie im williclîche, und dise sint volkomen (DW II, S. 633, 9 - 634, 4).

Auch im *Liber Benedictus* stellt Eckhart dieses Konzept vor, doch hier zieht er weitreichende Schlußfolgerungen. Seinen Willen mit Gottes Willen vereinen heißt: nicht nur das eigene Leid, sondern auch Sünde und Verdammnis zu akzeptieren – wenn es Gott denn so will. Diese Folgerung landete auf dem Index der Inquisition:

> Dâ von sprichet daz êwangelium: ,sælic sint die armen des geistes', daz ist: des willen, und biten wir got, daz sîn ,wille werde' ,in der erde', daz ist in uns ,als in dem himel', daz ist in gote selben. Ein sôgetân mensche ist sô einwillic mit gote, daz er allez daz wil, daz got wil und in der wîse, sô ez got wil. Und dar umbe, wan got etlîche wîs wil, daz ich ouch sünde hân getân, sô enwölte ich niht, daz ich sie niht enhæte getân, wan sô gewirdet gotes wille ,in der erden', daz ist in missetât, ,als in dem himel', daz ist in woltât (DW V, S. 22, 2-9).

Es hat den Anschein, daß unser Autor Eckharts Texte zur Willensaufgabe

---

[68] Vgl. Eckhart, *Reden*, cap. 10; DW V, S. 218, 8-12.

kennt und daß er sie für seine Argumentation nutzt. Jedoch trifft er entsprechende Vorkehrungen, um eine häretische Folgerung wie die des *Liber Benedictus* auszuschließen.

Aufgabe des Eigenwillens heißt also: Vereinigung mit dem göttlichen Willen. Im Folgenden wird die Beschaffenheit des göttlichen Willens näher betrachtet.

Gottes Wille ist einfaltig, manifestiert sich aber auf dreierlei Weise: als «behaglicher» Wille, als «lieber Wille» und als Wille des «Verhängnis». Wer Gottes «behaglichen» Willen erfüllt, unterläßt sogar das, was erlaubt ist, und befolgt damit die evangelischen Räte. Wer Gottes «lieben» Willen erfüllt, tut das, was erlaubt ist, in der göttlichen Ordnung und befolgt die Gebote. Wer sich dem Verhängnis überläßt, tritt aus der göttlichen Ordnung und folgt seinem eigenen Willen. Im «behaglichen» und «lieben» Willen ist Gott Herr und der Mensch Knecht. Im Willen des Verhängnisses ist es umgekehrt. Im «behaglichen» und «lieben» Willen wird Gott geehrt und zieht den Menschen zu sich in die Vereinigung (vgl. Joh. 12, 32: «Ist das ich erhaben wúrd, so wil ich alle ding zu mir ziehen»). Hier ist Gott Meister, Werkzeug und Materie für alle Werke dieser Menschen, die sich gänzlich Gott überlassen haben (S. 4, 49 - 7, 84).

Die Dreiteilung des göttlichen Willens ist ungewöhnlich und in dieser Terminologie nicht belegbar. Doch lassen sich unschwer die drei Menschentypen aus Eckharts Predigt 6 und 59 wiedererkennen: die Sünder, die «vor Gott herlaufen» bzw. ihrem eigenen Willen folgen; die Guten, die «neben Gott laufen» und wollen, was Gott will, insofern Gott ihnen Gutes will; die Vollkommenen, die Gott nachfolgen und bedingungslos alles wollen, was Gott will. Im *Geistbuch* ist der Akzent anders gesetzt: nicht aus der Sicht des Menschen, der sich mehr oder weniger dem göttlichen Willen überläßt, sondern aus der Sicht Gottes, der aktiv im Einklang mit dem jeweiligen Menschen wirkt, und zwar in höchster Perfektion, im Durchschnitt oder gar nicht.

An dieser Stelle schiebt unser Autor eine Frage ein: nämlich, ob Gott auch das Böse verursache. «Nu ist ein frag, ob got sÿ ein beweger gûter vnd bôser ding» (S. 7, 85). Eckhart hatte im *Liber Benedictus* diese Möglichkeit, rein theoretisch, zugelassen:

> Nû spriche ich ein anderz. Ein guot mensche enmac niht gesîn, der dâ niht enwil, daz got sunderlîche wil, wan unmügelich ist, daz got iht welle wan guot; und sunderlîche in

dem und von dem, daz ez got wil, sô wirt ez und ist von nôt guot und ouch daz beste. Und dar umbe lêrte unser herre die aposteln und uns in in, und wir biten alle tage, daz gotes wille gewerde. Und doch, wenne gotes wille kumet und gewirdet, sô klagen wir ... Doch, swie daz sî: in dem aleine, daz ez gotes wille ist, daz ez geschehe, sô sol des guoten menschen wille alsô gar mit gotes willen ein und geeiniget sîn, daz der mensche daz selbe mit gote welle, nochdenne ob ez sîn schade und joch sîn verdüemnisse wære ... Dâ von sprichet daz êwangelium: ‚sælic sint die armen des geistes‘, daz ist: des willen, und biten wir got, daz sîn ‚wille werde‘ ‚in der erde‘, daz ist in uns ‚als in dem himel‘, daz ist in gote selben. Ein sôgetân mensche ist sô einwillic mit gote, daz er allez daz wil, daz got wil und in der wîse, sô ez got wil. Und dar umbe, wan got etlîche wîs wil, daz ich ouch sünde hân getân, sô enwölte ich niht, daz ich sie niht enhæte getân, wan sô gewirdet gotes wille ‚in der erden‘, daz ist in missetât, ‚als in dem himel‘, daz ist in woltât. Sô wil der mensche gotes durch got enbern und von gote durch got gesundert sîn, und daz ist aleine rehtiu riuwe mîner sünden (DW V, S. 20, 6 - 22, 10).

Die Aussage landete auf der Anklageliste der Inquisition[69], wurde von der Theologenkommission in Avignon als häretisch beurteilt[70] und von Papst Johannes XXII. als Artikel 14 in die Bulle *In agro dominico* aufgenommen: «Quartusdecimus articulus: ‚Bonus homo debet sic conformare voluntatem suam voluntati divine, quod ipse velit quicquid deus vult. Quia deus vult aliquo modo me pecasse, nollem ego quod ego peccata non commisissem. Et hec est vera penitentia‘» (LW V, S. 598).

Wer nach der Veröffentlichung der Bulle 1329 Vollkommenheit als die Aufgabe des eigenen und Vereinigung mit dem göttlichen Willen lehrte, mußte die Möglichkeit einer häretischen Interpretation – nämlich daß die Vereinigung mit dem göttlichen Willen auch die Sünde beinhalten könnte – ausschließen. Der Autor des *Geistbuchs* widmet diesem Problem unmittelbar nach seiner Definition von Vollkommenheit beträchtliche Aufmerksamkeit.

---

[69] Vgl. Proc. Col. I, n. 12: «Septimus. ‚Talis homo ita conformis est divinae voluntati quod ipse vult, quidquid deus vult. Et quia deus aliquo modo vult me fecisse peccatum, nollem ego fecisse peccatum, quia sic impletur voluntas divina ‚in terra‘, hoc est in delictis, ‚sicut in caelo‘, hoc est in benefaciendo. Et tunc homo vult carere deo propter deum et propter deum a deo separari. Et hoc solum est vera contritio peccatorum meorum‘» (LW V, S. 203).

[70] Vgl. *Votum Avenionense* art. 27: «Vicesimus septimus articulus sic habet: Item scribit: ‚Bonus homo debet sic conformare voluntatem suam voluntati divinae, quod ipse velit quidquid deus vult. Et quia deus vult aliquo modo me pecasse, nollem ego quod ego peccata non commisissem‘. ‚Et haec est vera paenitentia‘. Vicesimus octavus articulus sic habet ... Hos duos articulos, prout eorum verba sonant, haereticos reputamus, quia respectu eius debemus voluntatem nostra (*sic*) conformare divinae, quod deus vult et cuius deus est actor. Igitur si in eo quod deus permittit debemus eius permissioni conformare voluntatem nostram, ut hoc velimus, sequitur quod deus velit culpam et sit actor culpae. Quod est haereticum. Secundo quia si debet quis velle quod deus permittit, tunc quando actu peccat et deus permittit eum peccare, debet velle peccare. Hoc autem est haereticum, quia deum vult et agit quod debet velle et agere, non peccat. Igitur homo peccando non peccaret, et deus puniendo peccatorem volentem et agentem, quod debet, esset iniustus. Quod est haereticum» (LW V, S. 589, n. 106-108).

Geht man davon aus, daß er *In agro dominico* kannte, so läßt sich 1329 als Terminus post quem für das *Geistbuch* ermitteln.

Unser Autor argumentiert in zwei Schritten. Zunächst weist er nach, daß Gott niemanden zu «bösen Dingen», das heißt zur Sünde, bewegt.

Er definiert «bewegen» und das heißt: «verursachen», im aristotelischen Sinn. Was bewegt, bewegt in Richtung auf sich selbst. Was sich bewegen läßt, folgt seinem Verlangen (S. 7, 86 - 8, 87). Sodann betrachtet er Gott als «Beweger bzw. Verursacher aller Dinge» (S. 8, 88-92). Gott bewegt zwar alles, doch sein Wirken läuft auf verschiedene Weise ab: entweder *ex nihilo*, d.h. ohne Werkzeug und Hilfe, oder mit Werkzeug und Hilfe (S. 8, 92-94). Im ersten Fall ist Gott unmittelbare (*vrsach*) und mittelbare Ursache (*sach*) (S. 9, 105 - 10, 106). Im zweiten Fall sind Gott und die mitwirkende Kreatur gemeinsam unmittelbare Ursache (S. 10, 106-107). Bei guten Werken ist Gott unmittelbare und der Mensch mittelbare Ursache, bei bösen Werken ist der Mensch unmittelbare und Gott mittelbare Ursache (S. 10, 107-109).

Die guten Werke werden im «behaglichen» und «lieben» Willen Gottes vollbracht und diejenigen, die mit ihm im «behaglichen» und «lieben» Willen vereint sind, sind die Erwählten. Die bösen Werke dagegen geschehen im «Willen des Verhängnis», das heißt: sie werden von Gott geduldet, vollbracht jedoch von den Sündern, die verdammt sind (S. 10, 115 - 11, 129). An diesem Punkt kommt die göttliche Vorsehung ins Spiel. Unser Autor vertritt eine gemäßigte Prädestinationslehre. Niemand ist zur Hölle bestimmt, sondern alle zum Himmelreich. Der Mensch soll nicht nach Gottes Vorsehung leben, sondern «nach siner gewissne vnd vernuft» (S. 11, 134). Die Erwählten bewegt Gott mit seinen «Zugaben», das ist «Licht» und Gnade. Den Verdammten bietet er seine Gnade an. Wenn sie sich abkehren, so tun sie es, weil sie «jrem gutt duncken vnd der beheglicheit irs eigen willen <volgen>» (S. 12, 140).

Fazit: Gott hat mit der Sünde nichts zu tun. «Hier vmb blibt got vnschuldig an allen súnden» (S. 12, 144). Gott hat allen Menschen die gleichen fünf Kräfte verliehen, um Gnade zu erwerben. Die letzte und höchste ist der freie Wille («frÿe willekúr»; *liberum arbitrium*). Er ist so edel, daß niemand ihn zwingen kann und Gott will ihn nicht zwingen. Wer sich aus freiem Willen von Gott abkehrt, der fällt in Verdammnis. «Wenn dan ir wille frÿ ist vnd sú sich doch von got kerent zů in selber, daz sú eigen blibent, daz sú sich nit vereinen mit got, daz sú frÿ vnd gŏtlich wúrdent, daz ist ir fal» (S. 13, 152-154).

Sodann stellt der *Geistbuch*-Autor die Frage nach dem Wesen der Sünde.

Sie hat kein eigenes Wesen (*substantia*), sondern ist bloßes Akzidens («sie ist zu hangent dem, das wesen hat»: S. 14, 165) und existiert nur, insofern der Mensch sie will.

Fazit: Der Mensch soll seinen eigenen Willen aufgeben. «Vnd hierumb solt der mensch seinn willen außgen» (S. 15, 167-168).

Nachdem unser Autor nachgewiesen hat, daß die Vereinigung mit dem göttlichen Willen den Menschen in keiner Weise zu bösen Taten führen kann, ja daß die Aufgabe des eigenen Willens notwendig ist zur Vermeidung von Sünde, kann er in seiner Argumentation fortfahren.

Wie soll der Mensch seinen Willen aufgeben und «aus seinem Willen ausgehen»? Die Antwort klingt paradox: Man soll «bleibend ausgehen». Unser Autor fordert die Vereinigung der Gegensätze (*contraria*) als wesentliche Grundlage der spirituellen Vervollkommnung[71]. Er demonstriert dies an drei Beispielen: aufgeben den lustvollen Genuß, doch bleiben bei des Leibes Notdurft; aufgeben die Selbstgefälligkeit des Wohltäters, doch bleiben bei den guten Taten; aufgeben die Abhängigkeit von der eigenen Natur, doch bleiben in ihrem natürlichen Eigentum, dem Adel der Seele (S. 15, 169 - 17, 186). Zusammenfassend heißt das: ausgehen aus fleischlicher Begirde und aus geistlicher Wollust[72].

Die Verbindung der *contraria* in einer höheren Synthese ist der methodische Kern des *Geistbuchs*. Er wird hier zum ersten Mal eingeführt und durchzieht den gesamten Stufenweg, bis zur höchsten Perfektion[73]. Dabei stimmt unser Autor mit der Forderung Seuses überein, der für jeden Adepten eines geistlichen Lebens verlangt, «daz der mensche zwei contraria ... verstande in eime mit einander»[74]. Auffällig ist bei unserem Text, daß die *contraria* und ihre Synthese mit Symbolfiguren besetzt werden: Johannes, Petrus und ihre Synthese: Paulus.

---

[71] Begründet liegt dieser Ansatz bereits im Evangelientext, dem das Thema *Sequere me* entnommen ist: Joh. 21, 18-23, in dem Johannes «bleibt» und Petrus nachfolgt, d.h. «ausgeht».

[72] Diese Forderung wird gestützt mit der Exegese von Gen. 12, 1: «Dixit autem Dominus ad Abraham: Egredere de terra tua ...».

[73] Auf der Stufe der Vollkommenen bedeutet «innblibend vss gon» die Art und Weise intellektueller und affektiver Erkenntnis, die gestützt wird von der Autorität des Paulus (vgl. *Geistbuch*, S. 47-48). Die letzte Schwäche der Überkommenen besteht darin, daß sie nicht richtig Maß zu halten vermögen zwischen *bliben* und *vss gon* (vgl. S. 76-78).

[74] Heinrich Seuse, *Das Buch der Wahrheit*, hg. von L. Sturlese, R. Blumrich (Philosophische Bibliothek, 458), Hamburg 1993, S. 32, 93-95; vgl. *Geistbuch*, S. 24-25.

Damit ist das Ende der theoretischen Grundlegung erreicht und der *Geistbuch*-Autor widmet sich nun den Stufen der spirituellen Vervollkommnung. Es gibt vier Grade: die Beginner (*incipientes*), die Fortgeschrittenen (*proficientes*), die Vollkommenen (*perfecti*) und die Überkommenen, die «in Gott sterben».

2. Die Beginner

Bei den Beginnern lassen sich drei Menschentypen unterscheiden. Die ersten wählen ein geistliches Leben aus rein äußerlichen Beweggründen: Nachahmung beeindruckender spiritueller Führer oder Nützlichkeitserwägungen wie Spekulation auf Pfründe (S. 18,1 -19, 17). Unser Autor bezeichnet eine solche Motivation als «Natur» und wertet sie negativ, insofern die Gnade fehlt und diesen Menschen keine Beständigkeit gegeben ist.

Die zweite Gruppe beginnt ein geistliches Leben aus «Natur» und aus Gnade. Sie erlangen sofort beachtliche Erfolge, können darin aber nicht zunehmen, da sie die Natur behindert, denn «die natur vnd die gnad strittent alle zit wider einander» (S. 19, 21). Wenn sie nicht gänzlich zu Fall kommen, so gelingt es ihnen höchstens, mit Mühe ihr Seelenheil zu retten. Unter ihnen findet man vor allem die «Geschäftigen», die, durchaus erfolgreich, die Ämter der kirchlichen Hierarchie wahrnehmen (S. 19, 23 - 20, 28).

Die dritten und letzten «beginnen luterlich vnd vereinen sich zů aller pin» (S. 20, 29). Ihre Motivation ist frei von unreinen Beweggründen und sie üben sich in Askese. Die «Vereinigung» mit dem Leiden ist die «höchste Vereinigung des Menschen mit sich selbst». In diesem Zustand innerer Sammlung kann es zur Entrückung (*exstasis*) kommen, wie sie Paulus erlebte[75]. Doch in dieser «Vereinigung außer sich selbst» gibt es kein Zunehmen und kein Wachsen. Sie nehmen aber zu in der «wirkenden Einung» (mit sich selbst), in der göttlichen Gnade, dem göttlichen Lohn und in Vernunft (*redlicheit*) (S. 20, 30-36) Das heißt, daß nur die letzte Gruppe befähigt ist, die nächsthöhere Stufe der Fortgeschrittenen zu erreichen.

---

[75] «Vnd ettliche werden in selber benomen als Sant Paulus» (S. 20, 30-31) mit Anspielung auf 2 Cor. 12, 2: «Scio hominem in Christo ante annos quatuordecim, (sive in corpore nescio, sive extra corpus nescio, Deus scit) raptum huiusmodi usque ad tertium caelum».

3. Die Fortgeschrittenen

«Die andern daz sint beide, beginner vnd zů nemmer» (S. 21, 1), so fährt unser Autor fort. Gemeint ist die letzte besprochene Gruppe der Beginner, die bereit ist, auf dem eingeschlagenen Weg fortzuschreiten. Der *Geistbuch*-Autor verlangt von ihnen sechs Fähigkeiten (*stuk*), die er im Folgenden erläutert.

    1. Selbsterkenntnis (S. 21, 2-5).

    2. Zerknirschung («reht iomer»; *contritio*) (S. 21, 5 - 22, 19). Die Pflicht, die eigenen Schwächen und die des Nächsten zu beklagen, sowie die Passion des Herren meditierend nachzuempfinden, wird mit der Autorität Christi abgesichert[76].

    3. Demut (S. 22, 19-22).

    4. Dankbarkeit gegen Gott (S. 22, 22 - 23, 32). Bei der Beschreibung der wohltuenden Wirkung der Dankbarkeit auf die menschliche Seele, inspiriert sich unser Autor an Bernhard von Clairvaux.

    5. «ein flissig suchen von ÿnnen vnd von vssen» (S. 23, 32 - 27, 70). Der fünften Fähigkeit der Zunehmenden widmet unser Autor die größte Aufmerksamkeit. Die «Suche» ist das unermüdliche Streben nach Gotteserkenntnis. Sie spielt sich im eigenen Inneren (in den «inneren Sinnen») ab und außerhalb seiner selbst.

Zunächst behandelt der *Geistbuch*-Autor die Selbsterforschung. Dabei soll der Mensch alle seine Sinne nach innen konzentrieren in die «einfältige Kraft», das ist das Innerste der Seele, der Seelengrund, oder, wie oben S. 16, 180-181, gesagt wurde, das «natürliche Eigentum» des Menschen. Hier soll er «vff einem sÿnn bliben als lang bis er den sÿn durchfert», d.h. er soll verharren auf einer inneren Wahrnehmung, bis er sie übersteigt. Hier klingt der letzte Schritt des *transitus* an, der den Überkommenen vorbehalten ist. In unserem Kontext handelt es sich um den Übergang von der sinnlichen Vorstellung zur begrifflichen Erkenntnis, wie aus dem Folgenden deutlich wird: der Mensch soll bei dieser Konzentration nämlich nicht von «dem vorspil» ablassen, es sei denn, er begreift etwas davon, d.h. erfaßt das Wesen dieser Vorstellung intellektuell – dann hat er kein sinnliches Bild mehr nötig. Doch zur begrifflichen Erkenntnis bedarf

---

[76] Mt. 26, 38 «Tristis est anima mea usque ad mortem» und Joh. 16, 20 «Quia plorabitis et flebitis vos, mundus autem gaudebit. Vos autem contristabimini, sed tristitia vestra vertetur in gaudium».

der Mensch der göttlichen «Erleuchtung» («ob im von got v́t fúrgehalten wúrde liehtes oder gnaden» (S. 23, 38)[77]. Unser Autor scheint sich bei dieser erkenntnistheoretischen Erörterung auf Heinrich Seuse zu stützen. Er beschließt das bisher Gesagte mit der Andeutung eines Meister-Jünger-Dialogs über das «Vorspiel»:

> Ein iunger fraget sinen meister: ‚Was sol ich tůn, daz mir das werde, daz mir vorspilt?' Der meister sprach: ‚Alles, da sich daz niderst teil diner sel an geůben mag, da hůt dich vor vnd heb dich vff in daz lieht vnd hůt diner vernunfft, das sú it trette vss dem lieht' (S. 23, 39 - 24, 42).

Man vergleiche hierzu aus Seuses *Vita*, wo das «anfangende Leben» des Dieners dargestellt wird, Kap. V: «Von dem vorspil gŏtliches trostes, mit dem got etlichú anvahendú menschen reizzet» (Bihlmeyer, S. 17-22) und Kap. XI «Wie er begie die vasnaht» (Bihlmeyer, S. 30-32). Bei der Meditation über die Fastnacht erfährt der Diener in einer inneren Eingebung das «Vorspiel der Ewigkeit»:

> So denne dú vasnaht nahete, des abendes, so man alleluia leit, und die unwisen lút diser welt an vahent verlassen ze sine, so vie er an in sinem herzen ein himelsch vasnaht zesamen tragen. Und dú waz also. Er betrahtet dez ersten den kurzen schedlichen lust diser liplichen vasnaht, und wie etlichen umb kurzes liep langes leid volget, und sprach einen Miserere dem werden gote fúr alle die súnde und unere, dú im in dem selben verlassen zit geschiht. Dis vasnaht hiess er der geburen vasnaht, wan sú nit bessers erkennt. Dú ander vasnaht waz ein betrahtunge des vorspils der ewikeit, wie got mit sinen userwelten frúnden dennoch in disem tŏdmigen libe mit himelschem troste spilt, und nam denn her fúr mit dankberem lobe, waz im dez worden was, und liess im mit got wol sin (Bihlmeyer, S. 30,19 - 31, 6).

Wie im *Geistbuch* wird das Lexem *vorspil* gebraucht, um die vorrationale Erfahrung göttlicher Nähe auszudrücken. Wie im *Geistbuch* handelt es sich um eine Erfahrung am Anfang des spirituellen Lebens, die von rationaler Erkenntnis, dem «Begreifen» abgelöst werden wird. Unser Autor verlangt dafür die Fähigkeit zur «geistlichen Logik» (S. 24, 43-44) und trifft sich auch mit diesem Konzept mit Seuse. Nach einer knappen Definition von ‚Logik' (im aristotelischen Sinne) präsentiert er dem Leser eine lange Kette von Gegensatzpaaren, die mit der korrelativen Konjunktion mhd. *ie - ie* zusammengehalten werden, vom Typus: je mehr A gilt, desto mehr

---

[77] Das Wortfeld *begrîfen*, *begrif* wird an dieser Stelle zum ersten Mal in die Argumentation eingeführt und durchzieht sie bis zur höchsten Stufe der Erkenntnis: die Zunehmenden «begreifen» zunächst nach den Regeln der Wissenschaft (S. 36), sodann «begreifen» sie Gott unter dem Schleier des Kreatürlichen (*circumvelatum*) (S. 42-44) und schließlich, als Überkomme, überwinden sie jede Begrifflichkeit und lassen sich von Gott «begreifen» (S. 50-55).

gilt auch sein Gegenteil Nicht-A (S. 24, 45 - 25, 53)[78]. Diese aus logischer Sicht paradoxen Aussagen erfüllen einen Zweck, nämlich Aussagen über Gott zu machen, von dem man nur uneigentlich (*fremd*) und in Metaphern sprechen kann. Was unser Autor hier beschreibt, ist das sog. «mystische Sprechen», wie wir es in entsprechenden Texten vorfinden[79]. Dahinter steht die Forderung nach einem Denken in Gegensätzen, das auf die Gültigkeit des Widerspruchsprinzips verzichtet, wie es auch Seuse in seinem *Buch der Wahrheit* verlangt, und welches allein einer intellektuellen Reflexion über göttliche Gegenstände angemessen ist:

> Daz luter Wort entwúrt und sprach also: Ich sagen dir noch me: Es si denn, daz der mensche zwei contraria, daz ist zwei widerwertigú ding, verstande in eime mit einander, fúrwar ane allen zwifel, so ist nút gût lihte mit ime ze redenne von sêlichen dingen. Wan so er dis verstat, so ist er allererst getretten dez halb uf den weg des lebennes, daz ich mein.
> Ein frage: Weles sint dú contraria?
> Entwúrt: Ein ewiges niht und sin zitlichú gewordenheit.
> Ein widerwerfunge: Zwei contraria in eime sinde nach aller wise widerwerfent alle kúnste.
> Entwúrt: Ich und du bekomen einander nit uf einem rise ald uf einem platze. Du gast einen weg und ich einen andern. Dine fragen gand us menschlichen sinnen, und ich antwúrt us den sinnen, die da sint úber aller menschen gemerke. Du mûst sinnelos werden, wilt du hin zû komen, wan mit unbekennen wirt dú warheit bekant (Sturlese/Blumrich, S. 32, 92 - 34, 108).

Sodann wird die Suche nach Gott außerhalb seiner selbst behandelt, und das heißt, man soll sich nach einem Lehrer umsehen. Dieser soll vom Heiligen Geist inspiriert sein; er soll sein, was er lehrt, und so vom Heiligen Geist erfüllt sein, daß er lehren muß wie unter Zwang. Denn wenn schon der böse Geist in einen Menschen fahren kann und aus ihm sprechen kann, so vermag dies der Heilige Geist noch viel mehr (S. 25, 56 - 27, 70).

Das hier gezeichnete Bild entspricht dem charismatischen Seelenführer, bei dem Leben und Lehre in perfektem Einklang steht. Man ist versucht, an die Lesemeister-Lebemeister-Debatte zu denken, die gerade zur Zeit Eckharts von laikaler Seite an studierte Theologen herangetragen wird. Doch bei genauerem Hinsehen geht unser Autor noch einen Schritt weiter. Daß der gute Lehrer «dasselbe sein soll, was er lehrt», wird mit einem

---

[78] Z. B. «Ÿe me bekantniss, ÿe me dúnsterniss. Ÿe me dúnsterniss, ÿe me bekantniss. Ÿe grösser minn, ÿe grösser hass. Ÿe grösser hass, ÿe grösser minn» usw. (S. 24, 45 - 25, 47).

[79] Vgl. Mechthild von Magdeburg, *Das fließende Licht der Gottheit*, I, 22 (Vollmann-Profe, S. 38, 26 - 40, 19) oder Pseudo-Engelhart von Ebrach, *Das Buch der Vollkommenheit*, nr. 42 (Schneider, S. 22-23).

Paulus-Zitat abgesichert: «Non enim audeo aliquid loqui eorum, quae per me non efficit Christus in obedientiam Gentium, verbo et factis» (Rom. 15, 18). Dieses Zitat wird ausgelegt: «Da mit meint er: Ich lert nÿe kein wort, er wer es selber» (S. 26, 62-63). Das heißt aber, der Lehrer und seine Lehre sind eins in Christus.

Als letzte Fähigkeit verlangt unser Autor von den Fortgeschrittenen:

6. Übung in äußeren Werken nach dem Vorbild Marthas (S. 27, 71-80). Die letzte vom fortgeschrittenen Menschen verlangte Fähigkeit, ist Übung in «großen und vielen äußeren Werken». Als Beispiele werden aufgezählt «Beten, Fasten, Wachen und der gleichen». Diese Beispiele irritieren, denn es handelt sich um die Regeln des Klosterlebens, während man mit Martha eher Tätigkeiten im Dienst des Nächsten in Verbindung bringt. Die positive Einschätzung des Martha-Lebens wird mit der Autorität des Albertus Magnus gestützt: «... das spricht Bischoff Albrecht: Wo vind ich heilikeit des lebens vnd reht luter verstantniss vnd ein steten influs der gnaden vnd samenung aller tugend? Daz tůn ich niena me denn in eÿme lang geúpten menschen an marthen leben» (S. 27, 76-80). In seinem Kommentar zu Luc. 10, 38 ff. bewertet Albert die Figur der Martha grundsätzlich positiv, und zwar insofern ihre Aktivität Maria erst die Kontemplation ermöglicht, die freilich höher einzuschätzen ist[80].

Diese sechs Forderungen machen diejenigen, die sie erfüllen, Christus ähnlich, und zwar Christus in seiner menschlichen Natur («... geleibet sich der mensch sere vnserm herren Ihesu Cristo»). Die Fortgeschrittenen üben sich also in der *imitatio Christi* und befolgen insofern die Aufforderung: *Sequere me*. Wer demzufolge diese sechs Stücke nicht besitzt, besitzt auch nicht ein vollkommenes Leben (S. 27, 81 - 28, 83).

Viele sind ganz auf sich selbst fixiert, eigenwillig und ungehorsam. Sie lassen sich von niemandem leiten und deshalb können sie das rechte Maß nicht finden. Hier wird zum ersten Mal das wichtige Thema des Maßhaltens angesprochen[81]. In unserem Kontext heißt «Maßlosigkeit», zuviel der

---

[80] Vgl. Albertus Magnus, *In Luc.* c. 10, 42 (Borgnet 23, S. 89b-90a) und besonders: «Si ergo consideretur activa in pluralitatis utilitate, in merendi virtute, in operandi fortitudine et vigore, in necessitatis hujus subventione, in ea quae per multos, quibus subvenitur, fit gratiarum actione: in quinque his praeponitur activa contemplativae» (ebd., S. 89b).

[81] Das Verfehlen des rechten Maßes, diesmal auf einer höheren Ebene, wird den Überkommenen als Fehler angerechnet werden, S. 76-79.

Erkenntnis oder der Minne zuzuneigen: «Die ein slachent zu vil in das bekantnusz, die andern slachent zu vill jn die minne, nicht das sie ze vil bekennen oder mynnen mugen, mer sie uben das ein ze vil vnd das ander zu wenig» (S. 28, 86 - 29, 88).

Unser Autor scheint hier auf die alte Streitfrage zwischen Dominikanern und Franziskanern Bezug zu nehmen, ob der Erkenntnis oder der Liebe bei der Erlangung der Seligkeit der Vorzug zu geben sei, und eine dritte Lösung zu favorisieren: Erkenntnis und Liebe müssen in ein ausgewogenes Gleichgewicht kommen, um auf einer höheren Stufe zur Synthese zu finden.

Bei Eckhart läßt sich diese Diskussion gut verfolgen. Die Frage nach dem höheren, beseligenden Prinzip im ewigen Leben (*vernünfticheit / bekentnis* oder *wille / minne*) zieht sich durch Eckharts gesamtes lat. und dt. Werk und wird im Sinne der domini-kanischen Lehre mit dem Vorrang der Vernunft beantwortet; vgl. z. B. In Ioh. n. 673: «Beatitudo utrum consistat in actu intellectus vel voluntatis antiqua quaestio est. Videtur autem ex praemissis verbis quod consistat in cognitione et intellectu substantialiter» (LW III, S. 587). Der biblische Bezugspunkt ist Joh. 17, 3: «Haec est autem vita aeterna: ut cognoscant te, solum Deum verum ...». In einer Predigt zu diesem Schriftwort (Par. an. 41) erörtert Giselher von Slatheim den Schulstreit und widerlegt schrittweise die fran-ziskanische Position. Auch Eckhart spricht immer wieder von den beiden Richtungen. Im deutschen Predigtwerk bringt er den Argumentationsgang auf den einfachen Nenner: «Ich sprach in der schuole, daz vernünfticheit edeler wære dan wille, und gehœrent doch beidiu in diz lieht. Dô sprach ein meister in einer andern schuole, wille wære edeler dan vernünfticheit, wan wille nimet diu dinc, als sie in in selben sint, und vernünfticheit nimet diu dinc, als sie in ir sint. Daz ist wâr ... Ich spriche aber, daz vernünfticheit edeler ist dan wille. Wille nimet got under dem kleide der güete. Vernünfticheit nimet got blôz, als er entkleidet ist von güete und von wesene. Güete ist ein kleit, dâ got under verborgen ist, und wille nimet got under dem kleide der güete» (DW I, 9; S. 152, 9 - 153, 6).
Am geschlossensten behandelt Eckhart das Problem in Pr. 45 «Beatus es, Simon Bar Iona, quia caro et sanguis non revelavit tibi, sed Pater meus, qui in caelis est» (Mt. 16, 17), die Antwort Christi auf das Bekenntnis des Petrus. Eckhart legt die vier Namen des Hl. Petrus aus: ‚Petrus‘, ‚Bar Iona‘, ‚Simon‘ und ‚Cephas‘ (vgl. *Geistbuch*, S. 28 mit Kommentar zur Stelle). Wichtig ist, daß ‚Petrus’ soviel heißt als «der got schouwet» («Petrus agnoscens» Sermo XIV,1 n. 151, LW IV, 142, 7 mit Verweis auf Hieronymus, *Liber interpretationis hebraicorum nominum,* hg. von P. de Lagarde, S. 65, 18). Das heißt, «Petrus agnoscens» ist der Erkenntnis zuzuordnen, zur Minne gehört dagegen Johannes.

Die Frage, was besser sei: Erkenntnis oder Minne, erhält im *Geistbuch* also noch einen anderen Akzent. An dieser Stelle erscheint, wenn auch verklausuliert, das Petrus-Johannes Motiv – das tragende Thema des ganzen Textes.

Zuerst wird das Fehlverhalten derer behandelt, die zu sehr der Minne zuneigen. Verkürzt werden diese Leute «die minner» genannt (S. 29, 88 - 33, 140).

Sie üben ihre «minnewerke» blindlings, da Liebe ohne Erkenntnis blind ist. Ihr Hauptaugenmerk gilt den äußeren Werken, und hier besonders dem «harten Leben» der Askese, das ihr höchstes und einziges Ziel ist. Unser Autor kritisiert diese Ausschließlichkeit: «Das ist nit ein geprech, das sie groß werck thun vnd hertes leben haben, mer das sie zu dem leczten dar ein gepildet sind, das ist ein geprest, das jn daran genuget vnd nicht suchen daruber» (S. 29, 95-98). Seine Beschreibung der Asketen ist durch und durch negativ: ihre «Gutheit» ist nur aufgesetzt und von ihrem Eigenwillen gesteuert; sie sind hartherzig, eigensinnig und leicht zu beeindrucken, und sie sind schnell mit einem Urteil über andere. Es gelingt ihnen nicht, vom äußeren Wesen abzusehen und sich auf ihr inneres Wesen zu konzentrieren – ganz zu schweigen von einem Bemühen um das Überwesentliche. An diesem Punkt spricht der *Geistbuch*-Autor das erste und einzige Mal in der ersten Person: «Ich gesweig der vberweselicher dinge» (S. 30, 107). Er tut dies in Anlehnung an das Eingangskapitel zur *Mystica Theologia* des Ps.-Dionysius Areopagita, der denjenigen, die nicht an Überwesentliches (*super existentia*) glauben, Gotteserkenntnis abspricht.

Doch gibt es einige unter den Minnern, die ihre äußeren Werke ins richtige Verhältnis setzen (*ordenen*) und dem Licht der Gnade Raum geben, daß es ein wenig in ihre Seele zu fließen vermag. An dieser Stelle wird das erste Mal das Thema der Lichter angeschlagen, das maßgeblich ist für jeden Erkenntnisvorgang. Da im vorliegenden Fall nur sehr wenig Licht einströmt, gelangen diese Minner nur zur Erkenntnis wesentlicher Dinge («vnderscheid weselicher ding»; S. 31, 109-110), in denen sie sich häuslich niederlassen (*hůt[t]en*) und es nicht wagen, sich zu den überwesentlichen Dingen zu erheben. Dies wird bekräftigt mit dem oben nur angedeuteten Ps.-Dionysius-Zitat: «Die in weselichen dingen erwachssen sind vnd geformet, die wenent, das kein vberweseliche ding sient, vnd wenent in da mit erkennen, der die vinsterniss hat gesaczt zů siner winkel hůt» (S. 31, 112 - 32, 115)[82]. Die «Finsternis», hinter der sich Gott für diese Minner verbirgt, ist »die saczung zů dem lesten in weselichen dingen» (S. 32, 115-116), also das statische Verharren in dem gegebenen Zustand. In der Glossierung wiederholt unser Autor fast wörtlich sein Resumee über die Asketen, denen er vorwirft, ganz in den äußerlichen Werken verhaftet zu sein, ohne darüber hinauszustreben[83].

---

[82] Ps.-Dionysius Areopagita, *Mystica theologia*, I, 2: «Istos autem dico, qui in existentibus sunt formati, nihil super existentia supersubstantialiter esse opinantes, sed putantes scire ea quae secundum ipsos est cognitione eum qui ponit tenebras latibulum suum» (*Dionysiaca*, I, S. 569, 2 - 570, 1).

[83] «Sie haben gar hertes leben vnd vindent sich zu dem leczten daran gebildet vnd geformet vnd es ist ir lestes ende. Das ist nit ein geprech, das sie groß werck thun vnd hertes leben haben, mer das

Abschließend werden noch drei Fehler (*gebresten*) der Minner aufgezählt: Hoffart; geistliche Gier (*gîticheit*) und geistliche Wollust, da sie ihre guten Werke tun, um Genugtuung zu empfinden (S. 32, 117 - 33, 140).

Sodann widmet sich unser Autor dem Fehlverhalten derer, die zu sehr der Erkenntnis zuneigen. Verkürzt werden diese Leute «bekenner» genannt (S. 33, 141 - 47, 282).

Auch bei ihnen sind zwei Gruppen zu unterscheiden: die «Gemäßigten», die neben der Erkenntnis auch in der Minne bleiben (wohl weil sie den gemäßigten Minnern, die sich etwas dem Gnadenlicht der Erkenntnis öffnen, zu sehr gleichen, werden sie nicht weiter behandelt) und die «Radikalen», die die Minne überschreiten und sich ganz der Erkenntnis ergeben. Sie «werden Aristoteles» und «verlieren David»[84], denn viele erkennen mit dem natürlichen Licht der Vernunft und glauben, es sei Gnade. Hier wird erneut das Thema der Lichter angeschnitten, und zugleich das Thema von der Unterscheidung der Geister. Beide Themen werden relevant, wenn es um Erkenntnis geht.

Die Lichtmetaphorik für die verschiedenen Grade der Erkenntnis ist auch in den Texten Eckharts präsent und basiert insbesondere auf Ps.-Dionysius Areopagita. Eckhart beruft sich auf ihn in seiner Predigt zu Ps. 13, 4: «‚Illumina oculos meos‘. sente Dyonisius sprichit: ez ist dirigirleige licht daz di sele habin sal di da cumen sal in ein lutir bekentnisse Godis. daz erste ist naturlich, das andere ist geistlich, daz dritte ist gotlich»[85]. In Sermo XXXVI, n. 370-371 bietet er die lateinische Terminologie des *lumen intellectus*, *lumen angelicum* und *lumen divinum*[86]. Das *lumen angelicum* ist das «geistliche Licht», das dem Menschen gnadenhaft zukommt. Eckhart spricht auch von «lieht der gnâde»[87]. Was Eckhart allerdings nicht kennt, ist die Notwendigkeit zu «unterscheiden», da stets die Gefahr der teuflischen Eingebung besteht. Heinrich von Friemar der Ältere widmete sich in seinem *Tractatus de quattuor instinctibus, scilicet divino, angelico, diabolico et naturali*[88] diesem Problem, das auch in der Ps.-Eckhartischen Traktatliteratur kursiert, so zum Beispiel in Tr. XVIII *Diu glôse über daz êwangelium S. Johannis*: «Nû spriche ich von fünf liehten. Daz êrste ist ein tiuvellisch lieht, daz ander ein nâtiurlich lieht, daz dritte ist ein engelisch lieht, daz vierde ist ein geistlich lieht, daz fünfte ein götlich

---

sie zu dem leczten dar ein gepildet sind, das ist ein geprest, das jn daran genuget vnd nicht suchen daruber» (*Geistbuch*, S. 29, 94-98).

[84] Aristoteles steht für Wissenschaft (*kunst*), David dagegen für Heiligkeit.

[85] Eckhart, Par. an. 56; Strauch, S. 121, 20-22. Für das Dionysius-Zitat vgl. *De divinis nominibus* 4, 6 (PG 3, Sp. 702).

[86] Eckhart, Sermo XXXVI; LW IV, S. 317-318.

[87] Eckhart, Pr. 73; DW III, S. 260, 7 - 262, 8.

[88] Vgl. R. G. Warnock, A. Zumkeller (Hgg.), *Der Traktat Heinrichs von Friemar über die Unterscheidung der Geister. Lateinisch-mittelhochdeutsche Textausgabe mit Untersuchungen*, Würzburg 1977, hier S. 152, 1-2. Der Traktat wurde zwischen 1300 und 1340, sehr wahrscheinlich in Erfurt, abgefaßt (Warnock, Zumkeller, S. 29).

lieht. Nû merkent den fliezenden underscheit von den fünf liehten» (Pf. S. 586, 29-32).
Ob der *Geistbuch*-Autor den Traktat Heinrichs von Friemar kannte, läßt sich nicht sagen.
Sicher war er mit dem Problem vertraut, das in der ersten Hälfte des 14. Jahrhunderts die
Gemüter bewegte.

Unser Autor korrigiert sofort seine Aussage und berichtigt: «Nvn merkent:
Es sind drú lieht», und zwar ein reines Licht der Natur, ein reines Licht
der Gnade und ein drittes, an dem Natur und Gnade beteiligt sind (S. 34,
146-148)[89]. Dabei fällt auf, daß es grundsätzlich nur um die Antonomie
Natur - Gnade geht, die im dritten Licht in einer Synthese aufgehoben
wird. Von einem göttlichen Licht ist zumindest hier, auf der Stufe der
Fortgeschrittenen, nicht die Rede.

1. Das Licht der Natur (S. 34, 149 - 37, 176): Das natürliche Licht ist
zuständig für die Beherrschung der eigenen Aufgaben («ambaht») und der
Vervollkommnung von Kenntnissen und Fertigkeiten, die mit Intelligenz
(«scharpffe<r> synn»), Fleiß und Hilfsmitteln («gûte hantleitung») zu
erlangen sind. Das Ergebnis ist Wissenschaft («kunst»), die Aufgabe der
Gelehrten: «Wenn der gelerten lút ambaht ist kunst» (S. 35, 156). All dies
kann man lernen ohne Gnade. Diese Form der «Kunst» bezeichnet unser
Autor auch als «natúrliche kunst» (S. 35, 161). Davon zu unterscheiden
ist eine «gewunnen kunst», die auch manche Ungelehrte erlangen können,
wenn sie in der Kirche das Evangelium hören und sich die Auslegung
merken. Doch diese so erworbene Weisheit bringt kein Heil, denn diesen
Leuten fehlt Selbsterkenntnis, Übung und «einfaltikeit». Sie werden Opfer
der falschen Geister und Wissenschaften[90]. Viele fallen in «vngeordente
friheit» und manche sogar in Glaubensirrtümer (S. 36, 170 - 37, 171).

Das Stichwort «ungeordnete Freiheit» verweist auf die Sekte der Brüder und Schwe-
stern des Freien Geistes, wie sie aus orthodoxer Sicht beurteilt werden. In diesen Kon-
text gehört auch die Analyse der «erworbenen Kunst» von Seiten illitterater Laien. Unser
Autor berührt sich hier wieder mit Seuse, der in seinem *Buch der Wahrheit* eine derar-
tige Situation beschreibt. In seinem ersten Kapitel schildert er die Zweifel eines Chri-
stenmenschen auf dem Weg zur spirituellen Vervollkommnung, der zu wahrer innerer
Gelassenheit gelangen, aber ihren häretischen Mißbrauch vermeiden möchte, der sich
in «ungeordneter Freiheit» äußert. Aus dem inneren Monolog des vernünftig reflektie-

[89] Weiter unten (S. 39, 193) wird unser Autor noch weiter präzisieren und feststellen, es gebe
drei Lichter, die alle «gemenget» sind.
[90] «Hier vmb stond in in vff die falschen geiste vnd künste vnd die bedeken sich dik vnder
dem glichniss der warhafften geist» (*Geistbuch*, S. 36, 168-170) mit Anspielung auf 2 Cor. 11, 14:
«ipse enim satanas transfigurat se in Angelum lucis», worauf auch Heinrichs von Friemar Traktat
De quattuor instinctibus basiert.

renden Jüngers entwickelt sich der Text des *Buchs der Wahrheit*: »Nu begerte er von der Ewigen Warheit, daz sú im gůten underscheid gebi ... enzwúschent dien menschen, die da zilent uf ordenlicher einvaltikeit, und etlichen, die da zilent, als man seit, uf ungeordenter friheit, und in darinne bewisti, weles weri ein rechtú gelazenheit, mit der er kemi, da er hin sĕlte»[91]. Im *Geistbuch* geht die Gefahr nicht von der Gelassenheit aus, sondern von der Pseudo-Bildung der Ungelehrten. Das natürliche Licht der Vernunft ist nicht für jederman heilsam. In diesem generellen Mißtrauen an der Allmacht des Intellekts trifft sich unser Autor mit Seuse in einer Atmosphäre allgemeiner Verunsicherung nach dem Prozeß gegen Eckhart[92].

2. Das Licht der Gnade (S. 37, 177 - 38, 183): das Gnadenlicht verhilft dem Menschen zur Erkenntnis seiner selbst und zur Erkenntnis, ob eine innere Bewegung von Gott herrührt oder von ihm selbst. Das Gnadenlicht verschafft auch Klarheit darüber, ob ein Mensch Gott wahrnimmt, ob er sich selbst als Gott zugehörig oder Gott als etwas ihm Zugehöriges wahrnimmt. Ferner erkennt ein solcher Mensch, was noch zwischen ihm und Gott steht («daz mittel siner eÿnung zwúschent im vnd got»; S. 38, 182-183). Das heißt, das Licht der Gnade schenkt die Gabe der Unterscheidung (*discretio*) zwischen göttlich und natürlich.

3. Das Licht aus Natur und Gnade (S. 38, 184-192): Das Licht der Natur und das Licht der Gnade verbinden sich im Licht des Glaubens, wo die Vereinigung des menschlichen Intellekts («manigfaltige erlúhtung»; S. 38, 185) mit Gott im Licht der Gnade stattfindet: «Aber da die sel sich einiget zů got, da ist das lieht gnad. Wann in dem lieht můss die sel als einfaltig werden als daz lieht einfaltig ist» (S. 38, 186-188). Auf der höheren Stufe der Synthese wird also der Zustand des «ein» und «einfaltig» erreicht, wesentliche Prädikate des Göttlichen.

Eckhart beschreibt diesen Vorgang in Sermo XXXVI, n. 370: «Secunda est, cum sub illo lumine stans cum ipso lumine perfunditur radio splendoris angelici. Splendor enim angelici luminis nectitur splendori intellectus humani, cum anima depurata fuerit et aptata. Semper enim simile simili innectitur et infima superiorum supremis inferiorum. Trahit enim amor sive naturalis similitudinis sive intellectualis superiora ad provisionem inferiorum» (LW IV, S. 317-318).

Unser Autor wiederholt seine Argumentation in den Worten eines Meister-

---

[91] Vgl. Heinrich Seuse, *Buch der Wahrheit*, c. 1 (Sturlese/Blumrich, S. 4, 48-53) und Kommentar zur Stelle, *Geistbuch*, S. 36, 170.

[92] Vgl. L. Sturlese, «Einleitung», in: Heinrich Seuse, *Buch der Wahrheit*, S. LI: «Seuse gestand – wenn ich richtig sehe – dem Problem des Irrtums einen viel größeren Raum zu, als dies seine Vorgänger getan hatten, und er setzte sich in seinem ganzen Werk mit der Frage, warum und wie man die Vernunft falsch gebraucht, intensiv auseinander. Er schrieb nach der Verurteilung Eckharts und im Schatten der rheinischen Begharden. Schon aus diesen Gründen konnte er die *vernúnftikeit* nicht mehr mit dem Optimismus betrachten, den ihr Albertus Magnus, Dietrich von Freiberg und Meister Eckhart entgegengebracht hatten».

Zitats: «Spricht ein meister: Sunder dem lieht des glŏben, so ziehend wir die ding in manigfaltig sÿn, wie wir wellent, aber in dem lieht des glŏben mŭssent alle meister als einfaltig werden als daz lieht einfaltig ist» (S. 38, 188-190)[93].

Im Folgenden präsentiert der *Geistbuch*-Autor die drei Lichter unter einer neuen Perspektive: sie sind alle drei «vermischt» («gemenget»): «Nv merkent: Es sint drú lieht, die sint alle gemenget» (S. 39, 193). Das part. Adjektiv *gemenget* gehört zum Wortschatz Eckharts und fehlt bei Tauler und Seuse. Eckhart verwendet es durchwegs negativ im Sinne von Verschmutzung und Trübung einer sonst reinen Substanz. Das erste Licht ist vermischt mit Natur und Kunst, das zweite mit Natur, Kunst und Gnade. Das dritte Licht fällt nicht mehr in den Bereich der Fortgeschrittenen, sondern gehört bereits den Vollkommenen an.

1. *gemenget* mit Natur und Kunst (S. 39, 193 - 40, 209): Wer in diesem Licht erkennt, erkennt nur von außen, ohne Gnade und ohne Liebe, also nur mit rationaler Erkenntnis. Diese Bekenner sind auf sich selbst konzentriert in Eigenwille und Eigenliebe. Sie leben ein Leben ohne Gott in Sünde: «Die also von außwendig bekennent, die besiczent alle ding mit eigenheit vnd daz ist hoffart. Vss der hoffart gebirt sich volmŭtikeit vnd stolze sitten vnd gittikeit des herczen vnd alle vntugende zu mall» (S. 40, 207-209).

2. *gemenget* mit Natur und Kunst und Gnade (S. 40, 210 - 44, 247): Wer in diesem Licht erkennt, erkennt von außen und innen. Die rationale Erkenntnis «von außen» ist, wie oben schon erläutert, auf sich selbst konzentriert. Insofern diese «Erkenner» aber auch «von innen» erkennen, stehen sie unter dem Einfluß der Gnade, «verleugnen sich selbst» und werden somit frei für Gott.

Diese Menschen, die in diesem zweiten Licht, und zwar der Synthese aus Natur, Kunst und Gnade, erkennen, sind Träger «zweier Geburten», einer positiven oder einer negativen, je nachdem ob Gnade oder Natur überwiegen. Wenn sie geistlichen Vorstellungen anhängen und gute Werke tun, drängen sie das eigene Selbst zurück. Sie denken an Gott und verleugnen

---

93 Vgl. Eckhart, Pr. 85: «Also sint drú fordirnisse zu der einunge godis in der sele. Daz eine: daz di sele einuldic si vnd vngeteilit; wan sal si mit gode foreinit sin, so muiz si einuldic sin, alse got einuldic ist» (DW III, S. 470, 13-15); Pr. 72: «Ein meister sprichet, daz man des himels louf an nihte enmüge als wol erkennen als an einvaltigen tieren ... und diu kint, diu enhânt niht eigens sinnes. Aber die liute, die dâ wîse sint und vil sinne hânt, die werdent allez ûzgetragen in manicvaltigen dingen» (DW III, S. 246, 4 - 247, 4).

sich selbst («Nach dem daz sú got behúgent, so lŏknent sú ir selbes vnd lebent got»; S. 41, 221-222). Gemäß dem Schriftwort Mt 16, 24 «Si quis vult post me venire, abneget semet ipsum et tollat crucem suam et sequatur me» praktizieren sie Nachfolge Gottes durch Nachahmung im Leben. Ihre Angleichung an Gott bewirkt aber umgekehrt die Annäherung Gottes an sie, so daß es zur «Gottesgeburt in der Seele» kommt, was als reziproker Prozeß zwischen Gott und Seele zu verstehen ist. Diese Geburt ist nichts anderes als die Offenbarung Gottes in der Seele, eine Offenbarung die freilich in diesem Stadium der Zunehmenden nicht *facie ad faciem*, sondern noch *per speculum in aenigmate* stattfindet[94].

> Wenn als vil sich der mensch got glichet an dem leben, als vil gebirt er in got vnd als vil sich got der sel glichen mag, als vil gebirt er sich in die sele vnd daz beschiht nach offenbarung, jn einer nuwen wise. Nit also daz got ein anderer werde in der sel, mer er wúrt anders in ir. Er ist in im selber on wise, aber die sel begriffet in in ettlicher wis, wenn die sel bewunden ist. Wenn sú denn geistliche oder gŏtliche gaben enpfohen sol, die můssent bewunden sin in der wise als sú bewunden ist (S. 42, 224 - 43, 230).

Unser Autor erweist sich hier nicht nur als Kenner der Lehre von der Gottesgeburt, wie sie auch von Eckhart vertreten wird, sondern auch als Experte in der volkssprachlichen Fachterminologie. «Geburt» als «Offenbarung» findet sich bei Eckhart[95] ebenso wie das part. Adj. mhd. *bewunden* (lat. *circumvelatum*) als Reflex aus der Ps.-Dionysius-Lektüre[96], das im 14. Jahrhundert zum Fachterminus für die Gotteserkenntnis im Hier und Jetzt avanciert. Dabei wurde, wie häufig der Fall, ein Lexem des Alltagswortschatzes terminologisiert und dem Funktiolekt der volkssprachlichen Mystik eingegliedert, in deren Kontext es sowohl im niederländischen als auch im oberdeutschen Sprachraum gebräuchlich ist[97]. Schon im 13. Jahrhundert kennt und verwendet der Kreis um Hadewijch das entsprechende Adjektiv (in seiner negierten Form) in den *Mengeldichten*:

---

[94] Vgl. 1 Cor. 13, 12: «Videmus nunc per speculum in aenigmate, tunc autem facie ad faciem. Nunc cognosco ex parte, tunc autem cognoscam sicut et cognitus sum».

[95] Vgl. Eckhart, Pr. 40; DW II, S. 275, 3 - 276, 6.

[96] Vgl. Eckhart zur Auslegung von Joh, 1, 5: «Hoc est ergo quod hic dicitur: *lux in tenebris lucet*, id est in creaturis quae habent aliquid opaci, id est nihili, adiunctum. Et hoc est quod dicit Dionysius: „impossibile est nobis aliter lucere divinum radium nisi varietate velaminum circumvelatum"» (*In. Ioh.* n. 74; LW III, S. 62, 6-9). Dazu Pr. 57: «Sant Dionysius sprichet: ist, daz daz götlîche lieht in mich schînet, sô muoz ez bewunden sîn, als mîn sêle bewunden ist» (DW II, S. 603, 1-2). Es handelt sich um Ps.-Dionysius Areopagita, *De caelesti hierarchia*, c. 1, 2 (PG 3, Sp. 121A; in der Übersetzung des Johannes Scotus PL 122, Sp. 1038; *Dionysiaca* S. 733, 1-3).

[97] Der Nachweis dieses Fachterminus ist nicht einfach, da das part. Adj. mhd. *bewunden* / mndl. *bewonden* als solches weder in mhd. noch in mndl. Wörterbüchern aufgeführt wird.

«Alle die nie scriftuere verstonden / En mochtent met redenen niet orconden / Dat ic bloet ende onbewonden / Hebbe in mi bouen redenne vonden»[98].

Bewunden-Sein ist also das wesentliche Charakteristikum der Gottes-erkenntnis im irdischen Leben[99]. Daraus folgt: was die «bewundene» Seele erkennt, ist mehr sie selbst als Gott, denn: «Daz wir von got bekennen, daz ist got nit. Es ist wol ettwaz des sinen, daz bekentlich ist» (S. 43, 232-233).

Der *Geistbuch*-Autor unterscheidet auch bei der Gottesgeburt ein äußeres und ein inneres Leben, die beide zusammenspielen. Nach dem äußeren Leben (der guten Werke) gebiert der Mensch in Christus und Christus wieder in ihn, so daß das Wort des Hl. Paulus gilt: «Vivo autem, iam non ego. Vivit vero in me Christus»[100]. Nach dem inneren (kontemplativen) Leben gebiert Gott in die Seele und die Seele wieder in ihn, so daß sie ein Geist mit Gott wird. Äußeres und inneres Leben, *vita activa* und *contemplativa* werden in einem Meister-Zitat zur Synthese verbunden: «Mit got ein geist vnd mit Christo ein lib, daz ist geware eynung» (S. 44, 242-243). Das Zitat ist nicht nachgewiesen. Doch es gehört zum Repertoire der ps.-eckhartischen Traktatliteratur. Außerdem erscheint das Motiv in «Conversus Petrus»-Predigten[101] im Kontext der *Johannes-Libelli*, wo genau diese Aussage von Johannes gemacht wird[102]. Im *Geistbuch* ist allerdings erst die Stufe der Fortgeschrittenen erreicht. Sie, und mit ihnen Johannes, müssen überwunden werden.

Die zweite, und negative, «Geburt» findet in der Hoffart des nur nach

---

[98] Ps.-Hadewijch, *Mengeldichten*, 29, vv. 12-15, hg. von J. Van Mierlo, Antwerpen 1952. Ich danke Geert Warnar für den Hinweis.

[99] Vgl. Eckhart, Pr. 97: «Aber götlich lieht entritet niht mit offener türe in die sêle, sunder heimelîche und bewunden, daz ez diu sêle kûme weiz, wanne got kumet oder wanne er von ir vert; und daz hât got durch sîne güete getân, daz er sîne gegenwertigkeit sô heimelich und sô bewunden hât gemachet» (DW IV/1, S. 228, 55-58).

[100] Gal. 2, 20.

[101] Joh. 21, 20 steht in enger Verbindung zum Thema des *Geistbuchs*; vgl. oben Anm. 60.

[102] Vgl. die anonyme Predigt «Conversus est Petrus» im Pommersfeldener *Johannes-Libellus*: Pommersfelden, Gräfl. Schönbornsche Bibl., Cod. Ms. 120 (olim 2868), fol. 69rb-79ra. Die Hs. stammt aus dem 15. Jh., die hier kopierte Textsammlung dürfte ihren Ursprung jedoch im frühen 14. Jh. (um 1300) haben, wie Schiewer plausibel machen kann; vgl. H.-J. Schiewer, «Die beiden Sankt Johannsen, ein dominikanischer Johannes-Libellus und das literarische Leben im Bodenseeraum um 1300», in: *Oxford German Studies* 22 (1993), S. 21-54, hier S. 39. Zu unserer Textstelle vgl. fol. 70va-vb: (Christus läßt Johannes auf seinem Herzen ruhen, weil er ihn von allen Jüngern am meisten liebt) «Dauon legt er in auf sein hercz dem er alleine minniklich was fur die andern alle. Vnd wolt als sein geist inwendig verainet was mit der gothait, daß er sich auch also leiplich vereinet mit der menschait vnsers herren. Wann sein heilig sele also getrungen was vnd gefüget in die gothait, das er enpfant als vngemessener genade vnd als manniger hande wunder sach vnd erkante

außen gerichteten und auf sich selbst konzentrierten Menschen statt und manifestiert sich in drei Fehlern («gebresten»; lat. *defectus*): in Hoffart, geistlicher Gier und «ungeordneter Minne» zur Weisheit, was als geistliche Unkeuschheit definiert wird (S. 44, 248 - 47, 282). Dabei fällt auf, daß es sich um die gleichen Fehler handelt, in die schon die «Minner» gefallen waren[103].

Rekapitulierend läßt sich für die Stufe der Fortgeschrittenen festhalten: sie üben entweder in sechs Eigenschaften die *imitatio Christi* und befolgen damit die Aufforderung *Sequere me*. Oder sie scheitern an diesen sechs Eigenschaften und verfehlen das rechte Maß zwischen Liebe und Erkenntnis. Während die «Minner» nicht weiterkommen, können die «Erkenner» jedoch Fortschritte auf dem spirituellen Weg erzielen, wenn sie im Licht des Glaubens, das ist die Synthese aus Natur und Gnade, erkennen. In diesem Licht, das aus Natur, Kunst und Gnade gemischt ist, kommt es bei rechtem Maß zwischen äußerer und innerer Erkenntnis zur Gottesgeburt, das ist die Offenbarung Gottes, in der Seele, wobei die Seele in diesem Stadium noch «bewunden» ist und Gott noch durch den Schleier des Kreatürlichen wahrnimmt.

4. Die Vollkommenen

Das dritte der «vermischten» Lichter gehört der Stufe der Vollkommenen: «Das dritte lieht ist gemenget mit natur vnd mit gnade vnd nit oder wenig mit kunst. Das lieht gehört zů den volkommen» (S. 47, 1-2). Hier ist der Schatten des Negativen fast gänzlich eliminiert: die zweckorientierte Beherrschung der Wissenschaft (*kunst*).

In diesem dritten aus Natur und Gnade gemischten Licht überwiegt die Erkenntnis «von innen» und hier wird die Forderung des «blibend vss gon» verwirklicht, die unser Autor oben (S. 15, 169 - 17, 192) im

---

in der haimlikait der driualtikait, das er auch wolte, das sein heilig leib kraft vnd tugende leiplich zůge von der menschait vnsers herren»; zit. in A. Syring, «*Compilatio* as a Method of Middle High German Literature Production. An Anonymous Sermon about St. John the Evangelist and its Appearance in other Sermons», in: J. Hamesse, B. M. Kienzle, D. L. Stoudt, A. T. Thayer (Hgg.), *Medieval Sermons and Society: Cloister, City, University*, Louvain-la-Neuve 1998, S. 117-143 hier S. 140; Parallelen zu dieser Textpassage in anderen Predigten zu diesem Thema im Bamberger *Johannes-Libellus*, Staatsbibl., Cod. Hist 153 (Bam 153), fol. 221r-221v und Berlin, SBBPK, mgq. 192, fol. 70v (Syring, S. 140-141).

[103] Die *gebresten* der Minner sind Hoffart, geistliche Gier und geistliche Wollust; vgl. *Geistbuch*, S. 32, 117 - 33, 140.

LXVI   DAGMAR GOTTSCHALL

theoretischen Teil als Art und Weise, wie man den eigenen Willen aufgibt, erklärt hatte. «... da mit daz man in gat, da mit gat man öch vss» (S. 47, 5-6). Die Erkenntnis im Inneren führt zur Selbsterkenntnis und kraft der Gnade zur Selbstverleugnung. Genau an diesem Punkt wendet sich die Einwärtsbewegung nach außen, und zwar zu Gott. Der Mensch, der sich selbst erkennt und verleugnet «bekennet ... sich gottes vss» (S. 48, 9). Die Auswärtsbewegung führt jedoch nicht wieder zurück in die Natur der Objekte, sondern in die größere Gottesnähe des übernatürlichen Lichts. Das natürliche Licht wird im Akt der Vereinigung mit Gott «vergeistet» und somit übernatürlich. Zugleich bedeutet «inneblibend vss gon», daß man innerlich gesammelt und konzentriert, doch ohne emotionale Bindung tätig ist, das heißt, daß man «lediklichen wúrket sine werk» (S. 49, 16). Die Vollkommenen haben das perfekte Gleichgewicht zwischen Erkenntnis (Licht) und Liebe (Minne) erreicht.

Doch auch die Vollkommenen haben drei Fehler: ihre Erkenntnis ist noch getrübt (*gemenget*), ihre Minne ist getrübt (*gemenget*) und sie lassen es sich mit dem erreichten übernatürlichen Licht, d.h. mit dem Akt der *geistung*, genügen.

Hier wird, wie es der Technik unseres Autors entspricht, ein neuer Begriff eingeführt, der auf der nächsten Stufe des spirituellen Wegs zum tragenden Konzept werden wird: mhd. *geisten* swV. und weiter unten *geistunge* stF.:

Wen da vergeistet es (*sc*. daz natúrlich lieht) got mit der krafft sins liehtes (S. 49, 12);
    Vss den zweÿn entspringt der drit (*sc*. gebreste), daz ist, daz sú in der geistung mit willen zûm lesten gebildet sint vnd ir lest end ist (S. 49, 20-21).

Das swV. *geisten* (lat. *spirare*) und das abstrakte Deverbativum *geistunge* stF. (lat. *spiratio*) gehören ursprünglich zum Wortschatz der volkssprachlichen Scholastik, um innertrinitarische Vorgänge auszudrücken. In diesem Sinn erscheinen beide Lexeme in der Predigtsammlung *Paradisus anime intelligentis*, allerdings nur in zwei Eckhart Rube zugeschriebenen Predigten[104]. *Geisten* als innertrinitarische Tätigkeit hält Einzug in die Theologie in der Volkssprache und ist bei Eckhart, Tauler und Seuse belegt. *Geistunge* bleibt dagegen nahezu ausschließlich auf die *Mhd.*

---

[104] Vgl. Par. an. 44 und 45: *geisten*: S. 99, 35 und S. 101, 20 und 32; *geistunge*: S. 101, 18.

Summa Theologiae beschränkt, grundsätzlich als Lehnübersetzung der innertrinitarischen *spiratio*[105].

Unser Autor verwendet neben dem Basisverb *geisten* die präfigierten Formen *ver-, ent-* und *în-geisten*. An substantivischen Ableitungen erscheinen *geistunge, îngegeist<icheit>, geister* und *entgeister*. Die wenigsten dieser Bildungen sind in mhd. Wörterbüchern belegt und lassen sich, wenn überhaupt, am ehesten dem Wortschatz Seuses zuordnen. Die Bedeutung muß aus dem jeweiligen Kontext erschlossen werden. Schon hier, bei der Einführung der neuen Begrifflichkeit, bewegt sich der *Geistbuch*-Autor außerhalb der Norm. Seine «geistung» hat nichts mit der Trinität zu tun, sondern mit göttlicher Wirkung auf die menschliche Seele. Diese göttliche Wirkung wird «vergeisten» genannt. Das Lexem ist sonst nicht belegt. Nach den Regeln der Wortbildung und Berücksichtigung des Kontexts dürfte das präfigierte transitive Verb *ver-geisten* (motiviert durch die subst. Basis *geist*) zur Gruppe der Ornativa gehören mit der Bedeutung ‚mit Geist versehen' bzw. ‚zu Geist machen', was dann die Überführung des Objekts in den Zielzustand des Basissubstantivs zum Ausdruck bringt[106]. In diesem Sinne wird das natürliche Licht endgültig in die Sphäre des Geistes überführt. Der Umwandlungsprozeß wird «geistung» genannt. Was sich hinter diesem «Geist» verbirgt, muß sich auf der Stufe der Überkommenen zeigen.

5. Die Überkommenen

Die vierte und letzte Stufe auf dem Weg zur spirituellen Vervollkommnung ist die Stufe der Überkommenen. Sie sind nicht nur ans Ziel gelangt, wie die Vollkommenen, sondern sie haben das Ziel überschritten: «Di vierden daz sint die v́berkommen menschen oder die toten» (S. 49, 1). «Tot» sind sie, insofern sie dem Hier und Jetzt völlig abgestorben sind und sich von allen Bildern und Vorstellungen endgültig gelöst haben, so daß ihre Seele von nichts mehr behindert wird, wenn sie sich mit Gott vereint. Ihre Erkenntnis und ihre Liebe ist nicht mehr getrübt (*gemenget*), sondern ereignet sich in der Klarheit des göttlichen Lichts und der göttlichen Minne. Unser Autor stützt sich für die Darlegung dieses Zustandes auf Apc. 14, 13: «Beati mortui, qui in Domino moriuntur». Die Stelle, die von Eckhart selbst nicht zitiert wird,

[105] Vgl. Morgan, Strothmann, *Middle High German Translation of the* Summa Theologica *by Thomas Aquinas*, 1967, S. 375, 17-18; S. 377, 11-13; S. 385, 22-27; S. 386, 1-9.
[106] Vgl. Klein, Solms, Wegera, *Mhd. Grammatik, Teil III: Wortbildung*, 2009, S. 424 und 426.

spielt eine wichtige Rolle in der Ps.-Eckhartischen Traktatliteratur, wo sie diejenigen bezeichnet, die nach völliger Vernichtung ihres Selbst in Gott eingehen[107].

Der letzte Schritt «hinüber» wird vollzogen, indem diese Menschen Erkenntnis und Weisheit abtöten, «da man got mit zů leget materien vnd formen» (S. 50, 6). Mit vernünftiger Erkenntnis «begreift» die Seele nämlich immer noch «mit sich», d. h. sie ist immer noch handelndes Subjekt und «vindet sich ... mit gebildet» (*con-formatus*) (S. 50, 7). Sie ist noch nicht frei von sich selbst und deshalb kann Gott die Seele nicht «begreifen», oder anders ausgedrückt: die Seele kann sich von Gott nicht denken lassen, wie unten, S. LXIX näher erläutert werden wird. Zum letzten Mal wird das Wortfeld *begrîfen* und *begrif* aufgerufen[108], denn im Folgenden gilt es, jegliche Begrifflichkeit zu «überschreiten» in das absolut Unbestimmte.

Die Aussage, daß Gott die Seele nicht begreifen kann, solange sie sich noch rationaler Erkenntnis bedient, wird mit einer langen Serie von Zitaten abgesichert. Sie enden mit der Autorität des Apostels Paulus: «Wen da dunket, daz er wise sỹe, der werd toret, auf das er weiß werde» (S. 51, 15-16)[109]. Töricht werden, um weise zu werden, ist die Aufhebung des Widerspruchsprinzips, wie es die «geistliche Logik» fordert. Um Gott zu erkennen, muß die Seele frei sein von allem wissenschaftlichen Denken (*kunst*), um Gott zu lieben, muß sie frei sein von jeder anderen Liebe.

Das heißt aber, die Überkommenen überschreiten «die geistung vnd teilmachung in der hohen redlicheit» (S. 51, 20-21), also die geistige Überformung und die zergliedernden Denkprozesse in der Vernunft (mhd. *redelicheit*; lat. *ratio*). Die «geistige Überformung» der Vernunft (natürliches Licht) durch Gott, auf der Stufe der Vollkommenen noch ein Fortschritt, ist hier nur ein Hindernis. Unser Autor faßt zusammen: «Kurczlich geseit: Sú vberschriten das enpfohen in mittels wise als verr als es můglich ist dem menschen, daz er keins lerers noch vorbilder bedarff» (S. 51, 21 - 52, 23). Er zielt damit auf die unmittelbare Offenbarung Gottes und bietet als Modell auch dafür wieder den Apostel Paulus: «Das ewangelium han ich vom

---

[107] Vgl. Tr. VIII, Pf. S. 480, 4-18; Tr. XI, Pf. S. 508, 37 - 509, 4; Tr. XIV, der auf Apc. 14, 13 basiert, Pf. S. 530, 30 - 531, 3.

[108] Vgl. oben S. L mit Anm. 77.

[109] 1 Cor. 3, 18: «Si quis videtur inter vos sapiens esse in hoc saeculo, stultus fiat, ut sit sapiens».

menschen nit genomen noch gelert, sunder durch die offenbarung Christi»
(S. 52, 25-27)[110]. An dieses Schriftzitat schließt er eine legendenartige
Erzählung an. Paulus kam einst zu Petrus und Johannes, um sich von ihnen
belehren zu lassen. Doch sie konnten ihm nichts mehr geben, er war bereits
vollkommen und so nahe dem Ursprung der Wahrheit (also Gott), daß er aus
diesem Quell alles wirkte.

Ein «Vollkommenheitswettstreit» zwischen Paulus, Petrus und Johannes ließ sich
weder in Apokryphen noch in Legenden-Sammlungen nachweisen. Er findet sich jedoch
in Übereinstimmung mit den Formulierungen des *Geistbuchs* im alten Predigtbuch des
Nürnberger Katharinenklosters, das, in der Forschung als Sammlung Jostes bekannt,
eine der ältesten Sammlungen von Eckhart und ps.-eckhartischen Texten darstellt[111]. Es
handelt sich um einen nur hier überlieferten Anhang zu der Eckhart-Predigt: «‚Illumina
oculos meos‘ (Ps. 13, 4). sente Dyonisius sprichit: ez ist drigirleige licht daz di sele
habin sal di da cumen sal in ein lutir bekentnisse Godis»[112], die bei Jostes unter Nr.
69.1 erscheint. Während die übrigen Textzeugen diese Predigt schließen: «alsus begrifit
sich Got alleine an siner eginen nature in eime lichte da niman zu cumen inmac, alse
sente Pauwil sprichit»[113], bietet Jostes 69.1 folgenden Wortlaut: «alsus begreiffet sich
got allein an seiner eigen naturen. Dise begreiffung ist ein verstantnůzze, an dem got im
selber offenbar ist und vermeinet sich ein lieht, do nieman zu kumen en mak. Als sanc-
tus Paulus spricht: Got wonet in einem unzukumenlichen lieht. Sanctus Paulus spricht:
Alles daz unerbere waz, daz getet ich nie niht ...»[114] und es folgt ein Bericht, über seine
Vollkommenheit, die mit der Erzählung vom Besuch bei Petrus und Johannes endet. Der
unbekannte Autor des *Geistbuchs* und der unbekannte Redaktor der Sammlung Jostes
hatten offenbar Zugang zur selben Quelle.

Die beiden «Kontrahenten» Petrus und Johannes, auf deren Wettstreit um
die Liebe zu Christus und um die Nachfolge das Thema des *Geistbuchs*
anspielt, werden jetzt von einem dritten überflügelt – von Paulus. Die

---

[110] Gal. 1, 12: «Neque enim ego ab homine accepi illud, neque didici, sed per revelationem
Jesu Christi».

[111] Überliefert in Nürnberg, Stadtbibl., Cod. Cent. IV, 40 und herausgegeben von Franz
Jostes (Anm. 22). Die Hs. stammt aus dem 14. Jh. und ist im 15. Jh. in der Bibliothek des
Katharinenklosters nachweisbar. Ihre Provenienz ist unbekannt.

[112] Zit. nach Par. an. 56, in: *Paradisus anime intelligentis* (Anm. 22), S. 121- 122, hier S. 121,
20-21. Der Text ist ferner überliefert in Augsburg, UB, Cod. III 1 4° 41, 196r-197r (unsere Hs.
Au1); Nürnberg, Stadtbibl., Cent. VI, 46h , 5v-6v (unsere Hs. N1); Nürnberg, Stadtbibl., Cent. VI
55, 98r-99r; Salzburg, UB, Cod. M I. 476, 142r (unsere Hs. S1); Zürich, Zentralbibl., Cod. C 127,
214-219; vgl. K. Ruh, Nachwort, in: *Meister Eckhart und seine Jünger* (Anm. 22), S. 211. Dazu
kommt: Basel, UB, B XI 10, 333v-339 (eingearbeitet in den myst. Mosaiktraktat ‚Büchlein vom
schauenden und wirkenden Leben‘); die Predigt wurde auch von Nicolaus von Landau benutzt,
in einer Fassung, die ziemlich stark von Par. an. abweicht (Zuchhold, S. 111-112) und sie war in
der Straßburger Hs. A 98 enthalten (erhalten in Pfeiffers Abschrift Wien 15383); vgl. Ph. Strauch,
Einleitung, in: *Paradisus anime intelligentis* (Anm. 22), S. XXVII. Keiner der Textzeugen enthält
die Erzählung von Paulus.

[113] 1. Tim. 6, 16; zit. nach Par. an. 56; Strauch, S. 122, 24-25.

[114] Jostes, 69.1; S. 69, 14-19. Das gesamte Sondergut S. 69, 18-32, zum Inhalt s. u. S. 52 den
Kommentar zur Stelle.

herausragende Wertschätzung des Hl. Paulus ist eine Besonderheit des *Geistbuchs*[115].

Diese Menschen, die wie Paulus der unmittelbaren göttlichen Offenbarung teilhaftig werden, «entgeistent sich» bzw. sie «wúrkent sich vss dem gebildeten wesen in ein vngebildet wesen» (S. 52, 32 - 53, 33), d.h. sie befreien sich von allen Bildern und Formen. Unser Autor bestätigt diesen Schritt mit einem Augustinus zugeschriebenen Zitat: «Da alles das gesweig, das jn mir sprach, da sprach got ein still wort zů mÿner sele vnd daz verstunt niemant denn ich vnd wenn daz wort gesprochen wúrt zů einer ieglichen sele, so vergisst sú bilden vnd formen» (S. 53, 34 - 54, 37). Das Zitat, das an *Confessiones* IX, 10 anklingt, gehört zum Repertoire der ps.-eckhartischen Traktatliteratur. Eckhart selbst zitiert *Confessiones* IX, 10 in seinem Sapientia-Kommentar, wenn er Sap. 18, 14 («Cum enim quietum silentium contineret omnia») auslegt: «Rursus in mentem venit sapientia, quando anima quiescit a tumultibus passionum et occupatione rerum mundialium, quando ipsi silent omnia et ipsa silet omnibus»[116]. Dies ist der Augenblick der Gottesgeburt in der Seele: «Adhuc autem quinto oportet quod quies et silentium contineat omnia ad hoc, ut deus verbum in mentem veniat per gratiam et filius nascatur in anima»[117] oder in der Volkssprache, ebenfalls zu Sap. 18, 14: «Alsô solte der mensche entwîchen allen sinnen und înkêren alle sîne krefte und komen in ein vergezzen aller dinge und sîn selbes ... Dar umbe, sol got sîn wort sprechen in der sêle, sô muoz si in ruowe und in vride sîn. Und danne sô sprichet er sîn wort und sich selber in der sêle und niht ein bilde, mêr: sich selber»[118].

Die Erkenntnis der Überkommenen ist das Gegenteil rationaler Erkenntnis, es ist die *negatio* der Erkenntnis, benennbar nur noch in den Formeln der negativen Theologie. Diese Erleuchteten sind zur Unterscheidung (*discretio*) gelangt, wie im theoretischen Vorspann des *Geistbuchs* angekündigt worden war[119], und haben sie überschritten, so daß sie «von rehtem vnderscheid vnderscheidlos» (S. 54, 40 - 55, 41) geworden sind. Unser Autor schließt: dann erst kommt die Seele «zů rehtem vnderscheid der geiste» (S. 55, 42).

---

[115] Sie wurde schon von den Zeitgenossen bemerkt. Die beiden mhd. Geistbuchfragmente, die nur die Darstellung der Überkommenen überliefern, schreiben das Thema «Selig sint die toten ...» (S. 49, 2) dem Hl. Paulus zu.

[116] Eckhart, *In Sap*. n. 280; LW II, S. 612, 6-7.

[117] *Ibid*., n. 281; LW II, S. 613, 6-7.

[118] Eckhart, Pr. 101 (Dum medium silentium tenerent omnia); DW IV/1, S. 357, 131-136.

[119] Vgl. oben S. 3, 23-34.

Der letzte Schritt in die absolute Negation wurde konsequent als *entgeisten* bezeichnet.

Das Privativum *entgeisten* drückt aus, daß das Basissubstantiv *geist* entfernt wird, wobei auch eine verbale Motivationsbasis in Frage kommt. Bezogen auf das unpräfigierte Verb *geisten* steht die Präfigierung in aufhebendem Gegensatz[120].

Mhd. *entgeisten*, swV. ist nicht sehr gebräuchlich. Das Lexem, das bei Lexer in der konkreten Bedeutung ‚den Geist aufgeben' belegt ist[121], wird im *Geistbuch* übertragen gebraucht als meditative Übung im Sinne einer vollständigen Entblößung des Geistes bis zur Vernichtung. Der älteste Beleg in genau dieser Bedeutung ist bei Heinrich von Ekkewint, einem Dominikanerprediger aus der ersten Hälfte des 14. Jahrhunderts, zu finden[122].

Bei Eckhart und Tauler fehlt das Lexem ganz, es gehört aber zum Wortschatz Seuses, der in den spekulativen Kapiteln 51-53 seiner *Vita* den letzten Schritt hin zur Vereinigung mit Gott ausführlich in der Terminologie des «Entgeistens» darstellt[123].

Vereinzelt erscheint *entgeisten* in der ps.-eckhartischen Traktatliteratur und in Pfeiffers *Liber positionum*.

In Tr. II *Der înslac* (*Von der edelkeit der sêle*) findet die «Entgeistung» als Vereinigung mit dem göttlichen Geist bei der Auferstehung statt: «Dâ wirt er (*sc.* der Leichnam) entgeistet unde wirt ein geist unde fliuzet mit dem geiste in den êrsten ursprinc» (Pf. S. 391, 8-9). In Tr. XII *Von dem überschalle*, dessen *Glôse* mit Seuses *Vita*, Kap. 52 arbeitet[124], steht *entgeisten* im Seuseschen Sinne für den Prozeß, der zur höchsten Einheit führt: «Dâ diu zwei apgründe in einer glîcheit swebent gegeistet und engeistet, dâ ist ein hôhez wesen; dâ sich got entgeistet, dâ ist dunsterheit in einer unbekanter bekanter einekeit» (Pf. S. 517, 13-15) wird glossiert: «Daz bekentnisse entgeistet den geist. Diu entgeistunge des geistes ist ein entblœzunge aller wîse der einekeit, die die persône beslozzen hânt in rehter wîse» (Pf. S. 519, 38-40).

Entgeisten erscheint in Pfeiffers *Liber positionum* einmal in Lib. pos. 125, der im Folgenden noch für das *Geistbuch* wichtig wird. Der hochspekulative Text diskutiert Probleme der Trinität, genauer das Verhältnis der Personen zu ihrem Wesen. Das Lexem *entgeisten* wird, wie auch in den schon angeführten Belegstellen, zur Umschreibung der absoluten ununterschiedenen Einheit eingesetzt: «alle die persône mit dem înslage in ir

---

120 Vgl. Klein, Solms, Wegera, *Mhd. Grammatik. Teil III: Wortbildung*, 2009, S. 404.

121 M. Lexer, *Mhd. Handwörterbuch*, Bd. I, Sp. 569.

122 Vgl. F. Pfeiffer, «Predigten und Sprüche deutscher Mystiker», in: *Zeitschrift für deutsches Altertum und deutsche Literatur* 8 (1851), Predigt 4, S. 231-232: «dar umbe hât got sîn nâtûrlich bilde, sînen sun, den liuten geoffenbâret, das si ime nâch kriegende geleitet werden in eines entgeisteten geistes üebunge, in das êrste umbegrîflîche wesen».

123 Vgl. unten den Kommentar zur Stelle, S. 52-54.

124 Vgl. K. Ruh, «Seuse Vita c. 52 und das Gedicht und die Glosse ‚Vom Überschall'», in: E. Filthaut (Hg.), *Heinrich Seuse. Studien zum 600. Todestag 1366-1966*, Köln 1966, S. 191-212,

nâtûre sint begriffen in der dunstern stilheit irs nâtiurlîchen wesennes. In dem begriffe haltent sie niht eigenschefte, want swaz inder (*sic*) begrif begrîfet, dem benimet er sîne eigenschaft. Seht, dâ ist got entgeistet. Dâ wirt diu ungruntlîche tiefe gegründet mit dem grüntlîchen verstentnisse gotes» (Pf. S. 670, 27-31).

Zuletzt findet sich *entgeisten* auch einmal in der mystisch-theologischen Kompilation *Spiegel der Seele*[125] unter dem Stichwort *animae congregatio*:

> Anime congregacio. Sant dionisius schreibt: so die sel sich sament an ir selber vnd bekennet sich in ir selber. Die samnung ist, das die natur verlies iren lauf vnd geczogen in das hôchst güt. Ir bekennen ist, das sy sich bekenn in allen creaturen; ir erhebung ist, das ir kraft geczogen werd von aller manigfaltikait, das sy sich nit en giessen müg den vf des geistes hôchstes wesen. So wirt sy von bekennen bekennlos, von mynn mynnlos, von von (*sic*) willen willosz, von form formlos, vnd die natur grundlos, vnd der gaist en gaistet, wesenlos. Zü der ainung mag nemant kemen, er sey plos aller kunst. So hat sy ain v̈ber schwannck v̈ber alle ding an das ainig ain, das ist im selb ain ewig anegeng (Vogl, S. 356, 410 - 358, 420).

Vogl gibt als Quellentext ein von Quint mitgeteiltes anonymes Stück aus den Eckhart-Handschriften U1 (fol. 45v) und B2 (fol. 79r) an, das der Kompilator des *Spiegels der Seele* nahezu wörtlich übernahm[126]. Auffällig ist die Nähe zum *Geistbuch* in der Formulierung bis hin zur Formel «von bekennen bekennlos, von mynn mynnlos, von von (*sic*) willen willosz».

Das Lexem *entgeisten* ist also zur Abfassungszeit des *Geistbuchs* bereits terminologisiert und gehört zum Funktiolekt der sog. volkssprachlichen Mystik. Doch es bekleidet eine ziemlich elitäre Rolle und ist lediglich im Wortschatz Seuses fest etabliert. Die spekulativen Kapitel seiner *Vita* dürften für die Begrifflichkeit des *Geistbuchs* Pate gestanden haben. Das hieße dann, daß unser Autor auf einen der «modernsten» Texte rekurriert, die ihm überhaupt zur Verfügung stehen konnten[127].

---

wieder abgedruckt in K. Ruh, *Kleine Schriften*, Bd. II: Scholastik und Mystik im Spätmittelalter, hg. von V. Mertens, Berlin, New York 1984, S. 145-168.

[125] H. Vogl (Hg.), *Der „Spiegel der Seele"*. *Eine spätmittelalterliche mystisch-theologische Kompilation* (Meister-Eckhart-Jahrbuch Beihefte, 2), Stuttgart 2007.

[126] B2 = Berlin, SBBPK, mgo 65, Perg. 8°, 118 Bll., 14. Jh., Schreibsprache: alemannisch. Die Hs. stammt vermutlich aus dem Straßburger Dominikanerinnenkloster St. Nikolaus in undis und kam später in den Besitz Daniel Sudermanns. Das uns interessierende Stück ist in folgenden Kontext eingebettet: Pf. Tr. XIV, XI.3, XV, fol. 74r-78v; anonym fol. 79r; Eckhart, Pr. 23, fol. 79v-80v.

U1 = Utrecht, UB, Ms. 9 B 8, Pap. 4°, 158 Bll., 15. Jh., Schreibsprache: schwäbisch. Das uns interessierende Stück steht im gleichen kontextuellen Bezug: Pf. Tr. XIV, XI.3, XV, fol. 39r-44v; anonym fol. 45r-v; Eckhart, Pr. 23, fol. 45v-47r.

[127] Die Erstellung des *Exemplars*, das die *Vita* enthält, fällt zwischen 1362 (Versetzung Seuses nach Ulm) und den Tod Seuses 1366; vgl. Sturlese, «Einleitung», in: Heinrich Seuse, *Das Buch der Wahrheit*, S. LXV.

Die Seele der Überkommenen hat den spirituellen Stufenweg bis zu
Ende durchlaufen und ist mit Gott vereint. Im Folgenden analysiert der
Geistbuch-Autor diese Vereinigung (*unio*). Er geht von einem Ps.-Dionysius
zugeschriebenen Zitat aus: «Sant Dÿonisius spricht, daz got wone in einem
niht, das ist in eÿme vnbegrif vnd vnberůrlicheit aller creaturen» (S. 55,
43-44). Das unidentifizierte Zitat findet sich in Pfeiffers Tr. XIV (*Sant
Johannes sprichet ,ich sach daz wort in gote'*) und XV (*Die drîe persône
geschuofen die crêatûre von nihte*), beide Male in Verbindung mit der ersten
Seligpreisung: «sêlic sint die armen des geistes: gotes rîche ist in inen». Und
der Autor von Tr. XIV fährt fort: «Die armen ds geistes daz sint die, die got
elliu dinc gelâzen hânt, als er sie hâte, dô wir niht enwâren, unde niht an im
selber. In dem nihte wonet got unde diu sêle wonet in gote ...»[128]. Es hat
den Anschein, daß unser Autor auf diese Passagen Bezug nimmt, denn er
schließt seine folgende Definition des Nichts mit der Feststellung «Daz ist
öch rehte armůt an dem geiste» (S. 61, 85), was nur aus dem Kontext der
beiden Traktate verständlich wird, fehlt doch im *Geistbuch* jede weitere
Erwähnung der «Armut des Geistes».

Doch zunächst geht es um die Seele der Überkommenen. Wenn gilt, daß
Gott in einem Nichts wohnt, dann will auch die Seele in einem Nichts
wohnen, d.h. in einem Nichts ihrer selbst. Hier schließt unser Autor vier
Lehrstücke über das Nichts an: «Nvn merkent vier stúk von dem wort niht»
(S. 56, 47).

1. (S. 56, 47 - 57, 55) «,Nichts' begreift nichts und hat auch nichts»
(S. 56, 47-48). Also will auch die Seele nichts begreifen und nichts haben.
Sie weiß, daß nicht sie Gott begreifen, sondern daß nur Gott die Seele
begreifen kann, d.h. die von sich selbst entblößte Seele läßt sich von Gott
denken. Wenn Gott die Seele «begreift», so geschieht dies mit seinem
«begreifenden Begriff»; mit seinem «eigenen Begriff» denkt Gott nur sich
selbst. Das im *Geistbuch* seit Beginn präsente Wortfeld mhd. *begrîfen* und
begrif wird hier voll ausgereizt. Unser Autor rekurriert nicht nur auf das

---

[128] Tr. XIV; Pf. 533, 19-23; die Armutsdefinition ist ein paraphrasierende Zitat aus Eckharts
«Armutspredigt»: vgl. Pr. 52, DW II, S. 491,7-9; S. 494, 1-3; S. 495, 3-5; S. 499, 2-3. Ebenso in Tr.
XV: «,sêlic sint die armen des geistes, gotes rîche daz ist ir'. Die armen des geistes daz sint die, die
gote elliu dinc gelâzen hânt, als er sie hete dô wir niht enwâren ... In dem nihte wont got unde diu
sêle wont in dem selben nihte ... Her ûf sprichet sant Dionysius: got wont in dem nihte» (Pf. S. 539,
9-16). Vgl. dazu Eckhart, Pr 52; auch bei Seuse wird der Schritt des Entgeistens in Bezug gesetzt
zur «Armut des Geistes»; vgl. Bihlmeyer, S. 182, 32 - 183, 2.

wenig gebräuchliche Lexem *begrif*, er spielt auch mit der Doppeldeutigkeit zwischen konkretem Berühren und intellektuellem Erfassen, sowie der vollständigen Negation jeder Kontaktaufnahme in dem Hapax **vnbegrif*.

Die diffizile Unterscheidung von (dem) «begriffenden begriffe» und «eigen begriffe» (S. 57, 54 und 55) findet eine exakte Parallele in Pfeiffers *Liber positionum* 125, 129 und 130.

> Besonders Formulierungen wie «Nû merkent underscheit des begriffes. Ez ist ein begrîfender begrif und ein einiger (*muß heißen*: eigener) begrif ...»[129] oder «‚Nû sagent mir: swenne got die sêle begrîfet weder begrîfet er sî denne mit dem begrîfenden begriffe oder mit dem eigenen begriffe?‘ Daz sag ich dir. Er begrîfet sî mit dem begrîfenden begriffe ...»[130] lassen an direkte Abhängigkeit denken.

2. (S. 57, 56 - 58, 64) «‚Nichts‘ ist so ledig und bloß, daß es alles Gott überläßt» – ein Ausdruck höchster Liebe und tiefster Demut zugleich.

3. (S. 58, 64 - 59, 70) ‚Nichts‘ ist völlig offen und bereit für Gott, so daß er «von ihm» (*ex nihilo*) alles wirken kann, «was er wil, wenn er wil vnd wie er es wil (S. 58, 65-66)». Diese Formel, die bei Eckhart fehlt, findet sich in der ps.-eckhartischen Traktatliteratur und in *Liber positionum* 148.

> *Lib. pos.* 148 fragt nach dem Verhältnis von «Werk» und «Werkmeister», und genauer: wo das Werk ebenso edel sei wie sein Schöpfer. Antwort: in der entblößten Seele. «Diz sprichet ein meister: daz werc, daz got wirket in einer lidigen sêle blôz von allen dingen, daz sî edeler denne alliu diu werc, diu er ie geworhte in der zît in himel und in erden»[131]. Wie im *Geistbuch* wird als Ausgangspunkt die Aufgabe des eigenen Willens gefordert. Diese Entblößung der Seele entfernt alles, was Gott hindern könnte, und transformiert die Seele in ‚Nichts‘ im Sinne des Uranfangs der Schöpfung, die aus dem ‚Nichts‘ hervorgeht. Die Nähe zum *Geistbuch*, bis in einzelne Formulierungen hinein, ist unschwer zu erkennen[132]. Der Text von *Lib. pos.* 148 ist alt. Er wurde bereits in die Sammlung Jostes aufgenommen[133], die schon einmal, beim Wettstreit zwischen Paulus, Petrus und Johannes, eine gemeinsame Quelle mit dem Geistbuch suggerierte.

---

[129] *Lib. pos.* 129; Pf. S. 671, 21-22.

[130] *Lib. pos.* 130; Pf. S. 671, 27-30.

[131] *Lib. pos.* 148; Pf. S. 677, 35-38.

[132] Vgl. Edition, S. 58 mit Kommentar zur Stelle.

[133] *Lib. pos.* 148 ist, neben einer Reihe weiterer Abschnitte des *Liber positionum*, enthalten in Jostes, 43 (S. 44, 33 - 45, 27). Die für das *Geistbuch* relevanten Fragen des *Liber positionum*, also 125, 129, 130 und 148, gehören zu einer der wenigen festen Fragengruppen, genauer zu der Folge 5, 121-136, 138-141, 148, 2, die sich als Meister-Jünger-Dialog über subtile philosophische Fragen lesen läßt. Sie sind überliefert in Basel, Universitätsbibl., B XI 10, fol. 190r-213r; St. Gallen, Stiftsbibl., Cod. 972a, pag. 126-150; Straßburg, Bibl. nat et univ., Ms. 2795, fol. 275v-287v; dazu kommt, mit leichter Variation, Augsburg, UB, Cod. Oettingen-Wallerstein III 1 4° 33, fol. 229r-235r. Vgl. A. Spamer, «Zur Überlieferung der Pfeifferschen Eckharttexte», in: *Beiträge zur Geschichte der deutschen Sprache und Literatur* 34 (1909), S. 304-420, hier S. 416 und H. Vogl, *Der „Spiegel der Seele"*, S. 93-100.

4. (59, 70-75) «‚Nichts' ‚ist frei von jeder Emotion und Empfindung».

Daraus folgt: wenn sich die Seele dem Nichts angleicht, das die oben genannten vier Charakteristika aufweist, so muß die Vereinigung mit dem göttlichen Nichts stattfinden. Der Geist, und das ist die denkende Seele, wird in diesem «unvermengten Licht» (der Erkenntnis) «kennlos» und «minnelos» (S. 60, 80 und 81), das ist der Schritt der «Entgeistung», der absoluten Negation und Aufhebung des Menschlichen im Göttlichen, oder wie unser Autor sagt: die «gotwerdende eynung svnder mittel» (S. 60, 81). Der Geist wird mit göttlichem Licht «umfangen» (*amplexio*) und «erkennt ohne Form, liebt ohne Gleichnis und genießt ohne Eigenschaft». «Daz ist öch rehte armůt an dem geiste» (S. 61, 85): Eckhart'sche Armut des Geistes als Ausdruck vollkommenen Einsseins mit dem göttlichen Grund.

Doch hier auf dem Höhepunkt der *unio* reißt unser Autor seinen Leser wieder zurück ins Hier und Jetzt: «Aber in des menschen begriff vnd in der würkenden eynung da lůhtet er anders» (S. 61, 85-86). Die «gottwerdende Einung» gehört der Kontemplation. Im tätigen Leben aber wirken diese Seelen die «Minnewerke» und dies ereignet sich in der «wirkenden Einung»[134]. Die Überkommenen verkörpern also die perfekte Synthese aus *vita contemplativa* und *vita activa*. Für die *vita activa* werden sie, die sich ganz Gott gelassen haben, von Gott bereitet, der «mit der Seele und über der Seele» wunderbare Werke wirkt (61, 87-88).

Es folgt die Beschreibung der Transformation aufgrund des göttlichen Wirkens in der menschlichen Seele in vier Schritten: von tierisch zu menschlich; von menschlich zu heilig; von heilig zu geistlich; von geistlich zu göttlich. Es ist die genaue Wiederholung des spirituellen Weges, den der Beginner durchläuft bis er die Stufe der Überkommenen erreicht hat.

6. Gottes Wirken in der Seele: Vom tierischen Leben zum menschlichen Leben

«Got würket den menschen vss vihelichem leben in menschlich leben» (S. 62, 1-8). Gott führt den (mit ihm vereinten) Menschen aus einem tierischen in ein menschliches Leben, d.h. er verhilft ihm zur Dominanz des Geistes über die rein körperlichen Bedürfnisse. Auch wenn die Notdurft

---

[134] Die «wirkende Einung» war schon enmal erwähnt worden (*Geistbuch*, S. 20, 29-34), und zwar als positiver Zustand der Beginner, die «mit sich selbst vereint sind» (im Gegensatz zur Ekstase) und von dieser Einung aus weitere Fortschritte machen.

des Leibes zu erfüllen ist, so soll der Mensch doch mit seinem Denken auf Gott ausgerichtet sein: «... das er doch mit siner meÿnung an got hafftete» (S. 62, 6-7).

7. Vom menschlichen Leben zum heiligen Leben

«Got wúrket öch menschlich leben in heilig leben» (S. 62, 1 - 64, 18). Gott führt den Menschen aus einem menschlichen Leben in ein heiliges Leben. «Heilig» bedeutet, daß der Mensch sein Tun heilige. Keine Tugend ist an sich heilig, außer der Liebe. «Die ist heilig an ir selber vnd heiliget alle tugend»[135] (S. 63, 3-4). Unser Autor zählt eine Reihe solcher «Tugenden» auf, die der Mensch erst heiligen muß: Arbeit und Mühe, wie Tugendübungen des geistlichen Alltags; sich Christ zu nennen; Empfang der Sacramente; Leiden.

8. Vom heiligen Leben zum geistlichen Leben

«Got wúrket öch heilig leben in geistlich leben» (S. 64, 1 - 68, 37). Gott führt den Menschen aus einem heiligen Leben in ein geistliches Leben. «Geistlich» bedeutet hier: denkend reflektierend. Denn der Geist «geistet», d.h. wirkt in die menschliche Wahrnehmung («enpfohen») und begriffliche Verarbeitung («begriffen»). Dort unterscheidet der Mensch «die teile» (*particularia*) und «daz gemeÿne» (*commune*) (S. 64, 2)[136]. Der geistbegabte Mensch kann also das Verhältnis zwischen Schöpfer und Geschöpf denkend bestimmen. Unser Autor erklärt dieses Verhältnis folgendermaßen:

> Got hat ein teil, das ist wesen vnd leben vnd lieht. So hat got vnd die creatur ein gemeÿne. Das ist ein beslossene vnbesliesslich wesung vnd lebung vnd lúhtung. So hat die creatur ein teil, daz ist wesen vnd leben vnd lieht (S. 64, 3 - 65, 5).

---

[135] Vgl. 1 Cor. 13, 1-3: «Si linguis hominum loquar, et angelorum, charitatem autem non habeam, factus sum velut aes sonans, aut cymbalum tinniens. Et si habuero prophetiam, et noverim mysteria omnia et omnem scientiam ... charitatem autem non habuero, nihil sum. Et si distribuero in cibos pauperum omnes facultates meas, et si tradidero corpus meum ita ut ardeam, charitatem autem non habuero, nihil mihi prodest».

[136] Das Zusammenspiel aus »teil« und «gemeÿn» kam das erste Mal zur Sprache bei der Diskussion unterschiedlicher Schöpfungsprozesse: Erschaffung der Seelen durch Gott *ex nihilo*; Erschaffung leiblicher Kreaturen durch Gott mit Hilfe der Materie, «Zugaben» und «enthalten seins teils». «Allein das werck gemein ist, so nÿmet doch ieglichs sein teil an dem gemeÿnen werke» (*Geistbuch*, S. 9, 102-103). Vgl. Aristoteles, *Physica*, I, 7 (189 b 31-32) und 3, 1 (200 b 24-25): «commune est ante proprium determinandum».

Dieses gleichsam um die Mittelachse («wesung vnd lebung vnd lúhtung») gespiegelte Verhältnis von Schöpfer und Schöpfung wird mit einem Zitat aus *De divinis nominibus* des Ps.-Dionysius Areopagita bestätigt: «Got ist wesen der wesenden vnd leben der lebenden vnd lieht der liehte» (S. 65, 6-7)[137]. Die Kreatur hat Wesen, insofern sie über die Wesengebung (*wesung*) am Wesen Gottes teilhat. Dies gilt ebenso für Leben und Licht. Daher kann unser Autor folgern: «Alsus ist die creatur dazselbe, daz got ist, vnd ist doch anders vnd anders vnder ein ander» (S. 65, 7-8).

An dieser Stelle schiebt der *Geistbuch*-Autor eine Digression über das «Geisten» ein: «Nvn vernemet fúrbas von dem geisten» (S. 65, 9 - 66, 21). Die Tätigkeit des Geistes besteht darin, göttliche, geistliche und kreatürliche Dinge abzubilden. Dieser Abstraktionsprozeß wird mit der Wahrnehmungspsychologie aus *De anima* erläutert[138]. Sinneseindrücke und intellektuelle Vorstellungen werden über die äußeren bzw. inneren Sinne an die *virtus imaginaria* (mhd. *bildærinne*) weitergegeben und gelangen von dort in die Vernunft, wo sie zum abstrakten Begriff geformt werden: «Die zúhet er geistlichen ... ine die bilderinne vnd durch die bilderine in die andern krafft der sele vnd machet sú im glich» (S. 65, 12 - 66, 14). Das bedeutet, daß der «Geist» befähigt ist, aller Dinge Bilder in sich aufzunehmen, oder anders ausgedrückt: alles zu denken. Aus einer Vorstellung von Gott entspringt Liebe zu Gott und in dieser Liebe kommt es zur Vereinigung. Vereinigen kann sich aber nur, was «gleich» ist, wie schon oben erläutert worden war:

> Wenn die sele ir iht fúr niht bekennet vnd ir iht fúr niht hat, also vil glichet sú sich dem gôtlichen nihte. So enmag sich iht mit niht enthalten es mûsse sich einigen mit sýme nihte, also wenig als lieht vnd lieht sich nit enthalten mûgen, sú einigen sich in ein (59, 76 - 60, 79).

Es ist also die Tätigkeit des menschlichen Denkens (*daz geisten*), die die Voraussetzungen für die Vereinigung mit Gott bereitstellt. Das Verhältnis zwischen Geist und Gott in ihrer Vereinigung ist reziprok: «... vnd in der vereinigung wirt got lebend in dem geist vnd der geist wirt lebend in got» (S. 66, 19-20). Deshalb gilt, daß der Geist alles belebt kraft

---

[137] Ps.-Dionysius Areopagita, *De divinis nominibus*, c.1 § 3 (PG 3, Sp. 589C; *Dionysiaca* S. 19, 1-2. 22, 1-3); zitiert von Eckhart in *Sermo die b. Augustini Parisius habitus* (LW V, S. 91, 9 - 92, 2).
[138] Vgl. Aristoteles, *De anima*, III, 8 (432 a 8-9) sowie *Auctoritates III libri Aristotelis De anima*, 167: «Necesse est quemcumque intelligentem phantasmata speculari» (J. Hamesse, *Les Auctoritates Aristotelis*, S. 188).

dieser Vereinigung: «Also gibt der geist allen dingen leben v́ber mittel der vereinigung» (S. 66, 20-21). Unser Autor zeigt in dieser kurzen Digression Kenntnisse in der im 14. Jahrhundert längst in der Volkssprache eingebürgerten Terminologie zur Wahrnehmung[139]. Außerdem sind wieder inhaltliche und sprachliche Übereinstimmungen zwischen unserem Text und einem Abschnitt aus Pfeiffers *Liber positionum* zu bemerken[140].

Die belebende Kraft des Geistes manifestiert sich auf dreierlei Weise (S. 66, 22 - 68, 37):

1. Der Mensch trägt das Bild aller Dinge in seinem Intellekt. Wenn sich dieses Vorstellungsbild des Menschen mit Gott vereint, vereinen sich auch alle gedachten Dinge mit Gott.

2. Der Mensch führt alle Dinge wieder zurück in ihren ersten Ursprung. Denn was er von der geschaffenen Welt «genießt», wird lebend in ihm. Der Mensch aber, der sich denkend mit Gott vereint, wird lebend in Gott. Also kehrt die Schöpfung über den Menschen zurück in ihre erste Ursache, das ist Gott.

3. Der Mensch bringt alle Dinge und Werke Gott dar, d.h. er überantwortet sie Gott, indem er sie Christus anheimgibt und Gott sie über das Opfer seines Sohnes empfängt. Dabei überschreitet der Mensch das Denken: «... daz er alle ding got vff treit vnd das vff tragen treit er fúr got vff vnd wúrt villiht von vff tragen vff traglos. Daz ist da von: Er wiget vnd ahtet die gabe v́ber alle wort vnd gedenke vnd verstummet also von worten vnd von gedenken» (S. 67, 27-30).

---

[139] Schlüsselwort ist das mhd. Lexem *bildærin(ne)*, stF.: ‚Einbildungskraft' (lat. *virtus phantastica / imaginaria*); vgl. *Geistbuch*, S. 65, 13 und Kommentar zur Stelle.

[140] Das Syntagma «an sines geistes gewerbe» (*Geistbuch*, S. 65, 9-10) findet sich, nahezu identisch («an sîme geistlîchen gewerbe») in *Lib. pos.* 120: «Diu bilderîche forme gotes, diu einveltic aller dinge bilde in ir beslozzen hât, dar an liuhtet bilde aller dinge ungeformet in einvaltekeit, diu selbe forme liuhtet einvalticlich ein lieht in alle geiste underscheidenlich: den obersten geisten nâch ir stêtekeit âne widerslac unde den sêlen in disem lîbe nâch dem, daz sie dâ zuo bereitet sint in der wandelunge dirre zît. Aber wie daz bilderîche lieht, daz diu sêle enpfangen hât von sîme gelîchnisse, sich ûf trage über daz punct der zît, dirre wandelunge gelîch den obersten geisten in êwekeit, daz merket. Swenne daz geschiht, daz der geist mê hât ein anhaftunde inwonunge mit vreuden sînes êwigen bildes, daz got ist, dan er habe ein belîben an ime selber, sô liuhtet daz bilderîche lieht dem geiste in sîn êwic bilde. Alsô wirt der geist erhaben über die wandelunge dirre manicvaltiger dinge, diu dâ sint in der zît, und ist wonhaftic mêr an den dan er in ime selber sî. Daz sol man alsô verstân an sîme geistlîchen gewerbe, niht an sîme wesen» (Pf. 668, S. 20-34).

9. Vom geistlichen Leben zum göttlichen Leben

Diese letzte Manifestation der Geist-Tätigkeit leitet über zur höchsten Transformation in der menschlichen Seele: «Er (*sc.* Gott) wúrket öch die geistlicheit in gŏtlicheit» (S. 68, 1). Es ist nicht mehr die Rede von «geistlichem» oder «göttlichem Leben», sondern die Wahl der beiden deadjektivischen Abstrakta *geistlicheit*, stF. und *götlicheit*, stF. signalisiert eine Ebene überindividueller Wesenhaftigkeit. Deadjektivische Abstrakta stellen mit Abstand die größte Gruppe der *-heit-/-keit*-Bildungen im Mittelhochdeutschen, wobei die große Zahl an Hapaxlegomena auffällt – ein Indiz für die hohe Produktivität dieses Suffixes[141]. Wir werden im Folgenden noch darauf stoßen. In den Bereich des wesenhaft Allgemeingültigen fällt auch das Lexem *art*, stF., dessen genaue Bedeutung zusammen mit der Verbalbildung *arten*, swV. trans. erst aus unserem Kontext ermittelt werden muß.

Der jetzt durch Gottes Wirken in der Seele erreichte Zustand ist exakt parallel zur Stufe der Überkommenen, die jede rationale Erkenntnis überschritten und sich «entgeistet» haben. Von ihnen wurde gesagt: sie «entgeistent sich» bzw. sie «wúrkent sich vss dem gebildeten wesen in ein vngebildet wesen» (S. 52, 32 - 53, 33). Folglich wird auch jetzt für die Transformation in die *götlicheit* das Begriffsfeld von *geisten* und *entgeisten* relevant.

> Dazu ist zunächst auf eine grundsätzliche Schwierigkeit zu verweisen. Unsere Leit-handschrift *S1* verwendet im Folgenden durchgehend die Schreibvariante «ingeisten», die sowohl für *ent-geisten* als auch für *în-geisten* stehen kann. Die jeweilige Bedeutung ist also aus dem Kontext und mit Hilfe der übrigen Überlieferungszeugen zu ermit-teln. Die Formen *in-* und *int-* für das Präfix *ent-* sind überwiegend im Mitteldeutschen belegt[142]. Oben, als von der Stufe der Überkommenen die Rede war, schrieb *S1* ganz regulär «entgeisten» (S. 52, 32).

Der Geist ist denkend tätig in sich selbst («der geist geistet in sỹme geiste») und er wirkt in seine «Art», wo er Gott begreift («vnd [geistet] in sine art, do er got begriffet» (S. 68, 1-2). «Art» trägt hier die ursprüngliche Bedeutung des längst verlorenen Substantivs *heit, nämlich ,die wesenhafte Beschaffenheit einer Person oder Gruppe'. D.h. die innerste Natur des

---

141 Vgl. Klein, Solms, Wegera, *Mhd. Grammatik*. Teil III: *Wortbildung*, 2009, S. 90-91.

142 Ebd., S. 402-403; «Die Elision des *t* vor Konsonant führt zu Abgrenzungsproblemen zum graphisch identisch vorkommenden Präfix *în-*» (S. 403).

menschlichen Geistes ist so beschaffen, daß sie Gott begreift. Insofern allerdings der Mensch noch denkendes Subjekt ist, hängt dieses Begreifen von einem Willensakt ab, und der Mensch hat Gott nur «ein wenig», nämlich soweit er will. Erst wenn der Mensch jeden intentionalen Denkakt aufgibt (*ent-geisten*) und sich Gott überläßt, denkt ihn Gott und «artet ihn in seine Art» und besitzt sein Gemüt nach seinem Willen. Da verliert der Geist seinen Eigenwillen und ist unmittelbar mit Gott vereint. Die Aufgabe seiner selbst wird zum höchsten und vollkommensten Wesen des Geistes. Zugleich ist unser Autor an den Ausgangspunkt seines Traktats zurückgekehrt: Nachfolge als Aufgabe des Eigenwillens.

> Der geist geistet in sÿme geiste vnd in sine art, do er got begriffet. Nvn merckent: Got ist mit siner eigenschafft vsswendig allen creaturen. Dar vmb mag in die creatur mit ir eigenschafft nit berûren vnd doch enpfahet in der geist in creatúrlicher wise vnd besiczet in in sinem gemúte in der bewegung sines willen. Wenn sú haben got ettwas alse wellen. Wan die geiste behalten noch vil ires willen. Aber in dem ingeistene geistet sú got vnd artet sú ÿn sine art vnd besiczet ir gemúte in der bewegung sines willen. Wann got hat sú als er wil (S. 68, 1 - 69, 8).

Auch Gott verfügt also über «Art», über den innersten wesenhaften Grund, in dem sich Mensch und Gott eins finden. Das Lexem, das nicht zum scholastischen Übersetzungswortschatz gehört, findet sich in dieser Bedeutung bei Eckhart: «... dô der mensche stuont in der êwigen art gotes, dô enlebete in im niht ein anderz; mêr: waz dâ lebete, daz was er selber»[143]. In enger Übereinstimmung mit dem *Geistbuch* wird die «göttliche Art» dargestellt in den Ps.-Eckhartischen Traktaten IV *Von dem adel der sêle* und XII *Von dem überschalle* mit Glosse.

> *Von dem adel der sêle*: «Als Kristus frâgete, ‚wes ist daz bilde unt disiu übergeschrift'? ... Nû merkent, waz ist diu übergeschrift? Daz ist diu unsagelîche art götlîcher nâtûre und nâch allem irem grunde würkenlich und wesenlich, sô ist ein blôz gegenwurf in dem geiste âne allez mittel, dâ von der geist nâch frîer art unde nâch vernünftigem glîch allez daz gelîden mac, daz got gewürken mac über alle redelicheit»[144].
> *Von dem überschalle*: «Dâ der geist ûf nihte an einekeite bestât, dâ verliuret er daz mitel von gotlîcher art» und dazu die *Glôse*: «Want der geist eigenlîcher hie (*i.e.* das Nichts der Einigkeit) wonhaft ist, sô verliuret er alle mittel, daz ist von der gotlîchen art, diu ist ime alliu dinc»[145]. Die *Glôse* arbeitet hier mit Seuses *Vita*, c. 52: «Swenn nu der geist in diser verklerten glanzrichen dúnsterheit na sin selbs unwússentheit eigenlichen hie wonhaft wirt, so verlúret er ellú mitel und alle sin eigenschaft, als sant Bernhart spri-

---

[143] Eckhart, Pr. 52; DW II, S. 495, 1-3. Bezeichnenderweise lautet die lat. Übertragung der Koblenzer Hs. für «in der êwigen art gotes»: ‚in eternitate in deo'. Das Lexem *art* fehlt in der Mhd. *Summa theologiae*.
[144] Ps.-Eckhart, Tr. IV; Pf. S. 417, 4-16.
[145] Ps.-Eckhart, Tr. XII; Pf. S. 517, 3-4 und S. 519, 25-27.

chet. Und daz beschiht minr und me nah dem, als der geist in dem libe ald von dem libe
uss im selb in daz vergangen ist. Und dú verlornheit sin selbsheit ist von der gôtlichen
art, dú im neiswi ellú ding worden ist, als dú scrift seit»[146].

Im Akt des «Ent-Geistens» denkt Gott den Menschen: «Aber in dem
ingeistene geistet sú got ...» und erst dann kommt es zur vollständigen
Vereinigung von Gott und Mensch, ohne trennendes «Mittel», analog zur
«gotwerdenden eÿnung svnder mittel» der Überkommenen (S. 60, 81).
Unser Autor definiert das Ergebnis wie folgt: «Das ingeisten ist sin hôhste
ingegeist<icheit>, wann die eÿnung hat da [nemmeer] mittels in dem
ingeistene» (S. 69, 9-10). Die Überlieferung ist an dieser Stelle sowohl auf
mhd. als auch auf mndl. Seite gestört. Doch erlaubt eine Parallele in der
Glôse über den überschal die Rekonstruktion:

> Nû merket ouch, waz diu geisteheit der sêle sî. Daz ist, daz si gescheiden sî von dem
> gewerbe niderer dinge und wone in deme obersten mit gedenken und mit minne. Alsô
> wirt si ein geist mit gote. Ouch lît diu geistlicheit der sêle dar an, daz si an irm ihte alse
> wênic sî materie, als an irme nihte, von dem si geschaffen wart. Diz ist diu geistekeit der
> sêle. Aber ir entgeistikeit lît an dem înslage, dâ si mê ûf daz sîne gêt dan ûf daz ire, unde
> daz ist diu hôcheit irs volmahten wesens. Aber diu îngegeistikeit gotes daz ist diu verbor-
> genheit, nâch der hangende ist der geist, der disem ouch entsinket, wan diu tougenlîche
> stilheit der einekeit diu ist verborgen in einer stillen tiefe, alsô daz al crêatûre niemer ze
> grunde gegründet ir iht[147].

Die *Glôse* kommentiert hier die Schlußpassage des *Überschall*-Gedichts:

> Ein und ein vereinet dâ liuhtet blôz in blôz. / Dâ diu zwei apgründe in einer glîcheit
> swebent / gegeistet und engeistet, dâ ist ein hôhez wesen; / dâ sich got entgeistet, dâ
> ist dunsterheit / in einer unbekanter bekanter einekeit. / Daz ist uns verborgen in sîner
> stilheit tiefe. / Alle crêatûren ergründent niht daz iht. / Daz uns daz iht enblîbet, daz ist
> ein guot geval. / alsus sulnt ir minnen, kinder, überal / und îlen in daz hœhste, daz ist der
> überschal[148].

Dabei bedient sich der Glossator des Lexems *îngegeistikeit*, stF., das
von keinem Wörterbuch verzeichnet wird. Es handelt sich um eines der
zahlreichen Hapaxlegomena auf *-heit* / *- keit*, in unserem Fall allerdings
mit dem erweiterten Suffix *-igkeit* (*-echeit*), das, laut Mhd. Grammatik, im
Mittelhochdeutschen noch nicht belegt ist[149]. Wir hätten es dann mit einem

---

146 Heinrich Seuse, *Vita*, c. 52; Bihlmeyer, S. 187, 17-23. Bihlmeyer verweist auf Bernhard von
Clairvaux, *De diligendo Deo*, 10 n. 27 und 28 und auf 1 Cor. 15, 28.
147 Ps.-Eckhart, Tr. XII; Pf. S. 520, 24-35.
148 Ebd., S. 517, 12-19.
149 Vgl. Klein, Solms, Wegera, *Mhd. Grammatik.* Teil III: *Wortbildung*, 2009, S. 88: «Alle
entsprechenden Formen gehen auf eine abgeleitete Adjektivbasis auf *-ec* (*-ic*) zurück».

der eher seltenen deverbativen Abstrakta zu tun, die regelmäßig jedoch als Basis das Part. Prät. eines starken Verbs verwenden, während in unserem Fall die verbale Basis das schwache Verb *îngeisten* ist[150].

Das Lexem *îngeisten*, scholastische Lehnübersetzung von lat. *in-spirare*[151], fehlt bei Eckhart, Tauler und Seuse. Ein einziger Beleg findet sich in Pfeiffers *Liber positionum*, 162: «Dionysius sprichet: die engel sint ein götlich gemüete. Nû sprichet sant Paulus von den liuten, die in dem fleische ein gelîchez leben hânt, in die fliuzet daz gemüete gotes, als in die engel. O dû vergoteter got in dem zîtlîchen vereineten gemüete unt dû îngeister geist in die einunge gotes, stant ûf und würke dîn êrstez werc!»[152].

Die semantische Übereinstimmung unseres Lexems mit der *Glôse über den überschal* ist evident. Der Glossator unterscheidet drei Ebenen: die *geistikeit* der Seele, die dem materiellen Bereich enthoben in Denken und Minnen eins wird mit Gott; die *entgeistikeit* der Seele ist ihre Selbstaufgabe, in der sie mehr Gott als sich selbst anhängt; die *îngegeistikeit* schließlich ist der verborgene Abgrund Gottes. Diese Terminologie läßt sich ohne Schwierigkeit auf das *Geistbuch* übertragen. Auch hier muß die «ingegeisticheit» auf Gott bezogen werden. Sie steht für die höchste Einheit «ohne Mittel», oberhalb von Bild und Form, und jenseits der Materie, in der der Geist Gott mehr mit der göttlichen Liebe liebt als mit seiner eigenen, was mit einem Ps.-Dionysius zugeschriebenen Zitat bekräftigt wird: «Sant Dÿonisius spricht: Die sele werde denn erhaben ob allen materÿelichen dingen, so ist sú des nit wúrdig, das sich got mit ir vereine» (S. 70, 14-16). Und unser Autor fährt fort: «Wann da begriffet got den geist me denn der geist got begriffet». Hier hat sich der willenlose Geist in seinem Denken ganz Gott überlassen. Hier ist der Zustand des «Bewunden-Seins» für den Geist / die Seele beendet, als für die Erkenntnis noch galt: «Es ist mer sele denn es got sÿe» (S. 43, 230).

Ähnliches gilt für die Minne: «Da minnet der geist got in siner wúrdigen varwe sitte. Die farwesitten daz sind götliche tugend vnd werk» (S. 70, 17-18). Die Stelle ist kryptisch, was die Bedeutung des Syntagmas «in siner wúrdigen varwe sitte» und des Kompositums «die farwesitten» betrifft. Die mhd. und die mndl. Überlieferung ist jedoch übereinstimmend. Im *Geistbuch* wird einmal von «Farbe» gesprochen und zwar im Zusammenhang der

---

[150] Lateinisch müßte man sich eine **inspiritas* vorstellen, im Ggs. zu *îngeistunge*: ‚inspiratio'.

[151] Vgl. Steer, *Scholastische Gnadenlehre*, VI, 38: «von falschen geysten ein gegeystet vnd betrogen werden» (S. 137); *Mhd. Summa theologiae*: «in gegeistet»: inspiratus; «ingegeistet sin»: inspirari; Morgan, Strothmann, n. 233 und 47.

[152] *Lib. pos.* 162; Pf. S. 684, 2-7.

Gotteserkenntnis in diesem Leben, die gleichsam unter dem Schleier des Kreatürlichen nur gebrochen stattfindet. Leitwort ist «bewunden», das dem ps.-dionysischen *circumvelatum* entspricht (s. o. S. LIX und Anm. 96). Gott läßt sich in diesem Zustand partiell begreifen, indem er sich den Wahrnehmungsbedingungen des Menschen anpaßt, wie die Sonne, die durch ein farbiges Glasfenster scheint. Der Geist, der an der vorliegenden Stelle Gott liebt, steht im tätigen Leben – wir befinden uns «in der wúrkenden eÿnung» (s. o. S. 61, 85-86) – und ist gleichsam transparent für den göttlichen Einfluß, er «leuchtet in seiner Farbe» und zwar in «gŏtliche<n> tugend<en> vnd werk<en>».

Zusammenfassend läßt sich festhalten, daß auch für die Wirkung Gottes in der Seele die spekulativen Kapitel aus Seuses *Vita* Pate gestanden haben (vgl. Kommentar zum Text, S. 52-53), in denen sich die einzelnen Stadien des Formungsprozesses wiederfinden. Der anfangende Mensch gibt «aller siner vihlichkait urlob» (*Vita*, c. 51; Bihlmeyer, S. 182, 18) und hält sich an den Geist. Solche Leute heißen «geischlichú, heiligú menschen» (ebd., Bihlmeyer, S. 182, 22-23). Wenn ihnen dann der überwesentliche Geist Gottes lange genug «vorspielt», erkennen sie ihr eigenes Unvermögen, überlassen sich Gott und geraten in ein Vergessen ihrer Selbst. «Alsus blibet der geist nah siner wesentheit, und wirt entgeistet nah besizlicher eigenschaft dez sinsheit» (ebd., Bihlmeyer, S. 182, 32 - 183, 2). Wenn der Mensch die Vereinigung mit Gott erreicht, «so wirt der creatúrlich geist von dem überweslichem geist begrifen in daz, da er von eigner kraft nit mohte hin komen ... und der geist in entgeisteter wise ist eins mit im worden» Vita, c. 53; Bihlmeyer, S. 193, 17-18 und 25-26).
    Kap. 52 der *Vita* wurde ferner vom Glossator des *Überschall*-Gedichts benutzt, dessen Kommentierung zahlreiche Parallelen mit dem *Geistbuch* aufweist. Wenn er allerdings im letzten Abschnitt auf die *îngegeistikeit* zu sprechen kommt, ist die *Vita* nicht mehr seine Vorlage.

Im Folgenden (S. 70, 19 - 71, 34) erläutert unser Autor diese «Färbung» des liebenden Geistes, der sich vergöttlicht, indem er göttliche Tugenden und Werke absorbiert. So wie Gott die Tugend selber ist, verkörpert auch der liebende Geist die Tugend, die nicht erworbenes Attribut, sondern ihm zur zweiten Natur, zum Habitus, geworden ist: «... ŏch das im alle tugend also eigen sigent, nit allein daz er die tugend habe, mer das er selber die tugent sÿe vnd daz er alle sine werk also lediklichen wurke, das sú im in siner ahte nit arbeit sigent» (S. 71, 24-26). Das entspricht Eckharts Konzept des «lediclîchen würkennes», ohne Kalkül (*âne warumbe*), wie er es schon in den Erfurter *Reden* formulierte: «Und daz man sie (*sc.* die tugent) habe, daz mac man an dem prüeven: als man sich ze der tugent vindet geneiget vor allen dingen, und wenne man diu werk der tugent würket âne bereitunge des willen und würket sie ûz sunder eigenen ûfsaz einer gerehten oder grôzen sache und si würket sich als mêr durch sich selber und durch die minne der tugent und umbe kein warumbe – denne hât man die tugent volkomenlîche und niht ê»[153] oder im *Sermo von dem reich gotes*: «... man sol tugent uben, niht besitzen»[154].

Dieser rigorosen Haltung stellt unser Autor wieder den ausgleichenden Kompromiß entgegen. Er gesteht auch denen «Göttlichkeit» zu, die die Tugend in harter Anstrengung erringen müssen. Kraft der Liebe tragen auch sie das Gute in sich (S. 71, 31-34).

Die Liebe äußert sich in zwei Formen: «Die in geistere (*i.e.* ent-geister) hand me minne vnd die geistere hand me liebe» (S. 71, 34).

Beide Benennungen sind nur aus dem Kontext des *Geistbuchs* zu verstehen: die «Entgeister» sind diejenigen, die sich von Gott denken lassen, während die «Geister» aktiv Gott zu begreifen suchen. Auf die Liebe bezogen entspricht den ersten die passive Minne (sie werden von Gott geliebt), den zweiten die aktive Liebe (sie lieben Gott). Implizit sind die komplementären Figuren Johannes und Petrus aufgerufen – der Jünger, der von Jesus geliebt wurde, und der Jünger, der Jesus liebte. Damit ist unser Autor zum Kontext seines Schriftwortes *Sequere me* (Joh. 21) zurückgekehrt[155].

Im Folgenden wird der Unterschied zwischen Minne und Liebe erklärt: «Nvn mocht man sprechen, was der vnderscheid ist zwúschent minn vnd liebe» (S. 72, 35-36). Minne gehört zum Zustand der Einheit («nach dem das die sele geeiniget ist mit got»), Liebe zum Vorgang der Vereinigung («nach der vereinigung») mit Gott. In der Einheit, und das heißt in der Minne, ist die Seele Zeit und Raum enthoben, während der Vereinigung, und das heißt in der Liebe, steht die Seele in der Zeit. Unser Autor illustriert die beiden Formen der Liebe anhand ihrer beispielhaften Vertreter, dem Apostel Petrus und dem Evangelisten Johannes. Die Deutung des Petrus als Repräsentant der tätigen Liebe und des Johannes als Repräsentant der passiven Minne entspricht der traditionellen Auslegung von Johannes, 21, 19-23, wie sie bei Augustinus in seinem Kommentar zum Johannes-Evangelium, tr. 124 zu finden ist. Augustinus endet bei seinem Jüngervergleich in auswegloser Aporie:

---

[153] Eckhart, *Reden*, c. 21; DW V, S. 282, 5-10.
[154] Jostes, Nr. 82; S. 92, 31.
[155] Vgl. Joh. 21, 20-22: «Conversus Petrus vidit illum discipulum, quem diligebat Jesus, sequentem ... Hunc ergo cum vidisset Petrus, dixit Jesu: Domine, hic autem quid? Dicit ei Jesus: Sic eum volo manere donec veniam, quid a te? tu me sequere».

Et tamen si proponamus quaerentes, quis duorum sit melior, utrum qui plus, an qui minus diligit Christum, quis dubitabit respondere, eum qui plus diligit esse meliorem? Item si proponamus quis duorum sit melior, utrum quem minus, an quem plus diligit Christus, eum qui plus diligitur a Cristo, meliorem procul dubio respondebimus. In illa ergo comparatione quam prius posui, Petrus Iohanni; in hac vero altera, Iohannes anteponitur Petro. Proinde tertiam sic proponimus: quis est duorum discipulorum melior, qui minus quam condiscipulus eius diligit Christum, et plus quam condiscipulus eius diligitur a Christo? an ille quem minus quam condiscipulum eius diligit Christus, cum plus ipse quam suus condiscipulus diligat Christum? Hic plane cunctatur responsio, et augetur quaestio. Quantum autem ipse sapio, meliorem qui plus diligit Christum, feliciorem vero quem plus diligit Christus, facile responderem; si iustitiam Liberatoris nostri minus eum diligentis a quo plus diligitur, et eum plus a quo minus diligitur, quemadmodum defenderem, perviderem[156].

Eckhart, der sich in seinem Johannes-Kommentar auf Augustinus stützt, bemüht sich um eine Lösung der Aporie auf philosophischer Basis, indem er die Kategorien der *vita activa* und *contemplativa* für Petrus und Johannes einführt und den scheinbaren Gegensatz als komplementäre Ergänzung bzw. Johannes als Vollendung des Petrus interpretiert:

Adhuc autem Glossa hic dicit quod Petrum plus diligere et Iohannem plus diligi dictum est in typo de vita activa per Petrum et de vita contemplativa per Iohannem. Activa per fidem hic agitur in corporis peregrinatione ... Contemplativa vero est in immortalitate, ubi nihil mali, sed perfectio boni. Hinc Petro dicitur: «‚tu me sequere‘ per imitationem perferendi temporalia mala». Haec magis diligit Christum, ut amando et sequendo liberetur a malo, sed Christus minus hanc diligit qualis nunc est et liberat, ne semper talis sit. Activos minus diligit, utpote miseriores; contemplativos magis diligit, utpote feliciores. Semper enim a deo illud plus et prius diligitur quod perfectius, posterius autem et mediatius id quod est imperfectius. Nam et habitus per prius cognoscitur, privatio vero per habitum. Hinc est quod de Iohanne dicitur: ‚sic eum volo manere, donec veniam‘, quasi «inchoata contemplatio maneat, donec veniam» perficiendo, ut sit manifesta «plenitudo scientiae». Quia ergo ‚universae viae domini misericordia et veritas‘, iustus in hac vita undique expertus mala plus diligit misericordiam qua liberetur a malis et minus diligitur a misericorde, qui minus diligit miserum quam beatum. Hoc est Petrus plus amans et minus amatus. Quia vero contemplator veritatis quae est futura, nondum hic nude videt, minus diligit eam quam Petrus miser misericordiam. Iohannes vero, cum venerit Christus qui ait: ‚sic eum volo manere, donec veniam‘, in ipsa veritate beatus plane diligetur a Christo. Hic ergo Iohannes nunc minus amans quam Petrus et plus amatus, utpote felicior quam miserior, et perfectius quam imperfectius[157].

Der *Geistbuch*-Autor bietet als konkrete Synthese Paulus an: «... Sant Paulus hat volkomenlich beÿde, minn vnd liebe» (S. 73, 49). Paulus ist der «vergöttlichte» Mensch, der den Status der vollkommenen Gelassenheit erreicht hat und sich seiner selbst nur in Gott und durch Gott bewußt ist:

156 Augustinus, *In Iohannis evangelium*, tr. 124, c. 4 (CCSL 36, S. 683).
157 Eckhart, *In Ioh*. n. 737-738 (LW III, S. 642, 12 - 644, 8).

«Er waz im selb also ser gelassen, das er in ettlicher wise zwifelte, ob er der were, der in gezuket was oder nit. Doch was er mit got also vereint, das er sich im selber nie geliess» (S. 73, 50 - 74, 52).

Doch selbst die «Vergöttlichten» sind nicht frei von Fehlern. Insofern sie im tätigen Leben stehen fallen sie in «drÿerhand geprechen» (S. 74, 56-57).

1. (S. 74, 57-67) In diesem Leben kann niemand die göttlichen Gaben auf Dauer besitzen. Dies trifft zu auf die Liebe in der «wirkenden Einung», «wenn da sind sú mit sich geeiniget» (S. 74, 62). In der Minne jedoch besteht diese Gefahr nicht, denn dann sind sie «außer sich» und mit Gott vereint[158]. Trotzdem kann man auf die tätige Liebe nicht verzichten, denn sie gehört untrennbar zur Minne und der ihr eigenen Sonderform der «wirkenden Einung»: einer «wirkenden Einung ohne Werk».

Doch ist die liebe ein vnderstoss der minne vnd der wurkenden eÿnung, die sunder werke ist. Wann ir keine mag on die ander gesin (S. 75, 65-66).

Die Verwendung von mhd. *understôz*, stM., Lehnübersetzung für lat. *suppositum*, ist im vorliegenden Kontext schwer nachzuvollziehen. *Suppositum* bedeutet *per definitionem* ‚etwas aus sich selbst heraus autonom Existierendes‘. Das trifft wohl auf die Liebe zu, die in ihrem Verhältnis zu Gott ihre individuelle Autonomie, ihr ‚sich‘, bewahrt und somit auch in der Vereinigung von Gott unterschieden bleibt. Unser Autor verwendet das Lexem *understôz* jedoch, um das Verhältnis zwischen Liebe und Minne zu beschreiben. Berücksichtigt man die Schlußfolgerung «denn keine kann ohne die andere sein», so handelt es sich um ein komplementäres Verhältnis. Dies stützt auch die oben zitierte Auslegung Eckharts von Joh. 21, 20.

In den Texten, in denen *understôz* belegt ist, geht es ausnahmslos um das Verhältnis von Person und Natur innerhalb der Trinität. Die Person ist dabei *understôz* der göttlichen Natur bzw. des göttlichen Wesens. Im Traktat *Von zweierlei wegen* stellt der anonyme Verfasser das Verhältnis von Person/ *understôz* und Natur/Wesen als ein komplementäres dar, und zwar im Fall des Vaters:

daz wesen mac niht gesîn âne persône unde persôn mac niht gesîn âne nâtûre, als ir prüeven müget. ein ieclich dinc daz dâ ist daz mac niht gesîn âne sîne nâtûre, wan iz mac sîn selbes niht gelangen, iz muoz ie sîn daz iz ist. seht alsô verstêt. wan dan der

[158] Die gleiche Definition für «wirkende Einung» und «Entrückung» hatte unser Autor schon bei den Beginnenden S. 20, 30-34 gegeben.

vater ein persôn ist, sô mac er niht persône gesîn âne nâtûre, unde nâtûre mac ouch niht sîn âne persône. wan ist si nâtûre, sô muoz iz sîn des nâtûre si sî. seht, alsô merket daz daz wesen keine wîs sîn mac âne underscheit und understôz. persôn und understôz mac keine wîs sîn âne nâtûre, daz daz wesen ist. seht, alsô ist bewîset daz daz wesen niht ursprunget die veterlicheit, noch diu veterlicheit ouch niht ursprunget daz wesen, wan ir kein âne daz ander sîn mac. der sun mac niht sîn âne den vater noch der vater âne den sun noch si beide âne den heiligen geist; noch danne behaldent si drîe eigenschaft die si sunderent in ir underscheit. seht, alsô ist iz niht umbe die veterlicheit und umbe daz wesen. ir kein mac gesîn âne daz ander. alleine wesen niht persône sî und persône niht wesen, noch danne behaldet veterlicheit unde weslicheit ein eigenschaft, alsô daz man niht sprechen mac daz ir kein des andern ursprunc sî, wan iz ein eigenschaft ist, als der vater ursprunget den sun unde si beide ursprungent ir geist, der nâh der nâtûre ein mit in beiden ist[159].

Dieses Verhältnis läßt sich auf das von Liebe und Minne im *Geistbuch* übertragen. Liebe und Minne sind nur die aktive und passive Ausdrucksform ein und derselben Bewegung. Eckhart überträgt 1 Cor. 13, 12: «Dâ bekennen wir, als wir bekant sîn» auf das Lieben: «und minnen, als wir geminnet sîn»[160], um den Zustand der absoluten Einheit von Seele und Gott zu benennen. Er tut dies in einer Predigt auf das Schriftwort 1 Joh. 4, 16: «Got ist diu minne, und der in der minne wonet, der wonet in gote und got in im»[161]. Genau dieses Schriftwort zitiert unser Autor, wenn er die Einheit in der Minne erwähnt, das ist die Einheit kraft des Geliebt-Werdens – doch Geliebt-Werden setzt Lieben voraus und umgekehrt.

2. (S. 75, 68 - 78, 103) Auch die Vergöttlichten sind mit der Schuld der Maßlosigkeit behaftet und müssen sich davon reinigen, andernfalls können sie nicht völlig frei und losgelöst sein: «Der ander gebrest ist, daz sú nit lediklichen ledig sint, sú müssent sich ledigen von gebresten der schulde, da sú dike in fallen». Maßlosigkeit in der Minne oder in der Erkenntnis war schon ein Fehler der Fortgeschrittenen (vgl. S. 28, 85 - 29, 88) und wiederholt sich jetzt in der Form fehlender Ausgewogenheit zwischen Körper und Geist. Wer den Körper zu wenig oder zu viel beansprucht, behindert die Seele/den Geist, so daß er sich nicht erheben kann, um geistliche und göttliche Dinge intellektuell zu erfassen. Maßlosigkeit liegt auch in der Unausgewogenheit von äußeren und inneren Werken, die zu Gewissensqualen führt und wiederum den Geist in seiner eigentlichen Tätigkeit behindert. Deshalb wird ein Dictum des Hl. Franziskus empfohlen: Arbeiten, aber mit Maßen,

---

[159] F. Pfeiffer, «Predigten und Sprüche deutscher Mystiker», in: *Zeitschrift für deutsches Altertum und deutsche Literatur* 8 (1851), S. 209-258, hier S. 249-250.

[160] Eckhart, Pr. 67; DW III, S. 132, 4.

[161] Ebd., S. 129, 1-2.

damit nicht die Schärfe des Denkens beeinträchtigt wird («Sant Franciscus wart gefraget von sinen brůdern, ob sú it arbeiten solten. Da sprach er: „Ir súllet arbeiten, aber ze massen, daz ir it erlesche<t> die scherpffi uwers geistes"» (S. 77, 84-86). Schließlich besteht Maßlosigkeit darin, zu viel oder zu wenig den «geistlichen Bildern» (*phantasmata*) nachzuhängen und entweder in quietistische Innerlichkeit zu versinken oder sich zu sehr zu zerstreuen. Beides behindert die intellektuelle Kraft des Geistes. Als Beispiel ausgewogener Beherrschung der intellektuellen Kraft wird Maria genannt: «Vnser frow was als gewaltig ir gedenke, daz sú gedaht, was sú wolt» (S. 78, 101-102). Die Gefahr der Maßlosigkeit besteht prinzipiell bei jeder Verrichtung des Alltags.

3. (78, 104-116) Der dritte Fehler, in den auch die vergöttlichten Menschen fallen, ist ein Abweichen von der gottgewollten Ordnung, das heißt: Sünde. Niemand ist so vollkommen, daß er nicht tägliche Sünde begeht, bestätigt mit 1 Joh. 1, 8. Doch gibt es Menschen, die zwar tägliche Sünde tun, an denen aber keine Schuld haften bleibt, weil die Glut ihrer Gottesliebe alle Sündenschuld verbrennt. Ein Beispiel für diese ist der Hl. Paulus.

Aus diesem dritten Fehler ergeben sich noch drei weitere, sozusagen «Folgedefekte» (S. 78, 116 - 81, 149). Niemand kann die Tugend ohne Kampf («strit») haben. Daraus ergibt sich, daß niemand wesentlich vollkommene Freude besitzen kann ohne Gottes Gerechtigkeit. Denn jedes Abweichen von der Gerechtigkeit peinigt uns mit Gewissensqualen. Die in rechter Weise heiß liebende Seele bereut ihre Sünden so sehr, daß sie keine ihrer Verfehlungen ungerächt lassen möchte und deshalb Gottes strafende Gerechtigkeit herbeisehnt. Wer aus dieser Liebe heraus bereut, auch nur so lange als man ein Ave Maria spricht, dem vergibt Gott alle Sünden und dazu auch die Buße. Doch obwohl Gott vergibt, will ein solcher Mensch sich selbst nie vergeben. Als Beispiel wird Maria Magdalena genannt[162]. Der letzte «Folgefehler» besteht darin, daß diese Menschen Gott nötig haben, um zu lieben («daz sú gottes dúrffen ze minnen»; S. 80, 137) – und zwar Gott als geliebtes Gegenüber. Das kommt von zwei Dingen:

Einmal, damit die «Schuld der Minne» vergolten wird, was nur dadurch geschehen kann, daß sie Gott heiß und innig lieben. Zum

---

[162] Der kurze Dialog zwischen Maria Magdalena und Petrus am Ostermorgen vor dem leeren Grab Christi (*Geistbuch*, S. 80, 132-136) ist wohl einer volkssprachlichen Magdalenen-Legende oder einem Osterspiel entlehnt.

zweiten «daz sú daz mittel ir minne verminnen an gȯtlicher minn» (S. 81, 141-142), das heißt, damit sie in der göttlichen Liebe das, was ihre Liebe noch von Gott trennt, «zugrundelieben» («verminnen»). Insofern unsere Liebe mit, und das heißt neben, der göttlichen Liebe einhergeht, ist unsere Seele «vermittelt», d.h. behindert, so daß sie Gott nicht mit seiner eigenen Liebe, die sich auf die Seele richtet, lieben kann, ihn also immer noch als «Liebesobjekt» behandelt. Daher vermögen viele Leute, Gott um Gottes willen zu lieben. Denn in seiner göttlichen Liebe vernichten («verminnen») sie ihre eigene Liebe. Diese Aufhebung der eigenen Liebe in der Liebe ist das Höchste: «Daz minne verminnen ist die meiste minn» (S. 81, 145-146). Es gibt aber nur wenige Leute, die sich selbst durch Gott lieben. Nicht einmal der Hl. Bernhard erreichte diesen Grad an Vollkommenheit[163].

Doch unser Autor zeigt eine «Lösung» auf der vorausgehenden Stufe, auf der man Gott um Gottes willen liebt. Voraussetzung ist, daß man Gott nicht um seiner Güte, sondern um seiner Gerechtigkeit willen liebt. Gottes Güte zu lieben bedeutet, immer noch den Eigennutz zu verfolgen[164]. Aber Gottes Gerechtigkeit zu lieben bedeutet, jeden Gedanken an Eigennutz aufgegeben zu haben und letztendlich sich selbst in Gott zu lieben: «Aber daz der mensch got minnet durch sine gerehtikeit, da hat er eigen nucz verlorn vnd da minnet er sich durch got» (S. 81, 152 - 82, 154).

Diese Überlegungen stehen in Kontrast zur Lehre Eckharts, der sowohl Güte als auch Gerechtigkeit als «Eigenschaften» Gottes definiert, die sein bloßes Wesen umhüllen. In der Vereinigung mit Gott nimmt die Seele «Gott bloß» und dies vermag sie kraft des Intellekts, während der Wille bzw. die Liebe an Gottes Güte gebunden bleibt.

Laut Eckhart muß der Mensch, der in Gott wohnen soll, drei Dinge haben: «Daz dritte ist, daz er got niht nemen ensol, als er guot oder gereht ist, sunder er sol in nemen in der lûtern, blôzen substancie, dâ er sich selben blôz nemende ist. Wan güete und gerehticheit ist ein kleit gotes, wan ez bekleidet in. Dar umbe sô scheidet gote allez daz abe,

---

[163] Das angeführte Bernhard-Zitat (S. 81, 147-149) inspiriert sich an Bernhard von Clairvaux, *De diligendo Deo*, 15, n. 39: «et nescio si a quoquam hominum quartus [*sc.* gradus] in hac vita perfecte apprehenditur, ut se scilicet diligat homo tantum propter Deum. Asserant hoc si qui experti sunt; mihi, fateor, impossibile videtur» (Leclercq-Rochais, S. 153, 4-6).

[164] Vgl. Eckhart, Pr. 16b: «Aber etlîche liute wellent got ... alsô minnen, als sie eine kuo minnent. Die minnest dû umbe die milch und umbe die kæse und umbe dînen eigenen nutz ... Und als ich ê sprach, wie sant Augustînus gelîchet ist einem guldînen vazze, daz dâ ist unden ganz und oben offen, sich, alsô solt dû sîn: wilt dû mit sant Augustînus bestân und in aller heiligen heilicheit, sô sol dîn herze beslozzen sîn vor aller geschaffenheit und solt got nemen, als er in im selber ist» (DW I, S. 274, 1 - 275, 2).

daz in kleidende ist, und nemet in blôz in dem kleithûse, dâ er entdecket und blôz in im ist. Alsô sît ir blîbende in im»[165].

«Wille und minne vallent ûf got, als er guot ist, und enwære er niht guot, sô enahtetent sie sîn niht. Vernünfticheit dringet ûf in daz wesen, ê si bedenke güete oder gewalt oder wîsheit oder swaz des ist, daz zuovellic ist. Daz gote zuogeleget ist, dar ane enkêret si sich niht; si nimet in in im; si versinket in daz wesen und nimet got, als er ist lûter wesen. Und enwære er niht wîse noch guot noch gereht, si næme in doch, als er ist lûter wesen»[166].

Gottes Gerechtigkeit zu lieben, ist also, überspitzt formuliert, nach Eckharts Lehre unmöglich. Aus der Sicht des *Geistbuch*-Autors ist Gottes Gerechtigkeit jedoch die göttliche «Exekutivgewalt», das heißt sein Wille. Mit der Aufforderung, Gottes Gerechtigkeit zu lieben, ist unser Autor an den Ausgangspunkt seines Traktats zurückgekehrt, nämlich zu der Aufforderung, seinen eigenen Willen aufzugeben und sich ganz dem Willen Gottes zu überlassen. Gottes Gerechtigkeit zu lieben ist vollkommene Gottesliebe: «Wenn da tůt er [*sc.* der Mensch] vnd begert vnd wil im selber als wenig als da er nit enwas» (S. 82, 154-155).

Diese Formulierung berührt Eckharts Armutsdefinition, nach der arm ist «wer nichts mehr will»:

Wan, sol der mensche armuot haben, gewærlîche, sô sol er sînes geschaffenen willen alsô ledic stân, als er tête, dô er niht enwas ... Dô ich stuont in mîner êrsten sache, dô enhâte ich keinen got, und dô was ich sache mîn selbes; dô enwolte ich niht, noch enbegerte ich niht, wan ich was ein ledic sîn und ein bekenner mîn selbes nâch gebrûchlîcher wârheit. Dô wolte ich mich selben und enwolte kein ander dinc; daz ich wolte, daz was ich, und daz ich was, daz wolte ich, und hie stuont ich ledic gotes und aller dinge ... Alsô sprechen wir: sol der mensche arm sîn von willen, sô muoz er als lützel wellen und begern, als er wolte und begerte, dô er niht enwas[167].

In der vollkommenen Gottesliebe wird die Seele dasselbe, das sie liebt: «In diser minne wúrt die sel das selbe, daz si minnet» (S. 82, 155). Bei dem anschließenden kaum verständlichen Satz dürfte es sich um die Glossierung der vorausgehenden Aussage in Form einer Übersetzung aus dem Lateinischen handeln: «Das werden der minne ist nach der einigung nach dem glichen sin oder wesen vnd nach der einigung nach dem werdene das selbe das sú minnet» (S. 82, 155-157). Unser Autor folgt in seinem Schluß-Statement dem Augustinischen Dictum «anima, qualia amat, talis

---

[165] Eckhart, Pr. 40; DW II, S. 274, 1-6.
[166] Eckhart, Pr. 37; DW II, S. 216, 1-6.
[167] Eckhart, Pr. 52; DW II, S. 491, 7-9; S. 492, 3-7 und S. 494, 1-3. Setzt man in Eckharts kühner Darstellung des primordialen Zustands vor der Schöpfung für «wollen» «lieben» ein, erhält man die Lehre des *Geistbuchs*.

est», das auch Eckhart immer wieder in seinen deutschen und lateinischen Predigten zitiert und diskutiert:

> wir sollend mit aller unser liebe und mit aller unser begerung do sin, als S. Augustinus spricht: waz der mensch liebhat, daz wirt er in der liebe. sollend wir nun sprechen: hatt der mensch gott lieb, daz er dan got werde? daz hilt, als ob es ungloub syg. die liebe, die ein mensch gibt, do ensind nit zwey, me eyn und eynung, und in der liebe bin ich me got, dann ich in mir selber bin. Der prophet spricht: ‚Ich hab gesprochen, ir sind gött und kinder des aller höchsten‘. daz hellt wunderlich, daz der mensch also mag got werden in der liebe; doch so ist es in der ewigen warheit war. unnser herr Jesus xps hatt es[168].

Die zugrunde liegende Augustinusstelle stammt aus seinem Kommentar zu den Johannesbriefen:

> ... quia talis est quisque, qualis eius dilectio est. Terram diligis? terra eris. Deum diligis? quid dicam? deus eris? Non audeo dicere ex me, scripturas audiamus: ‚ego dixi, dii estis, et filii altissimi omnes‘ (Ps. 81, 6)[169].

Eckhart bezieht sich auch in seinen lateinischen Schriften mehrfach darauf, z.B. in Sermo LV:

> anima in mundo isto solum est amore. Nam ubi amat, ibi est. Qualia amat, ‚talis est‘, Augustinus super canonicam Iohannis Homilia 2. ‚Terram amas? terra es. Deum amas? quid dicam? deus eris? Non audeo dicere ex me, scripturas audiamus: ‚ego dixi: dii estis“ etc.[170]

In der *minne* ist die Identität mit dem Göttlichen erreicht[171].

Mit diesem Lob der Minne schließt das *Geistbuch*, das in der Diktion seiner elsässisch-alemannischen Schreibsprache als *bůchli* bezeichnet wird: «Dis bůchli git vil vnderscheides, wie man in dem geist wandelen sol vnd in der nature» (S. 82, 162-163).

---

[168] Eckhart, Pr. 5a; DW I, S. 79, 10 - 80, 6; vgl. auch Pr. 38; DW II, S. 238, 10 - 239, 3; Pr. 40; DW II, S. 277, 15 - 278, 7; Pr. 44; DW II, S. 343, 3-7.

[169] Augustinus, *In ep. Iohannis ad Parthos*, tr. 2, nr. 14 (PL 35, Sp. 1997).

[170] Eckhart, Sermo LV, 4 («Qui odit animam suam in hoc mundo»; Joh. 12, 25) n. 552; LW IV, S. 462, 12 - 463, 1. Vgl. ferner *In Sap.* n. 34; LW II, S. 355, 1-2; *In Exod.* n. 207; LW II, S. 174, 6; *In Ioh.* n. 48; LW III, S. 40, 4.

[171] Vgl. Thomas von Aquin, *In III Sent.* d. 27 q. 1 a. 1: «Per amorem amans fit unum cum amato» (Moos, S. 855).

IV. Versuch einer zeitlichen und räumlichen Einordnung des *Geistbuchs*

Unser Text gehört in die unübersichtliche und überlieferungs- und geistesgeschichtlich kaum erschlossene Gruppe der volkssprachlichen Traktate des 14. Jahrhunderts, die sich in irgendeiner Weise mit Meister Eckhart auseinandersetzen, indem sie ihn imitieren, kritisieren oder verteidigen. Der anonyme Autor des *Geistbuchs* zitiert Eckhart nie und erwähnt auch nicht seinen Namen, ebensowenig wie die anderer «moderner» Autoritäten. Sein Zitatenschatz beschränkt sich auf die Heilige Schrift und die Väter. Dazu kommen «Meister»-Zitate, die zum üblichen Repertoire derartiger Traktate gehören und unidentifiziert bleiben. In der Wahl seines Themas, der Akzentuierung und der Verwendung eines spezifischen Fachwortschatzes läßt sich unser Autor jedoch näher eingrenzen.

Schon der Titel *Geistbuch* stellt den Traktat in die im 14. Jahrhundert immer noch virulente Diskussion um freigeistige Häresien. Sie gerieten erneut ins Zentrum des Interesses nach dem Prozeß gegen Meister Eckhart und seiner Verurteilung 1329 in der päpstlichen Bulle *In agro dominico*. Lehren und Formulierungen Eckharts ließen sich häretisch mißverstehen und für freigeistige Strömungen nutzbar machen[172]. Schüler und Anhänger Eckharts versuchten, dem entgegenzuwirken. Eklatantestes Beispiel dieser Strategie ist Heinrich Seuses *Buch der Wahrheit*[173]. Doch auch die erste systematische Abhandlung zum Problem der *Unterscheidung der Geister* von Heinrich von Friemar d. Ä. ist ein Reflex dieser Diskussionen[174]. Sowohl Seuse als auch das Thema von der Unterscheidung der Geister bilden den sachlichen Hintergrund für unseren Anonymus, der sich besonders am Wortschatz Seuses, und hier wiederum an den spekulativen Kapiteln der *Vita*, inspirierte. Auch Eckharts Wortschatz ist konstant präsent, was auf die Konsolidierung eines volkssprachlichen Funktiolekts für philosophisch-theologische Themen im deutsch- und niederländischsprachigen Raum im 14. Jahrhundert verweist. Eckharts Ideen wie die geistliche Armut, die

---

[172] Vgl. W. Senner, «Rhineland Dominicans» (Anm. 59), S. 121-133.
[173] Vgl. Einleitung und Kommentar von L. Sturlese / R. Blumrich (Hgg.), Heinrich Seuse, *Das Buch der Wahrheit* (Anm. 74).
[174] Vgl. A. Zumkeller, «Ein Zeitgenosse Eckeharts zu Fehlentwicklungen in der damaligen mystischen Bewegung», in: *Würzburger Diözesan-Geschichtsblätter* (1975), S. 229-238.

Kritik an der Werkgerechtigkeit, die Rückkehr in den göttlichen Ursprung, durchziehen auch das *Geistbuch*, doch abgeschwächt und zurückgenommen. Wie schon gesagt: keine einzige Aussage Eckharts wird wörtlich zitiert.

Unter diesen Voraussetzungen läßt sich für das *Geistbuch* folgendes zeitliches «Gerüst» ermitteln. *Terminus post quem* ist die Veröffentlichung der Bulle In agro dominico 1329. Begründen läßt sich dies aus dem Text: Die spezifische Interpretation der dritten Vaterunser-Bitte als Aufforderung zur Willensaufgabe in unmittelbarer Verbindung mit der Diskussion zur Frage, ob Gott auch das Böse wolle, erlaubt, das Geistbuch mit der gebotenen Vorsicht in die Zeit nach der Bulle einzuordnen[175]. *Terminus ante quem* ist das Jahr 1350, das sich aus der Datierung des ältesten Textzeugen ergibt: Brüssel, Koninklijke Bibliotheek van België / Bibliothèque Royale de Belgique, Ms. 19565[176].

Innerhalb dieses Rahmens lassen sich folgende Bezugstexte festmachen: Seuses *Buch der Wahrheit*, Seuses *Vita* und hier besonders die spekulativen Kapitel 51-53, Gedicht und Glosse *Von dem überschalle*, Teile des sog. *Liber positionum* und das Nürnberger Predigtbuch, bekannt als *Sammlung Jostes*, oder seine Quellen. Sie bilden das thematische und lexikalische Medium, in dem sich unser Autor bewegte. Als historisch greifbare Gestalt läßt sich in diesem «Textgeschiebe» nur Heinrich Seuse (um 1295-1366) fassen. Wie Sturlese gezeigt hat[177], verfaßte Seuse sein *Buch der Wahrheit* zwischen 1329 und 1332, als er aufgrund der Publikation «ketzerischer Schriften» – zu denken ist an das *Buch der Wahrheit* – seines Amtes als Lektor in Konstanz enthoben wurde. Der inkriminierte Text fand begreiflicherweise keine besondere Verbreitung. Er wurde von Seuse in sein *Exemplar*, eine Art Gesamtausgabe letzter Hand, aufgenommen und auf diese Weise publiziert[178]. Die Erstellung dieses *Exemplars* wird zwischen 1362, Seuses Versetzung nach Ulm, und 1366, Seuses Tod, angesetzt. Auch Seuses *Vita* erscheint im Rahmen des *Exemplars*. Wann Seuse sie verfaßte, wissen wir nicht. Doch es ist kaum anzunehmen, daß er den komplexen

---

175 Vgl. *Geistbuch*, S. 4, 41-47 und S. 7, 85 mit Kommentar sowie oben, S. XLV-L.

176 Vgl. S. XIf.

177 Seuse zitiert im *Buch der Wahrheit* vier Sätze aus der Bulle *In agro dominico*; vgl. Sturlese, «Einleitung» (Anm. 92), S. XV-XVII.

178 K. Ruh, *Seuse, Heinrich OP*, in: K. Ruh (Hg.), *Die deutsche Literatur des Mittelalters. Verfasserlexikon*, Bd. 8, Berlin, New York 1992, Sp. 1109-1129, hier 1114: «Das 'Exemplar' ist nur in 14 Hss. erhalten, indes dürfte die Überlieferung der Einzelschriften mit wenigen Ausnahmen auf das 'Exemplar' zurückgehen. Für das 'BdW' (*Buch der Wahrheit*) steht dies fest».

und unterschiedlichen Darstellungsformen folgenden Text in einem Zug nach 1362 schrieb. Sehr wahrscheinlich zirkulierten schon früher Entwürfe oder einzelne Kapitel, worauf auch die Existenz zweier verschiedener Redaktionen in der Überlieferung hinweist[179].

In den Jahren vor 1350, als der *Geistbuch*-Autor an der Arbeit war, standen Seuses Schriften sowie die oben genannten anonymen Bezugstexte sehr wahrscheinlich zur Verfügung. Unter diesem anonymen Material steht auch die Glosse *Von dem überschalle* mit den spekulativen Kapiteln aus Seuses *Vita*, mit dem *Liber positionum* und der *Sammlung Jostes* in Beziehung[180]. Es hat den Anschein, als ob Seuse, der *Geistbuch*-Autor und der *Überschall*-Glossator nahezu gleichzeitig an der Arbeit waren. Doch wer wen ausschrieb, läßt sich mit den uns zur Verfügung stehenden Mitteln nicht nachweisen. Folgende Möglichkeiten bieten sich an:

1. Seuse benutzte das *Geistbuch*. Das bedeutet, er zog diesen Text zweimal heran: zunächst für das *Buch der Wahrheit*, für das er das Konzept der «geistlichen Logik» und der «ungeordneten Freiheit» entlehnte; sodann ein zweites Mal für die Abfassung der spekulativen Kapitel der *Vita*, in denen er die schrittweise «Entgeistung» der Seele anhand der Terminologie des *Geistbuchs* darstellte. Diese Hypothese erhebt das *Geistbuch*, das um 1330 bereits vorgelegen haben mußte, zu einer Art Schlüsseltext volkssprachlicher Theologie, der auch von dem *Überschall*-Glossator benutzt wurde. Er entlehnte aus dem *Geistbuch* das Konzept der *îngegeisticheit*.

2. Der *Geistbuch*-Autor benutzte vor 1350 Materialien Seuses, die im Umlauf waren, und stand mit Zirkeln in Verbindung, die Seuse-Lektüre pflegten, unter ihnen auch der Glossator des *Überschall*-Gedichts.

3. Die terminologischen Übereinstimmungen sind rein zufälliger Natur und es besteht keine direkte Abhängigkeit zwischen den genannten Texten. Was bleibt, ist ein bestimmtes literarisches Ambiente mit seiner spezifischen Terminologie, das den verschiedenen Autoren als Nährboden dient.

---

[179] Es handelt sich um eine Passage aus Kap. 51 der *Vita*, in der Seuse über die Gotteserkenntnis handelt. In der Überlieferung folgt eine Version der Lehre Bonaventuras aus dem *Itinerarium mentis in Deum*, eine zweite der Lehre des Thomas von Aquin. Welche die ursprüngliche ist, ist nach wie vor offen. Vgl. K. Bihlmeyer, *Heinrich Seuse, Deutsche Schriften*, Stuttgart 1907, Nachdr. Frankfurt a.M. 1961, 34*-36* und K. Ruh, *Seuse, Heinrich OP* (Anm. 178), Sp. 1119-1120. Ferner geht Ruh in seinem Versuch, das Verhältnis von Seuse und dem *Überschall*-Glossator zu bestimmen, davon aus, daß letzterer «einzelne, ihm entliehene Blätter (der *Vita*), wenn nicht Rohschrift auf Wachstafeln, deren Gebrauch uns gerade Seuse bezeugt» benutzt habe; vgl. K. Ruh, «Seuse Vita» (Anm. 124), S. 168.

[180] Ruh, «Seuse Vita» (Anm. 124) rechnet mit folgenden Quellen: «außer Vita c. 52 müßten es Stücke aus dem L(iber) P(ositionum) und aus Jostes' Predigtsammlung gewesen sein» (S. 168).

Die erste Möglichkeit führt zu einer Überbewertung unseres Textes, der damit auch als eine der allerersten Reaktionen auf die Verurteilung Eckharts angesehen werden müßte. Die dritte Möglichkeit verzichtet auf den Versuch, das *Geistbuch* in einen konkreteren historischen Rahmen einzuordnen. Ich halte mich im Folgenden an die zweite Möglichkeit, wobei ich Kurt Ruh folge, der bei dem Versuch, Abhängigkeitsverhältnisse zwischen Texten dieser Art stringent nachzuweisen, feststellen mußte:

> Der Versuch, das Abhängigkeitsverhältnis zwischen Vita c. 52, Überschall-Gedicht und *-glôse* und Lib. Pos. zu bestimmen, führt zu einer Schlußbemerkung grundsätzlicher Art:
> Die Tradierung des mystischen Schrifttums in deutscher Sprache, das Meister Eckhart verpflichtet ist, erfolgte nicht nur und nicht einmal vorwiegend auf rein literarischem Wege, m. a. W. durch Vermittlung von Handschriften. Das gilt jedenfalls für die Zeit, da die Schülergeneration noch lebte. Die Beziehungen der Texte der nacheckhartischen Mystik sind, so viel ich sehe, derart verflochten, daß sich die Vorstellung eines gegenseitigen Nehmens und Gebens unmittelbar aufdrängt. Wir haben uns Kreise vorzustellen, die in regem Kontakt standen; vieles wurde mündlich, in Predigten, Kollationen, Diskussionen, vermittelt. Manches, was wir heute auf Grund der handschriftlichen Überlieferung als «Abschrift», «Auszug» oder «Ausweitung» zu beurteilen geneigt sind, dürfte nach dem Gedächtnis festgehalten worden sein[181].

Wenn wir annehmen, daß der *Geistbuch*-Autor sich an den Texten Seuses inspirierte, können wir uns seine Arbeitsweise in etwa so vorstellen: Das *Buch der Wahrheit* konnte für das *Geistbuch*-Projekt als Anregung gedient haben, nämlich freigeistige Ideen, die sich auf eine Fehlinterpretation Eckhart'scher Lehren stützten, zurückzuweisen. Unser Autor entnahm aus Seuses Buch die Forderung nach der Aufgabe des Widerspruchsprinzips für den spirituellen Aufstieg und nannte dieses Konzept «geistliche Logik»[182]. Auch den Schlüsselbegriff der «ungeordneten Freiheit» übernahm er aus dem *Buch der Wahrheit*, und zwar als häretischen Mißbrauch einer nur oberflächlichen Bildung, die nicht zur «rechten Unterscheidung der Geister» befähigt[183]. Die spekulativen Kapitel (besonders Kap. 51-53) von Seuses *Vita* zog er heran, um die Entwicklungsstufen der Seele auf ihrem Weg zur Vereinigung mit Gott darzustellen[184]. Ferner kannte er die *Glôse*

---

181 K. Ruh, «Seuse Vita» (Anm. 124), S. 67-68.

182 Vgl. *Geistbuch*, S. 24, 43 - 25, 55 mit Kommentar sowie oben S. LIV-LV. Unser Autor orientiert sich an Heinrich Seuse, *Buch der Wahrheit*, c. 6 (Sturlese/Blumrich, S. 32, 92 - 34, 108).

183 Vgl. *Geistbuch*, S. 36, 168 - 37, 171 mit Kommentar sowie oben S. LX-LXI.

184 Es handelt sich in erster Linie um das Konzept und Vokabular des «Entgeistens»; vgl. *Geistbuch*, S. 52, 32 mit Kommentar.

zu dem mystischen Gedicht *Von dem überschalle*, die ihrerseits mit einem spekulativen Kapitel aus Seuses *Vita* arbeitet[185].

Gemeinsamer Fundus, aus dem unser Autor mit anderen schöpfte, ist das Material zu einer Reihe von Quaestionen aus Pfeiffers *Liber positionum*. Besonders zu *Lib. pos.* 125, 129, 130 und 148 fallen nahezu wörtliche Übereinstimmungen auf. Diese Quaestionen gehören zu einer festen Sequenz (*Lib. pos.* 5, 121-136, 138-141, 148, 2), die nicht allzu breit überliefert ist. Die frühesten Bezeugungen stammen aus der zweiten Hälfte des 14. Jahrhunderts[186]. Entstehungs- und Überlieferungsgeschichte dieser umfangreichen Materialsammlung zu den Themen volkssprachlicher Theologie in der Nachfolge Eckharts ist jedoch in keiner Weise aufgearbeitet. Somit lassen sich hier keine zeitlichen oder räumlichen Koordinaten aufstellen. Unser Autor hatte offensichtlich auch Zugang zu Materialien, die Eingang fanden in eine der prominentesten Eckhart-Sammlungen: das Nürnberger Predigtbuch bzw. *Sammlung Jostes*, überliefert in einer Handschrift aus der zweiten Hälfte des 14. Jahrhunderts und seit dem 15. Jahrhundert in der Bibliothek des Nürnberger Katharinenklosters nachgewiesen. Die Legende vom «Vollkommenheitswettstreit» zwischen Paulus, Petrus und Johannes, aus dem Paulus als Sieger hervorgeht – konstitutiv für die Lehre des *Geistbuchs* – findet sich, zum Teil in wörtlichen Übereinstimmungen, im Anhang zur Eckhart-Predigt Jostes, 69.1[187]. Doch auch diese Beobachtung bietet keine Hilfe zur zeitlichen oder räumlichen Einordnung des *Geistbuchs*, da wir keine Informationen zu Entstehung und Provenienz des Nürnberger Predigtbuchs haben.

Die spärlichen Erkenntnisse zum Quellenmaterial unseres Autors lassen die Entstehung des *Geistbuchs* in dominikanischen Kreisen vermuten, sehr wahrscheinlich in und um Köln, und zwar aus thematischen und überlieferungsgeschichtlichen Gründen.

Eckhart war in den 1320iger Jahren Leiter des *Studium generale* in Köln. In dieser Zeit zirkulierten freigeistige Ideen in Beginen- und Begardenkreisen der Stadt, gegen die der Kölner Erzbischof vorging. 1326 wurde der

---

[185] Vgl. Ruh, «Seuse Vita» (Anm. 124), S. 145-168. Parallelstücke zu Seuses *Vita*, c. 52 finden sich auch in *Liber positionum*, nrr. 121/122 und 124, die Ruh als Quelle für Seuse ansetzt.

[186] Vgl. oben S. LXXI-LXXII und LXXIV mit Anm. 133. Es fällt auf, daß die in der *Überschall*-Glosse und in Kap. 52 von Seuses *Vita* verarbeiteten Stücke des *Liber positionum*, nämlich die Nummern 121, 122 und 124, auch aus dieser Sequenz stammen.

[187] Nürnberg, Stadtbibl., Cod. Cent. IV, 40; vgl. oben S. LXIX und Anm. 114 sowie *Geistbuch*, S. 52, 27-30 mit Kommentar.

Priester Walter von Holland wegen ketzerischer Umtriebe in Köln auf dem Scheiterhaufen verbrannt. Im selben Jahr leitete der Erzbischof gegen Eckhart einen Inquisitionsprozeß ein[188]. Seuse hatte in Köln bei Eckhart studiert (wahrscheinlich von 1324 bis Eckhart im Zuge des Prozesses nach Avignon abreiste). Nach der Verurteilung Eckharts ist er Lektor im Dominikanerkloster in Konstanz. Doch etwa um 1330 war Seuse auf dem Weg «in Niderland ze einem capitel», wo er sich wegen der Publikation «ketzerischer» Schriften zu verantworten hatte; zu denken ist an sein *Buch der Wahrheit*, eine Verteidigung des vom Papst verurteilten Eckhart[189]. Dies ist in etwa der geistes- und kulturgeschichtliche Hintergrund für den Autor des *Geistbuchs*.

Denkbar ist ein Dominikaner, der, in guter Kenntnis des *casus* Eckhart und seiner ihn verteidigenden Schüler sowie in engem Kontakt zu Seuse, eine Art «Schadensbegrenzung» für seinen Orden anstrebt. Dazu gehörte vor allem eine klare Stellungnahme gegen freigeistig beeinflußte Vollkommenheitslehren, die in Laienkreisen zirkulierten und Eckharts Texte, und damit dominikanische Theologie, für sich vereinnahmen konnten – eine Rezeptionsform von Eckharts Schriften, die auch in den Niederlanden unerwünschte Früchte zeitigte. Zu denken ist an den mndl. Dialog *Meester Eckhart en de leek*[190], oder die mndl. Übersetzung des im Straßburger Beginenmilieu angesiedelten Traktats *Schwester Katrei*[191], den übrigens Seuse bei der Erstellung seines Exemplars benutzte. Gerade von Köln aus ließ sich ohne Mühe eine Kampagne starten, die auch in die Niederlande wirkte.

Das *Geistbuch* ist mit den Niederlanden verbunden aufgrund seiner Überlieferungsgeschichte. Der älteste Textzeuge stammt aus dem Raum um Brüssel. Das heißt, die niederländische Übersetzung entstand unmittelbar

---

[188] Vgl. G. Warnar, «Meester Eckhart, Walter von Holland en Jan van Ruusbroec. Historische en literaire betrekkingen in de Middelnederlandse mystiek», in: *Ons Geestelijk Erf* 69 (1995), S. 3-25, hier 10f.

[189] Vgl. L. Sturlese, «Heinrich Seuses Buch der Wahrheit. Versuch einer „vernünftigen" Interpretation», in: ders., *Homo divinus. Philosophische Projekte in Deutschland zwischen Meister Eckhart und Heinrich Seuse*, Stuttgart 2007, S. 199-230, hier S. 204: In Frage kommen das Kapitel in Maastricht 1330, oder, nimmt man *niderlant* lediglich für die Region rheinabwärts vom *oberlant* aus gesehen, auch das von Trier 1332.

[190] Vgl. Warnar, «Meester Eckhart» (Anm. 188), S. 6.

[191] Vgl. F.-J. Schweitzer, *Der Freiheitsbegriff der deutschen Mystik. Seine Beziehung zur Ketzerei der "Brüder und Schwestern vom Freien Geist", mit besonderer Rücksicht auf den pseudoeckhartischen Traktat 'Schwester Katrei'*, Frankfurt a.M., Bern, 1981.

nach Abfassung des mittelhochdeutschen Originals, das freilich nicht
von einem aus Köln stammenden Dominikaner in ripuarischer Mundart
geschrieben sein mußte. Die inhaltlichen Verbindungen zum Frühwerk
Seuses lassen eher an einen Bruder aus dem oberrheinischen Gebiet
denken, der natürlich sein heimisches Idiom zu Pergament brachte.
Feststeht die hohe Mobilität der Ordensmitglieder. Feststeht auch das
Rheintal als «Transportschiene», alle weiteren Eingrenzungsversuche
bleiben reine Spekulation. Die Dominikanerprovinz Teutonia schloß
die Niederlande mit ein, die am weitesten nach Westen ausgreifenden
deutschen Dominikanerkonvente befanden sich in Löwen und Antwerpen.
Offensichtlich gab es auch ein sprachliches Kontinuum[192], zumindest wurde
der Wechsel ins Niederländische nicht als Barriere empfunden. Das könnte
die sofortige Übersetzung unseres Textes ins Niederländische erklären. Ja,
es läßt sich vermuten, daß unser Autor selbst eine Übersetzung wünschte
und anregte.

---

[192] Ein konkretes Beispiel findet sich in Konrad von Megenbergs *Lacrima ecclesie* I, 2.
Konrad berichtet von einem gewissen Johannes von Mecheln, einem niederländischen Begarden,
der in Regensburg inhaltlich anfechtbare Predigten hielt und großen Zulauf hatte: «Vidi et ego
unum illorum nomine Iohannem de Mechelinia, qui se sacerdotem confitens publice verbum dei in
superioribus Alamanie partibus divulgabat, habens crebrum populi concursum, ymmo et simplicis
cleri notabiles sequelas, qui eundem propter subtilitatem verborum et dulcedinem eloquii sui
libentissime audiebant ac ipsum magistrum nominabant» (ed. Colberg, S. 15, 8 - 16, 2). Der Mann,
den Konrad als «sacre scripture omnino ignarum et penitus ydiotam» (ebd. S. 16, 4) beschreibt, wird
kaum lateinisch gesprochen haben.

V. Zur Einrichtung der Ausgabe

Ziel der Ausgabe ist die Rekonstruktion eines autornahen Textes. Sie folgt daher *S1* als Leithandschrift, soweit es möglich ist. Die systematischen Kürzungen von *S1* werden rückgängig gemacht mit Hilfe der übrigen Überlieferung: wo *x3* in Übereinstimmung mit der niederländischen Übersetzung y den originalen Text bewahrt hat, wird dieser im Wortlaut von *x3* (Leiths. *N1*) wiedergegeben; wo nur die niederländische Übersetzung den Autortext bewahrt, wird diese (Leiths. *P1*) in eckigen Klammern zur Rekonstruktion herangezogen. In der gleichen Weise wird eingegriffen, wenn sich die Lesart von *S1* im Vergleich mit der restlichen Überlieferung als sekundär erweist. Sämtliche Eingriffe in den Text von *S1* sind durch Kursive kenntlich gemacht. Emendationen verderbter Textstellen stehen kursiv zwischen spitzen Klammern.

Unvermeidbar ist bei diesem Vorgehen eine Vermischung der Schreibsprachen und Mundarten, was in einigen wenigen Fällen sogar zum Sprachwechsel ins Niederländische führt. Es ist klar, daß ein solcher Text, aus linguistischer Sicht, historisch nie existiert hat. Sein Inhalt kommt jedoch der vom Autor intendierten Aussage so nahe wie möglich. Da das *Geistbuch*, wie Text und Kommentierung deutlich machen, durchaus geistes- und kulturgeschichtlich relevant ist, schien mir diese «babylonische Sprachvermischung» gerechtfertigt. Ein Ausweg aus dem Dilemma wäre eine mhd. Normalisierung gewesen, die aber ihrerseits keine historische Sprachstufe repräsentiert.

Die Schreibung von *S1* und aller anderen Ersatzhandschriften wird beibehalten. Lediglich Eigennamen werden im edierten Text prinzipiell groß geschrieben. Abbreviaturen sind stillschweigend aufgelöst worden. Das gilt auch für die Lesarten im Variantenapparat. Die Interpunktion der Herausgeberin folgt nicht den heute gültigen Regeln, sondern ist strikt inhaltlich ausgerichtet und dient in erster Linie als Verständnishilfe für den Leser.

Die Segmentierung des edierten Textes in neun Abschnnitte, die mit Nummern versehen und durch Leerzeilen von einander getrennt sind, geht auf die Herausgeberin zurück. Sie dienen zur leichteren Orientierung und richten sich nach dem logischen Argumentationsgang des Traktats – daher die großen Unterschiede im Umfang der einzelnen Abschnitte.

Der Variantenapparat ist für die mhd. Überlieferung vollständig. Lediglich das Melker Fragment *Me1* wurde nicht aufgenommen. Von den beiden stark bearbeiteten Fragmenten *M1* und *N1a* wurde die Textvarianz angegeben, wo sie für die Erstellung des Textes relevant ist. Es wurde nicht vermerkt, wenn die Fragmente Textstrecken auslassen. *X3* ist nach *N1* angeschrieben, *x4* nach *M1*, *x1* nach *S1*. Die niederländische Übersetzung wird im Apparat als Kontrollinstanz mitgeführt, wo Textänderungen gegenüber *S1* zu begründen sind. Der niederländische *y*-Text ist nach *P1* angeschrieben, *y3* nach *Br1*. Dabei wird auf die Angabe einer Sonderlesart innerhalb der geschlossenen *y*-Gruppe verzichtet. Bietet die niederländische Übersetzung keinen geschlossenen Text, sind selbstverständlich sämtliche Lesarten verzeichnet. Inhaltlich relevante Unterschiede zwischen dem mhd. und dem mndl. Text sind zur Information des Lesers mitgegeben.

Der kommentierende Apparat hat zunächst die Funktion der Quellennachweise. Bibelstellen ließen sich nahezu problemlos identifizieren. Der Nachweis der Väterzitate ist mir, von wenigen Ausnahmen abgesehen, nicht gelungen. In diesen Fällen wurde auch im edierten Text auf die Setzung von Anführungszeichen verzichtet, schon weil oft nicht klar ist, wo das Zitat endet.

Ferner bemüht sich der kommentierende Apparat um den Nachweis von Textparallelen, und zwar unidentifizierter Zitate, die auch in anderen Texten der sog. Ps.-Eckhartschen Traktatliteratur zirkulieren, und in Inhalt und Diktion vergleichbarer Aussagen bei Eckhart, Tauler, Seuse und in den Ps.-Eckhartiana.

Zuletzt soll der kommentierende Apparat sprachliche Verständnishilfe leisten, indem er die zahlreichen Hapaxlegomena des *Geistbuchs* analysiert und Übersetzungsvorschläge anbietet.

Literaturverzeichnis

Albertus Magnus, *Super Dionysium De divinis nominibus*, hg. von P. Simon (Ed.
  Colon. 37,1), Münster i. W. 1972
–, *Super Lucam*, hg. von A. Borgnet (Opera omnia, 22-23), Paris 1893
Aristoteles, *De anima*, hg. von W. D. Ross, Oxford [8]1989
–, *Metaphysica*, hg. von W. Jaeger, Oxford [10]1989
–, *Physica*, hg. von W. D. Ross, Oxford [10]1990
Augustinus, *Confessiones*, hg. von L. Verheijen (CCSL 27), Turnhout 1990
–, *De diversis quaestionibus ad Simplicianum*, hg. von A. Mutzenbecher (CCSL
  44A), Turnhout 1970
–, *De trinitate libri XV*, hg. von W. J. Mountain und F. Glorie (CCSL 50, 50A),
  Turnhout 1968
–, *Enchiridion ad Laurentium de fide et spe et caritate*, hg. von E. Evans (CCSL
  46), Turnhout 1969, S. 21–114
–, *In Epistolam Johannis ad Parthos tractatus decem*, PL 35, Sp. 1977-2062
–, *In Ioannis evangelium tractatus CXXIV* (editio altera), hg. von D. R. Willems
  (CCSL 36), Turnhout 1990
–, *Sermones*, PL 38

Bach, J., *Meister Eckhart*, Wien 1864, Nachdr. 1964
Baufeld = Baufeld, Chr., *Kleines frühneuhochdeutsches Wörterbuch. Lexik aus
  Dichtung und Fachliteratur des Frühneuhochdeutschen*, Tübingen 1996
Beccarisi, A., «Dietrich in den Niederlanden. Ein neues Dokument in niederrheini-
  scher Mundart», in: A. Beccarisi, R. Imbach, P. Porro (Hgg.), *Per perscrutationem
  philosophicam. Neue Perspektiven der mittelalterlichen Forschung. Loris Stur-
  lese zum 60. Geburtstag gewidmet* (Corpus Philosophorum Teutonicorum Medii
  Aevi. Beiheft 4), Hamburg 2008, S. 292-314
–, «Meister Eckhart und die Frage nach den Quellen in *Des gheest boeck*», in:
  L. Cesalli, N. Germann, M. J. F. M. Hoenen (Hgg.), *University, Council, City.
  Intellectual Culture on the Rhine (1300-1550)* (Rencontres de Philosophie
  Médiévale, 13), Turnhout 2007, S. 171-202
Bernhard von Clairvaux, *De diligendo Deo,* hg. von J. Leclercq, H. M. Rochais
  (Sancti Bernardi Opera, 3), Romae 1963, S. 119-154
–, *De praecepto et dispensatione*, hg. von J. Leclercq, H. M. Rochais (Sancti
  Bernardi Opera, 3), Romae 1963, S. 241-294
–, *Sermones super Cantica canticorum*, hg. von J. Leclercq, H. M. Rochais (Sancti
  Bernardi Opera, 2), Romae 1958
Beuken, J. H. A., «Rondom een Middelnederlandsche Eckehart-tekst», in: *Ons
  Geestelijk Erf* 8 (1934), S. 310-337
Blume der Schauung, hg. von K. Ruh (Kleine deutsche Prosadenkmäler des
  Mittelalters, 16), München 1991
BMZ = Benecke, G. F., Müller, W., Zarncke, F., *Mittelhochdeutsches Wörterbuch*,
  Leipzig 1854-1866 [Nachdruck Stuttgart 1990], 3 Bde.

CCSL = Corpus Christianorum. Series Latina

CCCM = Corpus Christianorum. Continuatio Mediaevalis

Cesalli, L., Germann, N., Hoenen, M. J. F. M. (Hgg.), *University, Council, City. Intellectual Culture on the Rhine (1300-1550)* (Rencontres de Philosophie Médiévale, 13), Turnhout 2007

De Vooys, C. G. N., «Twee mystieke traktaatjes uit de eerste helft van de veertiende eeuw», in: *Tijdschrift voor Nederlandse taal- en letterkunde* 40 (1921), S. 301-309

Dionysiaca = Dionysiaca, recueil donnant l'ensemble des traductions latines des ouvrages attribués au Denys de l'Aréopage, Brügge, 1937ff., 2 Bde.

Dionysius Areopagita (Ps.-), *De divinis nominibus*, PG 3, Sp. 585-984

– *De mystica theologia*, PG 3, Sp. 997-1048

Die drîe persône geschuofen die crêatûre von nihte, in: Pfeiffer, F. (Hg.), *Deutsche Mystiker des 14. Jahrhunderts*. Bd. 2, S. 533-542 (Tr. XV)

DW = Meister Eckhart, *Die deutschen und die lateinischen Werke*, hg. im Auftrage der Deuschen Forschungsgemeinschaft. *Die deutschen Werke*, hg. von J. Quint, G. Steer, Stuttgart 1936 ff.

DWB = Grimm, J. und Grimm, W., *Deutsches Wörterbuch*, Bd. 1-16, Leipzig 1854-1960 [neubearbeitet, Bd. 1ff. Leipzig 1983ff.]

Meister Eckhart, *Die deutschen und die lateinischen Werke*, hg. im Auftrage der Deutschen Forschungsgemeinschaft, Stuttgart 1936 ff. (vgl. auch: DW, LW)

Eckhart Rube, *Sermo de sanctis* (= *Par. an.* 32, Strauch, S. 69-73)

Egerding, M., *Die Metaphorik der spätmittelalterlichen Mystik*, Paderborn 1997, 2 Bde.

Eichler, W., *Jan van Ruusbroecs «Brulocht» in oberdeutscher Überlieferung. Untersuchungen und kritische Textausgabe* (Münchener Texte und Untersuchungen zur deutschen Literatur des Mittelalters, 22), München 1969

Eifler, M., *Katalog der lateinischen mittelalterlichen Handschriften der Herzogin Anna Amalia Bibliothek Weimar*, 2. Teil: Quarthandschriften (im Druck)

Ps.-Engelhart von Ebrach, *Das Buch der Vollkommenheit*, hg. von K. Schneider (Deutsche Texte des Mittelalters, 86), Berlin 2006

Findebuch = Gärtner, K., u. a., *Findebuch zum mittelhochdeutschen Wortschatz. Mit einem rückläufigen Index*, Stuttgart 1992

Het Gaesdonckse traktatenhandschrift. Olim hs. Gaesdonck, Collegium Augustinianum, ms. 16. Diplomatische editie op basis van foto's uit de Titus Brandsmacollectie, bezorgd door M. K. A. van den Berg met medewerking van A. Berteloot en Th. Mertens en een beschrijving met een codicologische reconstructie van de bron door H. Kienhorst (Middeleeuwse Verzamelhandschriften uit de Nederlanden, 9), Hilversum 2005

Diu glôse über den überschal vgl. *Von dem überschalle*

Diu glôse über daz êwangelium S. Johannis, in: Pfeiffer, F. (Hg.), *Deutsche Mystiker des 14. Jahrhunderts*. Bd. 2, S. 578-593 (Tr. XVIII)

Gottschall, D., «Basel als Umschlagplatz für geistliche Literatur: Der Fall des *Fließenden Lichts der Gottheit* von Mechthild von Magdeburg», in: L. Cesalli, N. Germann, M. J. F. M. Hoenen (Hgg.), *University, Council, City. Intellectual*

Culture on the Rhine (1300-1550) (Rencontres de Philosophie Médiévale, 13), Turnhout 2007, S. 137-169

–, «Considerazioni sullo sviluppo di un linguaggio scientifico alto tedesco medio nel XIV secolo», in: F. Ferrari, M. Bampi (Hgg.), *Le lingue e le letterature germaniche fra il XII e il XVI secolo. Atti del XXIX Convegno dell'Associazione Italiana di Filologia Germanica - Trento 5-7 giugno 2002*, Trento 2004, S. 335-349

–, «Meister Eckhart-Rezeption in Nürnberg», in: *Zeitschrift für deutsches Altertum und deutsche Literatur* 138 (2009), S. 199-213

Gregorius Magnus, *Homiliae in Evangelium*, PL 76

–, *Moralia in Iob*, hg. von M. Adriaen (CCSL 143-143A), Turnhout 1979

Hadewijch, *Mengeldichten*, hg. von J. Van Mierlo, Antwerpen 1952

Hamburger, J. F., *St. John the Divine. The Deified Evangelist in Medieval Art and Theology*, Berkeley, Los Angeles 2002

Hamesse, J., *Les Auctoritates Aristotelis. Un florilège médiéval. Étude historique et édition critique*, Louvain 1974

Hasebrink, B., «Tischlesung und Bildungskultur im Nürnberger Katharinenkloster. Ein Beitrag zu ihrer Rekonstruktion», in: M. Kintzinger, S. Lorenz, M. Walter (Hgg.), *Schule und Schüler im Mittelalter. Beiträge zur europäischen Bildungsgeschichte des 9. bis 15. Jahrhunderts* (Beihefte zum Archiv für Kulturgeschichte, 42), Köln, Weimar, Wien 1996, S. 187-216

Heinrich Seuse, *Das Buch der Wahrheit. Daz buechli der warheit*, hg. von L. Sturlese, R. Blumrich (Philosophische Bibliothek, 458), Hamburg 1993

–, *Büchlein der Ewigen Weisheit*, in: *Deutsche Schriften*, S. 196-325

–, *Deutsche Schriften*, im Auftrag der Württembergischen Kommission für Landesgeschichte hg. von K. Bihlmeyer, Stuttgart 1907 [Nachdr. Frankfurt a.M. 1961]

–, *Vita (Seuses Leben)*, in: *Deutsche Schriften*, S. 7-195

Hennig = Hennig, B., *Kleines Mittelhochdeutsches Wörterbuch*, 4., verbesserte Auflage, Tübingen 2001

Hermann von Fritzlar, *Heiligenleben*, in: Pfeiffer, F. (Hg.), *Deutsche Mystiker des 14. Jahrhunderts*. Bd. 1, S. 3-258

Heymans, J. G., *Het Psalter van Leningrad*, Leiden 1973

Hieronymus, *Liber interpretationis hebraicorum nominum*, hg. von P. de Lagarde (CCSL 72) Turnhout 1959

Holthausen, F., *Gotisches etymologisches Wörterbuch. Mit Einschluß der Eigennamen und der gotischen Lehnwörter im Romanischen*, unver. Nachdruck der Ausgabe von 1934, Heidelberg 2002

Honorius Augustodunensis, *Elucidarium*, in: Y. Lefèvre, *L'Elucidarium et les Lucidaires. Contribution, par l'histoire d'un texte, à l'histoire des croyances religieuses en France au Moyen Age*, Paris 1954

Huet, G., *Catalogue des manuscrits néerlandais de la Bibliothèque Nationale*, Paris 1886

Der înslac (Von der edelkeit der sêle), in: Pfeiffer, F. (Hg.), *Deutsche Mystiker des 14. Jahrhunderts*. Bd. 2, S. 382-394 (Tr. II)

Jan van Ruusbroec, *Die geestelike brulocht*, hg. von J. Alaerts u. a. (CCCM 103), Turnhout 1988

Janota, J., *Vom späten Mittelalter zum Beginn der Neuzeit. Teil 1: Orientierung durch volkssprachige Schriftlichkeit (1280/90-1380/90)* (Geschichte der deutschen Literatur von den Anfängen bis zum Beginn der Neuzeit, Bd. III/I), Tübingen 2004

Johannes XXII., Bulle *In agro dominico*, in: Acta Echardiana, hg. von L. Sturlese, LW V, S. 596-600

Johannes Cassianus, *Conlationes XXIIII*, hg. von M. Petschenig (Corpus Scriptorum Ecclesiasticorum Latinorum, 13), Wien 2004

Johannes Sarracenus, *Prologus in librum de Mystica theologia*, hg. von P. Simon, in: Albertus Magnus, *Super Dionysii mysticam theologiam et epistulas*, hg. von P. Simon (Ed. Colon. 37, 2), Münster i. W. 1978, S. 453

Jostes, F. (Hg.), *Meister Eckhart und seine Jünger. Ungedruckte Texte zur Geschichte der deutschen Mystik*. Mit einem Wörterverz. von P. Schmitt und einem Nachwort von K. Ruh (Deutsche Neudrucke, Reihe: Texte des Mittelalters), Berlin, New York 1972

Jundt, A., *Histoire du pantheisme populaire au Moyen Age et au seizième siècle*, Paris 1875 [Nachdr. Frankfurt a. M. 1964]

Jungreithmayr, A., *Die deutschen Handschriften des Mittelalters der Universitätsbibliothek Salzburg*, Wien 1988

Klein, Th., «Umschrift - Übersetzung - Wiedererzählung. Texttransfer im westgermanischen Bereich», in: W. Besch, Th. Klein (Hgg.), *Der Schreiber als Dolmetsch. Sprachliche Umsetzungstechniken beim binnensprachlichen Texttransfer in Mittelalter und Früher Neuzeit*, in: *Zeitschrift für Deutsche Philologie*. Sonderheft zum Band 127 (2008), S. 225-262

Klein/Solms/Wegera III = Klein, Th., Solms, H.-J., Wegera, K.-P., *Mittelhochdeutsche Grammatik, Teil III: Wortbildung*, Tübingen 2009

Köbler, G., *Wörterbuch des althochdeutschen Sprachschatzes*, Paderborn u.a. 1993

König, W., *dtv-Atlas Deutsche Sprache*, 15., durchgesehene und aktualisierte Aufl., München 2005

Konrad von Megenberg, *Buch der Natur*. Bd. II: Kritischer Text nach den Handschriften, hg. von R. Luff, G. Steer (Texte und Textgeschichte, 54), Tübingen 2003

–, *Lacrima ecclesie*, hg. von K. Colberg (Monumenta Germaniae Historica. Quellen zur Geistesgeschichte des Mittelalters, 26), Hannover 2010

Kwakkel, E., Mulder, H., «*Quidam sermones*. Mystiek proza van de Ferguutkopiist (Brussel, Koninklijke Bibliotheek, hs. 3067-73)», in: *Tijdschrift voor Nederlandse taal- en letterkunde* 117 (2001), S. 151-165

Lehmann, P., *Mittelalterliche Bibliothekskataloge Deutschlands und der Schweiz*, Bd. 2: *Bistum Mainz: Erfurt*, München 1928

Lehmann-Benz, A., Zellmann, U., Küsters, U. (Hgg.), *Schnittpunkte. Deutsch-Niederländische Literaturbeziehungen im späten Mittelalter* (Studien zur Geschichte und Kultur Nordwesteuropas, 5), Münster 2003

Lexer = Lexer, M., *Mittelhochdeutsches Handwörterbuch*, Leipzig 1872-1878 [Nachdruck Stuttgart 1992] 3 Bde.

Liber positionum, in: Pfeiffer, F. (Hg.), *Deutsche Mystiker des 14. Jahrhunderts*. Bd. 2, S. 631-684

Lieftinck, G. L., *De Middelnederlandsche Tauler-Handschriften*, Groningen 1936

Löser, F., *Meister Eckhart in Melk. Studien zum Redaktor Lienhart Peuger. Mit einer Edition des Traktats 'Von der sel wirdichait vnd aigenschafft'* (Texte und Textgeschichte, 48), Tübingen 1999

Der deutsche *Lucidarius*. Teil 1. Kritischer Text nach den Handschriften, hg. von D. Gottschall, G. Steer (Texte und Textgeschichte, 35) Tübingen 1994

LW = Meister Eckhart, *Die deutschen und die lateinischen Werke*, hg. im Auftrage der Deutschen Forschungsgemeinschaft. *Die lateinischen Werke*, hg. von E. Benz, C. Christ, B. Decker, H. Fischer, B. Geyer, J. Koch, E. Seeberg, L. Sturlese, K. Weiß, A. Zimmermann, Stuttgart 1936 ff.

Madre, A., *Nikolaus von Dinkelsbühl. Leben und Schriften. Ein Beitrag zur theologischen Literaturgeschichte* (Beiträge zur Geschichte der Philosophie und Theologie des Mittelalters, 40, 4), Münster i. W. 1965

Martin, M., *Catalogue général des manuscrits des bibliothèques publiques de France*, Tom. 6: *Paris, Bibliothèque de l'Arsenal*, Paris 1892

Mechthild von Magdeburg, *Das fließende Licht der Gottheit*, hg. von G. Vollmann-Profe (Bibliothek des Mittelalters, 19), Frankfurt a. M. 2003

Mertens, Th., «Ruusbroec onder de godsvrienden», in: R. Schlusemann, P. Wackers (Hgg.), *Die spätmittelalterliche Rezeption niederländischer Literatur im deutschen Sprachgebiet* (Amsterdamer Beiträge zur älteren Germanistik, 47), Amsterdam 1997, S. 109-130

–, Scheepsma, W. F., «Deutsche Predigtsammlungen im Mittelniederländischen», in: Lehmann-Benz, A., Zellmann, U., Küsters, U. (Hgg.), *Schnittpunkte. Deutsch-Niederländische Literaturbeziehungen im späten Mittelalter* (Studien zur Geschichte und Kultur Nordwesteuropas, 5), Münster 2003, S. 67-81

Mhd. Summa theologiae = Middle High German Translation of the Summa Theologica *by Thomas Aquinas*, ed. with a Latin-German and a German-Latin Glossary by B. Q. Morgan, F. W. Strothmann, New York 1967

Nemes, B. J., «*Dis buch ist iohannes schedelin*. Die Handschriften eines Colmarer Bürgers aus der Mitte des 15. Jahrhunderts und ihre Verflechtungen mit dem Literaturangebot der Dominikanerobservanz», in: B. Fleith, R. Wetzel (Hgg.), *Kulturtopographie des deutschsprachigen Südwestens im späteren Mittelalter. Studien und Texte*, Berlin, New York 2009, S. 157-205

Palmer, N. F., *"Visio Tnugdali". The German and Dutch Translations and their Circulation in the Later Middle Ages* (Münchener Texte und Untersuchungen zur deutschen Literatur des Mittelalters, 76), München 1982

Par. an. = *Paradisus anime intelligentis (Paradis der fornuftigen sele)*. Aus der Oxforder Handschrift Cod. Laud. Misc. 479 nach E. Sievers Abschrift, hg. von Ph. Strauch, Zweite Aufl. hg. und mit einem Nachwort versehen von N. Largier und G. Fournier (Deutsche Texte des Mittelalters, 30), Hildesheim 1998

Paul/Schröbler/Wiehl/Grosse = Paul, H., *Mittelhochdeutsche Grammatik,* 24. Aufl. überarbeitet von P. Wiehl, S. Grosse, Tübingen 1998

Petrus Lombardus, *Sententiae in IV libris distinctae*. Ed. Tertia (Spicilegium Bonaventurianum, 4-5), Grottaferrata 1971-1981

Pfeiffer, F. (Hg.), *Deutsche Mystiker des 14. Jahrhunderts*. Bd. 1: *Hermann von Fritzlar. Nikolaus von Strassburg. David von Augsburg*, Leipzig 1845 [Nachdr. Aalen 1962]

– (Hg.), *Deutsche Mystiker des 14. Jahrhunderts*. Bd. 2: *Meister Eckhart, Predigten, Traktate*, Leipzig 1857 [Nachdr. Aalen 1962]
–, «Predigten und Sprüche deutscher Mystiker», in: *Zeitschrift für deutsches Altertum und deutsche Literatur* 8 (1851), S. 209-258
PG = Patrologia Graeca
PL = Patrologia Latina
Pr. = Predigt
Preger, W., *Geschichte der deutschen Mystik im Mittelalter nach den Quellen untersucht und dargestellt*, Neudruck der Ausgabe 1874-1893 in drei Teilen, Aalen 1962

Quint, J., *Neue Handschriftenfunde zur Überlieferung der deutschen Werke Meister Eckharts und seiner Schule*, I, Stuttgart, Berlin 1940

Regula Bullata OFM, in: Menestò, E. u. a. (Hg.), *Fontes Franciscani* (Medioevo Francescano. Testi 2), Assisi 1995, S. 169-181
Reynaert, J., «Het vroegste Middelnederlandse palmboomtraktaat», in: *Ons Geestelijk Erf* 52 (1978), S. 3-32, 195-228 und 296-310
Ruh, K., «Altniederländische Mystik in deutschsprachiger Überlieferung», in: A. Ampe (Hg.), *Dr. L. Reypens-Album*, Antwerpen 1964, wieder abgedruckt in K. Ruh, *Kleine Schriften*, Bd. II: *Scholastik und Mystik im Spätmittelalter*, hg. von V. Mertens, Berlin, New York 1984, S. 94-117
–, (Hg.), *Die deutsche Literatur des Mittelalters. Verfasserlexikon*, begr. von W. Stammler, fortgef. v. K. Langosch. 2. Auflage, hg. von K. Ruh, Berlin, New York 1980-2008, 14 Bde.
–, «Mhd. *naturen*. Beobachtungen zur Bedeutungsentfaltung», in: H.-W. Eroms u. a. (Hg.), *Studia Linguistica et Philologica. Festschrift für Klaus Matzel zum 60. Geburtstag*, Heidelberg 1984, S. 255-262
–, «Nachwort», in: Jostes, F. (Hg.), *Meister Eckhart und seine Jünger. Ungedruckte Texte zur Geschichte der deutschen Mystik*. Mit einem Wörterverz. von P. Schmitt und einem Nachwort von K. Ruh (Deutsche Neudrucke, Reihe: Texte des Mittelalters), Berlin, New York 1972, S. 201-211
–, *Seuse, Heinrich OP*, in: K. Ruh (Hg.), *Die deutsche Literatur des Mittelalters. Verfasserlexikon*, Bd. 8, Berlin, New York 1992, Sp. 1109-1129
–, «Seuse Vita c. 52 und das Gedicht und die Glosse ,Vom Überschall'», in: E. Filthaut (Hg.), *Heinrich Seuse. Studien zum 600. Todestag 1366-1966*, Köln 1966, wieder abgedruckt in K. Ruh, *Kleine Schriften*, Bd. II: *Scholastik und Mystik im Spätmittelalter*, hg. von V. Mertens, Berlin, New York 1984, S. 145-168

Sant Johannes sprichet 'ich sach daz wort in gote', in: Pfeiffer, F. (Hg.), *Deutsche Mystiker des 14. Jahrhunderts*. Bd. 2, S. 527-533 (Tr. XIV)
Scheepsma, W. F., «Filling the Blanks: a Middle Dutch Dionysius Quotation and the Origins of the *Rothschild Canticles*», in: *Medium Aevum* 70 (2001), S. 278-303
–, «Het oudste Middelnederlandse palmboomtraktaat en de ,Limburgse Sermoenen'», in: *Ons Geestelijk Erf* 75 (2001), S. 153-181
–, *Medieval Religious Women in The Low Countries. The „Modern Devotion", the Canonesses of Windesheim and their Writings*, Woodbridge 2004
–, «Meister Eckhart in den Niederlanden. Rezeption und Überlieferung im

vierzehnten Jahrhundert», in: R. Brandt, D. Lau (Hgg.), *Exemplar. Festschrift für Kurt Otto Seidel*, Frankfurt a. M. 2008, S. 9–54

–, «Überregionale Beziehungen zwischen dem Rheinland und Brabant in der mystischen Literatur des 14. Jahrhunderts», in: L. Cesalli, N. Germann, M. J. F. M. Hoenen (Hgg.), *University, Council, City. Intellectual Culture on the Rhine (1300-1550)* (Rencontres de Philosophie Médiévale, 13), Turnhout 2007, S. 247-275

Schiewer, H.-J., «Die beiden Sankt Johannsen, ein dominikanischer Johannes-Libellus und das literarische Leben im Bodenseeraum um 1300», in: *Oxford German Studies* 22 (1993), S. 21-54

Schneider, K., *Deutsche mittelalterliche Handschriften der Universitätsbibliothek Augsburg. Die Signaturengruppen Cod. I. 3 und Cod. III. 1*, Wiesbaden 1988

–, *Die Handschriften der Stadtbibliothek Nürnberg*, Bd. 1: *Die deutschen mittel-alterlichen Handschriften*, Wiesbaden 1965

–, ‚Geistbuch', in: K. Ruh (Hg.), *Die deutsche Literatur des Mittelalters. Verfasserlexikon*, Bd. 2, Berlin, New York 1980, Sp. 1157-1158

Schweitzer, F.-J., *Der Freiheitsbegriff der deutschen Mystik. Seine Beziehung zur Ketzerei der "Brüder und Schwestern vom Freien Geist", mit besonderer Rücksicht auf den pseudoeckhartischen Traktat 'Schwester Katrei'*, Frankfurt a.M., Bern, 1981

–, *Meister Eckhart und der Laie. Ein antihierarchischer Dialog des 14. Jahrhunderts aus den Niederlanden*, Berlin 1997

Sechs Übungen zur Vollkommenheit, Nürnberg, Cod. Cent. IV 37, 1r-4v

Senner, W., «Rhineland Dominicans, Meister Eckhart and the Sect of the Free Spirit», in J. Greatrex (Hg.), *The Vocation of Service to God and Neighbour. Essays on the Interests, Involvements and Problems of Religious Communities and their Members in Medieval Society*, Turnhout 1998, S. 121-133.

Sievers, E., «Predigten von Meister Eckhart», in: *Zeitschrift für deutsches Altertum und deutsche Literatur* 15 (1872), S. 373-439

Spamer, A. (Hg.), *Texte aus der deutschen Mystik des 14. und 15. Jahrhunderts*, Jena 1912

–, «Zur Überlieferung der Pfeifferschen Eckharttexte», in: *Beiträge zur Geschichte der deutschen Sprache und Literatur* 34 (1909), S. 304-420

Der "Spiegel der Seele". Eine spätmittelalterliche mystisch-theologische Kompila-tion, hg. von H. Vogl (Meister-Eckhart-Jahrbuch Beihefte, 2), Stuttgart 2007

Spruch = Pfeiffer, F. (Hg.), *Deutsche Mystiker des 14. Jahrhunderts*. Bd. 2: Abt. III. *Sprüche*, S. 597-627

Stammler, W., *Gottsuchende Seelen. Prosa und Verse aus der deutschen Mystik des Mittelalters*, München 1948

Steer, G., «Die Schriften Meister Eckharts in den Handschriften des Mittelalters», in: H.-J. Schiewer, K. Stackmann (Hgg.), *Die Präsenz des Mittelalters in seinen Handschriften*, Tübingen 2002, S. 209-302

–, *Scholastische Gnadenlehre in mittelhochdeutscher Sprache* (Münchener Texte und Untersuchungen zur deutschen Literatur des Mittelalters, 14), München 1966

Stooker, K., Verbij, T., *Collecties op orde. Middelnederlandse handschriften uit kloosters en semi-religieuze gemeenschappen in de Nederlanden*, vol. 1: *Studie*, vol. 2: *Repertorium* (Miscellanea Neerlandica, 16), Leuven 1997

Sturlese, L., «Einleitung», in: Heinrich Seuse, *Buch der Wahrheit*, S. IX-LXIII
–, «Heinrich Seuses Buch der Wahrheit. Versuch einer „vernünftigen" Interpretation», in: ders., *Homo divinus. Philosophische Projekte in Deutschland zwischen Meister Eckhart und Heinrich Seuse*, Stuttgart 2007, S. 199-230
Syring, A., «*Compilatio* as a Method of Middle High German Literature Production. An Anonymous Sermon about St. John the Evangelist and its Appearance in other Sermons», in: J. Hamesse, B. M. Kienzle, D. L. Stoudt, A. T. Thayer (Hgg.), *Medieval Sermons and Society: Cloister, City, University*, Louvain-la-Neuve 1998, S. 117-143

Tauler = *Die Predigten* Taulers aus der Engelberger und der Freiburger Handschrift, sowie aus Schmidts Abschriften der ehemaligen Strassburger Handschriften hg. von F. Vetter (Deutsche Texte des Mittelalters, 11) Berlin 1910
Tax, P. W., ‚Gaesdoncksche Traktate', in K. Ruh (Hg.), *Die deutsche Literatur des Mittelalters. Verfasserlexikon*, Bd. 2, Berlin, New York 1980, Sp. 1099-1101
Thomas von Aquin, *Scriptum super Sententiis Magistri Petri Lombardi*, tom. III, hg. von M. F. Moos, Paris 1933
–, *Summa theologiae*, Alba 1962

Ubbink, R. A., *De receptie van Meister Eckhart in de Nederlanden gedurende de Middeleeuwen. Een studie op basis van middelnederlandse handschriften*, Amsterdam 1978

Van den Gheyn J., *Catalogue des manuscrits de la Bibliothèque Royale de Belgique*, tom. 1, Bruxelles 1901
Verdam = *Middelnederlandsch Handwoordenboek*, bewerkt door J. Verdam. Onveranderde herdruk en van het woord *sterne* af opnieuw bewerkt door C. H. Ebbinge Wubben, 's-Gravenhage 1932 (oplag 2002)
Völker, P.-G., «Die Überlieferungsformen mittelalterlicher deutscher Predigten», in: *Zeitschrift für deutsches Altertum und deutsche Literatur* 92 (1963), 212-227
Vom wesen gottes, in: Spamer, A. (Hg.), *Texte aus der deutschen Mystik des 14. und 15. Jahrhunderts*, Jena 1912, S. 95-99
Von armuot des geistes, in: Pfeiffer, F. (Hg.), *Deutsche Mystiker des 14. Jahrhunderts*. Bd. 2, S. 493-495 (Tr. X)
Von dem adel der sêle, in: Pfeiffer, F. (Hg.), *Deutsche Mystiker des 14. Jahrhunderts*. Bd. 2, S. 416-418 (Tr. IV)
Von dem anefluzze des vater, in: Pfeiffer, F. (Hg.), *Deutsche Mystiker des 14. Jahrhunderts*. Bd. 2, S. 521-527 (Tr. XIII)
Von dem überschalle, in: Pfeiffer, F. (Hg.), *Deutsche Mystiker des 14. Jahrhunderts*. Bd. 2, S. 516-520 (Tr. XII)
Von der geburt des êwigen wortes in der sêle, in: Pfeiffer, F. (Hg.), *Deutsche Mystiker des 14. Jahrhunderts*. Bd. 2, S. 478-483 (Tr. VIII)
Von der sêle werdikeit und eigenschaft, in: Pfeiffer, F. (Hg.), *Deutsche Mystiker des 14. Jahrhunderts*. Bd. 2, S. 394-416 (Tr. III)
Von der übervart der gotheit, in: Pfeiffer, F. (Hg.), *Deutsche Mystiker des 14. Jahrhunderts*. Bd. 2, S. 495-516 (Tr. XI)
Von der wúrkunge der sele, Spamer, A. (Hg.), *Texte aus der deutschen Mystik des 14. und 15. Jahrhunderts*, Jena 1912, S. 100-107

Von zweierlei wegen, in: F. Pfeiffer, «Predigten und Sprüche deutscher Mystiker», in *Zeitschrift für deutsches Altertum und deutsche Literatur* 8 (1851), S. 209-258, hier 243-251

Warnar, G., «Meester Eckhart, Walter von Holland en Jan van Ruusbroec. Historische en literaire betrekkingen in de Middelnederlandse mystiek», in: *Ons Geestelijk Erf* 69 (1995), S. 3-25

–, «Men of Letters: Medieval Dutch Literature and Learning», in: L. Cesalli, N. Germann, M. J. F. M. Hoenen (Hgg.), *University, Council, City. Intellectual Culture on the Rhine (1300-1550)* (Rencontres de Philosophie Médiévale, 13), Turnhout 2007, S. 221-246

Warnock, R. G., Zumkeller, A. (Hgg.), *Der Traktat Heinrichs von Friemar über die Unterscheidung der Geister. Lateinisch-mittelhochdeutsche Textausgabe mit Untersuchungen*, Würzburg 1977

Wilhelm von Conches, *Philosophia*, hg. von G. Maurach, Pretoria 1980

Wünsche, G., «,Hadewijch am Oberrhein'. Niederländische Mystik in den Händen der sogenannten ,Gottesfreunde'», in: B. Fleith, R. Wetzel (Hgg.), *Kulturtopographie des deutschsprachigen Südwestens im späteren Mittelalter. Studien und Texte*, Berlin, New York 2009, S. 83-97

Zacher, J., «Bruchstücke aus der Sammlung des Freiherrn von Hardenberg», in: *Zeitschrift für deutsche Philologie* 14 (1882), S. 63-96

Diu zeichen eines wârhaften grundes, in: Pfeiffer, F. (Hg.), *Deutsche Mystiker des 14. Jahrhunderts*. Bd. 2, S. 475-478 (Tr. VII).

Zuchhold, H., *Des Nikolaus von Landau Sermone als Quelle für die Predigt Meister Eckharts und seines Kreises* (Hermaea, 2), Halle 1905

Zumkeller, A., «Ein Zeitgenosse Eckeharts zu Fehlentwicklungen in der damaligen mystischen Bewegung», in: *Würzburger Diözesan-Geschichtsblätter* (1975), S. 229-238

Daz geist bůch.

[1] Unser herr *Jhesus Cristus* spricht: «Volg mir». *Was ist volgen?* Volgen ist volkomenheit. *Volgen ist,* daz der mensch sinen willen vff geb *an behalten vnd wider nemen, also das er gehorsam sey gottlichem willen an murmelung vnd wider sprechen.* Das ist gottes wille, daz wir mit einer demütigen forcht an allen vnsern werken sinen willen sůchen. *Sant* Augustinus *spricht:* Daz ist volkomenheit, daz wir an kleinen dingen gottes willen sůchen vnd erfullen, vnd wo es der mensch nit erkennet, *da* sol er tůn, daz der warheit aller glichest ist.

1 Daz geist bůch *S1 (rot)*] Hier beghint des gheest boeck dat veel onderscheets heeft hoemen inden gheest wijselijc wandelen sul. SEquere me etc. *P1;* Hier begynt des geestes bouwe dat ons voel onderscheits gheeft hoemen inden geest wysselick wanderen sal. SEquere me *Ga1;* Sequere me et cetera. *Br1; Überschrift fehlt x3, P2*   2 Jhesus x̄pus *x3, y2, fehlt S1, Ga1*   spricht *S1, y (seyt Ga1)]* sprach *x3*   volg mir *S1, Br1*] volghet my *P1;* Volg mir nach *x3;* volget my nae *Ga1, P2*   Was ist volgen *x3, y, fehlt S1*   3 Volgen ist *x3, y*] Also *S1*   3-5 an behalten ... wider sprechen *x3, y, fehlt S1*   6 forcht an *S1, Au1;* vresen in *Ga1, y3*] gelossenheit in *(am Rand nachgetragen) N1;* herten *P1*   Sant augstyni spricht *x3, y3, Ga1*] Augustinus *S1;* Sinte augustijn *P1*   7-8 suchn vnd erfüllen *x3, y*] sůchen vnd sůchende erfullen *S1*   8 da *x3, y*] so *S1*   9 ist *S1, y*] sey *x3*

1 Der Titel *Geistbuch* verweist auf die literarische Form des Traktats. Zugleich wird als Thema ein Schriftwort vorangestellt: «Sequere me», gefolgt vom Prothema Io 8, 12: «Qui sequitur me, non ambulat in tenebris, sed habebit lumen vitae». Ein derartiger Textbeginn entspricht der Predigt. Im Fall des *Geistbuchs* haben wir es mit einer rein literarischen Predigt bzw. mit einem Traktat in Predigtform zu tun. Mhd. *geistbuoch* ist nicht belegt, doch folgt dieser Titel dem üblichen Kompositionsmuster mit -*buoch*, z.B. *schachbuoch, minnenbuoch, rehtbuoch, zouberbuoch* etc. Während die mhd. Version ein Determinativkompositum bildet: ‚das Geistbuch‘, bietet die mndl. Version ein Syntagma mit Genitiv-Bestimmung: ‚des Geistes Buch‘.

2 Io 21, 19: «(Hoc autem dixit <sc. Christus>, significans qua morte clarificaturus esset Deum. Et cum hoc dixisset, dicit ei <sc. Petro>:) Sequere me». Es handelt sich um den Evangeliumstext zum Fest Johannes' des Evangelisten am 27. Dezember. Das *Geistbuch* ist damit im Kontext des Johannesevangeliums und seiner Auslegung zu lesen. Zugleich evoziert die angesprochene Perikope den Wettstreit zwischen Petrus und Johannes, d.h. zwischen *vita activa* und *vita contemplativa*.

2-6 Nachfolge besteht in der Aufgabe des menschlichen Eigenwillens und Fügung in den göttlichen Willen. Vgl. dazu Eckhart, Pr. 59; DW II, S. 633, 9 - 634, 4. Die Stelle entspricht *In Ioh.* n. 227-230 (LW III, S. 190-193), wo Eckhart Io 1, 43: «Sequere me» auslegt. Er wird sich auf diese Auslegung berufen, wenn er zum «Sequere me» von Io 21, 19 kommt.

10 *Jn dem ewangelio Sant Johannis* spricht *vnser herr*: «Wer mir volget,
der wandelt nit in vinsterniss, *aber* er sol haben daz liehte des *lebens*».
Wan er ist ein weg des lebens vnd ein haupt aller gewarer tugent. Vnd
wer jm volget an den tugenden, der wirt eins mit im. *Wer jm nach gett,
der geet auch mit jm.* Wir súllent im nach gon an bekantniss, an minn

15 vnd an eÿnung. Aber niemant mag in bekennen *noch* geminnen noch sich
vereinen *mit* im an glichen tugenden, wenn so vil als es múglich ist, *vnd mit
gesellichen wercken, das man mit cristo geselschaft halt mit thun vnd lassen
vnd mit leiden. Das sprach er selber: «Wer nicht mit mir ist, der ist wider
mich».* Wer got also volget mit sinem willen, der erhebt got an lob vnd *an*

20 ere *vnd der gibt got lob vnd ere*, vnd den *wil* er wider erheben, *da er selber
erhaben ist*, als er sprichet: «Ist das ich erhaben wúrd, so wil ich alle ding
zu mir ziehen». Er meÿnt: in sine eÿnunge, da er mit sinem vatter *ein* ist.

10 Jn dem ewangelio Sant Joħ spricht vnser herr *Au1, P1*] jn dem ewangelÿ Nu Johanes spricht
(Nu ... spricht *getilgt*) also spricht vnser herr *N1;* Jnder ewangielien sprect sinte ians onse here *Br1;*
Onse lie here seit (spreckt *P2*) *Ga1, P2;* x̄p̄s spricht *S1*   11 in *S1, P1, Ga1, Br1*] in der *x3, P2*
aber *x3;* maer y] vnd *S1*   lebens *x3, y*] wesens *S1*   12 Wan ... tugent *x3, y, fehlt S1*   vnd
S1, y fehlt x3   13 volget *x3, y*] nach volget *S1*   den tugenden *S1, Au1;* den doechden *Ga1,
Br1*] der tugent *N1, P1, P2*   13-14 Wer jm ... mit jm *x3, y, fehlt S1*   15 aber *S1;* Maer *y*]
Wann *x3*   jn *x3, y*] vber in *S1*   noch *x3, y, fehlt S1*   16 mit jm *x3*] bÿ im *S1, fehlt y*
glichen tugenden *S1, y*] geleich tugent *x3*   so *S1;* alsoe *y*] als *x3*   vil *x1*] verre *y*   als
es *S1*] als daz *x3;* alst *y*   16-18 vnd mit gesellichen ... mit leiden *x3, y, fehlt S1*   18-19 Das
sprach ... wider mich *x3, y, fehlt S1*   19 an *x3;* in *y, fehlt S1*   20 vnd der gibt got lob vnd ere
x3, P1, Ga1, Br1, fehlt S1, P2   20 wil *x3, y*] wúrt *S1*   er *x1*] god *y*   erheben] erhaben
S1; verheffen *y* ; erhochen *x3*   20-21 da er selber erhaben ist *x3, y, fehlt S1*   21 Als er sprichet
(seit *Ga1*) *S1, Ga1*] das spricht er selber *x3, Br1;* sprect hi selue *P1;* Onse heer spreckt *P2*   22 zu
x3, y] nach *S1*   mit sinem vatter *S1, y*] vnd sein vater *x3*   Ein *x3, y*] eins *S1*

10-11 Io 8, 12: «Qui sequitur me, non ambulat in tenebris, sed habebit lumen vitae».
12-18 Nachfolge führt zur Einheit mit Christus. Diese Einheit ist zu erreichen auf
einem zweifachen Aufstiegsweg: kontemplativ über Erkenntnis, Liebe, Vereinigung;
aktiv über Tun, Lassen und Leiden. Der kontemplative Weg entspricht dem traditionel-
len Modell christlicher Mystik. Vgl. z.B. Albertus Magnus' Kommentar zu Ps.-Diony-
sius, *De divinis nominibus*, c. 2, § 9 über den hl. Hierotheus: «*Perfectus est ad unitio-
nem ipsorum*, id est divinorum, *per affectum et intellectum et fidem ... mysticam*, idest
occultam» (Simon, S. 92, 20-28).
18-19 Mt 12, 30: «Qui non est mecum, contra me est».
21-22 Io 12, 32: «Et ego si exaltatus fuero a terra, omnia traham ad meipsum».
19-23 Die Aufgabe des Eigenwillens – d.h. die Nachfolge – führt zur Einheit mit
Gott, und zwar zur Wesenseinheit. Vgl. Eckhart, Pr. 25: «Swenne der wille alsô ver-
einet wirt, daz ez wirt ein einic ein, sô gebirt der vater von himelrîche sînen einge-
bornen sun in sich in mich» (DW II, S. 11, 1-2). Unser Autor geht damit über die
Willenseinheit («conniventia voluntatum») der traditionellen Mystik hinaus; vgl.
Bernhard von Clairvaux, *Sermones super Cantica canticorum*, 71 (Leclercq/Rochais,
S. 220, 5-9).

An der selben weise will er alle die einigen, die jm volgen. Wer sinen willen
reht mit got vereinet in warer minne, der wúrt *also* stark, daz im durch got
25 kein widerwertik dinge ze swer ist ze tůnd. *Sannt* Augustinus *spricht*: Die
wil iht ist, das ich durch got nit getůn mag, so gewan ich got nie reht liep. *Sie*
werden auch also abgescheiden, das sie die grosse wollust der creaturen
nicht mag enthalten noch kein begerunge. Sant Gregorius *spricht*: «Gross
wollust lit an den creaturen». Aber *die iren* willen *ein vinden* mit got, *die*
30 *haben* so grossen wollust da von, daz *sie* allen zitlichen lust *v̇berwinden. Das*
ist recht lust. Sie werden ŏch also erlůhtet, daz *sie* kein vngliche valscher
gnade betriegen mag. Also waz Sant Paulus erlůht, das er bekant alle strike
des viendes, wie heimlich sú warent, vnd ŏch der valschen geist vnd kunste.
Sant Iohannes *spricht*: «Man sol haben vnderscheid der geist. Weler geist
35 bezŭget Christum, der ist gewer». *Sie werden* ŏch also vol gŏtlicher truw,
daz *sie* kein vnmúglich ding zwifelhafft machen kan vnd *bekennent* sich

23 An der selben weise ... die jm volgen *x3, y, fehlt S1*   An der selben weise *x3*] Daer *y*   24 mit
S1, y] an *x3*   warer *S1;* gewariger *Ga1, y3;* warechtegher *P1]* geware *x3*   also *x3, y*] so *S1*
widerwertik dinge *S1, y2*] dinck *Ga1;* widerwertikeit noch widerwertige ding *x3*   25 swer *S1, y*]
sawr *x3*   Sannt *x3, y, fehlt S1*   spricht *x3, y, fehlt S1*   26-28 Sie werden auch ... begerunge *x3, y,*
fehlt S1   27 grote *y3;* groetste *P1, Ga1*] grossen *x3*   28 enthalten *]* mynnen noch enthalten
N1 (mynnen noch *am Rand nachgetragen*)   begerunge (begerunge dar zu habe *[dar zu habe*
am Rand nachgetragen] N1) x3] ghenueghen *y*   Sant *x3, y, fehlt S1*   spricht *x3, y, fehlt S1*
29 aber *S1;* maer *y*] wan aber *N1* (aber *am Rand nachgetragen*); wan *Au1*   die iren *x3, y*] der
sinen *S1*   ein *x3, y*] eins *S1*   vinden met gode *y*] mit gott vinden *x3;* vindet mit got *S1*
29-30 die haben *x3, y*] der hat *S1*   30 so *S1]* als *x3;* alsoe *y*   sie *x3, y*] er *S1*   allen
zitlichen *S1*] alle anderen *y;* allen *x3*   lust *S1, P1, P2*] wollust *x3, Br1;* genoecht *Ga1*   vber
winden *x3, y* (versmaden *Ga1)]* v̇berwindet *S1*   30-31 das ist recht lust (waellust *Ga1) x3, y*
(fehlt P2), fehlt S1   31 Sie werden *x3, y*] Er wúrt *S1*   sie *x3, y*] in *S1*   31-32 vngliche
valscher gnade *S1*] gheluc valscher gracien *y3;* liecht falscher gnad *x3, Ga1;* valsche gracie *P1*
32-33 alle strike (die heimlichen strick *x3*) des (der *x3*) viendes (veint *x3*) wie heimlich si waren (wie
... waren *fehlt x3*) vnd ŏuch der (die *x3*) valschen geist vnd (vnd ir *x3*) kunste *x1*] alle heimeliken
(hemelsche *P2*) stricken (gestichte *P2*) der gheesten ende der *(fehlt P2)* const (consten *P2) y*
34 Sant *x3, y, fehlt S1*   spricht *x3, y, fehlt S1*   haben vnderscheid *S1*] vnderscheide haben *x3,*
y   35 gewer *S1*] war (was *[getilgt]* war *[darüber geschrieben]) (N1) x3, y*   Sie werden *x3,*
y] Er wúrt *S1*   36 sie *x3, y*] in *S1*   vnmúglich *S1, y]* wider wertige *x3*   zwifelhafft *S1*
] zweiffelhafftig *x3, y* (dromelachtech *Br1*)   kan *S1*] en mach *y;* mugen *x3*   bekennent *x3,*
y] bekennet *S1*

23-40 Wer seinen Willen mit Gott vereint, dem werden eine Reihe von Tugenden
versprochen, die über die einzelnen Stufen des Aufstiegs erreicht werden: Stärke im
Leiden für die Beginnenden; Abgeschiedenheit für die Zunehmenden; Erleuchtung, und
d.h. Fähigkeit zur Unterscheidung der Geister, für die Vollkommenen; unerschütterli-
ches Gottvertrauen für die Überkommenen.
34-35 1 Io 4, 1-2: «Probate spiritus, si ex Deo sint: (quoniam multi pseudoprophe-
tae exierunt in mundum. In hoc cognoscitur spiritus Dei:) omnis spiritus qui confitetur
Jesum Christum in carne venisse, ex Deo est».

doch nach *jrem* teil nit gûtes wúrdig. *Also bekennen sie wol*, daz got nach
sÿme teil alles gût haben sol *vnd das wirdig ist*. Hier vmb *vnterwinten*
sie sich alle gûte werk ze wúrken jn *gottes wirdigkeit* vnd *hoffen* zů aller

40   volkomenheit, die got *pfligt zu geben* sinen vsserwelten.

Nü sprechen wir in dem Pater Noster: «*Dein wil werd hie in der erden*
als in dem himel volbracht». Der seligen wille in dem himel ist so gar eins
mit gottes willen, daz sú willelos sint. Da enist nit denn ein wille. Also will
got, daz öch hie vff erden wir *also vereint sint, daz wir jn der selben weiß*

45   *also* willelos sient, also verr als es vns múglich ist *jn der wandlung der czeit*.
Allein wir doch an der erden sein, so solten wir doch mit vnserm willen vnd
mÿnnen wonen jn dem hÿmelreich, als Sant Paulus *spricht*: «Gottes wille
ist einfaltig vnd wer sinen willen mit im vereinet, der wúrt öch einfaltig an
der meinung sins lebens». *Das ist auch rechte einfaltigkeit.* Allein gottes

37 doch *x1*] als *P1, Br1, fehlt Ga1, P2*   jrem *x3, y*] sÿme *S1*   nit *S1, y*] nichtes *x3*
gûtes *x1, Ga1*] gods *y2*   wúrdig *S1, y*] wirdig noch *(noch fehlt Au1, über die Zeile nachgetr.*
N1) das sie ichtes gutes haben sullen *x3*   Also bekennen sie wol *x3, y*] Er bekennet öch *S1*
38 vnd das *(dies y)* wirdig ist *x3, y, fehlt S1*   hier vmb (hier vmb so *S1), S1, y*] darumb *x3*
38-39 vnterwinten sie *x3, y*] vnderwint er *S1*   39 alle gûte *S1, y*] aller guten *Au1*
gottes *(fehlt P2)* widrigkeit *x3, y*] ganczer erwúrdikeit *S1*   hoffen *x3, y*] hoffet *S1*   aller
S1, Ga1, Br1] aller der *x3, P1, P2*   40 pfligt zu geben *x3, y*] gibt *S1*   41-42 Nü sprechen
wir ... in dem himel volbracht *x3, y, fehlt S1*   42 Der seligen wille in dem himel ist so *S1, P2*]
der seligen jn dem hymelreich der wil ist *x3;* Der saligher wille inden hemel haer wille es soe *P1,*
Br1; Die saligen inden hemel hoeren wil is soe *Ga1*   43 daz *S1, y*] also das *x3*   willenloß
sind *x3, y*] sint willelos *S1*   da enist nit denn ein wille *x1, fehlt y*   44 dc öch hie vff erden
wir *S1]* das wir hie jn der erden *x3;* dat wi *y (Lücke Br1)*   44-45 also vereint ... also *(fehlt y) x3,*
y, fehlt S1   45 alsoe (als *x3) y, x3*] nach der selben wise also *S1*   als es *S1, y*] es *x3*   jn
der wandlung der czeit *x3*] hier inder tijt *y, fehlt S1*   46-47 allein wir doch ... jn dem hÿmelreich
x3, y, fehlt S1   47 als Sant paulus spricht *x3, y*] paulus *S1*   49 das ist auch rechte *(rechtekeit*
[keit getilgt] N1) einfaltigkeit *x3, y2, fehlt S1, Ga1*

41-42 Mt 6, 10: «Fiat voluntas tua, sicut in caelo, et in terra».
41-47 Die dritte Vaterunser-Bitte entspricht der Aufforderung nach Willensaufgabe
und Vereinigung mit dem göttlichen Willen. Ganz ähnlich Eckhart, Pr. 59: «Dar
umbe sprach Kristus, als sant Johannes schrîbet in dem êwangeliô: 'sie volgent mir nâch'. Gote
eigenlîche nâchvolgen, daz ist guot: daz wie sînem willen nâchvolgen, als ich gester
sprach: 'dîn wille werde'» (DW II, S. 628, 1-3). Für Eckhart liegt die Quintessenz des
Paternosters in der Einheit des Willens; vgl. Pr. 30: «Ich saz gester an einer stat, dô
sprach ich ein wörtelîn, daz stât in dem pater noster und sprichet: 'dîn wille der werde!'
Mêr: ez wære bezzer: 'werde wille dîn!'; daz mîn wille sîn wille werde, daz ich er werde:
daz meinet daz pater noster» (DW II, S. 99, 1-3). Vgl. auch *Liber Benedictus*: «... und
biten wir got, daz sîn ,wille werde' ,in der erde', daz ist in uns ,als in dem himel', daz ist
in gote selben. Ein sôgetân mensche ist sô einwillic mit gote, daz er allez daz wil, daz got
wil und in der wîse, sô ez got wil» (DW V, S. 22, 3-6).
47-49 Vgl. I Cor 6, 17: «Qui autem adhaeret Domino, unus spiritus est».
49-57 Die Dreiteilung von Gottes Willen ist ungewöhnlich. Als Ausgangspunkt für
die scholastische Fachterminologie vgl. Thomas von Aquin, *Summa theologiae*, I, q. 19:

50 will einfaltig sÿ an im selber, er ist *[163r]* doch an vns geteilt in drú. Daz
erst *ist* sin behåglich will, daz *ander* sin lieber will, daz *drit* ist der wille
sins verhenkniss. Der behåglich will ist sin volkomen will. Daz ist, daz der
mensch die erlöbten ding lasse, *die er mit got wol irhaben mocht vn auch
geuben.* Der lieb will *gottes an vns* ist, daz man die ding, die got erlöbt hat,
55 in der ordenung vnd meÿnung gebruche als ers *ewigklich* geordnet hat. *Aber
in dem willen* des verhenkniss, da sind alle die inne, die in diser ordenung
nit ensint. Die lidet got vnd gestattet in ires willen.

Jn dem beheglichen willen wúrkent die drÿ personen ir volkomen werke,
die den råten zů gehörent. Jn dem lieben willen wúrkent sú ir gerehten werke,
60 die den gebotten zů gehörent. *Das sint gottes zugehorent werck. Das* wúrket
got in sin selbes gewalt. *Des* werkes ist got herre vnd der mensch kneht. *Da
wurckt gott jn seinem teil, als man hernach beweisen sol. Wan jn dem willen*

50 er ist *x3, y]* so ist er *S1*   an vns geteilt *S1, Ga1, Br1]* geteilt an vns *x3, P1, P2*   drú *S1,
y]* dreÿer hant weiße *x3*   51 ist *x3, y, fehlt S1*   ander *x3, y]* ii *S1*   drit *x3, y]* iii *S1*
53-54 die er mit got ... geuben *x3, y, fehlt S1*   54 gottes an vns *x3, y, fehlt S1*   ist *S1, P1, Ga1
] das ist x3, y3*   die *S1, y]* der *x3*   erlöbt hat *S1, y]* erlaubet *x3*   55 vnd *(vnd jn der x3)*
meÿnung *x1, Ga1, fehlt y2*   ers *S1, P1]* es gott *x3;* god *Ga1, Br1;* se god *P2*   ewigklich *x3, y,
fehlt S1*   geordnet hat *x1]* gheordineert *(geordineert heeft P2)* ende ghemeynt *(ghetonet Br1;*
gemacht *P2)* heeft *y*   55-56 Aber in dem willen *x3, y]* Der will *S1*   57 got *S1, Ga1]* er *x3,
y2*   gestattet *S1]* verhenget *x3, y*   in *x1, fehlt y*   58 beheglichen *S1, y]* beheglichsten *x3*
59 den råten *S1, Ga1, P2]* dem rat *x3, P1, Br1*   60 das sint gottes zugehorent werck *x3, y, fehlt
S1*   Das *x3]* vnd die *S1;* Ende dat *y2;* Ende daer *Ga1*   61 des *x3, y]* vnd dis *S1*   62 Da
(das N1) wurkt got ... beweisen sol *x3, y, fehlt S1*   62-63 wan jn dem willen ... gottes werck
(wille y) vor *x3, y, fehlt S1*

«De voluntate Dei». Thomas unterscheidet Gottes Willen im eigentlichen und im übertra-
genen Sinn. *S. theol.,* I, q. 19, a. 11: «Et ideo in Deo distinguitur voluntas proprie, et meta-
phorice dicta. Voluntas enim proprie dicta, vocatur voluntas beneplaciti: voluntas autem
metaphorice dicta, est voluntas signi, eo quod ispum signum voluntatis dicitur» (Alba
1962, S. 111). Gottes Wille im übertragenen Sinn manifestiert sich in fünf *signa, S. theol.,*
I, q. 19, a. 12: «scilicet prohibitio, praeceptum, consilium, operatio et permissio» (Alba
1962, S. 111). *Operatio* und *permissio* beziehen sich auf jedes geschaffene Wesen. *Prohi-
bitio, praeceptum* und *consilium* betreffen nur die vernünftige Kreatur, den Menschen.
   51 Mhd. *beheg(e)lich,* Adj.: ,angenehm, wohlgefällig', lat. *complacens.*
   56 Mhd. *verhencnisse,* stFN.: ,Fügung, Bestimmung; Verhängnis', lat. *consensus.*
Vgl. *Mhd. Summa theologiae,* Morgan/Strothmann, S. 124, 14). Eckhart verwendet *ver-
hencnisse* einmal in seinem dt. Werk, im *Liber Benedictus:* «Ich setze, daz ein mensche
hât êre und gemach besezzen manic jâr und verliuset daz nû von gotes verhencnisse; sô
sol der mensche wîslîche gedenken und gote danken ...» (DW V, S. 36, 6-9).
   58-70 Im «beheglichen willen» wirkt Gott die vollkommenen Werke, die den ev.
Räten *(consilium)* zugehören, im «lieben willen» die gerechten Werke, die den Geboten
(praecepta) zugehören. Im «willen des verhenkniss» *(consensus, permissio)* läßt Gott
die Umkehrung der Ordnung geschehen, so daß sich des Menschen Wille über Gottes
Wille erhebt. Was hierbei geschieht, sind «zuhornd werck».

get gottes werck vor. Vnd *da* wúrket got mit siner krafft in sine krafft. Aber in dem willen des verhenkniss gat des menschen will vor *vnd hat sich erhebt*
65 *vber gott* vnd ist herre des werkes vnd got ist kneht. *Vnd doch gott verpeutet vnd spricht*: «*Der knecht soll nit sein vber den hern*». Vnd hie würket der mensch *an seim teile* in sin selbes gewalt sinen willen, *wan er ist der erst an der bebegunge. Vnd da wurckt er mit der craft gottes auß der craft, wan sein eygen wille vnd mÿn bebeget jn zu würcken. Sy sein zuhornd werck.*
70 Aber den beheglichen willen vnd den lieben willen, *den* hat got vff gezogen in sinen willen vnd hat in geedelt mit dem adel siner natur eÿnung. Da hat got des menschen willen vnd minn erhaben, da er selb erhaben ist vnd da ist got meister *vnd* gezöw vnd materie in ettlicher wise. «*Wan der seinen*

63 vor y] vor wan er ist der erste an der bebegnüs *x3, fehlt S1*   da *x3*, *y* (dat *Br1*)] hie *S1*   mit siner krafft in sine krafft *S1*] met sijnder const in sijnre cracht *y;* mit seiner kraft *x3*   64 geet *x3*, *y*] da gat *S1*   64-65 vnd hat sich erhebt vber gott *x3*, *y*, *fehlt S1*   65 ist *S1*, *P2*, *fehlt x3*, *P1*, *Gal*, *Br1*   65-66 vnd doch gott verpeutet vnd spricht *x3;* ende daz god den knecht verbiedet Daer hi seet *P2*] dat god verbiedt *P1*, *Br1; Lücke Gal; fehlt S1*   66 der knecht soll nit sein vber den (*sijnen Gal, P2*) hern (meister herren *Au1;* meester *P2*) *x3*, *y*, *fehlt S1*   hie *S1*, *y*] da *x3*
67 an (na *y*) seim teile *x3*, *y*, *fehlt S1*   67-68 wan er ist der erst an der bebegunge *x3*, *y*, *fehlt S1*
68 vnd da wurckt er *x3*, *y*, *fehlt S1*   68-69 mit der craft gottes auß der craft *x3*] metter (met sijnre *P1;* wt synre *P2*) cracht vter cracht gods *y*, *fehlt S1*   69 wan sein eygen wille vnd mÿn bebeget jn *x3*, *y*, *fehlt S1*   69-70 zu würcken sy sein zuhornd werck *x3*] te werckene sijn toebehorende werc *y*, *fehlt S1*   70 beheglichen willen vnd den lieben willen *S1*] liebn vnd den (*fehlt Au1*) beheglichsten (beheglichste *Au1*) willen *x3;* lieuen ende bequamen gheestelike wille (synne *P2*) *P1*, *P2;* lieuen ende behagelicken geestelicken lieuen wille *Gal;* lieuen ende den gheesteleke wille des lichamen *Br1*   den *x3*, *y*, *fehlt S1*   71 geedelt *x1*, *Gal*] ghedeylt *y2* (*Lücke P2*)   72 vnd *S1*, *y*, *fehlt x3*   73 got *S1*, *P1*] gott beide *x3*, *Gal*, *y3*   vnd *x3*, *y*, *fehlt S1*   vnd *S1*, *P2*] auch *x3*, *P1*, *Gal*, *Br1*   in ettlicher *S1*, *y*] materlicher *x3*   73-74 Wan der seinen willen ... wirt ein geist mit gott *x3*, *y*, *fehlt S1*

66 Mt 10, 24: «Non est discipulus super magistrum nec servus super dominum suum».
70-73 Im behaglichen und im lieben Willen findet die Vereinigung (mhd. *ûf-ziehen:* lat. *trahere*) von menschlichem und göttlichem Willen statt, entsprechend dem schon zitierten Schriftwort Io 12, 32. Hier ist Gott Schöpfer (*meister*), Instrument (*gezöw*) und Materie, da Mensch und Gott sich nicht mehr unterscheiden. Mhd. *gezouwe(de)*, stN.: ,Werkzeug, Gerät, Hilfsmittel' findet sich bei Eckhart nur in Pr. 82 und Pr. 9, hier in Verbindung mit demselben Bernhard-Zitat, mit dem Pr. 82 schließt. Ferner im Tr. *Von dem anefluzze des vater* (Pfeiffer, S. 526, 3 und 6) und *Von der übervart der gotheit* (Pfeiffer, S. 513, 6). Eckhart beschreibt die Vereinigung in ähnlichen Worten: «... alsô muoz diu gnâde die sêle erheben in got. Der gnâde werk ist, daz si ziuhet und vollen ziuhet, und wer ir niht envolget, der wirt unsælic. Nochdenne engenüeget der sêle niht an der gnâde werke, wan si ein crêatûre ist, si enkome dar zuo, dâ got würket in sîn selbes natûre, dâ der werkmeister würket nâch der edelkeit des gezouwes, daz ist: in sîn selbes natûre, dâ daz werk als edel ist als der werkmeister und der, der sich ergiuzet, und daz ergozzene alles ein sint» (Pr. 82, DW III, S. 429, 3-8).
73-76 Augustinus, *De trinitate*, XIV, 14, n. 20: «Denique cum illi penitus adhaeserit, unus erit spiritus, cui rei attestatur apostolus dicens: Qui autem adhaeret domino unus

willen vnd mÿnen gentzlichen zu got keret, der wirt ein geist mit gott», Sant
75 Augustinus spricht. «Die sich zů got einigen, die werden ein geist mit got»,
auch spricht Sanctus Paulus. *Die zukunft des ewigen vaters zu der sele*
begreifet sie in jrem ersten adel, da sie jnne geschaffen ward. Da wirt der
geist vnd alle seÿnne werck geedelt vnd wirdig gemacht, das sich gott selber
der sele vmb ein ÿgliche gutt werck zu einem ewigen lon geben mag, wan als
80 *vil als der der mensch seinen willn vnd mynne mer vereint mit gott, als vil*
seind seine werck wirdig ewigs lones. Das betzeuget wol Sant Augustinus,
do er sprach: Lenge der zit vnd der iore vnd mengü der werk merent den
lone nit in dem himelrich, sunder allein die volkomenheit des willen vnd
luterkeit der minne.
85   *Nu* ist ein frag, ob got sÿ ein beweger gůter vnd bȯser ding. *Nu merckt:*
was das bewegt, das bewegt zu dem, das es selber ist vnd czu dem, daz es

---

74-75 Sant Augustinus *x3, y (Lücke P2)*] vnd als Paulus *S1*   75 einigen] einigen mit irem
willen *S1*   got] got vnd hie gibt sich got selber der sele vmb ein ieglich gůt werke zů einem
ewigen lone *S1*   76 auch spricht *(seit Ga1)* Sanctus paulus *x3, Ga1, P1*] Sinte paulus sprect *y3,*
fehlt S1   76-77 Die zukunft ... da sie jnne geschaffen ward *x3, y, fehlt S1*   76 vaters *x3*] worts
(wercks *P2) y; Lücke S1*   77-81 Da wirt der geist ... als vil seind seine werck wirdig ewigs
lones *x3, y, fehlt S1*   80 mer *x3*] meer ende meer *y; Lücke S1*   81 wirdig ewigs lones *x3*]
meer ende meer ewich loens   wert (werdich *Ga1) y; Lücke S1*   81-82 das betzeuget wol Sant
Augustinus do er sprach *x3, y*] Augustinus *S1*   82 Lenge] die lenge *S1*   mengü *x1*]
menichfuldicheit *y*   werk *S1, y*] werck vnd grosse *x3*   merent (enmere *Au1) x1*] en groeten
(enmynderen *Ga1)* noch en meederen *y*   83 Sunder *S1;* Maer *y*] nvr *x3*   84 luterkeit] die
luterkeit *S1*   minne] minne das ist der sinen willen vnd sine minne genczlich allein zů got kert
S1   85 Nu *x3, y*] Es *S1*   gůter *x1*] beide goeder *y*   bȯser *S1, y*] hocher *x3*   85-91 Nu
merckt ... alle vnser werck *x3, y, fehlt S1*   86 was (wa *Au1)* das (da *Au1)* bewegt das bewegt zu

---

spiritus est» (Mountain/Glorie, S. 448, 86-88). Bei dem Paulus-Zitat handelt es sich um
I Cor 6, 17.
    85 «Nu ist ein frag» (*quaeritur utrum*...). Nach Art der scholastischen Disputation
bringt unser Autor einen Einwand vor, der einer möglichen häretischen Interpretation der
bisherigen Argumentation begegnen soll. Die Überlegung Eckharts, der Mensch müsse
im Falle, daß Gott auch die Sünde wolle, akzeptieren zu sündigen, wurde als Häresie
verurteilt (*Votum avenionense* art. 27; Bulle art. 14). Der *Geistbuch*-Autor nimmt zu die-
sem Punkt Stellung, und zwar im Sinne der kirchlichen Orthodoxie, wenn er im Fol-
genden die Frage diskutiert, ob Gott auch das Böse verursache (wolle) und ob es eine
Prädestination gebe. Wahrscheinlich bezieht er sich auf die Bulle *In agro dominico* mit
dem verurteilten Satz: «Quartusdecimus articulus: "Bonus homo debet sic conformare
voluntatem suam voluntati divine, quod ipse velit quicquid deus vult. Quia deus vult ali-
quo modo me pecasse, nollem ego quod ego peccata non commisissem. Et hec est vera
penitentia"». (LW V, S. 598; art. 14 der Bulle referiert *Liber Benedictus*, DW V, S. 22,
5-8 und 10). Die Veröffentlichung der Bulle *In agro dominico* 1329 könnte also als *ter-*
minus post quem für die Datierung des *Geistbuchs* dienen.
    86-87 Der Satz ist sowohl in der mhd. als auch in der ndl. Version verderbt und
müßte lauten: «was bewegt, das bewegt zu dem, das es selber ist, vnd was bewegt wird,
wird czu dem bewegt, daz es mynnet». Vgl. Albertus Magnus, *Super Dionysium De*

mÿnnet. Herumb ist der heilige geist ein beweger des vaters, wan er die
mÿnne des vaters ist. Wan der vater hat alle dinge von mynne getan. Gott
der vater beweget alle ding mit seiner crafft, als Salomon spricht. Der vater
90   *ist ein treibende krafft vnd treibt die ding mit gewalt an ir wesen zu sein. Nu*
spricht Ysaias: «Gott wurckt alle vnser werck». Sant Paulus *spricht*: «Der
da wúrket alle ding in allen dingen», *aber* doch mit vnderscheid. Wenn er
wúrket ettliche werk on gezöwe vnd on mittwúrkung, *vnd etlich mit geczeug*
vnd mit mitweͤrckunge.

95   *Eya nu merckent, das gott alle ding von nichte geschaffen hat vnd*

dem das es selber ist *x3]* soe wat dat beweghet tot dien dat selue es *y (*so wat dat bewecht daz
bewecht daz selue is *P2)*   88 hat *]* ist *(getilgt)* hat *N1*   89 seiner *]* sein *N1*   90 an ir wesen
zu sein *x3, Br1]* te sijn aen hoeren wesen *Ga1;* aen haer wesen een te sijn (wesen *P2) P1, P2*
91 Sant *(*Ende sint Br1*)* paulus spricht *x3, Br1;* Ende sinte pauwels seit *P1, Ga1;* Paulus *S1; fehlt*
P2   91-92 Der da *x3, y]* got *S1*   92 aber doch *x3, y]* doch *S1*   93-96 vnd etlich mit geczeug
vnd mit mitweͤrckunge Eya nu merckent das gott alle ding von nichte geschaffen hat vnd noch seln
schepffet von nichte *x3, y]* als selen schöpffen vnd des glich *S1*   94 mit *(am Rand nachgetragen)*
werckunge (u *über* e *eingetragen) N1*

divinis nominibus, 4: «Sicut enim dicit Philosophus, id quod movet non motum, movet
sicut desideratum ab his quae moventur ad ipsum; quod autem desideratur, est quidem in
desiderante per intentionem suam, secundum esse vero extra ipsum; alioquin non esset
desiderium ipsius. Et sic divina bonitas convertere potest ad se res, secundum quod est
in rebus per intentionem» (Simon, S. 163, 26-32). Albert bezieht sich auf Aristoteles,
Metaphysica, XI, 7, 1072 a 26.
    91 Is 26, 12: «(Domine dabis pacem nobis:) omnia enim opera nostra operatus es
nobis».
    91-92 I Cor 12, 6: «Deus, qui operatur omnia in omnibus».
    93-94 Gott wirkt alles *(operatur omnia in omnibus)*, mit einer Präzisierung: es gibt
Unterschiede im Schaffensprozeß, nämlich ohne Hilfsmittel und mitschaffenden Krea-
turen und mit Hilfsmitteln und mitschaffenden Kreaturen. Vgl. Eckhart, Pr. 81: «Etelich
werk würket unser herre got âne underscheit selbe, etelich mit underscheide und mit
helfe» (DW III, S. 398, 9-10) und weiter: «Als ich gotes wort spriche, sô bin ich ein
mitewürker gotes und ist diu gnâde gemenget mit der crêatûre und enwirt niht genz-
lîche enpfangen in die sêle» (DW III, S. 398, 13-14). Zu mhd. *gezouwe(de), gezöuwe,*
stN.: ‚Werkzeug, Gerät, Hilfsmittel' sieh oben S. 6, 73. Mhd. *mitewürkunge,* stF. (lat.
cooperatio): ‚Mitwirkung', Ableitung aus dem swV.: *mitewirken* (lat. *cooperare*); viel-
fach belegt im Kontext der scholastischen Gnadenlehre mit dem Fachbegriff der *gratia
cooperans*: ‚mitwirkende gnad' (vgl. Steer, *Scholastische Gnadenlehre*, S. 140-141 mit
Quellennachweis). Ein Beleg für dieses Lexem im Kontext der Gnadenlehre auch bei
Eckhart, Pr. 67: «mitwürkunge der gnâde» (DW III, S. 134, 14). Der Aspekt der Gnade
fehlt allerdings im *Geistbuch*.
    95-96 Der Schaffensprozeß ohne Hilfsmittel entspricht der «creatio ex nihilo». Sie
bezieht sich auf den ersten Schöpfungsakt und auf die Erschaffung der Seelen. Der *Geist-
buch*-Autor vertritt die moderne Lehre, daß Seelen jeweils neu erschaffen werden, im
Gegensatz zur traditionellen patristischen Vorstellung von der gleichzeitigen Schöpfung
aller Seelen am Anfang der Welt: vgl. Petrus Lombardus, *Sent.*, II, dist. 18, c. 7 (Grotta-
ferrata 1971, S. 420-421); gemäßigt auch im *Elucidarium* des Honorius Augustodunen-

noch seln schepffet von nichte. Da bedarff er nicht hilff zu. Aber zu dem andern geschopfnus, das sich die creaturen selen vnd naturen, da bedorff er gemeinklich hilff von allen creaturen. Wan da wurcket er mit getzeuge vnd mit den czugaben vnd mit dem enthalten seins teils. Vnd gott zeucht das
100 *werck an die geleicheit seiner naturn einunge vnd die creatur zeucht das werck jn die art ir nature vnd jn die maß jr forme vnd die zugab zeucht das werck jn die weis ir bewegunge. Allein das werck gemein ist, so* nÿmet *doch* ieglichs sin teil an dem gemeÿnen werke. Dar vmb wúrket *er* in dem vogel fliegen, wenn sine zůgab sind federen vnd lufft, vnd in dem visch swimmen,
105 des zůgab ist wasser. Das werk, daz got wúrket on hilffe, des ist *gott* sach

96-102 Da bedarff er … jn die weis ir bewegunge *x3, y, fehlt S1*   97 geschopfnus *x3]* sceppene *y* selen *N1,* zielen *y]* zelen *Au1*   98 er *]* Er *N1*   100 seiner naturn einunge *x3]* in sijnre natueren eninghe *y (Lücke Ga1)*   101 die *(2) Au1, P1, Br1, fehlt N1; Lücke Ga1, P2*   zugab *x3]* gaue *y (Lücke Ga1)*   102 Allein *(want Ga1) das werck gemein ist So x3, Ga1;* Al es dit werc ghemeyne soe *y2]* Aber es ist ein gemeÿn werk gottes daz ist allen creaturen gemeÿn vnd da *S1*   nÿmet *S1, y]* mÿnet *x3*   doch *x3, y, fehlt S1*   103 er *x3, y]* got *S1*   dem vogel *x1]* den voghelen *y*   104 dem visch *S1;* den vissche *P1]* den fischen *x3, y3;* die visschen *Ga1*   105 des *S1]* sijn *y;* die *x3*   gott *x3, y]* er *S1*

sis, II, 34: «Sunt animae ab initio creatae aut creantur quotidie?» (Lefèvre, S. 420-421) Die ‚alte' Lehre vertritt der anonyme Autor des ndl. Dialogs *Eckhart und der Laie* in qu. 44 (Schweitzer, *Meister Eckhart und der Laie*, S. 201).

96-105 Die übrige Schöpfung (*creatio continua?*) wirkt Gott mit Hilfe der Materie und der Creaturen. Die Komponenten des Schaffensprozesses sind «getzeuge» (*instrumentum*), «czugaben» (*additio;* mhd. *zuogâbe,* stF., belegt bei Berthold von Regensburg und Konrad von Megenberg, *Buch von den natürlichen Dingen,* III.B.47, Luff/Steer, S. 231,25) und «enthalten (seins teils)» (*subsistere, subsistentia*). Die Betonung liegt auf «seins teils», denn auch die anderen Komponenten beeinflussen in ihrem Sinne die Schöpfung: Gott bewirkt die Beseelung (*animatio*) des Geschöpfes, die Kreatur legt «art» und «form» (*species* und *forma*) fest, die «zugab» bestimmt Gattungszugehörigkeit. Nach traditioneller Lehre des 12. Jhs. verfügt nur der Mensch über eine harmonisch-ausgewogene Mischung der vier Elemente, während in allen anderen Lebewesen jeweils ein Element überwiegt. Vgl. Wilhelm von Conches, *Philosophia,* I, 13, 42 (Maurach, S. 37-38), übernommen in den Dt. *Lucidarius,* I, 111 (Gottschall/ Steer, S. 60-61).

97 Mhd. *sêlen,* swV., refl.: ‚(sich) beseelen', belegt nur bei Konrad von Megenberg, *Buch von den natürlichen Dingen* als Part. Adj. (*un-*)*gesêlt:* lat. (*in-*)*animatus.* Mhd. *natûren,* swV.: ‚hervorbringen, erzeugen', seit dem 12. Jh. als Lehnwort verbreitet; vgl. Ruh, «Mhd. *naturen*», S. 257-259.

105-114 Was Gott ohne Hilfe (*ex nihilo*) wirkt, dafür ist er «sach vnd vrsach» (mittelbare und unmittelbare Ursache). Beim Gemeinschaftswerk ist Gott «vrsach», aber die Kreatur ist auch beteiligt. Bezogen auf gute und böse Werke ist Gott unmittelbare Ursache für die guten Werke und der Mensch ist mittelbare Ursache, bei den bösen Werken dagegen ist der Mensch unmittelbare («vrsach») und Gott nur mittelbare Ursache («sach»). Bei jedem Werk ist aber die «ursache» wichtiger als die «sache». Damit ist das Verhältnis zwischen Gott und bösen Werken abgeklärt. Gott ist an bösen Werken nur mittelbar beteiligt, die treibende Kraft ist der Mensch.

vnd vrsach. Aber des gemeÿnen werkes, daz *gott* gemeinlich wúrket mit
den creaturen, des ist er vrsach vnd öch die creatur. Aber der gůten werk
ist got vrsach vnd der mensch sach, *aber* der bȯsen werk ist got sach vnd
der mensch vrsach. Daz *mer* an dem werk ist vrsach vnd daz mÿnre sach.
110   Also ist der vatter vrsach *der* geburt des suns vnd die natur sach. Also ist
der meister vrsach des werkes vnd daz gezȯw vnd materie sach. Öch ist die
sele vrsach menschlicher werke vnd der libe sach. Also ist got meister des
gůten werkes vnd der mensch gezȯwe vnd der mensch ist meister des bȯsen
werkes. Also *verstet sach vnd vrsach.*
115   Die in dem beheglichen vnd lieben willen sint bis an daz ende, zu den hat
sich got ewiklich gekert vnd sú wider zů im vnd er hat sú erwelt vnd sú hand
in wider erwelt. Da ist ein wellen vnd ein wider wellen ewiklich gewesen in
sin selbes bekantniss in der ewikeit on des menschen zů tůn vnd in der zit
mit sÿme zů tůn. *Herauf spricht Sant Augustinus: O du susser gott, jn des*
120   *hertz ich getragen bin an angeng, vnd † dich jn das hertz meiner sele.*
Aber in dem willen des verhenkniss, die dar inne blibent bis an daz ende,

---

106 gott *x3, y]* er *S1*   107 vrsach *S1, Au1, y]* ein vrsach *N1*   108 Aber *x3, y]* vnd *S1*   ist
got *S1, y]* ist der mensch vrsach vnd got *(das N1) x3*   109 mer *x3, P1, Br1]* meeste *Ga1;* grȯste
S1; Lücke P2   sach *S1, y]* sach ist *x3*   110 der gepurt des sunes *x3, y]* des suns geburt *S1*
also *S1, y]* Aber *x3*   110-111 ist der meister *S1]* der meister ist *x3, y*   113-114 des bȯsen werkes
S1; des bösen wercks vnd gott zeug (geczeug *Au1) x3]* der boeser wercken *y*   114 verstet sach
vnd vrsach *x3, y]* ist ze verston von sach vnd von vrsach *S1*   115 beheglichen vnd lieben *S1,*
y] beheglichsten vnd liebsten *x3*   sint bis an daz ende *S1]* sind vnd biß an das ende *Au1;* sind
vnd biß an das ende beleiben *(beleiben am Rand nachgetragen) N1;* sijn ende bliuen tot indende *(tot*
indende *fehlt P2) y*   117 Daer *y,* vnd da *S1]* das *x3*   117-120 ein wellen vnd ein wider wellen
ewiklich gewesen in sin selbes bekantniss *S1, y]* ÿn sein selbs bekantnuß *x3 (Homoioteleuton)*
118 in (1) *S1, y]* Aber jn *x3*   119 sÿme *S1, y]* des menschen *x3*   119-120 herauf spricht ...
meiner sele *x3, y (Lücke P2), fehlt S1*   119 susser *x3, fehlt y*   120 bin an angeng *x3]* hebbe
die sonder beghin *y*   vnd dich *x3, fehlt y*   sele *x3, Ga1]* zielen ewelijck *(fehlt Br1)* v *(fehlt*
Br1) ghedraghen hebbe *P1, Br1*   121 Aber in dem willen des verhenkniss die dar inne blibent
S1] Aber die jn dem willen des verhengnuß sind *x3, y*   an *S1, y]* auf *x3*

115-119 Wer seinen Eigenwillen in Gott gelassen hat, der findet die Einigung, Gott
hat sich ihm zugewandt für immer. Wo Gott den Menschen erwählt, erwählt der Mensch
auch Gott – und umgekehrt. Diese Vereinigung findet statt „in der Ewigkeit ohne des
Menschen Zutun, und in der Zeit mit des Menschen Zutun".
   117 Mhd. *wel(e)n, wellen,* swV.: ‚wählen'; *wider-wel(l)en,* swV., ist nicht belegt.
Wortbildungen mit *wider-* (lat. *re-*) werden von Eckhart, Tauler, Seuse zum Ausdruck
der wechselseitigen Beziehung zwischen Gott und Seele genutzt, da die Präfigierung
mit *wider* die Ausführung der Verbhandlung in umgekehrter Richtung, d.h. auf den Aus-
gangspunkt der Verbhandlung zurück, ausdrückt.
   119-120 Der *Geistbuch*-Autor bestätigt seine Feststellung mit einem nicht nachgewie-
senen Augustinus-Zitat, dessen Wortlaut in der mhd. und in der ndl. Version defekt ist.
   121-125 Umgekehrt hat sich Gott abgewandt von denen, die im „Willen des Ver-
hängnisses" (ihrem Eigenwillen) verharren, und diese haben sich auch von Gott abge-

von den hat sich got ewiklich gekert vnd *hat sú verloren vnd sie haben sich auch ewigkleich* von im *gekert vnd haben jn verloren.* Da ist ein *verliesen* ewiklich gewesen in sin selbes bekantniss in der ewikeit *an ir zu thun, vnd*
25 *in der tzeit mit irem zu thun.*
Die sich aber zu gott gekert haben, das sind die, die got ewigkleichen gesechen hat ze behalten vnd jn zu gemeinen sein selikeit. Aber die sich von gott gekert haben, das sind die, die got ewigklich vorgesechen hat ze verdampnen.
30 Aber *die vorsichtikeit* ist nit ein vrsach irs verdampnen, mer *sie* ist doch sache. Got verdampet den menschen nit dar vmb, daz er es fúrgesehen hat, wan er vertůmpt in *zu recht* vmb sin vnreht leben *vnd vmb sein pőse werck.* Hier vmb sol der mensch nit leben nach gottes fúrsihtikeit, *mer* er sol leben nach siner gewissne *vnd vernuft.* Wann got hat niemant geschaffen *noch geor-*
35 *dent* zů der helle. *Aber er hat alle menschen geschaffen vnd gemeint zu dem hymelreich.* Cristus spricht: «Vil ist ir geladen vnd wenig erwelt». Die sich

122-123 hat sú verloren vnd sie haben sich auch ewigkleich von jm gekert vnd haben jn verloren *x3]* heeftse vertorden *(vercroden Br1)* Ende si hebben hem oec ewelijc van gode ghekeert en hen van gode verworpen *(vercroden Br1) P1, Br1;* Ende sij heben hem ewelick van god gekeert ende van god getreden *Ga1;* sú von im *S1*   123 Daer *y (Lücke P2),* vnd da *S1]* das *x3*   ist *x1]* heeft *y (Lücke P2)*   verliesen *x3]* verworpentheit *P1;* vertredenheit *Ga1, Br1;* verkiesen *S1;* Lücke *P2*   124-125 an ir zu thun ... mit irem zu thun *x3, y (Lücke P2), fehlt S1*   126-128 Die sich aber zu got gekert haben ... die got ewigklich vorgesechen hat *x3 (Au1), y, fehlt S1*   127 sele *(getilgt)* sein *N1*   128 ze *x3, y]* sú ze *S1*   130 die vorsichtikeit *x3, y]* dis verkiesen *S1*   verdampnen *S1, P1, Ga1]* verdienens *Br1;* verdamnus *x3 (N1 am Rand korrigiert aus* verstentnuß), *P2*   sie *x3, y (Lücke Ga1)]* es *S1*   132 wan *S1]* maer *y, fehlt x3*   zu recht *x3, y]* allein *S1*   vnreht leben *x1]* ongherechticheit *y*   132 vnd vmb sein pőse werck *x3, y, fehlt S1*   133 mer *x3, y, fehlt S1*   134 vnd vernuft *N1 (am Rand nachgetragen)]* Ende nae sijn ouerste redene *y, fehlt S1, Au1*   134 noch gemeint noch geordent *x3]* noch gheordineert *(geordelt P2) y, fehlt S1*   135-136 Aber er hat alle menschen *(liede Br1)* geschaffen vnd gemeint *(ghemint P1;* gemaeckt *Ga1;* vnd gemeint *fehlt P2)* zu dem hymelreich *x3, y, fehlt S1*   136 veel eesser *y;* ir ist vil *S1]* Vel ist der *x3*   geladen *x1]* gheroepen *y*   erwelt *S1]* der erwelten *x3;* vercoren *y (isser vercoren P2)*

kehrt und ihn verloren. Auch dies geschieht „in der Ewigkeit ohne des Menschen Zutun, und in der Zeit mit des Menschen Zutun".

126-129 „In der Ewigkeit" bedeutet, daß hier die göttliche Vorsehung wirkt. Damit kommt das Thema der Prädestinations- und Gnadenlehre ins Spiel, die die Theodizee unseres Autors gefährdet. Im Folgenden werden mögliche Argumente gegen die absolute Güte Gottes widerlegt.

127 Mhd. *gemeinen,* swV.: ,mitteilen (lat. *communicare;* vgl. *Mhd. Summa theologiae,* Morgan/Strothmann, S. 16, 13; 64, 10; 266, 5); vermachen'.

130-136 Gottes «vorsichtikeit» *(providentia)* ist nur *causa secunda* für die Verdammnis der Bösen, die zu Recht für ihre bösen Taten bestraft werden. Der Mensch soll sich also nicht nach Gottes Vorsehung richten, sondern nach seinem Gewissen und seiner Vernunft. Gott hat niemanden für die Hölle bestimmt, sondern alle für das Himmelreich.

136 Mt 22, 14: «Multi enim sunt vocati, pauci vero electi». Das Schriftwort wird von Augustinus zitiert, wenn er über der Lektüre von Rm 9, 14-29 seine rigorose Präde-

zů got gekert hant, daz sint die erwelten. Die *uolgen jm vnd* er zúhet *sie* mit
sýme minnenden enthalte vnd bewegt sú mit sinen geistlichen zů gaben, daz
ist lieht vnd gnade. Aber die sich von got gekert hant, daz sint die geladenen,

140 die volgen *jrem gutt duncken vnd* der beheglicheit irs eigen willen. Da
bewegt noch enthalt sú got nit zů *den sunden*, aber er bewegt vnd enthalt
sú *daruon mit sein erbiettung seiner gnaden vnd gaben* in manigerleÿ
wis, innwendig vnd vsswendig, *vnd* locket *sie also zů dem eindruck* siner
eynung. Hier vmb blibt got vnschuldig an allen súnden. Wenn got hat von

145 natur fúnff krefft ze helffe geben den bôsen vnd den gůten, *[gode mede] zu*
dienen vnd gnad ze erwerben.

Die erst *kraft* ist natúrliche eÿnung, die der mensch mit got hat. Die ander

---

137 uolgen jm vnd *x3,y, fehlt S1*   er zeuchet sie *x3, y]* zúhet er *S1*   137-138 mit sýme
minnenden enthalte (gehalten *x3) x1]* met *(*in Ga1*)* hem in houdende *(*in hoeden *Ga1;* inde
inhoudene *Br1;* goede *P2)* sijnre minnen *y*   138 mit sinen geistlichen zů gaben *x1]* metten *(*mit
hem *Ga1)* in *(fehlt P2)* gheesteliken toegaven *y*   139 geladenen *x1]* gheroepen *y*   140 die *S1,*
y] die enuolgen got nicht Aber sie *x3*   jrem *(*haren eyghenen *y2)* gutt duncken vnd *x3, y, fehlt S1*
140-141 da bewegt noch enthalt sú got nit zů *S1]* den ladet *(*leidet *Au1)* sie gott aber er webegt sie
noch haltet sie nicht zu den sunden *x3;* Mer daer gelicheit *(getilgt)* en bewecht se god nyet toe noch
enholtse totten sunden *Ga1;* Maer daer enleytse god niet toe noch enbewechse noch enbehoutse
totten sonden *y2*   141 aber *S1]* mer *x3, y*   enthalt *S1]* heltet *x3, y*   142 sie daruon mit
sein erbiettung seiner gnaden vnd gaben *x3]* sú zů sinen gaben *S1;* se daer af mit bewegijnge
sijnre genaden ende gauen *Ga1;* se gheerne daer af metter verbeydinghen sijnre gauen *y2*   in *S1,*
y, fehlt x3   143 wis *S1, y, fehlt x3*   143-144 jnwendige vnd außwendige vnd locket sie also
zu dem eindruck seiner einunge *x3, y]* er locket in vsswendig vnd innwendig zů siner eynung *S1*
144 eynung *x1, Ga1, Br1]* enicheit *P1;* verenige *P2*   145 krefft *S1, y2]* kreft gemeinklich *x3,*
Ga1   145-146 goeden *(*goeden ghemeynlijc *P1)* gode mede te dienen ende gratie mede te *(fehlt*
P1) verweruene *y]* gůten gnad ze erwerben *S1;* gutten zu dienen vnd gnaden zu iren wercken *x3*
147 kraft *x3 (*kraf *N1), y, fehlt S1*

---

stinationslehre entwickelt: *De diversis quaestionibus ad Simplicianum*, I, c. 2, n. 10-11
(Mutzenbecher, S. 24-56). Auch Augustinus sieht in den Erwählten diejenigen, die Gott
folgen («credendo secuti sunt»), jedoch getrieben allein von der erbarmenden Gnade
Gottes («Non tamen volentis neque currentis sed miserentis est Deus, ut quod volumus
adipiscamur et quo volumus perveniamus»). Der freie Wille wird dem Menschen gänz-
lich abgesprochen: «Bona voluntas in nobis fit operante Deo».

136-144 Anders im *Geistbuch*: Die Erwählten folgen Gott und werden bewegt mit
den göttlichen „Zugaben", das ist Licht (der Vernunft) und Gnade. Die Geladenen folgen
ihrem Gutdünken. Gott bewegt sie nicht zu den Sünden, sondern hält sie davon ab mit
dem Angebot (mhd. *erbietunge*, stF.: ‚Angebot, Anerbieten'; in dieser unspezifischen
Bedeutung in Baufeld, S. 70) seiner Gnadengaben und „lockt sie zum Eindruck (*impres-
sio*) seiner Einung". Fazit: Gott hat mit der Sünde nichts zu tun, sie ist das Ergebnis
menschlicher Willensentscheidung.

147 Die „natürliche Einung" zwischen Gott und Mensch entspricht der Eckhartschen
Seelenlehre; mhd. *einunge*, stF.: lat. *unio*. Vgl. Eckhart, Pr. 10: «Nû spricht man, daz
kein einunge grœzer sî, dan daz die drîe persônen sîn ein got. Dar nâch spricht man, daz
kein einunge grœzer sî dan got und diu sêle» (DW I, S. 172, 2-4) und *Sermo* LII, n. 523:

craft ist múglicheit, *mit der er vermag*, daz gůt ze tůn vnd das bôs ze lan. Die drit *krafft* ist glichung, daz er sich dem gůten glichen mag. Die vierd 50 *kraft* ist zůgabe, daz ist der dienste der engel vnd aller creaturen. Die fúnfft *crafft* ist frÿe willekúr. Dise krafft ist so edel vnd so frÿ, daz sú niemant bezwingen mag vnd daz sú öch got nit zwingen wil. Wenn *dan* ir wille frÿ ist vnd sú sich doch von got kerent zů in selber, daz sú eigen blibent, daz sú sich nit vereinen mit got, daz sú fry vnd gôtlich wúrdent, daz ist *ir* fal.

148 craft *x3, y (Lücke Ga1, P2), fehlt S1*   múglicheit *S1, Ga1, Br1*] vermugenheit *x3;* moeghentheit *P1, P2*   mit der er vermag *x3, P2*] daer mede men vermach *P1, Ga1, Br1, fehlt S1*   149 krafft *x3, y, fehlt S1*   dem gůtem *S1, Au1, y*] den gutten *N1*   glichen mag *S1*] gelick maken mach *Ga1;* ghelijc maect ende *(of Br1)* maken mach *P1, Br1;* gelyc mackt *P2;* geleich machet vnd dem posen sich vngeleich machen mag *x3*   150 kraft *x3, y (fehlt Ga1), fehlt S1* der (1) *S1, P2, fehlt x3, P1, Br1, Ga1*   151 crafft *x3, y (fehlt Ga1), S1*   willekúr *S1, P1, Br1*] will *x3, Ga1, P2*   152 bezwingen *S1, P2*] getwingen *x3, P1;* dwyngen *Ga1;* ghedraghen *Br1* vnd daz sú öch got nit zwingen wil *S1*] ende datse god oec niet dwinghen en wilt Aldus mach die ziele op haren vrie wille wel bestaen datse nyemant ghedwinghen en mach *y, fehlt x3*   dan *x3 (das N1), y (fehlt P2)*] nvn *S1*   153 das (1) *x3, y*] also daz *S1*   daz (2) *S1, y*] vnd das *x3* 154 ir *(ir ewiger x3) x3, y, fehlt S1*

«Ubi nota quod maior unio post illam, quae est trium personarum in deo, est unio iusti cum deo» (LW IV, S. 438).

148 Mhd. *mügelicheit*, stF. ‚Möglichkeit' *(possibilitas)* oder im Sinne von *mügelîchiu vernunft (intellectus possibilis);* vgl. Eckhart, Pr. 37 (DW II, S. 220, 2). Die Überlieferung schwankt an dieser Stelle zwischen *mügelicheit* und *mügentheit*, stF.: ‚Macht, Kraft' *(potentia).* Mit letzterer Lesart bildeten die ersten drei Kräfte in etwa die Trinität ab; vgl. Eckhart, Pr. 3: «Die heiligen sprechent, daz in dem vater sî mügentheit und glîcheit in dem sune und einunge in dem heiligen geiste» (DW I, S. 50, 3-4).

149 Mhd. *glîchunge*, stF.: ‚Ähnlichkeit, Übereinstimmung', hier: ‚Fähigkeit zur Angleichung'. Das Lexem ist bei Eckhart einmal belegt: *Reden*, c. 18: «Der mensche sol sich îngebildet haben in unsern herren Jêsum Kristum inwendic in allen dingen ... und sol der mensche in im tragen in einer volkomenen glîchunge, als verre als er mac, alliu sîniu *(sc.* Christi) werk» (DW V, S. 259, 5-8).

150 Mhd. *zuogâbe*, stF., nicht belegt bei Eckhart, Tauler, Seuse. Während die ersten drei Kräfte der Seele angeboren sind, kommt die vierte von außen zu Hilfe. Vgl. *zuogâbung*, stF. für lat. *attributum (Mhd. Summa theologiae*, Morgan/Strothmann S. 36, 4).

151-154 Mhd. *vrîe willekür:* ‚Willensfreiheit' *(liberum arbitrium).* Vgl. Eckhart, Pr. 29: «Nû sprechent die meister, daz der wille alsô vrî sî, daz in nieman betwingen mac dan got aleine. Got enbetwinget den willen niht, er setzet in in vrîheit, alsô daz er niht anders enwil, dan daz got selber ist und daz diu vrîheit selber ist. Und der geist enmac niht anders wellen, dan daz got wil, und daz enist niht sîn unvrîheit, ez ist sîn eigen vrîheit» (DW II, S. 78, 1-5); *Von der übervart der gotheit:* «Wan got die sêle in ir selbes vrîheit hât gesat alsô, daz er über irn vrîen willen niemer niht ir wil getuon noch er enwil von ir niemer niht gemuoten, des sit niht enwil, dar umbe, swaz diu sêle erwelt in disem lîbe mit irm vrîen willen, dar ûf mac si wol bestân ... Daz diu sêle ob allen dingen ist, daz ist an ir vrîheit, sô si bekennet, daz sî nieman getwingen mac noch got selbe sî twingen wil» (Pfeiffer, S. 509, 35-38 und 512, 3-5). Wer sich aus freier Willensentscheidung von Gott abkehrt, der fällt der ewigen Verdammnis anheim.

155   Got sprach: «Mich ruwet, daz ich den menschen *gemacht* hab». Daz
ruwen ist daz verhengen des *ewigen* abkeres von got. *Dauon ist die rewe*
als ewig vnd als vnwandelhafftig als gott ewig vnd vnwandelhafftig ist. Wan
jn gott ist kein wandellung, doch wandelt er sein werck jn dem menschen.
Also ist die rewe nach menschlichem sÿnne vnd nach dem teil des nach
160   volgens *[ende]* des mitwúrckens. Da von spricht *Sant* Augustinus: Herre,
du sprichest, ich hab súnd getan, vnd es ist war. Herre, vergibestu mir, daz
ich súnd getan han, so vergib ich dir, daz du mich sunde liessest tůn.

Nu mocht man fragen, ob got die sund enthalte. Da merckent: Got
enthâlt nicht den das wesen hat. Die sund hat kein wesen an ir selber, mer
165   *sie ist zu hangent dem, das wesen hat, als die varbe zu hanget der materie.*

155 gemacht *x3, y]* geschaffen *S1*   156 dat *(fehlt Ga1)* verhinghen des *y]* nit anders denn
daz verhengen des *S1;* dez *x3*   ewigen *x3, y]* eigen *S1*   156-159 Dauon ist die rewe ...
nach menschlichem sÿnne vnd *x3, y, fehlt S1*   160 *[ende]* des mitwúrckens *]* des wegens des
mitwúrckens *S1;* ende des voeghens (volgens *P2*) des mede werkens *y3;* ende des werckens *Ga1;*
des mit wurckens *x3, P1*   Sant *x3, y, fehlt S1*   161 die súnd S1   vnd es (daz *P2*) *S1, P2]*
das *x3, P1, Ga1, Br1*   mir *S1, y]* mir es *x3*   162 so *x1, fehlt y*   163-168 Nu mocht man
fragen ... solt der mensch seinn willen außgen *x3, y, fehlt S1 (Homoioteleuton)*   165 zu hangent
x3] toe hanghelijc *P1, Br1;* toe ongelick *Ga1;* toegenckelyc *P2*   dem das wesen hat als die varbe
zu hanget *Au1, y, fehlt N1 (Homoioteleuton)*

155 Gn 6, 7: «Poenitet enim me fecisse eos *(sc.* homines)».
155-160 Die Stelle wird von Thomas von Aquin zitiert, um die Wandelbarkeit des
göttlichen Willens zu diskutieren *(Summa theologiae* I, q. 19, a. 7). Gottes Wille ist
unveränderlich. Die „Reue" Gottes ist metaphorisch zu verstehen: Thomas von Aquin:
«Ad primum ergo dicendum quod illud verbum Domini metaphorice intelligendum est,
secundum similitudinem nostram» (Alba 1962, S. 108) *(Geistbuch:* «nach menschli-
chem sÿnne») und bedeutet die Tatsache, daß Gott den Abfall des Menschen und damit
seine Verdammnis zuläßt. Auch Eckhart legt Gn 6, 7 aus (LW I/1, S. 362-368). Gottes
„Reue", das ist sein Haß gegen die Sünder, ist die natürliche Abstoßung zwischen abso-
luten Gegensätzen («dissimilitudo sive dissonantia naturarum et suarum proprietatum
aliquarum ad invicem»; S. 364-365). Eckhart diskutiert nicht Gottes scheinbaren Sin-
neswandel.
160 «*[ende]* des mitwúrckens»: der Text ist gestört, wohl aufgrund einer Ditto-
graphie des vorausgehenden *volgens,* die ihre Spuren in Form eines eingefügten Verbs
(voeghens, volgens, wegens) hinterlassen hat; vgl. Var.-Apparat.
163-167 Es stellt sich die Frage *(quaeritur utrum)* nach dem Wesen der Sünde: die
Sünde ist bloßes Akzidens *(zu hangent)* und existiert nur, insofern es einen Menschen
gibt, der sie will. Der Vergleich von Farbe auf Materie für das Verhältnis von Akzidens
zu Substanz wird auch von Eckhart und seinem Umkreis verwendet; vgl. Eckhart, Pr. 65
(DW III, S. 98, 4-6); *Lib. pos.,* 140 (S. 674, 33-35). Daß die Sünde kein Wesen hat, sieh
bei Eckhart, Pr. 57 (DW II, S. 597, 6); *Spruch* 44 (S. 613, 4-10), und *In Ioh.,* c. 1, 3, n.
52: «Peccata vero et universaliter mala non sunt entia. Unde non sunt facta per ipsum,
sed sine ipso. Et hoc est quod sequitur: *sine ipso factum est nihil,* id est peccatum sive
malum, secundum Augustinum, et hic dicitur: *omnia per ipsum facta sunt*» (LW III, S.
43-44). Daß die Existenz der Sünde vom Willen abhängt, sieh bei Thomas von Aquin,
Summa theologiae, I-II, q. 74, a. 1.

Da wirt die sünd enthalten vber nüezz das wesen vnd den willen. Als lang
der will gekeret ist zu den sundn, als lang beleibt die sünde. Vnd hierumb
solt der mensch seinn willen außgen.

Nvn ist ein frage, wie man sol vss gon. Man sol blibend vss gon vss
*0 genůgde vnd wollust, die man an den creaturen *gehaben mag*, vnd sol doch
bliben an der notturfft. *Wan ein ÿglich mensch ist schuldig, sich zu neren*
vnd zu wurcken vmb sein notturft jn solich weiß, als es redlich ist vnd es
auch gott geordent hatt. Wan gott gebotten hatt: «Du solt nyemant totten».
Das gepott ist der mensch schuldig ze halten aller meist an jm selber. Er
*5 sol öch blibend vss gon. Er sol außgen *vss aller behagung vnd geniesses an
allen gůten werken vnd sol doch bliben an dem fliss gůter werke. *Das selb*
lerte Christus sein junger: «Wen ir alles das getut, das euch gepotten ist,

166 vber nüezz das *N1;* uber miez we *(miez we getilgt)* nüez das *Au1]* ouermids middel des *y*
169 man *x3, y (Lücke Ga1)]* man des willen *S1*   169-170 vss *(fehlt P1)* genůgde vnd wollust *S1,*
P1] das sol man an *(fehlt Au1)* genugden vnd wollust *x3;* Men sal wtgaen alle *(fehlt Br1)* genuecht
ende waellust *Ga1, Br1; Lücke P2*   170 gehaben mag *x3, y]* hat *S1*   171 beleiben *x3, y]* innbliben
S1   171-173 Wan ein ÿglich mensch ... es auch gott geordent hatt *x3, y]* nach gottes ordenung *S1*
173-174 Wan gott gebotten hatt ... aller meist an jm selber *x3, y, fehlt S1*   174 Er *x3, y]* Man *S1*
175 Er sol auß gen *x3, Ga1, Br1, fehlt S1, P1; Lücke P2*   vss aller behagung *S1]* alle behagelickheit
Ga1; behaghinghe *P1, Br1;* wolgeuellekeit *x3; Lücke P2*   geniesses *S1, Br1]* ghenietens *P1,*
Ga1; genies *Au1;* genugen *(korr. aus gemes) N1*   176-178 Das selb lerte Christus ... vnnutz
knecht *x3, y, fehlt S1*

166 *vber nüezz* ist dialektale Variante von *übermittez, obermitz* Präp. + G/D/A: ,mit-
tels, durch', im Ndl. *overmids.* Vgl. *Blume der Schauung,* Ruh, S. 131: «dy *over*nutze
vme behalten svlden werden» gebessert nach der Hs. N (= N1): *uber nütz.*
167-168 Der *Geistbuch*-Autor kehrt an seinen Ausgangspunkt zurück, nämlich zur
Notwendigkeit, den eigenen Willen aufzugeben: «seinn willen außgen».
169-192 Nachdem die theoretischen Grundlagen der Willensaufgabe abgeklärt sind,
geht es an die Frage nach der Praxis, «wie man sol vss gon». Die Antwort scheint para-
dox: «Man sol blibend vss gon».Wichtiges neues Stichwort ist das Lexem *ûzgân* (m. D/G:
,aufgeben, verlassen; herausfließen aus ...'), kombiniert mit *(inne) blîben* zur Stilfigur des
Oxymorons, das auf den Schlußteil des *Geistbuchs* vorausweist, in dem die Verbindung
von *vita activa* und *vita contemplativa* als Ideal gepriesen wird, mit Bezug auf Io 21, 18-23,
wo Johannes „bleibt" und Petrus „nachfolgt". Mhd. *ûzgân* steht im üblichen Wortgebrauch
der ‚Mystiker' für Selbstentäußerung und Aufgabe jeder irdisch/fleischlichen Regung. So
wird das Lexem von Eckhart verwendet für die Seele, die sich durch *ûzgân* auf die Verei-
nigung mit Gott vorbereitet, der dann notgedrungen *îngân* muß. Auch Eckhart stellt die
Forderung: «Dû solt dînes eigenen willen alzemâle *ûzgân*» (Pr. 6; DW I, S. 102, 4-5). Das
Oxymoron *(inne)blîbend ûzgân* wird von Eckhart ausschließlich für innertrinitarische Vor-
gänge gebraucht (vgl. Pr. 15, DW I, S. 252, 3; Pr. 22, DW I, S. 387, 13 - 388, 2; Pr. 30, DW
II, S. 94, 1-2; Pr. 94, DW IV/1, S. 148, 1) So auch bei Tauler, Pr. 1: «er ist inne blibende in
wesentlicher einikeit und ist uzgonde an personlichem underscheide» (Vetter, S. 8, 32-34).
169-174 Warnung vor übertriebener Askese, die zum Verzicht auf das Lebensnot-
wendige führt, denn es gilt Dt 17: «Non occides».
177-179 Lc 17,10: «Sic et vos, cum feceritis omnia quae praecepta sunt vobis, dicite:
Servi inutiles sumus: quod debuimus facere, fecimus».

dennach sprecht, ir seit vnnutz knecht. Das wir thun sollen, das haben wir getan». Man sol öch blibend vss gon. *Man sol auß gen* in ettlicher wis der
180 natúrlichen eigenschafft vnd sol doch bliben in irem natúrlichen eigentům,
daz ist in der einfaltigen krafft. Da sol die sel inn wonen, wann da wúrt sú
aller glichest got. *Als ver die kraft jm geleich wirt, als verre [sluit hise in hem].* *Das vngeleich mag sich nicht [ghesluten], mer [die eyghendommen sluten hem], dÿ eÿgenschaft einigen sich an [sloet].* *[163v]* Eÿa, wie selig ist
185 der geist, der da wonet in der öbersten krafft vnuermanigfaltiget. Was wollust

178 ir seit *x3*] wi sijn *y*   178-179 knecht das wir thun sollen das haben wir getan *x3*] knechte *y*
179 öch *S1, y, fehlt x3*   Man sol auß gen (oec wt gaen *P1, Br1) x3, P1, Br1, fehlt S1, Ga1; Lücke
P2*   180 doch *x1, fehlt y*   181 wann *S1, y, fehlt x3*   182-184 als ver die kraft ... an flos *x3,
y, fehlt S1*   182 sluit hise in hem *y (Lücke P2)*] fleusset er jn sich *x3*   183 ghesluten *y (Lücke
P2)*] fliessen jn die einunge *x3*   183-184 die eyghendommen (eygendom *Ga1, Br1) sluten hem
y (Lücke P2)*] die einunge fleusset in *(fehlt Au1)* sich *x3*   184 einigen *Au1, y (Lücke Ga1, P1)*]
einunge *N1*   sloet *y (Lücke P2)*] flos *x3*   185 vnuermanigfaltiget *x1*] ouer alle *(alle fehlt Br1)*
menichfuldicheit *y (Lücke P2)*

179-182 Der Mensch soll seine „natürliche Eigenschaft", d.h. seine Abhängigkeit
von der Natur, aufgeben, aber in ihrem „natürlichen Eigentum" bleiben, d.h. in seiner
obersten einfältigen Seelenkraft, die eins ist mit Gott. Mhd. *eigenschaft* steht zugleich
für ‚Knechtschaft, Hörigkeit' (Leibeigenschaft). Das Lexem *eigentuom* stMN. ist im
Mhd. äußerst selten belegt (vgl. *Findebuch*, S. 79 und DWB, 3, Sp. 101), der normale
Sprachgebrauch nimmt das subst. Adj. *daz eigen. Eigentuom* ist einmal belegt bei Eck-
hart, Pr. 10: «Dar umbe enlât si ir niht genüegen, si suochet vürbaz, waz daz sî, daz got in
sîner gotheit ist und in sînem eigentuome sîner eigenen natûre» (DW I, S. 171, 15 - 172,
2), ansonsten bei Seuse und seinem Umkreis: *Diu glôse über den überschal* (Pfeiffer,
S. 518, 11-13) und *Lib. pos.*, 161 (Pfeiffer, S. 682). Die Gegenüberstellung von „Eigen-
schaft" und „Eigentum" findet sich in der Auslegung von Io 1, 11: «In propria venit,
et sui eum non receperunt»: vgl. *Diu glôse über daz êwangelium S. Johannis*: «Er ist
komen in sîn eigen unde die sîne enhânt in niht bekant noch enpfangen. Ich spriche: daz
Kristus ie geschaffen hât in sîner nâtûre, daz findet man allez in der hœhsten kraft der
sêle, und alsô ist got des menschen eigen, und diu eigenschaft wirt von im niht enpfan-
gen» (Pfeiffer, S. 589, 38 - 590, 2); vgl auch Eckharts detaillierte Auslegung der Stelle *In
Ioh.*, c. 1, v. 11, n. 96-105 (LW III, S. 83-90).
    182-184 In dem Maße, in dem die oberste Kraft Gott gleich wird, in dem Maße
„schließt" er sie in sich. Was ungleich ist, kann sich nicht schließen. Eigentum schließt
sich, Eigenschaften einigen sich ohne Zusammenschluß. Mhd. *sliezen, beslozzen, bes-
lozzenheit* wird in der ps.-eckhartischen Traktatliteratur für die Einheit der drei Perso-
nen in der Trinität sowie für die allumfassende Gottheit gebraucht: vgl. *Der înslac (Von
der edelkeit der sêle)*, Pfeiffer, S. 390, 23-36 und passim; *Lib. pos.*, 133, Pfeiffer, S. 672,
9-19). Die Textüberlieferung an dieser Stelle ist gestört. Die ndl. Version überliefert das
Verbum *sluten* (‚schließen'), das die transitive Konstruktion im Folgenden erlaubt. *S1*
fällt aus. *X3* überliefert *fliessen*, was wohl als Verschreibung (*f* aus *s*) zu werten ist, da
ein transitiver Gebrauch nicht möglich ist und *x3* den Text ändert.
    185-186 Mhd. *unvermanicvaltiget* Part. Adj., ‚unzerstreut, ungeteilt' und *unvermi-
schet*, Part. Adj. ‚unvermischt, rein' bezeichnen den Zustand der ununterschiedenen Ein-
heit.

dar inne vff stot, die ist vnuermúschet. *Vnser her* sprach zů Abraham: «Gang vss dỹme land». Zů dem andern mal sprach er: «Gang vss dỹme land». Zům ersten, vss dem land fleischlicher begirde, zům andern mol, vss dem land geistlicher wollúst. Des geistes wollúst lit an *eren, der zweir ein: das er* ere

⁹⁰ vnd daz er geeret werde. Der gůten wollust ist, daz sú got vil vnd grosse ere erbieten. Der súllent sú nit vss gon. Aber der *posen leut* wollust *leit daran*, daz sú vil vnd grösslich geeret werden. Der súllent sú vss gon.

Nun sind vierhand lút, die da vss gond. Die ersten sind beginner, die andern zů nemmer, die dritten, *daz sind* volkomen lút, die vierden, daz sind

⁹⁵ vberkomen oder tot lút.

186 die ist *S1, Au1, Ga1*] ist *N1;* dat *P1, Br1; Lücke P2*   vnuermůschet *S1*] onuermenget *Ga1, Br1;* ouerminghet *P1;* vngemessen *x3*   vnser her *x3, y*] Got *S1*   187 er *S1, y*] er aber *x3*   187-188 Zům ersten *S1, y, fehlt x3*   188-189 vss dem land fleischlicher begirde *(wollust Au1)* Zům andern mol vss dem land geistlicher wollúst *S1, Au1*] wtten (wt dijnen *Ga1)* lande der vleeschelicheit Totten anden male wtten *(wt dijn Ga1)* lande (besittinge *Ga1)* der gheesterlike wellust *P1, Ga1;* vten lande der geesteleker wellust *Br1;* Ten dorden gaet wt dynen landen der geestelyker wellusten *P2;* auß dem land geistlicher wollust *N1*   189-190 an eren der zweir ein das er ere (of ere *Br1) x3, Br1]* an ere *S1, Ga1 (Homoioteleuton);* aen een van tween dat hi eere *P1;* twe aen eer Die een is eer *P2*   190 vnd *S1 Ga1*] oder *x3, P1, fehlt y3*   der *x3, y*] aber der *S1*   vil *S1, y*] vil eren *x3*   191 aber *S1, Ga1, P2, fehlt x3, P1, Br1*   posen leut *(leut fehlt y) x3, y, fehlt S1*   leit (es *y)* daran *(fehlt y), x3, y, fehlt S1*   192 das *x3, y*] vnd daz *S1*   193 vierhand *S1, P1, Br1*] vierlay *x3, Ga1*   da *x1, fehlt y*   sind *S1, Br1*] das sind *x3, P1, Ga1* beginner *S1, Au1*] die beginner *N1;* beghinende mensche *P1, Ga1;* beghinne eens goets leuens *Br1* 194 zů nemmer *x1, Br1*] toe nemende menschen *Ga1;* toecomende in een goet leuen *P1*   das sind *x3*] sijn *y, fehlt S1*   daz *x1, fehlt y*

186-187 Vgl. Gn 12, 1: «Dixit autem Dominus ad Abraham: Egredere de terra tua et de cognatione tua, et de domo patris tui, et veni in terram quam monstrabo tibi». „Ausgehen aus seinem Land" bezieht sich auf fleischliche Wollust, aber auch auf geistliche Wollust.

Der *Geistbuch*-Autor erklärt das *(inne-)blîbend uzgân* weiter unten , S. 47, wenn er die Eigenschaften der Vollkommenen bespricht und stützt sich dabei auf ein (unidentiziertes) Paulus-Zitat.

193-195 Die Praxis des *(inne-)blîbend ûzgân* erfolgt stufenweise. Der *Geistbuch*-Autor entwickelt einen Aufstiegsweg nach der gängigen Tradition der *triplex via (incipientes, proficientes, perfecti)*. Daran schließt er eine vierte Stufe der „Überkommenen" an, die „in Gott sterben". Das Lexem *über-komen*, stV., ‚hinübergelangen, hinüberfahren', hier gebraucht als part. Adj.: *die überkomen lút*, signalisiert die Steigerung von *volkumen* (‚bis zum Ende gelangt') und berührt das semantische Feld von lat. *transitus, transitio*.

1   [2] *Merckent von den beginneren*: die sind drÿerleÿ. Die ersten beginnen
alzemal von natur. *Sie beginnent von gewonheit oder von eim sitten*, wenn
ettliche sind bÿ gůten lúten vnd sehen ire bild *vnd horen jr wort vnd* die
bringen sú an, daz sú *von irem rat* geistlich gewand an tůnd. *Von der*
5   *besserung so bestet leicht ein fúrwicz.* Vnd daz beschiht *vil* an jungen
kindern. Wenn sú denn zů iren *jaren* komen vnd sú ir natur beginnet an ze
fechten, so enhand sú nit gnade, da mit sú wider ston múgent. *Sye stehen*
auch nicht nach gnade, wan man zeucht sie weltlich jn der iugent, vnde
dez komen sie auch jn ein gewonheit, das sie auch also wollen sein, wan
10 *sie zu jrer krafft komen.* Vnd des koment ir vil zů falle. Doch die von got
gerůffen vnd erwelt sint, die gestond wol. Aber die allein berůfft sint vnd

1 merckent von den beginneren *x3, y2, fehlt S1, Ga1*   die *x3, y2*] Die beginner *S1;* die yerste die
Ga1   ersten *S1, y*] ersten die *x3*   2 Sie beginnent von gewonheit oder von eim *(eim guten N1)*
sitten *x3*] dat es van ghewoenheiden oft van eenen sede *y;* oder von gewonheit *S1*   3 ire bild *S1,*
y] ir leben *x3*   vnd horen jr wort vnd *x3*] ende haer goede wercken ende *y, fehlt S1*   die *S1,*
y] die gutten lewt *x3*   4 bringen sú an *x1*] bringhense *(sij daer toe Ga1) y*   von irem rat *x3,*
y, fehlt S1   gewand *S1*] kleid *x3, y*   an tůnd *S1, y*] an zichen *x3*   4-5 von der besserung
so bestet leicht ein fúr wicz *(fúr wicz auf N1) x3*] wan desen *(der Ga1, fehlt Br1)* biwesinghen ende
(fehlt Ga1) aenbringhinghe *(fehlt Ga1)* soe *(fehlt Ga1)* bestaen sy licht een wile *y, fehlt S1*   5 vnd
daz *S1, Ga1*] dat *y2;* dicz *x3*   beschiht *S1*] geschicht *x3, y*   vil *x3; Ga1, Br1*] dicke *P1;*
gern *S1*   6 kindern *x3, y*] menschen *S1*   vnd wenn *S1*] mer wanneer *Ga1;* wan *x3;* wanneer
y2   jaren *x3, y*] tagen *S1*   7 da mit *S1, y*] das *x3*   wider ston *S1, y*] jm wider sten *x3*
7-10 Sye stehen auch ... zu jrer krafft komen *x3, y, fehlt S1*   7 stehen *N1*] en staen *y2;* en arbeyden
Ga1; entsten *Au1*   8 weltlich *x3*] tederlijc *y*   ioncheit *y*] iugent die weil sie zu iren iaren *(iren*
iaren fehlt Au1) nicht komen sind *x3*   9 das das *N1*   9-10 wan sie *N1, Ga1;* als sy *y2, fehlt Au1*
10 komen *x3*] sijn comen *y*   vnd des *S1*] Ende *(fehlt Ga1)* aldus *y;* des *x3*   ir vil *S1, Ga1*]
der liede vele *Br1;* der veel lieden *P1;* sie laider vil *x3*   10-11 doch die von got gerůffen vnd
erwelt *(gewelt N1)* sint die gestond *(bestend x3)* wol *x1, fehlt y*   11-12 Aber die allein berůfft

1 Die Beginner (*incipientes*) gliedern sich in drei Gruppen.
1-18 Bei der ersten Gruppe ist die Hinwendung zum geistlichen Leben ein rein äuße-
rer Akt der Nachahmung und Gewohnheit.
4 Mhd. *an-, ane-bringen* stswV.: ,veranlassen' (daß); fehlt in dieser Bedeutung
dem Mndl. «Geistlich gewand an tůn» verweist sowohl auf den Beitritt in eine religiöse
Gemeinschaft als auch auf die Äußerlichkeit der Handlung.
4-5 «Von der besserung so bestet leicht ein fúrwicz»: ,Von dem Vorbild, das ihnen
gegeben wird (*bezzerunge*, stF.), entsteht leicht Neugier und Interesse (*sc.* für das geistli-
che Leben) (*vürwiz*, stM.)'. Das Lexem *vürwiz* in dieser Bedeutung scheint im Ndl. nicht
belegt zu sein; vgl. Verdam, S. 744: «*vorewetich*: 1) Van te voren wetende; alwetend 2)
nieuwsgierig (?)». Dementsprechend ändert die ndl. Version den Text: ,Aufgrund dieser
bessernden Anregungen bestehen sie eine Weile'.
6-11 Sobald sie das Alter erreicht haben, daß ihre „Natur sie anficht" (Geschlechts-
reife), fallen sie vom eingeschlagenen Weg ab. Denn sie haben keine Gnade, die ihnen
Kraft zum Widerstand verleihen könnte. Der *Geistbuch*-Autor entwickelt hier bereits die
Antinomie Natur / Gnade, auf der seine weitere Darlegung beruht.
11-12 Mit Anspielung auf Mt 22, 14: «Multi enim sunt vocati, pauci vero electi»

nit erwelt, die sint doreht an dem sÿnne, verlassen an den sitten, snell an
worten, rǔchlos an den werken vnd ir hercz ist sere befangen mit vnrehter
liebe. *Dar umb frewntschafften sie vill vnd uben sich vill an gespiczter rede,*
15 *die ein vrsach ist des valles. Vnd etlich beginnent durch ir notturfft willen*
vnd vmb gewißheit der pfrunt vnd vmb daz sú sich selber meÿnent vnd got
nit. Da von ist es von natur vnd von gewonheit.
   Die andern beginnen von natur vnd von gnaden. Die koment in irme
beginne in *ir* aller hȯhsten minne vnd eÿnung. Vnd wenn sú ettwaz gnaden
20 enpfahent, so enlasset sú daz teil ir natur nit wachssen noch zǔ nemen an dem
teile ir gnaden, wenn die natur vnd die gnad strittent alle zit wider einander.
Wenn die natur denn den grunt der natúrlichen minne hat, so ǘberwindet sú
dik die gnade. *Wan ein iglich stercker vberwindet seinen krenckern. Diser*
lút koment ȯch vil ze fal. Aber die da bestond, die behalten an irem lesten
25 end kvm als vil minne, daz sú behalten werden. Wenn die natur nÿmet zǔ
vnd die gnade ab. Dis beschiht vil an den, die *vill mit ausserlichen dingen*

sint vnd nit erwelt die *S1]* die (Dise *Au1*) lewt *x3;* Dese *y*   12 dem synne *S1]* den sÿnnen *x3,*
y   snell *S1]* bild *x3;* stout *P1, Ga1;* bout *Br1*   13 worten *S1, P1]* den worten *x3, Ga1,*
Br1   rǔchlos *S1, y]* vnfursichtige (vnfursichtig vnd *Au1*) *x3*   befangen *S1, y]* bekumert *x3*
13-14 vnrehter liebe *S1, Ga1]* vnrechter toreter liebe *x3;* ongherechter bliscapen *y2*   14-16 dar
umb frewntschafften sie vill ... vmb gewißheit der pfrunt *x3, y, fehlt S1*   16 vmb gewißheit der
pfrunt (pfreunt *N1*) *x3]* doer ghewin te hebbenne *y2; Lücke Ga1*   also vmb daz *S1]* darumb
das *x3;* Hier omme dat (om dat *P1*) *y2;* hier in *Ga1*   meÿnent *x1]* minnen *y*   17 ist es von
natur vnd von gewonheit *S1]* ist es *(fehlt Au1)* ir natur *x3;* eest natuere *y*   18 andern (ander
menschen *Ga1) S1, Au1, y, fehlt N1*   18 vnd *S1, Au1, y]* vnd nicht (nicht *am Rand nachgetragen)*
N1   19 in *S1, y]* zu *x3*   ir *x3, y]* die *S1*   vnd *x1, fehlt y*   gnaden *S1, y]* andacht *x3*
20 daz teil *S1, y]* das ein teil *x3*   ir *S1, y]* der *x3*   21 alle zit *S1]* ymmer *x3;* emmermeer
y2, fehlt Ga1   22 wan *x3, y]* vnd wenn *S1*   23 dik *S1, y]* oft *x3*   wan ein iglich stercker
vber windet seinen krenckern *x3]* want die stercste (stercken *Ga1, Br1*) verwint die (den *Ga1, Br1*)
crancsten (crancken *Ga1, Br1*) *y, fehlt S1*   diser *x3, y,] der S1*   26 dicz *x3, y]* vnd dis *S1*
26-27 vill mit ausserlichen dingen vnd mit geschefft *x3]* mit gescheffte *S1;* met veel bedectheiden *y*

greift der *Geistbuch*-Autor die von ihm oben (S. 11-12) entwickelte Prädestinationslehre
auf und nimmt die Erwählten vom Fall aus.
   14 Mhd. **vriuntschaften,* swV.: ‚Freundschaft schließen' ist sonst nicht belegt. Mhd.
gespitzte rede: ‚verletzende Worte, Ironie'; vgl. *spitzen,* swV.: ‚spitzig reden', sowie
spitzrede, spitzwort (Lexer, II, Sp. 1102-1103).
   15-17 Andere wählen ein geistliches Leben, weil sie damit ihr Auskommen sichern
wollen und auf Pfründe spekulieren. All diese Motive reichen nicht aus, das Begonnene
zu festigen und zu vertiefen.
   18-28 Die zweite Gruppe beginnt «von natur vnd von gnaden». Sie erzielen anfangs
große Erfolge, doch nach dem ersten Enthusiasmus ist ihnen die Natur ein stetes Hin-
dernis. Gnade und Natur streiten unentwegt gegeneinander und die meisten kommen zu
Fall. Diejenigen, die bestehen, behalten am Ende kaum so viel Minne, daß sie errettet
werden. Denn im Laufe ihres Lebens nimmt die Natur zu und die Gnade ab. Das betrifft
besonders die Amtsträger und die Geschäftigen, die öffentliche Aufgaben und Ehren
suchen, und bringt sie zu Fall.

vnd mit gescheffte vmb gond, *vnd die vil gab nemen vnd* die man vil eret
vnd auch vil ere haben wollen, die ein vrsach ist des falles.

Die dritten beginnen luterlich vnd vereinen sich zů *aller* pin, daz die
30   hŏhste vereinigung ist, die ein mensch mit sich gehaben mag. Vnd ettliche
werden in selber benomen als Sant Paulus. Die koment in die hŏhsten minne
vnd eÿnung, die ein mensch sunder sich gehaben mag. Die einung ist ob zit
vnd ob werken. An der eÿnung hand sú kein zů nemen. Sú nement aber zů
an der wúrkenden eÿnung, wenn da sint sú mit sich vereint. Sú nement ŏch
35   zů an der *vereinunge* götlicher gnaden vnd an der richeit des lones vnd an
der redlicheit. *Sant Paulus spricht: «Da ich clein was, do sprach ich als ein
clein kindlein. Aber nü ich ein man worden pin, nü sprich jch als ein man».*
Wann wie erlúht *er* waz, so mŭste doch das lieht ettwaz geŭbet werden in
den sÿnnen, da er es offenbaren solte.

(syndelicheiden *Ga1*) y   27 vnd die vil gab nemen vnd *x3, y, fehlt S1*   27-28 vnd auch vil
ere haben wollen *x3, y, fehlt S1*   28 die *S1, y*] die jn *x3*   29 beginnen *S1, y*] die beginnent
x3   luterlich *S1, Au1, y*] lauterlich durch got (durch got *am Rand nachgetragen) N1*   vnd
S1, y] die *x3*   vereinen *S1, P1*] verenygen *Ga1;* einigen *x3;* verheffen *Br1*   aller *x3, y*] der
S1   das *x3, y*] wenn daz *S1*   30 hŏhste *S1, y*] gröste *x3*   ettliche von disen *S1*   31 be-
nomen *S1, Au1, y*] genomen *N1*   paulus *S1, y*] paulus spricht *x3*   32 sunder *S1, Au1, y*]
an *N1*   ob *S1,* oben *Au1, y*] vber *N1*   33 ob *S1,* oben *Au1, y*] vber *N1*   an der *x3, y*]
aber an der selben *S1*   34 an der wúrkenden eÿnung *x1*] aenden wercken der vereninghen *y*
35 vereinunge *x3, y*] vereinigung *S1*   36-37 Sant paulus spricht ... als ein man *x3, y, fehlt S1*
38 wie erleucht er was *x3, y*] wie vast Sant paulus erlúht waz *S1*

29-36 Die dritte Gruppe beginnt «luterlich»: ‚aufrichtig', d.h. sie wählt das geistli-
che Leben um seiner selbst willen. Entscheidend ist die Bereitschaft zum Leiden («pin»),
das zur höchsten „Vereinigung" des Menschen mit sich selbst führt. Dabei kann es zur
Entrückung kommen, wobei auf das Beispiel des Paulus verwiesen wird (II Cor 12, 1-
4). Diese „Vereinigung" im Zustand des Außer-sich-Seins («sunder sich») ist dem Hier
und Jetzt entrückt. Nur in der «wúrkenden eÿnung», wo der Mensch in sich ruht, können
diese Beginner sich vervollkommnen. Das hier angeschlagene Stichwort der „wirkenden
Einung" wird von unserem Autor bei der Behandlung der vierten und höchsten Stufe der
Überkommenen entfaltet (s. unten S. 49), und zwar im Gegensatz zur «gotwerdenden
eÿnung» und im Kontext der Diskussion um die meditative Minne (Johannes) und die
tätige Liebe (Petrus), vereint in der beispielhaften Synthese des Paulus. Die «wúrkende
eÿnung» erweist sich dort als Defekt.
36-37 I Cor 13, 11: «Cum essem parvulus, loquebar ut parvulus ... Quando autem
factus sum vir, evacuavi quae erant parvuli»
38-39 Diese letzte Gruppe ist bestimmt für den weiteren Aufstieg und wächst an
Gnade und Einsicht («redlicheit»). Selbst der erleuchtete Paulus mußte lernen, um lehren
zu können.

1   [3] Die andern daz sint beide, beginner vnd zů nemmer. Wer wol zů
nemen wil, *der sol haben* sechs stuk. Das erst daz er *in sich selber gee vnd*
lerne bekennen daz apgrúnd siner krankheit vnd torheit vnd siner ergerung
vnd beweglicheit, wie gross die gewesen sÿ vnd nun sÿ vnd werden múg,
5   ob es got verhengt. Daz ander ist reht iomer. *Wan das* ist gar núcz, daz der
mensch sinen eigen gebresten fúr sines herczen ögen secz *vnd bedenck*
den mit *grossem jamer vnd* bitterkeit sins herczen on *entschuldigung vnd*
beschönung. Wenn als gross als die wollust gewesen ist, als gross můss
daz iomer vnd *die* bitterkeit sin *vnd als dick vnd als vil sol di*e *sele werden*
10   *gereinigt.* Öch *ist nucz dartzu, das* der mensch mit iomer *bedenck Christus*
marter, sein leiden vnd sein smecheit. Er sol öch iomer haben vmb die
gross blintheit sins nehsten, daz er got nit erkennet *vnd jm selber so recht*
schedlich lebt. Zu rechtem jamer sol vns bringen der groß jamer vnsers
herrn Jhesu Christus, als er selb spricht: «Mein sele ist betrübt biß in den

1 wol *S1, Au1, y2*] te recht *Ga1;* wel wol *N1*   2 der sol haben *x3, y*] dar zů gehören *S1*   er
S1, y] ein iglich mensch *x3*   in sich selber gee vnd *x3, y, fehlt S1*   3-4 vnd siner ergerung
vnd beweglicheit *S1, y fehlt x3*   4 nun *S1, y*] yetzundt *x3*   vnd (2) *S1, y2*] vnd noch *x3, Ga1*
5 verhengt *S1, Br1*] verhengte *x3;* verhinde *P1;* gehende *Ga1*   iomer *S1, y*] jamer vmb die
sund *x3*   wan das *x3*] Ay dat *y;* da *S1*   nütz *x3, y*] núcz zů *S1*   6 sines herczen ögen
S1, y] die augen seins herczen *x3*   6-7 vnd bedenck den *x3, y, fehlt S1*   7 grossem jamer
vnd *x3, y, fehlt S1*   entschuldigung vnd *x3, y, fehlt S1*   9 die *x3, y, fehlt S1*   sein *x3, y*]
öch sin *x3*   9-10 vnd als dick ... gereinigt *x3, y, fehlt S1*] die sele werden gereinigt *x3*] die
mensche ganseleke gherechticht werden vanden sonden *Br1;* die mensche genesen warden van
sunden *Ga1;* Blattverlust *P1*   10 ist nucz dartzu das *x3, y*] sol *S1*   bedenck *x3, y*] betrahten *S1*
10-11 christus marter sein leiden vnd sein smecheit *x3;* christus martelie ende gods versmadenisse die
hem aen gedaer wart vanden menschen *Ga1;* christus martilie ende gods versmaetheit die hem vele
ende groteleke gheboden was ende wart vanden mensche selue ende oec van anderen lieden *Br1*]
das liden christi *S1;* Blattverlust *P1*   12 gross *S1, y, fehlt x3*   er *S1, y*] der *x3*   12-13 vnd
jm (so gar *[am Rand N1]* in) selber so (auch *N1*) recht schedlich lebt *x3, y, fehlt S1*   13-15 Zu
rechtem jamer ... Auch hat er vns den jamer gepotten *x3, y, fehlt S1*

1-2 Die Zunehmenden (*proficientes*) müssen sechs Eigenschaften besitzen. Evtl. geht
diese Zahl auf die sechs Sünden zurück, die implizit im Sündenfall enthalten waren; vgl.
Augustinus, *Enchiridion*, XIII, 45 (Evans, S. 74) oder Petrus Lombardus, *Sententiae*,
II, dist. 33, c. 2 (Grottaferrata 1971, S. 518); die Zunehmenden müssen also den in der
Menschennatur angelegten Hauptsünden entgegenarbeiten; ganz ähnlich im Traktat
Sechs Übungen zur Vollkommenheit (Nürnberg, Cod. Cent. IV 37, 1r-4v).
2-5 Die erste Eigenschaft ist Selbsterkenntnis.
5-19 Die zweite Eigenschaft ist «reht iomer», d.h. Zerknirschung (*contritio*) über die
eigenen Schwächen (*defectus*; *gebresten*), die der Mensch meditierend bei sich bedenken
und beklagen soll («fúr sines herczen ögen secz[en] vnd bedenck[en]»). Dabei soll die Stär-
ke der Zerknirschung der gelebten Lust entsprechen. Ferner soll der Mensch mit Jammer
die Passion Christi nachempfinden und die Blindheit seines Nächsten und dessen schlechten
Lebenswandel bedenken. Das Gebot zum Jammer wird mit zwei Schriftzitaten bekräftigt.
14-15 Mt 26, 38 (Christus in Gethsemane): «Tristis est anima mea usque ad mor-
tem».

15 *todt». Auch hat er vns den jamer gepotten, do er* sprach: «Ir súllent betrúbet
sin vnd die welt wúrt sich frowen vnd uwer trûpniss sol kert werden in
frôd». *[Dat die mensche iammer] hat vmb sein sünd [dat] pringt jm einen
rewigen ernst. Aber das er iamer hat vmb andern menschen sunde, das
gibt jm einen sussen vnd einen frolichen ernst.* Daz dritte ist demûtikeit.

20 *Augustinus spricht: «Wiltu groß sein, so hebe an an dem nidristen. Wiltu
einen grossen turn der tugent an dyr bawen, so heb an an dem fundament
der diemutigkeit».* Das vierd ist rehte dankberkeit. *Das ist gar nutz, das ein
mensch bedenck die wirdigkeit des gebers vnd die vnwirdigkeit des nemers.
Das solt ein mensch bedencken,* daz der herre sine gaben git eÿm armen

25 wúrmli, vnd nit allein die gabe, me sich selber in der gabe, *als die meister
sprechen: Eyn mensch sol bedencken die zeitlich vnd die naturlich, die
geistlich vnd die gotlich gaben.* Dankberkeit ist glich eÿme dûrren fúr, das
da sere brúnnet. Also wúrt von dankberkeit die begerung der sele enbrant zû
allem gût. Sú ist öch glich *einem fruchtperen* towe vnd *einem* warmen regen,

30 da von die fruht sere wahsset. *Also wechst die sele jn dancknemkeit. [Alsoe*

15 do er *x3, y]* als christus *S1* 16-17 vnd uwer trûpniss sol kert werden in frôd *S1;* ende v
droeffenis sal in blijschap verwandelt warden ende der werlt blijtschap in drofheit *Ga1;* ende v
bedroeffenesse sal verkeert werden in bliscapen ende der werelt bliscap in bedroeffenessen *Br1]*
etc. *x3; Blattverlust P1* 17-19 Dat die mensche ... .i. vroeliken erenst *y, x3, fehlt S1* 17 dat die
mensche iammer heeft om sine sonden dat *Br1, Ga1]* Der iamer hat vmb sein sünd der *x3* 19 ist
S1, Au1, y] das ist *N1* 20-22 Augustinus spricht ... fundament der diemutigkeit *x3, y, fehlt S1*
21 tuget *N1* 22 dankberkeit *S1, Ga1]* dancknemkeit *x3, Br1; Blattverlust P1* 22-24 das ist
gar nutz ... das solt ein mensch bedencken *x3, y, fehlt S1* 24 das *x3, y]* dar vmb daz *S1* herre
S1, y] herre der herrn *x3* sine gaben git *S1, y]* gibt sein gabe *x3* 25 wúrmli *S1, y]* wurm
x3 sich *x3, y]* öch sich *S1* 25-27 als die meister sprechen ... die gotlich gaben *x3, y, fehlt S1*
27 Dankberkeit *S1, Ga1]* Dancknemikeit *x3, Br1; Blattverlust P1* glich eÿme dûrren *S1]* als
ein tur *x3, y* 28 dankberkeit *S1, Ga1]* dancknemikeit *x3, Br1; Blattverlust P1* begerung *S1,
Br1]* begirde *x3; begeert Ga1; Blattverlust P1* der sele enbrant *]* enbrant der sele *S1;* der sel
geprant *x3;* der zielen een brant *Ga1;* der ziele ende es een brant *Br1; Blattverlust P1* 29 einem
(1) *x3, y]* dem *S1* fruchtperen *x3, y]* fúchtigen *S1* einem (2) *x3, y]* dem *S1* warmen
S1, y] süssen *x3* 30 sere *S1, y]* vast *x3* Also wechst die sele jn dancknemkeit *x3; alsoe
wast die ziele in dancnamecheden in ghelikenessen gods *y (Br1); fehlt S1*

15-17 Io 16, 20: «Quia plorabitis et flebitis vos, mundus autem gaudebit. Vos autem
contristabimini, sed tristitia vestra vertetur in gaudium».
19-22 Die dritte Eigenschaft ist Demut. Bestätigung durch ein Augustinus-Zitat.
20-22 Augustinus, *Sermo* 69, 1.2: «Magnus esse vis, a minimo incipe. Cogitas magnam
fabricam construere celsitudinis, de fundamento prius cogita humilitatis» (PL 38,
Sp. 441).
22-33 Die vierte Eigenschaft ist Dankbarkeit: Der Mensch soll bedenken die
Unwürdigkeit des Empfängers und die Würde des Gebers, d.h. Gottes, der in der
Gabe sich selbst gibt. Dankbarkeit erweckt die Begierde der Seele zu allem Guten.
Im Gegenzug zerstört Undankbarkeit jede Frucht in der Seele. Der *Geistbuch*-Autor
inspiriert sich hier wohl an Bernhard von Clairvaux, *Sermones sup. Cant.* 51, 3, 6

is ondanckberheit] als ein kalterr reiff vnd als ein durr wint, der die frucht
verderret. Also verderret vndancknemkeit an dem menschen alles gut. Das
.v. ist ein flissig suchen von ỹnnen vnd von vssen, von jnnen von geistlichen
sỹnnen *vnd jn den teiln. Er sol auch jn einer stetten erfarung sein, wan dem*
35 *weisen ist vil* ze erfaren, *als Seneca spricht. Herumb sol der mensch* alle
sine sỹnn *samen* in die einfaltigen krafft vnd sol vff einem sỹnn bliben als
lang bis er *den sỹn durchfert* vnd daz er nit lasse von dem vorspil, er begriffe
des ettwas, ob im von gott v́t fúrgehalten wúrde liehtes oder gnaden.
Ein iunger fraget sinen meister: «Was sol ich tŭn, daz mir das werde,

---

31 Alsoe is ondanckberheit *Ga1, Br1, fehlt x3 (Homoioteleuton), S1*   31-33 als ein kalterr reiff ...
an dem menschen alles gut *x3, y, fehlt S1*   34 vnd jn den teiln *x3]* ende inden dele *Br1;* ende in
delen *Ga1; fehlt S1; Blattverlust P1*   34-35 Er sol auch ... wan dem weisen ist vil *x3, y, fehlt S1*
35 als seneca spricht *x3, y, fehlt S1*   Herumb sol der mensch *x3, y]* er sol *S1*   36 sa-
men *x3, Br1]* versamnen *S1;* enygen *Ga1; Blattverlust P1*   37 den sỹn durch fert *x3, Ga1]* den
sin toe vaert *Br1;* in wol erfert *S1; Blattverlust P1*   nit *x3, y]* öch nit *S1*   er begriffe *S1]* er
enbegreif *Au1;* ee er begreiff *N1;* hine begrijpt *Br1;* begript hij *Ga1; Blattverlust P1*   38 des
S1] das *x3;* yets *Ga1;* hets *Br1; Blattverlust P1*   wúrde *S1]* wirt *x3, y*   leiechtes *N1*
39 meister *S1, y]* meister vnd sprach *x3*

(Leclercq/Rochais, S. 87, 19-20; vgl. Warnock/Zumkeller, *Der Traktat Heinrichs von
Friemar*, S. 214: «Et ideo bene dicit Bernardus quod „ingratitudo est ventus urens
desiccans fontem pietatis"»).

32-33 Die fünfte Eigenschaft ist beständiges Suchen und Erfahren, was mit einem
Seneca-Zitat bestätigt wird. Bei der Suche ist Selbsterforschung und Suche außerhalb
seiner selbst zu unterscheiden. **34** «vnd jn den teiln»: vgl. mhd. *teilmachunge* S. 51.

35-55 Selbsterforschung bedeutet Sammlung „der inneren Sinne" und Konzentration
auf einen Sinn, bis man ihn «durchfert» (*transitus*). Dabei soll der Mensch nicht ablassen
«von dem vorspil» (Vorstellung, Eingebung), „es sei denn er begreift davon etwas, wenn
ihm von Gott Licht oder Gnade vorgehalten wird". Wichtiges neues Stichwort ist mhd.
vorspil, stN.: ‚Schauspiel, Vorspiel' (lat. *praeludium*)**,** das im Kontext der kontemplati-
ven Übung die Bedeutung: ‚Vorstellung, Eingebung' erhält. Vgl. z.B. Ps.-Eckhart, Pr.
106 Pf.: «... sô formierte ich mir selber eine sache ûz andern lustigen dingen, dâ von mir
daz selbe bilde ein vorspil wurde in mîner vernunft» (S. 344, 40 - 345, 2). Bei Eckhart ist
vorspil nur einmal belegt in Pr. 101 in einem Augustinus-Zitat: «Von disem sprach ouch
sant Augustînus: Ich wirde eines in mir gewâr, daz vorspilet und vorblicket mîner sêle.
Würde daz volbrâht und bestætiget in mir, daz müeste êwic leben sîn. Ez birget sich und
wîset sich doch ...» (DW IV/1, S. 363, 180 - 364, 183; vgl. dazu Augustinus, *Confess.* X,
c. 40, n. 65, Verheijen, S. 191, 21-23).

39-42 Bestätigung des Vorausgehenden durch den Hinweis auf einen Jünger-Mei-
ster-Dialog zur Frage, was zu tun sei, um die inneren Eindrücke festzuhalten: «daz mir
das werde, daz mir vorspilt».

Der Begriff *vorspil* wird von Seuse zweimal zu Beginn seiner *Vita* bei der Beschrei-
bung des anfangenden Lebens gebraucht. Vgl. c. 5 «Von dem vorspil gŏtlichen trostes,
mit dem got etlichú anvahendú menschen reizzet» (Bihlmeyer, S. 17, 13-14). Damit ist
genau der Kontext des *Geistbuchs* getroffen: eine unvermutete innere Bewegung, die
inneren Sinne werden angesprochen und reagieren – d.h. produzieren eine Vorstel-
lung visiver oder akustischer Art, ohne daß ein real vorhandener äußerer Gegenstand

40   daz mir vorspilt?» Der meister sprach: «Alles, da sich daz niderst teil diner sel an geůben mag, da hůt dich vor vnd heb dich vff in daz lieht vnd hůt diner vernunfft, das sú it trette vss dem lieht».

Öch mag der mensch niemer reht erlůhtet werden, er komm denn zů geistlicher loÿca. Das ist: wo zwey oder drú ze verston syne, daz man da it eins

45   verstee, vnd da eins zů verston ist, daz man da it me verstand. Dis ist loÿca. Ÿe

---

40-41 da sich (daer v *Ga1*) daz niderst teil diner *(uwer Ga1)* sel an geuben mag *S1, Ga1*] das sich jn das niderst teil der *(siere Br1)* sele *(ziele mette lichte Br1)* geuben mag *x3, Br1;* Blattverlust *P1*
43 zu *x3, y*] ee zů *S1*   44 loÿca *S1, y*] liebe *x3*   wo *S1, y*] wen *x3*   da *S1, N1, y*] das *Au1*   45 da *S1, Au1*] wenn da *N1;* waer *Ga1;* waer dat *Br1;* Blattverlust *P1*   loÿca *S1, y*] leicht *N1;* leyke *Au1*

---

den Anlaß gegeben hätte. Voraussetzung: das wahrnehmende Subjekt ist in meditativer Kontemplation versunken (bei Seuse ist der Ort dieser Eingebungen der noch dunkle Chor der Kirche nach der Mette in Erwartung des Tagesanbruchs, im Halbschlaf). Im XI. Kap. bei der Betrachtung der Fastnacht, «des abendes, so man alleluja leit» meditiert der „Beginner" über die verwerfliche Fastnacht der Welt («der gebúren vasnacht») und stellt sich eine „himmlische Fastnacht" vor: «Dú ander vasnaht waz ein betrahtunge des vorspils der ewikeit, wie got mit sinen userwelten frúnden dennoch in disem tȯdmigem libe mit himelschem troste spilt, und nam denn her fúr mit dankberem lobe, waz im dez worden was, und liess im mit got wol sin» (Bihlmeyer, S. 31, 2-6). Hier verfügt der Beginner über die Fähigkeit, die im *Geistbuch* erst diskutiert wird, nämlich die inneren Eindrücke festzuhalten. *Vorspil* und *vorspiln* ist bei Seuse die noch unbewußte Empfindung göttlicher Nähe, die der rationalen Erkentnis vorausgeht. Es handelt sich grundsätzlich um göttliche Eingebung. In diesem Sinne wird *vorspiln* auch bei Tauler oder den Gottesfreunden gebraucht; vgl. M. Egerding, *Die Metaphorik der spätmittelalterlichen Mystik*, Paderborn 1997, Bd. 2, S. 540-544.

40-42 Die Antwort des Meisters auf die Frage nach der Verwirklichung des *vorspils* verweist den Jünger auf den Ort des höheren Seelenvermögens der Vernunft.

42-56 Die rechte Erleuchtung hängt von der Fähigkeit ab, intellektuell einer „geistlichen Logik" («geistliche loÿca») zu folgen. Der Begriff ist in der geistlichen Literatur der Zeit nicht belegt, sein Inhalt entspricht aber der Forderung Seuses nach einem Denken in Gegensätzen; s. u. Z. 53-54. Unser Autor erklärt das Konzept, indem er zunächst ‚Logik' definiert: wo zwei oder drei zu verstehen sind, soll man nicht eins verstehen. «Dis ist loÿca». Die „geistliche Logik" wird präsentiert in einer Serie von Komparativen, verbunden mit der korrelativen Konjunktion ‚je-desto', mhd.: *ie-ie*. Eine Reihe sich ausschließender Lexeme (Gegensätze) wird in langer Kette mit einander verbunden – ein typisches Stilem der mystischen Sprache.

Ähnliche Gegensatzketten sind belegt bei Mechthild von Magdeburg, *Fließendes Licht der Gottheit*, I, 22 (Vollmann-Profe, S. 38, 26 - 40, 19) und Kommentar zur Stelle S. 712-714: Die Seele erlebt die Begegnung mit Gott in den ‚mystischen Paradoxa'; ansatzweise auch bei Eckhart, z.B.: «... und ie mê pîne, ie grœzer vröude; wan gotes willen ervüllen, daz ist himelrîche, und ie lenger wille, ie mê himelrîche, und ie grœzer pîne in gotes willen, ie mê sælicheit» (Pr. 59, DW II, S. 630, 1-3). Entfernt vergleichbar ist die häufig Bernhard von Clairvaux zugeschriebene sog. *Goldene Kette*, die in die Spruchsammlung des Ps.-Engelhart von Ebrach Aufnahme gefunden hat, oft auch alleine in geistlichen Sammelhss. des 15. Jhs. überliefert wird (Ps.-Engelhart von Ebrach, *Das Buch der Vollkommenheit*, nr. 42; Schneider, S. 22-23): Der Spruch beschreibt den Aufstieg des geistlichen Menschen, der schrittweise die Welt hinter sich läßt. Jedes erreichte

me bekantniss, ẙe me dúnsterniss. Y̊e me dúnsterniss, ẙe me bekantniss. Y̊e grôsser minn, ẙe grôsser hass. Y̊e grôsser hass, ẙe grôsser minn. Y̊e grôsser gebruchen, ẙe mẙnder gebruchen. Y̊e mẙnder gebruchen, ẙe grôsser gebruchen. Y̊e me vereint, ẙe me gemittelt. Y̊e me gemittelt, ẙe me vereint. Y̊e
50 me sterben, ẙe me leben. Y̊e me leben, ẙe me sterben. Y̊e einfaltiger an dem wesen, ẙe manigfaltiger an *den* werken. Y̊e manigfaltiger an den wercken, ẙe einfaltiger an dem wesen. Y̊e gemeẙner, ẙe vngemeẙner, ẙe vngemeẙner, ẙe gemeẙner. Kurczlich gesait: daz man in diser widerwertigen rede verstand frömde sẙnn. Wonn alles daz man von got gesprechen mag, daz ist frömd,
55 wenn es ist creatur. Doch nach dem so die rede got bezeichnet, so ist es got.

Der mensch sol öch vsswendig flisseklich sůchen, daz ist an wisen lúten, die sich lang *vnd wol* geůbet hant in dem lieht vnd in der gnade vnd *auch*

---

46 dúnsterniss (1) *S1, y]* vinsterniß *x3*   46-47 ẙe grôsser minn *S1, Au1, Br1]* ye mer grosser mynne *N1;* hoe meere kennisse jo groter mynne *Ga1; Blattverlust P1*   47 ẙe grôsser hass (1) *S1; J* grote aet *Br1]* ẙe grosser hab *x3; fehlt Ga1; Blattverlust P1*   ẙe grôsser hass ẙe grôsser minn *S1, Br1]* ye grosser minne *Au1; fehlt N1, Ga1; Blattverlust P1*   48 grôsser *S1]* mer *x3; Lücke y* 50 ẙe me leben ẙe me sterben *S1, Ga1] J* meer leuende etc. *Br1; fehlt x3; Blattverlust P1*   51 den wercken *x3, y]* dem leben oder werken *S1*   52 ẙe manigfaltiger an den wercken ẙe einfaltiger an dem wesen *S1] J* menechfuldegher anden werken etc. *Br1; fehlt x3, Ga1; Blattverlust P1* 53 diser *(der x3, fehlt Br1)* widerwortigen rede *x1, Br1]* weder wordige dijngen *Ga1; Blattverlust P1*   widerwertigen *x3, Br1]* widerwortigen *S1, Ga1; Blattverlust P1*   verstand *S1, y]* bekenne *x3*   54 frömde *S1, y]* den fremden *N1;* die fremden *Au1*   ist *S1, y]* ist jm *x3*   wenn *S1, y]* vnd *x3*   55 so *S1,* als *Ga1]* das *x3; Lücke Br1; Blattverlust P1*   got (2) *S1, y]* gutt *x3* 56 Der mensch *S1, y]* Man *x3*   57 vnd wol *x3, y, fehlt S1*   auch jn der *x3, y, fehlt S1*

Ziel schlägt sofort in einen neuen Ausgangspunkt um. Der höchste Punkt, und damit das endgültige Ziel, ist erreicht in der vollkommenen Willenseinheit mit Gott.

53-54 Schlußfolgerung: «daz man in diser widerwertigen rede verstand frömde sẙnn». Vgl. Seuse, *Buch der Wahrheit,* der ein Denken in Gegensätzen als unbedingte Voraussetzung für den zunehmenden Menschen fordert: «Es si denn, daz der mensche zwei contraria, daz ist zwei widerwertigú ding, verstande in eime mit einander, fúrwar ane allen zwifel, so ist nút gůt lihte mit ime ze redenne von sělichen dingen. Wan so er dis verstat, so ist er allererst getretten dez halb uf den weg des lebennes, daz ich mein» (Sturlese/Blumrich, S. 32, 93-98). Und weiter: «Zwei contraria in eime sinde nach aller wise widerwerfent alle kúnste» (ebd., Z. 101-102), d.h. si widersprechen der wissenschaftlichen Logik. Mhd. *widerwertige rede*: ‚widersprüchliche Aussage' (lat. *contradictio*); vgl. Eckhart, Pr. 70: «Der vierde sin ist zemâle widerwertic disen drin» (DW III, S. 196, 1). Mhd. *frömder syn*: ‚uneigentlicher Sinn' (lat. *improprius*).

54-55 Alle Aussagen von Gott sind immer „fremd" *(improprium)* und können Gott nicht unmittelbar benennen. Die Rede von Gott kann ihn nur „bezeichnen" *(significare),* d.h. zeichenhaft auf ihn verweisen.

56-70 Die Suche außerhalb seiner selbst ist die Suche nach einem Lehrer. Als Lehrer kommen weise Leute in Frage, die sich geübt haben im Licht der Vernunft, in der Gnade und in der Hl. Schrift, also studierte Theologen. Was folgt sind aber doch eher die charismatischen Eigenschaften des Seelenführers, von denen ein Lehrer drei besitzen soll.

jn der heiligen geschrifft. *Die wissen wol, was dem menschen nucz ist zu*
seinem zu nemen. Der lerer sol zurecht drew ding an jm haben. Das erst ist,

60 *das die lere in jm* gefůret *sey* von dem heiligen *[164r]* geist. *Daz ander ist,*
das er das selb sey, daz er leret. *Sant Paulus spricht: «Jch gelerte der ding*
nye keins, der Cristus Ihesus icht geworcht hab». Da mit meint er: Ich lert
nÿe kein wort, er wer es selber. Das drit ist, das er *also vol des heiligen geist*
sey vnd auch der minne *zu* sinem nehsten, daz er von gezwang gottes wort

65 vss spreche, als die trot den win vss truket. Sant Peter spricht:«Von dem
zwang des heiligen geistes hand heilig lút gesprochen, *was* sú gesprochen
hand». *Mag das geschechen, das der böß geist den menschen also besiczet,*
das er auß jm sprichet, als an des menschen zu thun, vil baß vermag das

---

58-59 die wissen wol ... das erst ist *x3, y, fehlt S1*   60 das die lere in jm bestet sey *x3;* dat die
leringe *(fehlt Br1)* in hem comen sij *y]* ỹn eÿme ieglichen lerer sol die lere gefůret sin *S1*   daz
ander ist *x3, y, fehlt S1*   61 das er das selb sey *x3, y]* vnd er sol das selbe tůn *S1*   er *S1,*
y] er do *x3*   61-62 Sant paulus spricht Jch gelerte der ding nye keins der cristus ihesus icht
(in mi niet *y)* geworcht hab *x3, y, fehlt S1*   62-63 da mit meint er ich lert nÿe kein wort er *(ic*
y) wer (enwracht *Br1;* en wast *Ga1)* es selber *x3, y, fehlt S1*   63 Das drit ist das *x3, y, fehlt*
S1   Er *S1, Br1]* der mensch *x3; Lücke Ga1; Blattverlust P1*   63-64 also vol des heiligen
geist sey vnd auch der *x3, y]* sol och vol *S1*   64 minne sin *S1*   zu *x3, y]* gegen *S1*   sinem
nehsten *S1]* dem eben cristen *x3;* sijnen euen mensche *Ga1;* sijns euenkerstens *Br1; Blattverlust P1*
64-65 gottes wort vss spreche *S1]* gods wert gheperst *Br1;* gottes sprech *x3;* des heiligen geestes
sijn woerde sprickt *Ga1; Blattverlust P1*   65 als die trot den win vss truket *S1]* als der kalter
den wein auß der pressen zwingt *x3;* alsoe die perse die wijn vten druuen dwingt *y*   66 heilig *x3,*
Br1] alle heiligen *S1;* die heiligen *Ga1; Blattverlust P1*   was *x3, y]* alles das *S1*   67-69 mag
das geschechen ... vil baß vermag das der heilige geist *x3, y, fehlt S1*

59-60 Er soll vom Hl. Geist inspiriert sein.

60-63 Er soll sein, d.h. leben, was er lehrt; Bekräftigung mit einem Pauluszitat,
Rom. 15, 18: «Non enim audeo aliquid loqui eorum, quae per me non efficit Christus
in obedientiam Gentium, verbo et factis». Diese Forderung ist eine wichtige Konstante
in den sog. Eckhart-Legenden. Dem Meister wird der Vorwurf gemacht, daß sein Leben
und seine Lehre auseinanderdriften Dahinter steht das Verlangen nach dem „Lebemei-
ster".

63-65 Er soll so vom Hl. Geist und der Liebe zum Nächsten erfüllt sein, daß er lehren
muß, wie unter Zwang; vgl. Eckhart, Pr. 109 „Opferstockpredigt": «Swer dise predige
hât verstanden, dem gan ich ir wol. Enwære hie nieman gewesen, ich müeste sie disem
stocke geprediget hân» (DW IV/2, S. 774, 69-70). Das Bild von der Kelter, die den Wein
auspreßt, zeigt sprachgeographisch die entsprechenden regionalsprachlichen Varietäten,
die offenbar von den Kopisten mühelos beherrscht werden: *S1* trot (alemannisch; einhei-
mischer Wortschatz); *N1, Au1* kalter (Lehnwort aus lat. *calcatorium;* Maingebiet); ndl.
perse (Lehnwort aus lat. *pressa;* Niederrhein). Vgl. König, *dtv-Atlas Deutsche Sprache,*
S. 70-71.

65-70 Bekräftigung des zwanghaften Sprechens mit einem Apostel-Zitat II Pt 1, 21:
«Non enim voluntate humana allata est aliquando prophetia, sed Spiritu sancto inspira-
ti, locuti sunt sancti Dei homines», und seiner Kommentierung durch Mt 10, 20: «Non
enim vos estis qui loquimini, sed Spiritus Patris vestri, qui loquitur in vobis».

der heilige geist. Christus sprichet: «Jr sind nit die da reden. Mer der geist
70 uwers vatters *der* redet in uch».

Das sechste ist, das sich *der mensch* flisseklich v̊be an marthen leben,
das ist an *groß vnd an vill ausserlichen wercken als* betten, vasten, wachen
vnd des glich, vnd ob sú ioch ein wenig vnbescheiden sint. *Wan jn der*
vnbescheidenheit vindet man bescheidenheit. Wan es geschicht vil, das
75 *manig sein jn jrem begin bescheiden vnd dar nach werdent faul vnd*
treg. Das dem zu nementen menschen martha leben [nutte] sol sein, das
spricht Bischoff Albrecht: Wo vind ich heilikeit des lebens vnd reht luter
verstantniss vnd ein steten influs der gnaden vnd samenung aller tugend?
Daz tůn ich niena me denn in eÿme lang geúpten menschen an marthen
80 leben.

An dißen vorgenanten stucken geleichet vnd geleibet sich der mensch

---

70 uwers *S1, y*] des *x3*   der *x3, y, fehlt S1*   uch *S1, y*] ewangelio *x3*   71 Das sechst ist
das *x3, Br1*] Das sechste stúk des zů nemenden menschen ist das *S1;* Oeck jst den mensche guet dat
Ga1; Blattverlust P1   sich der mensch *x3;* die mensche hem *Br1*] er sich *S1, Ga1; Blattverlust*
P1   marthen *S1, y*] Sant Martha *x3*   72 das ist *x3, y, fehlt S1*   groß vnd an vill ausserlichen
wercken als *x3, y, fehlt S1*   73 ettwenn ein wenig *S1*] etwas *x3;* iet *y*   vnbescheiden *x3, y*]
ze vnbescheiden *S1*   73-74 wan jn der vnbescheidenheit vindet *(leert y)* man bescheidenheit *x3,*
y, fehlt S1   74-76 wan es geschicht ... faul vnd treg *x3, y, fehlt S1*   74 es *N1,* das *Au1, Ga1*]
dit *P1;* des *Br1*   76 das dem zu nementen menschen martha lebn nicht *(nutte y)* sol sein *(sol*
sein *] es y) x3, y*] da lit nit an *S1*   76-77 Das spricht Bischoff Albrecht *x3, y*] Bischoff albrecht
spricht *S1*   78 ein *S1, y, fehlt x3*   79 tůn ich *x1*] en vindic *y*   niena me *S1;* nergherens
meer *y*] nyndert anders *x3*   in *x1*] aen *y*   lang *S1, y*] lautterem *x3*   81-82 an

---

71-80 Die sechste und letzte Eigenschaft des zunehmenden Menschen besteht in
äußeren Übungen nach dem Vorbild Marthas: «... als betten, vasten, wachen vnd des
glich». Die hier aufgezählten Werke sind die Exerzitien des Klosterlebens, nicht die
caritativen Werke des Weltfrommen. Diese Werke sind auf jeden Fall förderlich, auch
wenn der Mensch zu Beginn ein wenig *vnbescheiden:* ,unerfahren, unkundig' ist. Aus
der *vnbescheidenheit* entwickelt sich *bescheidenheit*.
76-80 Diese These wird mit einem Albertus Magnus-Zitat bekräftigt. Es geht um den
Streit, ob die *vita activa*, symbolisiert durch Martha, oder die *vita contemplativa*, sym-
bolisiert durch Maria (vgl. Lc 10, 38-40), zu bevorzugen sei. Albertus Magnus spricht
sich in seinem Lucas–Kommentar für eine Gleichwertigkeit aus, Eckhart geht in seiner
Martha-Maria-Predigt (Pr. 86) noch einen Schritt weiter und stellt Martha über Maria.
Der Albert zugeschriebene Ausspruch steht so zumindest nicht in seinem Kommentar
zum Lucas-Evangelium. Zur Deutung der Perikope vgl. u.a. Albertus Magnus, *Super*
Lucam, c. 10, 42 (Borgnet 23, S. 89b-90a). Ferner Augustinus, *Sermo* 103, PL 38, Sp.
613-616; Gregorius, *Moralia*, VI, c. 37, n. 61, Adriaen S. 331, 195-205; Cassianus, *Con-*
lationes, I, 8, Petschenig, S. 14-16.
76 Zu *[nutte]*: Die *x*- und *y*-Version gehen an dieser Stelle auseinander: die ndl. *y*-
Version überliefert *nutte* (,nützlich'), während *S1* den zum Zitat überleitenden Satz aus-
läßt, *y3* überliefert: ein fehlerhaftes *nicht*.
81-83 Die zuvor genannten sechs Eigenschaften, die die zunehmenden Menschen
charakterisieren, stellen eine Form der Nachfolge Christi (*imitatio Christi*) dar. Nach

sere vnserm heren Ihesu Cristo. Hierumb wan vil leut diser stuck nicht
enhaben, so werden sie gehindert volkomens lebens. Wan etlich stend so ser
auf jn selber vnd sind so voll eygens willens vnd so vngevollig, das sie sich
85 *nyemant wollen lassen weissen noch leiten.* Herumb kvnnen sie der masse
nit vinden. *Die ein slachent zu vil in das bekantnusz, die andern slachent zu*

---

dißen vorgenanten stucken ... ihesu cristo *x3, y, fehlt S1*   81 geleibet sich *N1;* geliebet sich *Au1*]
leuet *y*   82 sere *x3, fehlt y*   82-83 Hierumb wan vil leut diser stuck nicht enhaben *x3, y*]
aber die das nit geton hand *S1*   83-85 so werden sie gehindert ... das sie sich nyemant wollen
lassen weissen noch leiten Herumb *x3, y, fehlt S1*   85 leiten *(korr. aus* lauten) *N1*   kvnnen
sie *x3, y*] die kúnnen *S1*   86-87 die ein slachent zu vil *(*zu vil *]* alsoe sere *y)* in das bekantnusz
die slachent *(N1 getilgt)* andern slachent zu vill *(*slachent zu vill *fehlt y)* jn die minne *x3, y*] der
minne vnd an bekantniss *S1*

---

traditioneller Lehre büßt Christus stellvertretend die sechs Ursünden der Menschheit.
Insoweit der Mensch sich diese sechs Eigenschaften zu eigen macht, erfüllt er die Auf-
forderung «sequere me ...». Wer die sechs Eigenschaften nicht besitzt, besitzt auch nicht
ein vollkommenes Leben. Im Folgenden beschreibt der *Geistbuch*-Autor diejenigen, die
Mängel *(geprechen)* aufweisen. – **81** «geleibet sich» bezieht sich auf S. 44, wo die leib-
liche Einheit mit Christus diskutiert wird, gestützt mit Gal 2, 20 («Vivo autem, iam non
ego...», woran sich das ndl. *leuet* orientiert) und einem Meister-Zitat («Mit got ein geist
vnd mit Christo ein lib...»), von dem offensichtlich die mhd. Version inspiriert wurde.
«geleibet sich» ist *lectio difficilior*, die nur von N1 überliefert wird; Au1 überliefert
«geliebet sich», was lexikalisch möglich ist: mhd. *lieben*, swV., refl. + D: ,sich beliebt /
angenehm machen bei'. *S1* fällt aus. Die ndl. *y*-Version überliefert «leuet». Ein Lexem
(sich) lîben: ,sich körperlich angleichen' ist im Mhd. nicht belegt.
    83-88 Viele sind auf sich selbst fixiert, voll Eigenwillen und ungehorsam (mhd. *un-
gevölgic,* Adj.: ,ungehorsam', d.h. sie folgen Christus nicht nach). Ihr wesentlicher Defekt
ist Maßlosigkeit, und zwar in Erkenntnis oder in Minne, d.h. «sie uben das ein ze vil
vnd das ander zu wenig». Der *Geistbuch*-Autor scheint auf die alte Streitfrage zwischen
Dominikanern und Franziskanern Bezug zu nehmen, ob der Erkenntnis *(vernünfticheit /
bekantnusz)* oder der Liebe *(wille / minne)* bei der Erlangung der Seligkeit der Vorzug zu
geben sei, und eine dritte Lösung zu favorisieren: Erkenntnis und Liebe müssen in ein aus-
gewogenes Gleichgewicht kommen, um auf einer höheren Stufe zur Synthese zu finden.
    Eckhart behandelt das Problem am geschlossensten in Pr. 45 «Beatus es, Simon Bar
Iona, quia caro et sanguis non revelavit tibi, sed Pater meus, qui in caelis est» (Mt 16,
17), wenn er die vier Namen des Hl. Petrus auslegt: ,Petrus', ,Bar Iona', ,Simon' und
,Cephas'. Petrus wird seinem Namen gemäß, der soviel heißt als «der got schouwet»
(«Petrus agnoscens» Sermo XIV,1 n. 151, LW 4, S. 142, 7) selig gepriesen. «Nû vrâgent
die meister, ob der kerne des êwigen lebens mê lige an der verstantnisse oder an dem
willen. Wille hât zwei werk: begerunge und minne. Verstantnisse, der werk ist einvaltic;
dar umbe ist si bezzer; ir werk ist bekennen und engeruowet niemer, si enrüere blôz, daz
si bekennet. Und alsô gât si dem willen vor und kündet im, daz er minnet. Die wîle man
der dinge begert, sô enhât man ir niht. Sô man sie hât, sô minnet man sie; sô vellet bege-
runge abe» (Pr. 45; DW II, S. 363, 8 - 364, 4). Doch, so fährt Eckhart fort, der Mensch,
der Gott schauen soll, soll „tot" sein (unser Autor wird die gleiche Forderung stellen).
Hier im Leben haftet noch ein „Mittel" an der Seele. Petrus, insofern er „Erkenner" ist,
kann im natürlichen Licht Gott nicht schauen. Doch er ist auch ,Bar Iona', ein Sohn der
Gnade, die die Seele läutert und bereitet für die göttliche Schau. Er ist auch ,Simon', der
im Gehorsam unter dem Licht Gottes steht und sein Wort hört. Und er ist ,Cephas', ein

*vill jn die minne, nicht das sie ze vil bekennen oder mÿnnen mugen, mer sie
uben das ein ze vil vnd das ander zu wenig.* Die minner uben sich ze *sere* an
iren minnewerken, also daz daz bekantniss kein stat in in gehaben mag, sin
90 werke zů wúrken. Da von komet *das*, daz sú blintlingen got dienen, wan die
liebe ist blint on bekantniss. Wenn daz bekantniss *nit vorgeet* vnd *beweist*
die minne zů iren werken, *so wurckt sie torlich. Si uben sich an dem mynsten
vnd achten das uor das aller groste.* Sú v̊ben sich an vssern werken vnd
wenig an *den jnnern. Sie haben gar hertes leben vnd vindent sich zu dem*
95 *leczten daran gebildet vnd geformet* vnd es *ist* ir lestes ende. *Das* ist nit *ein
geprech, das sie groß werck thun vnd hertes leben haben, mer das sie zu dem
leczten dar ein gepildet sind, das ist ein geprest, das jn daran genuget vnd
nicht suchen daruber. Wan das stettigs beleiben auf ausserlichen wercken,*
daz hindert *sie jnnerlich wercks* vnd ist öch *ein* mittel ir minne zů got. *Sant*

87-88 nicht das sie ze vil ... das ander zu wenig *x3, y, fehlt S1*   88 minner *S1, y]* mynne *x3*
sich *S1, Ga1]* sie *x3, fehlt y2*   sere *x3, y]* vil *S1*   89 iren *x3, y]* den vssern *S1*   in *S1, y]*
an *x3*   90 das *x3, y]* es *S1*   91 liebe *S1, y]* myn *x3*   nit *(nachträgl. eingefügt N1, fehlt
Au1)* vorgeet *x3, y]* sol vor gon *S1*   91-92 beweist die mynn (liefde y) *x3, y]* die minne wisen
S1   92 so wurckt sie torlich *x3, y, fehlt S1*   92-93 Si uben sich an dem mynsten vnd achten
das uor (dauor *Au1*) aller groste *x3, y, fehlt S1*   94 wenig *x3]* luttel *y;* wonen *S1*   den jnnern
x3, Br1] den inwindeghen wercken *P1;* die hijndernissen *Ga1;* inre werke *S1*   94-95 sie haben
gar hertes ... gebildet vnd geformet *x3, y, fehlt S1*   95 ist *x3, y]* blibt also *S1*   das *x3, y]* es *S1*
95-96 ein geprech *x3, y]* vnreht *S1*   96 das sie groß werck thun vnd hertes leben haben *x3, y]* die
vssere werke v̊ben *S1*   96-98 mer das sie zu dem leczten ... vnd nicht suchen daruber *x3, y, fehlt
S1*   97 sind *x3]* bliuen *y*   98 daruber *N1]* dar enboben *Au1;* daer bouen *P1, Br1;* vorder *Ga1*
wan das stettigs beleiben auf ausserlichen (wtwindeghe *P1, Ga1)* wercken *x3, y]* aber stet dar inn
beliben *S1*   99 sie jnnerlich (jnnerlicher *Au1;* van inwendige *Ga1)* wercks (werke *Au1) x3, Ga1]*
die innerliche v̊bung *S1; Lücke y2*   öch *S1, y]* doch *x3*   ein *x3, y, fehlt S1*   Sant *x3, y, fehlt S1*

Haupt. Das Haupt der Seele ist *vernünfticheit (intellectus)*. «Die die gröbesten rede hal-
tent, die sprechent, daz diu minne vorgâ; aber die die næhsten rede haltent, die sprechent
eigenlîche ..., daz der kerne des êwigen lebens mê lige an verstantnisse dan an minne.
Und wizzet daz, war umbe. Ez sprechent unser besten meister ..., daz diu verstantnisse
und diu vernünfticheit gât die rihte ûf in got. Aber diu minne kêret ûf daz si minnet;
dâ nimet si, daz dâ guot ist. Aber verstantnisse diu nimet daz, dâ von ez guot ist ... Diu
minne nimet got, als er guot ist; aber verstantnisse diu dringet ûf und nimet got, als er
wesen ist» (Pr. 45; DW II, S. 371, 1-9). In den vier Namen des Petrus liegt implizit ein
Modell der *visio beatifica* begründet, das dem des *Geistbuchs* vergleichbar ist.

88-140 Zunächst werden die „Minner" behandelt, die in äußeren Liebeswerken
übertreiben. Ohne Erkenntnis lieben sie blind, da Minne, wenn sie nicht von Erkennt-
nis geleitet wird, töricht handelt. Diese Torheit manifestiert sich in äußeren Werken der
Askese («hertes leben»). Ihr Fehler besteht nicht darin, daß sie Askese üben, sondern daß
sie nicht darüber hinaus streben, und es damit genug sein lassen: **94-95** «sie ... vindent
sich zu dem leczten daran gebildet vnd geformet vnd es ist ir lestes ende».

98-101 Dieses Beharren auf den äußeren Werken hindert sie in der Erlangung eines
vollkommenen Lebens und „behindert auch ihre Liebe zu Gott".

99 Mhd. *mittel*, stFN: lat. *medium* steht sowohl für ‚Vermittlung' als auch für ‚Hin-

100 Bernhardus *spricht*: Also vil du dich glichest vsserlichen dingen, also vil
verrestu dich von der ôbersten minne.

Dise lút hand vil eigenwilliger *vnd* gesâczter gûtheit. Da von sind sú
hertmûtig vnd einsinnig vnd gar berûrlich vnd vrteilen dik *vnd richten* ander
lút. *Auch wöllen sie der zwey oder drew jn den augen haben, der sie kaum*
105 *eines bedörffen zu der notturfft. Das kumpt alles dauon, das* sú den geist
nit getôtet hant. Sú *mugen* sich von der pflegung des vsserlichen wesens nit
ziehen in ir innerlich wesen. *Ich gesweig der vberweselicher dinge.* Doch

---

100 spricht *x3*] seet *y, fehlt S1*   102 lút *S1, y*] menschen *x3*   eigenwilliger *x1*] eyghens
wille *y*   ende *(vff S1)* ghesetter goetheit *y, S1]* vnd gesaczter gewonheit *x3*   103 ein sinnig
(einstimmig korr. in eigensinig *N1) x1*] eensalich *(een sedich Ga1) y*   gar *x1 (fehlt N1)*] herde
y   berûrlich *x1;* beruerlijc *P1*] beuoelijc *Br1;* verueerlick *Ga1*   vnd vrteilen dik *(vele y)*
S1, y] Sie haben auch das *(an ÿn ergänzt N1)* das sie vil vrteiln *x3*   vnd richten *x3, y, fehlt S1*
104-105 Auch wöllen sie ... zu der notturfft *x3, y, fehlt S1*   105 das kumpt alles dauon das *x3,*
y] wann *S1*   106 mugen *x3, y*] wellen *S1*   vsserlichen *S1*] aussern *x3, y2;* werckelicken
Ga1   107 ziehen *S1*] ontien *Br1;* ontrecken *Ga1;* ontsien *P1;* ingegen *x3*   ir *S1, y, fehlt x3*
Jch gesweig der vberweselicher dinge *x3, y, fehlt S1*

---

dernis'. In dieser letzten negativen Bedeutung ist es hier gebraucht. Vgl. Eckhart, Pr. 45:
«Ein meister sprichet: enwære kein mittel, man sæhe eine âmeizen an dem himel. Nû
sprichet ein ander meister: enwære kein mittel, man ensæhe niht. Sie hânt beide wâr»
(DW II, S. 366, 3-5).

102-116 Der *Geistbuch*-Autor fährt fort, die negative Psychologie der Asketen dar-
zustellen.

102-104 Zunächst ist ihre „Gutheit" nur aufgesetzt und von Eigenwillen gesteuert
«eigenwillige und gesetzte guotheit» – also negativ. **eigenwillec*, Adj.: ‚eigenwillig';
einziger Nachweis im *Schürebrand (Findebuch*, S. 79), einem Traktat des späteren 14.
Jhs. für Klarissen von einem Straßburger Gottesfreund. Sie sind «hertmûtig (‚hartherzig,
mürrisch') vnd einsinnig vnd [...] berûrlich» ; **einsinnic*, Adj.: ‚eigensinnig' ist im Mhd.
nicht belegt, lediglich **einsinnicheit*, stF.: ‚Eigensinn' (Steer, *Scholastische Gnadenleh-
re*, S. 136; VI, 29); **berüerlich*, Adj.: ‚leicht zu beeindrucken, leicht erregbar'; im Mhd.
nicht belegt; nur *berüerlicheit*, stF.: ‚Berührung' (Hennig, S. 28). Das Lexem *berüerlich*
überliefert die mhd. *x*-Version, die ndl. *y*-Version bietet: *beruerlijc* P1; *beuoelijc* Br1:
‚fühlbar, einfühlsam' (Verdam, S. 93); *verueerlick* Ga1. Und sie sind schnell mit einem
Urteil über andere.

105-107 Der Grund für diese schlechten Eigenschaften: Sie haben den Geist nicht
getötet. Und deshalb gelingt es ihnen nicht, sich von „ihrem äußeren Wesen" ab- und
„ihrem inneren Wesen" zuzuwenden, ganz zu schweigen von einer Hinwendung zu den
„überwesentlichen Dingen". An dieser Stelle spricht der *Geistbuch*-Autor das einzige
Mal in der Ich-Form: «Ich gesweig der vberweselicher dinge». Er tut dies in Anlehnung
an das Eingangskapitel zur *Mystica Theologia* des Ps.-Dionysius Areopagita, der diejeni-
gen, die ganz in den wesentlichen Dingen verhaftet sind und nicht an Überwesentliches
glauben, von der Gotteserkenntnis ausschließt.

107-112 Es gibt jedoch „Minner", die ihre äußeren Werke ins richtige Verhältnis set-
zen (*ordenen*) und dem Licht der Gnade Raum geben, daß es ein wenig in ihre Seele zu
fließen vermag. An dieser Stelle wird das erste Mal das Thema der „Lichter" angeschla-
gen. Dadurch kommen sie zur Erkenntnis wesenhafter Dinge. Diese Erkenntnis bleibt

sind ettliche, die ordenen ire werk vnd rumen dem gnaden lieht, daz es
ettwaz gefliessen mag in die sele, daz sú bekennen vnderscheid weselicher
ding. Wann daz lieht ist eng in in. Da von hand sú *als* grosse vorcht *vnd
plodikeit*, daz sú sich hůten mit iren wesenlichen dingen vnd entúrent
sich nit erheben in v̇berwesenliche ding. *Sant* Dÿonisius *spricht*: «Die in
weselichen dingen erwachssen sind vnd geformet, die wenent, *das kein*
v̇berweseliche ding sient, vnd wenent in da mit erkennen, der die vinsterniss

---

108 ir ettliche *S1;* selke *Br1*] etlich mynnere *x3, P1; Lücke Ga1*   rumen *S1, y*] entrinnen *(N1
korr. am Rand:* entweichen) *x3*   gnaden lieht *S1*] gnadenlichen liecht *x3, Br1;* licht der gracien
P1; Lücke Ga1   109 mag *S1, y*] mocht *(N1 korr. am Rand:* mag) *x3*   bekennen vnderscheid
S1] vnterscheid bekennen *x3, y*   109-110 weselicher dinge *x3, y*] weselicher ding aber gar
wenig v̇berweselicher dinge *S1*   110 wann *x1*] Maer *y*   als *x3, y, fehlt S1*   110-111 vnd
plodikeit *x3, y, fehlt S1*   hůten *S1*] behutten *x3;* behoeden *Ga1;* behouden *P1;* behoeuen *Br1*
112 Sant *x3, y, fehlt S1*   spricht *x3, Br1*] seet *P1, fehlt S1; Lücke Ga1*   Die in *]* die in die in
(Dittographie) S1   113 erwachssen *S1*] gewachsen *x3, y2;* gewassen *(korr.* opgewassen) *Ga1*
wenent *S1, y*] meinen *x3*   das kein *(niet Br1, Ga1) x3, y*] nit daz *S1*   114 in da mit *S1, y*]
jn den *x3*   erkennen *S1*] bekennen *x3, y*

---

jedoch in den Anfängen stecken. Aus Furcht und Schwäche (*plodikeit*) lassen sie sich
häuslich nieder mit den wesenhaften Dingen («daz sú sich hůt[t]en mit iren wesenlichen
dingen») und wagen nicht, sich zu den überwesentlichen zu erheben. Mhd. *hütten, hüten*,
swV. abs., refl., pA *ûf*, Adv. lok.: ,sich niederlassen, ein Lager aufschlagen (auf)'; jem.
aufnehmen (Hennig, S. 169). Zum refl. Gebrauch vgl. Eckhart, Pr. 54b: «daz (daz ober-
ste element) treget in im eine glîcheit des himels und des engels, der den himel rüeret,
und lenget und breitet sich, daz diu sunne und der sternen kraft vil in im
mügen wurken, und sliuzet des engels natûre in sich ... alsô suln wir hütten und lengen
und breiten ...» (DW II, S. 568, 16-28).

112-116 Ps.-Dionysius Areopagita, *Mystica theologia*, c. 1, § 2: «Istos autem dico,
qui in existentibus sunt formati, nihil super existentia supersubstantialiter esse opinan-
tes, sed putantes scire ea quae secundum ipsos est cognitione eum qui ponit tenebras
latibulum suum» (PG 3, Sp. 1000A; *Dionysiaca*, S. 569, 2 - 570, 1; Sarracenus-Über-
setzung). Das *Geistbuch* hat dieses Ps.-Dionysius-Zitat mit einer Reihe geistlicher Texte
aus dem dt.- und ndl.-sprachigen Raum gemeinsam, die ab dem 14. Jh. bezeugt sind (vgl.
Scheepsma, *Filling the Blanks*, S. 278-303). Leitwort ist dabei das sonst nicht belegte
mhd. Kompositum *winkelhütte* stswF. für lat. *latibulum suum (in circuitu eius taber-
naculum eius)* entsprechend Ps 17, 12: «Et posuit tenebras latibulum suum, in circuitu
eius tabernaculum eius: tenebras aqua in nubibus aeris», der hier zitiert wird. Das mhd.
Lexem *hütte* wird im 14. Jh. in den naturwissenschaftlichen Fachwortschatz aufgenom-
men und erhält die Bedeutung von ,sphärische Umhüllung', ,Sphäre', vgl. Konrad von
Megenberg, *Buch von den natürlichen Dingen*, II, 9: «Daz fevr ist haiss vnd trucken, vnd
ist sein sinwelliv hůtt gend vmb vnd vmb ze nåhst nach dez monn himel» (Luff/Steer, S.
96, 17-18); ebd. II, 10: «wann da dez fevrs hůtt ein end hat, da hebt sich dez luftes hůtt an
vnd get vmb vnd vmb daz mer vnd die erden» (Luff/Steer, S. 101, 25-27).Vgl. auch die
verbale Form *hütten*, swV. bei Eckhart nicht nur in der Bedeutung ,umhüllen', sondern
auch in der von ,verhüllen, verbergen': «Allez daz hüttet got, daz man im zuogelegen
mac; swaz man im zuogelegen mac, âne lûter wesen, daz hüttet got» (Pr. 54b; DW II, S.
569, 6-7) oder «Swaz man geworten mac, daz hüttet got und leget im zuo» (ebd.; DW II,
S. 571, 13-14). Zur Begriffsbildung vgl. Gottschall, *Considerazioni*, S. 344-348.

115   hat gesaczt zů siner winkel hůt». Die vinsterniss ist die saczung zů dem
lesten in weselichen dingen.

Drÿ gebresten hant dise minner, dar an sú dik eigenheit ůben. Der erst
ist hoffart, daz die minne ist vngehorsam dem bekantniss. Wie sú das
bekantniss zů wege wiset, des ahtet sú nit. Dar vmb múgent sú nit erluht

120   werden. Der ander *gepreste* ist geistliche gitikeit. Wenn sú machent sich
also vnmůssig mit der mengi vsserer werk, daz sú der innern werk *wenig*
gewúrken múgent, das sú sich selber in selber nit benemmen. Augustinus
spricht: Wer sich selb im selb nit benýmt, der mag in sich selb nit gezogen
werden. *Das aber die geistlich geitikeit ein geprech sey, da uon spricht*

125   *Sant Bernhart:* «*Die subtilste vnd die geistlichste bekorung, die der mensch*
gehaben mag, das ist vil ubung gehabt an ausern wercken». Der dritt gebrest
ist geistlicher wollust, *die sie haben von jn vnd jn selben begeren. Nicht als*

---

115 zu seiner winckel hůtt *(hůt S1) x1]* in siere winkel hoede *Br1;* in sijnre hoeden *P1;* in
sijnen winckel Die hoede *Ga1*   ist *S1, y]* das ist *x3*   setzung *x3, y]* vinster saczung *S1*
115-116 dem lesten *S1, y]* den leczten enden *x3*   117 dise *S1, Au1, y]* die *N1*   dar an *S1, y]*
dar in *x3*   eigenheit *S1, y2]* eygentschap *Ga1;* geprechen (gepresten *Au1) x3*   Der *S1, y]*
das *x3*   118 das *x3, y]* also daz *S1*   vngehorsam *S1, y]* dick vngehorsam *x3*   wie *S1]*
Soe wat (dat *Ga1) y;* wa *x3*   119 wiset *S1, Au1, y]* wisent *N1*   des ahtet *S1, Au1, y]* Das
achten *N1*   dar vmb *S1]* des *x3;* hier omme *y*   120 gepreste *x3, y, fehlt S1*   gitikeit *x1]*
ghiericheit *y*   120-121 sich also *S1, y]* sie als *x3*   121 vnmůssig *S1]* onledich *y;* vnmassig *N1;*
vnmessig *Au1*   mengi *x1]* minnen *y*   vsserer *S1]* ausserlicher *x3, Br1;* wtwindegher *P1, Ga1*
der (die *x3*) innern (jnner *x3*) werk *x1]* dat werc (in wendighe werck *Ga1) y*   wenig *x3, y]* selten
S1   gewúrken *S1, y]* geuben *x3*   122 jn selber nit *(korr.) N1]* in selber *S1, Au1, Ga1;* hem
Br1, fehlt P1   spricht *x3, Br1]* seet *P1, Ga1, fehlt S1*   123 im selb *x1, fehlt y*   gezogen
S1] getzucket *x3;* getagen *Ga1;* ghetrocken *P1;* ghetruct *Br1*   124-126 Das aber die geistlich
geitikeit ... an ausern wercken *x3, y, fehlt S1*   124 geitikeit *x3]* ghiericheit *y*   125 bekorung
N1, y] bekerung *Au1*   126 ausern *x3]* wtterliken *y2;* wtwendige *Ga1*   127-129 die
sie haben ... als vil als der mensch si jm selb wil vnd begert *x3, y, fehlt S1*

115-116 'Finsternis' wird glossiert «die saczung zů dem lesten in weselichen din-
gen». Vgl. oben Zeile 94-95.

117-140 Die Minner haben drei Fehler (*gebrechen; defectus*): Hoffart, geistliche
Gier und geistliche Wollust. *Superbia, avaritia* und *fornicatio spiritualis* gehören zu den
sechs Hauptsünden, die implizit im Sündenfall enthalten waren; vgl. oben, S. 21, Anm.
zu 1-2.

120 Das Lexem *gîticheit* stF. erscheint bei Eckhart nur innerhalb von zwei Augusti-
nus-Zitaten: Eckhart, Pr. 11 (DW I, S. 178, 7-10) und *Liber Benedictus* (DW V, S. 17,
15 - 18, 2; vgl. Augustinus, *Confess.*, X, c. 41, n. 66, Verheijen, S. 191, 5-8). Als „geist-
liche Gier" bezeichnet unser Autor die rastlose Tätigkeit in äußeren Werken ohne innere
Selbstentäußerung.

127 Das Lexem *wollust* stMF. ist bei Eckhart belegt in Pr. 91 und im *Liber Benedic-
tus*. Der Ausdruck *geistlîche wollust* fehlt.

127-139 Wollust ist ein Fehler, insofern der Mensch seine guten Werke tut, um
Genugtuung zu empfinden; denn dann liebt der Mensch noch sich selbst und genügt sich
selbst. Ein „reines", gottgeweihtes Leben ist ein „trostloses" Leben in dem Sinn, daß der

*das die wollust ein geprech sey, die man an der gab hat. Mer doch als vil
als der mensch si jm selb wil vnd begert vnd wer sie durch wollust willen*
30 *tut*, als vil ist es ein gepreste. *Wan als vil süssickeit vnd trost ein sach ist
irer guten werck,* also minnet der mensch *noch* sich selb. *Das sol man also
versten, das* der mensch etwas blibet vff im selb, sich ze benůgen in sin selbes
geist. Daz ist geistliche vnkůsch. *Dasselb mocht* Augustinus *meinen, do
er* wart gefraget, was reines leben wer. Da sprach er: Sunder geist gelebet.
35 *[Doen wert hem anderwerf ghevraecht: Wat es sonder gheest gheleeft?]
Do sprach er: An trost gelebt. Also solt es nicht sein.* Die sach der gůten
werke sol allein *gott* sin. *Wan* das ist reht wollust, daz sich der mensch eins
mit got vinde vnd och hab ein vnuerschulte gewissne vnd fride des herczen
vnd ein stet sicher gemůte. Salomon *spricht:*«Ein sicher gemůt ist ein stete
40 wúrtschaft».
     Die andern das sind bekenner vnd sind öch zweÿerley. Die *ein* bliben
in der minn, die andern v̊berschriten die minn vnd ire werk vnd slahen ze
vil in daz bekantniss, also daz sú Aristotiles werden vnd verlieren Dauid.

129-130 vnd wer *(wie N1)* sie durch wollust willen tut *x3*] ende sijn wercke doer *(om die Ga1)*
wellust wilt *(fehlt Ga1)* doen (doet *Ga1)* y; die ire werk dar vmb tůnd daz sú geistlichen wollust
haben *S1*   130 als vil ist es ein gepreste *x3, y, fehlt S1*   130-131 wan als vil süssickeit ... irer
guten werck *x3, y, fehlt S1*   131 alsoe *(vnd also S1) Ga1, S1]* Alsoe vele *y2;* als vil *x3*   noch *x3,
y, fehlt S1*   selber *x3, y]* selb vnd got nit *S1*   131-132 das sol man also versten das *x3, y]* wenn
so *S1*   132 sich ze benůgen *x1]* hem seluen te benemen *Ga1;* te benopene *y2*   133 vnkůsch
S1] oncuysheit *y;* sattung *x3*   dasselb mocht *(korr. aus* mucht *N1)* Augustinus *(sinte agustijn
y)* meinen do er *x3, y]* Augustinus *S1*   134 wart gefraget *S1, y]* sprach *x3*   reines (een reyn
Ga1) leben wer *S1, Ga1]* ist rein leben *x3, y2*   135 Doen wert hem ... gheest gheleeft *y, fehlt x3
(Homoioteleuton); Lücke S1*   135-136 Do sprach er *x3]* hij seyde dat is *Ga1;* dat es *y2, fehlt S1*
136 An trost ... nicht sein *x3, y, fehlt S1*   der gůten *S1]* alder goeder *y;* gutter *x3*   137 gott
x3, y] gottes *S1*   wan *x3, y]* vnd *S1*   138 hab *S1, Br1]* heeft altijt *Ga1;* dat hi hebbe *P1; fehlt
x3*   vnuerschulte *S1]* onbesculdichde *y;* vnbefleckte *x3*   gewissne *S1]* consciencz *x3, y*
139 spricht *x3, Br1]* seit *Ga1, P1, fehlt S1*   140 wirtschaft *x1]* werscap des heren (herten *Ga1)
y; nach* wúrtschaft: Bernhardus Die subtileste vnd geistlicheste bekorung die der mensch mag han
daz ist vil v̊bung gehabt in vssern werken *S1*   141 andern *(andern menschen S1) S1, y]* driten
x3   bekenner *S1, Au1, y]* die volkomender *(am Rand nachgetr.)* kenner *N1*   ein *x3, y]* ersten
S1   142 andern *S1, y]* ander die *x3*   142-143 ze vil *x1]* alsoe seere *y*

Mensch sich eins mit Gott finde, und daher seine guten Werke allein um Gottes willen
tut, ohne jede Nützlichkeitserwägung. Dann handelt es sich um «reht wollust».
     139-140 Prv 15, 15: «Secura mens quasi iuge convivium».
     141-145 Die zweite Gruppe sind die „Erkenner". Sie spalten sich in zwei Untergrup-
pen: Die ersten wenden sich der Erkenntnis zu, bleiben aber in der Minne, d.h. sie haben
ein Gleichgewicht gefunden. Die zweiten überschreiten *(transeunt)* die Minne mit ihren
Werken, geraten zu viel in die Erkenntnis und verlieren ihr Gleichgewicht. Unser Autor
arbeitet mit der Allegorie von Aristoteles *(scientia;* mhd. *kunst)* und David *(sapientia
bzw. ‚Heiligkeit')* Die zweite Untergruppe verliert die Eigenschaften von David. Denn sie
erkennen mit dem natürlichen Verstand, meinen aber, ihre Erkenntnis käme von Gnade.

Aristoteles betút kunst, Dauid betút heilikeit. Wann der lút ist vil, die mit
145 natúrlichem lieht erkennen vnd wenen, es sÿ gnade.
Nu ist ein frag, wie man diße zwei liecht [onderscheeden mach]. Nvn
merkent: Es sind drú lieht. Das *ein* ho̊rt der natur allein zů. Das ander ho̊rt
der gnad allein zů. Daz dritt ho̊rt der natur vnd der gnade zů.
Nu verstet von dem naturlichem lieht. *Das* mag ervolgen alles, daz in de*m*

144 Dauid *S1, y]* vnd dauid *x3*   betút heilikeit *S1]* heilicheit *y;* heiliget kunst *x3*   ist *S1, y]*
der ist *x3*   145 erkennen *S1]* bekennen *x3, Ga1;* werden bekinnende *P1;* bekint werden *Br1*
146 Nu ist ein frag wie man *(*natuere *y)* diße zwei liecht *x3, y, fehlt S1*   onderscheeden mach *y,*
fehlt x3, S1   147 es sind drú lieht *S1, y, fehlt x3*   ein *x3, y]* erst *S1*   ho̊rt(1) *S1, y]* gehort
x3   ho̊rt(2) *S1, y]* gehort *x3*   148 ho̊rt *S1, Ga1]* das gehort *x3, fehlt y2*   149 Nu verstet
von dem naturlichem *x3, y]* Das natúrlich *S1*   das *x3, y, fehlt S1*   er volgen *x1]* vercrighen *y*
149-150 jn dem ampt *x3, y]* in den ambahten *S1*

146-282 Im Folgenden werden die Möglichkeiten der Erkenntnis und die Fehler der
„Erkenner" diskutiert, wobei der *Geistbuch*-Autor mit der Terminologie der Lichter arbeitet.
146-148 Aus dem Vorausgegangenen lassen sich zwei Lichter erschließen: das Licht
der Natur und das Licht der Gnade. Es stellt sich die Frage, wie man die beiden von ein-
ander unterscheiden kann. (Thema der *discretio spirituum*) Als Antwort entwirft unser
Autor zunächst ein differenzierteres System von drei Lichtern: ein reines Licht der Natur,
ein reines Licht der Gnade und als drittes ein vermischtes Licht aus Natur und Gnade.
Auch Eckhart bedient sich der Lichtmetaphorik, um die Stufen der Erkenntnis auszu-
drücken, wobei er sich auf Quellen wie Ps.-Dionysius oder Augustinus stützt. Dabei
werden generell drei Lichter unterschieden: *lumen intellectus, lumen angelicum, lumen
divinum.* Das Licht des Intellekts entspricht dem natürlichen Licht (Eckhart verwendet
durchwegs «natiurlich lieht») und ist Ausdruck der höchsten Seelenkraft der Vernunft,
ist also der menschlichen Seele immanent und eine positive Kraft. Das *lumen angelicum*
entspricht dem Licht der Gnade. Eckhart kennt und benutzt auch «lieht der gnâde», das
von außen der menschlichen Seele zufließt und eine Steigerung der natürlichen Potenz
bedeutet. Vgl. Eckhart, Jostes 69.1 (= Par. an. 56 "Illumina oculos meos" Ps 13, 4):
«Sanctus Dionisius spricht von dreierlei licht, daz die sele haben sol, die do kumen sol
in ein lauter bekantnuzz gotes. Daz erst ist naturlich, daz ander ist geistlich, daz dritt ist
gotlich» (Jostes, S. 67, 35-37); Eckhart, Pr. 18: «Wan glîch in glîchem sô vil würket,
dar umbe sol sich diu sêle ûf erheben in irm natiurlîchen liehte in daz hœhste und in daz
lûterste und alsô treten in engelischez lieht und mit engelischem liehte komen in götlich
lieht und alsô stân zwischen den drin liehten in der wegescheiden, in der hœhe, dâ diu
lieht zesamen stôzent. Dâ sprichet ir în daz êwige wort daz leben: dâ wirt diu sêle leben-
de und widersprechende in dem worte» (DW I, S. 306, 8 - 307, 4). Vgl. Eckhart, Pr. 73:
«Daz natiurlich lieht der vernünfticheit, daz got gegozzen hât in die sêle, daz ist sô edel
und sô kreftic, daz im enge und kleine ist allez, daz got ie geschuof an lîplîchen dingen
... Nû ist ein ander lieht, daz ist daz lieht der gnâde; gegen dem ist daz natiurlich lieht
als kleine als einer nâdel spitze mac begrîfen des ertrîches gegen dem ganze ertrîche ...
Alsô ist der sêle, diu in gotes gnâden ist: der sint kleine und enge alliu dinc und allez, daz
vernünfticheit geleisten und begrîfen mac» (DW III, S. 260, 7 - 262, 8).
149-159 Das natürliche Licht erreicht (mhd. *ervolgen,* swV. m. G.: ‚erreichen, erlan-
gen, erwerben') alles, was das „Amt" betrifft. Gemeint ist wohl der jeweilige Beruf,
dessen Kenntnisse man mit Fleiß, Intelligenz und guter Anleitung erwirbt und den ein
jeder zu beherrschen vermag.

50   ambaht ze kennen ist, ein ieglichs in dem sinen. Wann da bekennet man mit
     hantleitung vnd dar nach daz ambaht vnd hantleitung ist, dar nach *bekennet*
     ein ieglichs in sin wise vnd nach des ambahtes wise. Dar vmb bekennen
     gelert lút die geschrifft, wann sú sú hand gelert vnd lernent. Dar nach der
     mensch scharpffen synn hat vnd fliss vnd gůte hantleitung, daz sint gůte
55   bůcher vnd des glich, dar nach múgent sú dise bůchische kunst ervolgen.
     Wenn der gelerten lút ambaht ist kunst. Ein mensch mȯhte als flisseklich
     lernen dise kunst, daz er zů also grosser kunst keme vnd im *also* gewonlich
     wúrde, das er mit der kunst nuwe kunst gewúnne vnd mit dem natúrlichen
     lieht *an* gnad. *Wan* alles, daz die heiligen von dem influss des heiligen
60   geistes gelert hand vnd was die meister von kúnstericheit geschriben hant
     vnd zu offenbarem schine braht hand, daz ist alles mit natúrlicher kunst ze
     begriffen, wann kunst git kunst vnd gnad git gnad. Och ist ein kunst, die
     heisset ein gewunnen kunst. Die erfolgen ȯch ettliche *vngelert lewt.* Daz
     sint, die gottes wort flisseklich horen *vnd mercken die [bediedinghe] der*

150 ze kennen *(*bekinnen *y)* ist *S1, y]* ist *(fehlt Au1)* zu bekennen *x3*   ein *(fehlt P1)* ieglichs *S1, y]*
es bekennet ein ietlich ding *x3*   dem sinen *S1, y]* den synnen *x3*   da *x1]* daer *Ga1;* dat *y2*   man
S1, N1, y, fehlt Au1   mit *S1, y]* da mit *x3*   151 hantleitung *x1]* aen leidinghen *y2;* reysschap *Ga1*
vnd dar nach daz ambaht vnd hantleitung ist *S1, y, fehlt x3*   bekennet *x3, y]* kennet *S1*   152 ein
Au1, y] er ein *S1;* man *N1*   153 vnd lernent *(*leeren *y) S1, y, fehlt x3*   153-154 dar nach der
mensch *S1]* dar nach als ein mensch *N1;* darnach das ein mensch *Au1, Ga1;* Ende daer nae dat *(fehlt
Br1)* een mensche *y2*   154 scharpffen synn *S1]* scharpf sýne *x3;* scherpe sinnen *y*   hantleitung
x1] aencleidinghe *y (Lücke Ga1)*   155 des glich *S1]* ander bereit schaft *x3;* andere *(*guet *Ga1)*
gereescap *y*   dise bůchische kunst *x1]* der boecken const *y*   156 als *S1, y]* wol als *x3*   157 also
grosser *S1, y]* aller grossen *(*grosser *Au1) x3*   also *x3, y]* als *S1*   158 gewúnne *S1, Ga1]*
funde *x3, y2*   vnd *S1, y, fehlt x3*   159 an *x3]* ein ware *S1;* waer sonder *y*   wan *x3, y]* vnd *S1*
160 was *S1]* auch *x3, fehlt y*   kúnstericheit *x1, Br1]* rijcheit der const *P1;* rijckheit gods *Ga1*
163 vngelert lewt *x3, y]* menschen die nit gelert sind *S1*   164 die *(*die die *Br1)* gottes wort
flisseklich *(*vlieteghe gods wort *Br1, Ga1)* horen *S1, Br1, Ga1]* Als si vlitelijc dat woert godes
horen *P1;* die die das gottlich wort horen ausserlich *x3*   164-165 vnd mercken ... geschrift *x3,
y, fehlt S1*   164 bediedinghe *y]* tugent *x3*

150 mhd. *ambaht,* stN.: ‚Amt, Beruf, Tätigkeit, Aufgabe; Vorschrift, Pflicht, Dienst;
Messe, Hochamt, Messopfer, Gottesdienst‘. Das Lexem *ambaht* fehlt in Eckhart und Ps.-
Eckhart. Seuse verwendet den Begriff für die Klosterämter, und damit für die Aufgabe
in der *vita activa,* die zu Konflikten mit der *vita contemplativa* führen können. Bei Tau-
ler kommt das Lexem mehrfach vor, z.B.: «wir súllen vil eben war nemen was unser
ambaht sülle sin» (Pr. 42, Vetter, S. 177, 14-15).
156-162 Wer fleissig studiert, kann seine Kenntnisse erweitern und zu immer grö-
ßerem Wissen gelangen. Dazu gehört auch das Studium der Heiligen Schrift. Alles was
die Heiligen, inspiriert vom Heiligen Geist, und die studierten Meister niedergeschrieben
haben, ist auf natürliche Weise zu verstehen. Dazu ist keine Gnade nötig.
162-166 Der *Geistbuch*-Autor wendet sich nun den Ungelehrten (Laien) zu, denen er
«ein gewunnen kunst» (*ars acquisita*) zugesteht. Auch sie können auf natürliche Weise
zu Wissen gelangen, indem sie (in der Kirche) Gottes Wort hören und sich die Auslegung
einprägen. Auch diese Kenntnisse erwirbt man ohne oder mit wenig Gnade.

165 *geschrift*. Die komen öch zů grosser wissheit vnd zů geistlichem sÿnne mit
natúrlicher kunst, da sú ioch nit oder wenig gnaden haben. Aber denn so ist
ir wissheit vol listiger swindekeit. Wenn sú kennen ir selbes nit vnd sind
one v̊bung vnd one einfaltikeit. Hier vmb stond in in vff die falschen geiste
vnd kúnste vnd die bedeken sich dik vnder dem glichniss der warhafften
170 geist. Da von fallen ir vil in vngeordente friheit *vnd auch ettlich* in irretům

165 die *S1*, *Au1*, *y*] die die *N1*   grosser *x1*] alsoe groeter *y*   165-167 vnd zů geistlichem sÿnne ...
wissheit *S1*, *y*, *fehlt x3 (Homoioteleuton)*   166 da sú ioch *S1*] dat si *y*   aber denn so *S1*] daer om *y*
167 vol listiger swindekeit *x1*] veel lustegher *(wale luthere Br1)* ende sijn rijckere *y*   kennen
S1] bekennen *x3*, *y*   nicht *x3*, *y*] noch nit *S1*   167-168 sind one *(sonder y) S1*, *y*] sunder
sein *x3*   168 hier vmb *x1*] haer minne *y*   169 kúnste *x1*] dier conste *y*   die *S1*, *Ga1*] die
falschen geist *x3*, *y2*   sich *S1*, *y*] sie *x3*   170 vngeordente *S1*, *y*] vngearnte *N1*; vngeornte
Au1   vnd auch ettlich *x3*, *y*] oder *S1*   170-171 irretům des glȯben *S1*] irren des gelauben
x3; ongeloeue *Ga1*; dolinghen des gheloefs *y2*

167-171 Ohne Selbsterkenntnis, Übung und Einfalt lassen sich die mit dem natür-
lichen Licht Erkennenden jedoch leicht von falschen Geistern täuschen und fallen in
„ungeordnete Freiheit" und manche auch in Glaubensirrtümer, d.h. sie sind nicht befähigt
zur *discretio spirituum*. Im Unterschied zu Eckhart sieht der *Geistbuch*-Autor natürliches
Licht und Gnadenlicht als zwei konkurrierende seelenexterne Kräfte, die es zu unterschei-
den gilt. Er stellt sich damit in die Tradition der „Unterscheidung der Geister", die
von teuflischen und englischen Eingebungen ausgeht – eine Tradition, die bei Eckhart gänzlich
fehlt. Im *Geistbuch* ist das natürliche Licht ohne Einfluß der Gnade negativ zu bewerten,
da eine potentielle Gefahr. Heinrich von Friemar verwendet *lumen* im Sinne von *instinctus*
und unterscheidet vier Eingebungen. Zu den Schwierigkeiten der Unterscheidung schreibt
er: «Primus instinctus dicitur divinus, secundus angelicus, tertius diabolicus, quartus natu-
ralis. Et horum differentiam non est facile comprehendere, quia frequenter angelus Sata-
nae "se transfigurat in angelum lucis", et multotiens creditur esse gratiae, quod est naturae
... Causa vero et ratio, quare sit difficile praedictos instinctus discernere, est similitudo
et conformitas naturalis luminis et luminis gratuiti. Nam utrumque lumen dictat homini
Deum super omnia diligendum» (Warnock/Zumkeller, S. 152, 12 - 154, 22).
     168-170 Vgl. II Cor 11, 14: «ipse enim satanas transfigurat se in Angelum lucis».
     170 «vngeordente friheit»: Der Begriff der „ungeordneten Freiheit", der weder bei
Eckhart noch Ps.-Eckhart belegt ist, taucht in Seuses *Buch der Wahrheit* auf und wird
im Eingangskapitel problematisiert: «... und ward in im gesprochen also: Du solt wissen,
daz inrlichú gelazenheit bringet den menschen zů der nehsten warheit. Nu waz im dis
edel wort dennoch wild und unbekant, und hatte doch vil minne darzů, und wart uf daz
selbe und des glich gar vestiklich getriben – ob er vor sime tode iemer dar zů mȇchte
komen –, daz er daz selb bloz erkandi und ze grunde ervolgti. Also kam er dar zů, daz
er wart gewarnet und wart ime fúr geworfen, daz in dem schine des selben bildes ver-
borgen legi valscher grunt ungeordenter friheit und bedecket legi groze schade der hei-
ligen kristenheit ... Nu begerte er von der Ewigen Warheit, daz sú im gůten underscheid
gebi – als verre es muglich were – enzwúschen dien menschen, die da zilent uf orden-
licher einvaltikeit, und etlichen, die da zilent, als man seit, uf ungeordenter friheit, und
in darinne bewisti, weles weri ein rechtú gelazenheit, mit der er kemi, dar er hin sȇlte»
(Sturlese/Blumrich, S. 2, 12 - 4, 53). Vgl. auch ebd., S. 54, 432 - 56, 444. In Seuses Kon-
text ist die „ungeordnete Freiheit" eine Gefahr, in der diejenigen schweben, die „innere
Gelassenheit" anstreben, dabei aber in die häretische Gelassenheit der Brüder des Freien

des glöben, wenn der fal ist in der natur, nit in der gnade. Also sind alle tugend mit natúrlichem fliss ze gewinnen, wann alle tugent sint gemeÿn den bösen vnd den gůten, on *allein* die warheit zebekennen vnd alles gůt ze minnen. Daz wúrt niemant geben denn den *[164v]* erwelten. *Das spricht*
75 *sant* Augustinus. *Er spricht, das* die tugent mag öch wol falsch sin in dem aller besten sitten.

Das ander lieht hört zu der gnade allein, das der mensch sin selbes armůt bekenne vnd *sein* bewegniss, wenn die gottes sÿ oder sin selbes, vnd daz er öch bekenn sin gefůlen, ob er gottes gefůle oder ob er got im gefůle
80 oder ob er sich gottes gefůlet. Der enahtet sein selbes nit. Paulus *spricht*: Gottes ze gefůlen, das ist ein tot der natur vnd ein leben in got. Vnd *das*

---

171 nit *S1, y2*] vnd nicht *x3, Ga1*   Also *x3, y*] vnd also *S1*   173 den (1) *S1, y*] dem *x3*
den (2) *S1, y*] dem *x3*   on *S1, y*] vnd *x3*   allein *x3, y, fehlt S1*   alles *S1*] alle *y;* das *x3*
174-175 das spricht sant Augustin Er spricht *(seet oec P1)* das *x3, P1*] Dat sprack Sunte Augustinus
oeck dat *Ga1;* Sinte Augustijn sprect dat *Br1;* Augustinus *S1*   175 mag öch wol falsch sin *S1*] wel
valsch mach sijn *y;* auch falsch mag sein oder ist *(mag sein oder am Rand korr.) N1;* auch falsch ist
Au1   dem *(der Au1) S1, Au1*] den *N1, y*   177 Das ander lieht *S1*] Dicz liecht *x3;* Nu hoert
dat licht *y*   178 sein *x3, y, fehlt S1*   wenn *(wanneer Ga1)* die *S1, Au1, Ga1*] wanneer hi *y2;*
wens *N1*   179 gefulen *S1, y*] selbs beuinden *x3*   ob *S1, y*] oder ob *x3*   179-180 gefůle
oder ... er sich gottes gefůlet *S1, y*] bevinde *(bevinde der gotz befint am Rand korr. N1) x3*
180 paulus spricht *(spricht fehlt S1) x1, fehlt y*   181 ze gefůlen *S1, y*] beuinden *x3*   181-182 das
er *x3, y2*] dat ick *Ga1;* der mensch *S1*

Geistes verfallen, wobei sie sich auf Eckharts Abgeschiedenheitslehre und seine Lehre vom „göttlichen Menschen" berufen. Wichtig ist deshalb die genaue Unterscheidung zwischen «ordenlicher einvaltikeit» und «ungeordneter friheit». Auch im *Geistbuch* geht es um die «einfaltikeit», die denen fehlt, die nur mit dem natürlichen Licht, das ist der Vernunft, erkennen und deshalb in «vngeordente friheit» fallen. Die Einfaltigkeit des *Geistbuchs* ist nur zu erlangen im Licht des Glaubens. Vgl. unten S. 38 «Sunder dem lieht des glöben, so ziehend wir die ding in manigfalti sÿn ...» und die Bestätigung «Sind einfaltig als die tuben vnd wis als die slangen» (Mt 10, 16).

171-176 Alle Tugenden im Sinne von positiven Fertigkeiten lassen sich auf natürliche Weise, ohne Einfluß der Gnade, gewinnen; lassen also keinen Rückschluß auf die moralische Qualität ihrer Träger zu, mit Ausnahme zweier: die Erkenntnis der Wahrheit und die Liebe zum Guten. Diese beiden Tugenden bleiben den Erwählten vorbehalten. Dieses Resultat wird mit einem Augustinus-Zitat bestätigt.

177-183 Das Licht der Gnade verleiht die Gabe der Selbsterkenntnis. Der Mensch erkennt das eigene Ungenügen, ob ein Anreiz/eine Erregung («sein bewegniss»; belegt ist nur mhd. *bewegunge*, swstF.: ‚Bewegung, Erregung, Anreiz') von Gott oder vom Menschen ausgeht; seine Empfindung («sin gefůlen»), ob er Gott wahrnimmt oder «ob er got im gefůle oder ob er sich gottes gefůlet» (‚ob er Gott seiner Wahrnehmung anpaßt oder ob er sich als göttlich/Gott zugehörig wahrnimmt') Die Stelle ist kryptisch; mhd. *geviielen*, swV. m. G/A: ‚fühlen, wahrnehmen, empfinden'. Das Syntagma «geviielen gotes» fehlt bei Eckhart und Seuse; belegt bei Tauler (Vetter, S. 59, 17-18 und 416, 14-15). Ein solcher Mensch beachtet sich selbst überhaupt nicht mehr. Schließlich erkennt der Mensch die eigenen Fortschritte auf dem Weg zur Vollkommenheit und das (Hilfs-) Mittel bzw. das

er öch bekenn sin zů nemen vnd sin ab nemen vnd daz mittel siner eÿnung
zwúschent im vnd got.

Nvn merkent, wie daz natúrlich vnd gnaden lieht ein sÿe. Da die sel
185 enpfahet *die* manigfaltige erlúhtung vnd dar inn wandelung hat, daz lieht
gehȯrt zů aller meist der natur. Aber da die sel sich einiget zů got, da ist das
lieht gnad. Wann in dem lieht můss die sel als einfaltig werden als daz lieht
einfaltig ist. Spricht ein meister: Sunder dem lieht des glŏben, so ziehend
wir die ding in *manigfaltig* sÿn, wie wir wellent, aber in dem lieht des
190 glŏben můssent alle meister als einfaltig werden als daz lieht einfaltig ist.
Dise lút *erfullen* warlichen vnsers herren wort, da er spricht: «Sind einfalt*ig*
als die tuben vnd wis als die slangen».

184 gnaden *S1*] der ghenaden *y;* das gnadenleich *x3*   ein *S1, y*] eins *x3*   da *S1, N1, y*] das *Au1*
185 die *x3, y, fehlt S1*   187-188 werden *(sein x3)* als daz lieht einfaltig ist *x1, P1, fehlt Ga1,*
Br1   188 spricht *(seet P1)* ein meister *S1, P1*] da spricht *(seit Ga1)* ein meister *x3, Ga1, Br1*
Sunder dem lieht des glŏben *S1*] vnter dem liecht der naturen *x3;* Onder den lichte des gheloefs *y*
ziehen *x1*] sien *(Br1) y*   189 manigfaltig *x3, y*] manigen *S1*   wir *x3, y*] wir sy *S1*
191 erfullen *x3, y*] erfolgen *S1*   da *S1, y2*] das *x3, Ga1*   einfeltig *x3, y*] einfalt *S1*
192 tuben *S1*] taub *x3, y*   slangen *x1*] slanghe *y*

Hindernis (mhd. *mittel* stFN.: ‚Vermittlung; Hilfsmittel; Hindernis'; lat. *medium*) für seine
Vereinigung mit Gott.
    184-192 Natürliches Licht und Gnadenlicht bilden in der Vereinigung mit Gott ein
drittes, unser Autor spricht von „Licht des Glaubens". Die Synthese von *lumen intellectus*
und *lumen angelicum* im Höchsten der Seele entspricht der Lehre Eckharts; vgl. *Sermo*
XXXVI, n. 370-371 (LW IV, S. 317-318). In den Predigten 32, 33 und 34 ist der Begriff
«lieht des glouben belegt». Vgl. Eckhart, Pr. 32: «Der hœhsten krefte der sêle der sint drî:
diu êrste ist bekantnisse, diu ander irascibilis, daz ist ein ûfkriegendiu kraft; daz dritte ist
der wille. Swenne sich diu sêle ziuhet an die bekantnisse der rehten wârheit, an die einval-
tige kraft, dâ man got ane bekennet, dâ heizet diu sêle ein lieht. Und got ist ouch ein lieht;
und swenne sich daz götlîche lieht giuzet in die sêle, sô wirt diu sêle mit gote vereinet als
ein lieht mit liehte; sô heizet ez ein lieht des glouben, und daz ist ein götlîchiu tugent. Und
dar diu sêle mit irn sinnen noch kreften niht komen enmac, dâ treget sie der gloube hine»
(DW II, S. 141, 5 - 142, 5) und Pr. 33: «Der gnâde werk ist, daz si die sêle snel machet und
gevüege ze allen götlîchen werken ... Swenne sich diu selbe gnâde und der smak wirfet in
den willen, sô heizet ez ein minne; und swenne sich diu gnâde und der smak wirfet in die
redelîche kraft, sô heizet ez ein lieht des glouben; und swenne sich diu selbe gnâde und
smak wirfet in die zürnerîn ... sô heizet ez ein hoffenunge» (DW II, S. 152, 4 - 153, 4).
    188 Überlieferungsproblem: *S1* überliefert *sunder:* ‚ohne', die restliche Überlieferung
under: ‚unter', und bildet damit den Gegensatz von „unter dem Licht" und „in dem Licht
des Glaubens" (189). Mhd. *sunder*, Präp.: ‚ohne, außer' steht gewöhnlich mit dem Akk., sel-
tener mit dem Gen., ist jedoch auch in Verbindung mit dem Dat. belegt (vgl. Paul/Schröbler/
Wiehl/Grosse, § 384). Angesichts der Lehre Eckharts dürfte *sunder* die richtige Lesart sein.
    189 Mhd. *sin* stM.: bei Seuse in der Bedeutung ‚Ausspruch, These; Bedeutung';
„Ohne das Licht des Glaubens interpretieren wir die Dinge in vielerlei Bedeutungen ..."
    191-192 Mt 10, 16: «Estote ergo prudentes sicut serpentes, et simplices sicut
columbae». Das Adjektiv «einfaltig» spielt mit der Polysemie von ‚einfach, ungeteilt'
und ‚unwissend, einfältig'. Während zu Beginn *einvaltic* als Gegensatz zu *manicvaltic*

Nv merkent: Es sint drú lieht, die sind alle gemenget. Das erst ist
gemenget mit natur vnd mit kunst. Da mit bekent man alzemol von vssen.
95 Das ist vsswendig dem gnaden lieht vnd minne. Dar vmb *bekennen* sú
noch leben got nit, aber sú bekennen vnd leben in selber. Wan ein ieglicher
bekent vnd lebet dem, das er minnet vnd daz ist ein ende aller siner werk.
Dise lút ziehent in beide, ewige vnd zitliche, ding zů vnd begeren ir ze
gebruchen nach ir selbes behagung. Daz ist sund. *Man soll allein belen vnd*
200 *begeren, gott zu behagen vnd zu leben.* Augustinus *spricht*: Da von koment
alle súnd, daz man zitlicher ding wil gebruchen als ewiger vnd ewiger als
zitlicher. Er meÿnt, *das* man ewiger ding gebruchet in einer satten genůgde

---

193 erst *S1, y*] ein *x3*   194 da mit bekent man *S1, y*] die bekennen *x3*   195 vsswendig dem *(der
y)* gnaden lieht vnd minne *S1, y*] ausser dem genadenlichen liecht *x3*   bekennen *x3, y*] enkennen
S1   sú *S1, y*] sie nicht *x3*   196 aber *S1*] mer *x3, y*   ieglicher *S1, y*] iglich *Au1*; zeglich dinck
(dinck *am Rand) N1*   197 er *S1, y*] es *x3*   dz *S1, Ga1*] es *x3, Br1, fehlt P1*   ist *x3, y*] ist
da *S1*   198 ziehent in *x1*] eghenen hem (hen *P1)* seluen *y*   beide *S1, Ga1, Br1, fehlt x3, P1*
199 dz *S1, Ga1, Br1*] vnd daz *x3, P1*   199-200 Man soll ... zu leben *x3, y, fehlt S1*   199 belen
*Au1,*willen *y*] leben *N1*   200 behagen *Au1, y*] gefallen *N1*   spricht *x3, Br1*] seet *P1, fehlt S1*
201 ding *S1, y*] hab *x3*   ewiger (1) *S1, Ga1, Br1*] ewiger ding *x3, P1*   ewiger (2) *S1, y*]
ewiger ding prauchen *x3*   202 Er meÿnt *S1, y*] Herumb meint er *x3*   das *x3, y*] so *S1*

---

gebraucht wird, steht im abschließenden Schriftzitat *einvaltic* als Gegensatz zu *wîse*. Im
Meisterzitat besteht das irritierende Nebeneinander beider Bedeutungen.
      193 Unser Autor definiert die drei Lichter nun unter einen neuen Perspektive: «die
sind alle gemenget». Mhd. *gemenget*, part. Adj: ‚vermischt', und zwar in einem negati-
ven Sinn der Trübung und Verschmutzung, der Qualitätsminderung. In diesem Sinn wird
das part. Adj. von Eckhart fünfmal gebraucht. Unser Autor verwendet *gemenget* nur hier
im Kontext der drei Lichter. Vgl. Eckhart, Pr. 61 (DW III, S. 42, 7-8); Pr. 57 (DW II,
S. 603, 4-6); Pr. 17: «Swaz diu sêle gedenket oder gewürket mit irn kreften, swie lieht
daz in ir sî, doch ist ez gemenget» (DW I, S. 292, 5-6); Pr. 81: «Dar umbe daz gotes
lûterkeit in ir *(sc.* der sêle) würke, sô enmac si niht gemengedes lîden, daz gemenget
ist mit crêatûren. Etelich werk würket unser herre got âne underscheit selbe, etelich mit
underscheide und mit helfe» (DW III, S. 398, 8-10); ebd.: «Als ich gotes wort spriche, sô
bin ich ein mitewürker gotes und ist diu gnâde gemenget mit der crêatûre und enwirt niht
genzlîche enpfangen in die sêle» (DW III, S. 398, 13-14).
      193-209 Das erste Licht, und zwar das natürliche Licht, ist getrübt durch Natur
und Kunst *(scientia)*. Die mit Hilfe des natürlichen Lichts erlangte Erkenntnis ist eine
„Erkenntnis von außen", die außerhalb der Gnade und der Minne steht.
      195-209 Die folgende Charakteristik derjenigen, die im natürlichen Licht erkennen,
erscheint wie eine Verkehrung des Pauluswortes Gal 2, 20: «Vivo autem, iam non ego.
Vivit vero in me Christus». Die hier Angesprochenen leben aus sich selbst und nicht aus
Gott. Sie sind auf sich selbst konzentriert (Eigenwille, Eigenliebe). Materielles und Geist-
liches *(spiritualia,* «ewige ding») «ziehent sie sich zů», eine Verkehrung des *Sequere me*
vom Anfang des *Geistbuchs,* wo verheißen wird, wer Gott die Ehre gibt, den wird er zu
sich ziehen; Io 12, 32: «Et ego si exaltatus fuero a terra, omnia traham ad meipsum». Ein
solches Verhalten ist Sünde, was mit einem Augustinus-Zitat bekräftigt wird.
      202-203 Mhd. *genüeg(e)de,* stF.: ‚Befriedigung, Erfüllung; Lust Freude; Genüge, Genüg-
samkeit'; *sat,* Adj.: ‚satt; voll; befriedigt; überdrüssig, müde'; *unsat,* Adj.: ‚nicht satt'.

vnd zeittlicher jn einer vnsatter genugde. Wann da gebruchet der mensch inn
sinen willen vnd minne, *da geprauchet man* in dem gemache vnd in dem
205 wolluste des fleisches vnd in der ýteln ere des geistes. Aber in gŏtlichem
willen vnd minne gebruchet man in dem vngemach des fleisches vnd in der
demůtikeit des geistes. Die also *von außwendig* bekennent, die besiczent alle
ding mit eigenheit vnd daz ist hoffart. Vss der hoffart gebirt sich volmůtikeit
vnd stolze sitten vnd gittikeit des herczen vnd alle vntugend *zu mall.*
210   Daz ander lieht ist gemenget mit natur *vnd* mit kunst vnd mit gnaden.
Dise lút bekennent beide, von vssen vnd von ÿnnen, von vssen natur vnd
kunst halb. Also vil als sú von vssen bekennent vnd minnent, also vil
endent sú in sich selber vnd bekennen vnd minnen in selben vnd bliben

203 vnd zeittlicher jn einer *(ere Br1)* vnsatter *(onghesaecter Br1)* genugde *x3, Br1, fehlt S1, P1,
Ga1*   204 da geprauchet man *x3, y, fehlt S1*   in dem (2) *S1]* in die *P1;* den *Br1, fehlt x3, Ga1*
205 Aber *S1;* Maer *y]* Aber die geprauchen *x3*   206 gebruchet man in dem *(in dem] dat P1)
S1, y]* die an jn habent vnd leident *x3*   vngemach *S1, y]* vngemach vnd pein *x3*   vnd in der
S1, Ga1, Br1] Ende der *P1;* vnd *x3*   207 also *S1, y]* aber *x3*   von außwendig *x3;* van buten
y] vssenan *S1*   208 gebirt sich *S1]* comt *y;* gebiret *x3 (gebiret sich korr. N1)*   volmůtikeit
S1, Ga1, Br1] ouermoedicheit *P1;* volkumenheit *x3 (in vnvolkumenheit korr. N1)*   209 vnd
x3, y, fehlt S1   stolze sitten *S1, y]* stoltz heit *N1;* stoltz ist *Au1*   vntugent zu mall *x3, y2]*
vntugend *S1, Ga1*   210 lieht *S1, y, fehlt x3*   vnd *x3, y, fehlt S1*   211 lút *S1, y]* menschen *x3*
von (2) vssen *S1, P1]* van *Br1;* vnd außer *x3; Lücke Ga1*   212 als *S1, y, fehlt x3*   bekennent
S1, y, Au1] kennen *N1*   minnent *S1, y, N1]* jnnen *Au1*   213 in sich selber *S1, y]* sich in *(fehlt
Au1)* jn selber *x3*

203-207 Wer in Eigenwillen und Eigenliebe genießt («gebruchet»), der genießt in
fleischlicher Lust und in „eitler Ehre" des Geistes. Wer aber in göttlichem Willen und
göttlicher Liebe genießt, der genießt in fleischlichem Schmerz («vngemach») und in
Demut des Geistes.
207-209 Zusammenfassendes Resumee: Wer im natürlichen Licht erkennt, erkennt
„von außen" und eignet sich selbst die Dinge an, so daß er sie wie ein Eigentum besitzt,
was Hoffart *(superbia)* ist. Daraus entspringen sämtliche Untugenden («volmůtikeit;
stolze sitten, gitikeit des herzen»).
208 Mhd. **volmüetikeit,* stF.: nicht belegt; nur das Adj. *volmüete:* ‚standesbewußt,
in freudiger Stimmung, hochgemut; höfisch' (BMZ II,1, S. 266). Das Substantiv, das in
dieser Form nur von *S1, Br1* und *Ga1* überliefert wird, ist hier in der Bedeutung ‚Stan-
desbewußtsein, Dünkel' gebraucht. Dagegen ndl. *volmoedicheit,* F.: ‚opgewektheid'
[Lebhaftigkeit, Munterkeit] (Verdam, S. 730), was dem Sinn nicht gerecht wird.
210 Das zweite Licht, und zwar das Gnadenlicht, ist getrübt durch Natur und Kunst,
enthält aber auch Gnade. Das part. Adj. *gemenget* ist im negativen Sinn auf Natur und
Kunst zu beziehen. Daß auch die Anwesenheit von Gnade eine „Vermengung" und damit
eine Trübung bedeutet, wird weiter unten aus dem Gebrauch des Adj. *bewunden* deutlich.
211-215 Die Erkenntnis dieser Leute kommt sowohl von außen (durch Natur und
Kunst) als auch von innen. Was von außen erkannt wird, ist wie schon oben ein Aneig-
nen im eigenen Interesse und dient der Eigenliebe und der eigenen Befriedigung. Inso-
fern aber die Gnade wirkt, leugnen sie sich selbst (vgl. Mt 16, 24: «Si quis vult post me
venire, abneget semet ipsum et tollat crucem suam et sequatur me») und „bekennen sich
Gottes" und insofern wandelt sich die Kunst *(scientia)* in Gnade.

in ir selbes behagung vnd wollust. Aber von der gnad halb lŏkenent sú ir
215 selb vnd bekennen sich got vnd also vil wúrt die kunst gnade. *Das* spricht
Hugo *von Sant Vittor*: «*Da* die kvnst vss gat, da gat die gnade in» vnd *da*
wúrt die frucht behalten in der kunst vnd *jn* der minne, in dem, in das die
minne geslagen ist. Wenn die natur wil behagung haben an iren werken vnd
die gnod wil got beheglich leben. Dise lút sint von zweÿn gebúrten. Waz
220 sú wandelung haben in geistlichen bilden vnd ŏch gŭte werk wúrken, da
mit *gehugen* sú beide, got vnd in selben. Nach dem daz sú got behúgent,
so lŏknent sú ir selbes vnd lebent got. Also vil sterben sú ir natvr, wenn
es mag kein natur in *einer* andern lebend werden, sú sÿ ir selbes natur tot.

214 halb *S1, y*] habunge *Au1;* habunge *(am Rand:* behagunge*) N1*   215 sich got *S1*] hen gods
y; sie gott *x3*   vnd also (in alsoe *y)* vil *S1, y*] als ferr *x3*   die *S1, y, fehlt x3*   215-216 das
spricht hugo von Sant vittor *x3, y*] Hugo spricht *S1*   216 Da *x3, y*] wo *S1*   da *x3, y, fehlt S1*
217 jn *x3, y, fehlt S1*   217-218 in dem in das die *(fehlt Br1)* minne geslagen ist *S1, Br1*] jn dem
das die *(fehlt Au1)* mÿnne geslacht *(am Rand:* gerecht *N1)* ist *x3;* jn dien dat mynne geslage is *Ga1;*
in dien dat men needer gheslagen es *P1*   218 behagung *S1, Au1, y*] gefallen *N1*   219 lút *S1,
y*] menschen *x3*   220 sú *S1, Au1, y*] die *N1*   221 gehugen *Au1;* ghedincken *y*] behagen *S1;*
gefallen *N1*   beide *S1, y2, fehlt x3, Ga1*   nach dem *Au1, S1, P1*] nit nach dem *N1; Lücke
Ga1, Br1*   got behúgent *S1*] gods ghedincken *P1;* gehugen *Au1;* in selber nicht gefallen *N1;*
Lücke Ga1, Br1   222 so *x3, y*] also *S1*   vil *S1, y2, fehlt x3, Ga1*   223 es *S1, P1, Ga1*]
sie *x3; Lücke Br1*   natur *S1, P1, Ga1*] creaturen *x3; Lücke Br1*   einer *x3, y*] der *S1*   seÿ
x3, y] sÿ denn *S1*   tot *S1, Au1, y*] vor *(über der Zeile nachgetr.)* tod *N1*

215 (sie) «bekennen sich got»: mhd. *bekennen* swV. refl. + Dat.: ‚sich unterwerfen',
dagegen + Gen.: ‚sich schuldig bekennen' (Hennig, S. 24).
216 Vgl. Hugo von St. Viktor, *Expositio in caelestem hierarchiam*, VI, c. 7: «... et
intrat dilectio, et appropinquat, ubi scientia foris est» (PL 175, Sp. 1038D). Ganz ähnlich
Tauler in Pr. 64: «Wan die minne die get do in, do das bekentnisse mŭs husse bliben»
(Vetter, S. 349, 3-4).
216-219 «da wúrt die frucht behalten in der kunst vnd jn der minne». Dies ist der
einzige Moment, in dem „Kunst" (*scientia*) kraft der Gnade einen positiven Aspekt
annimmt. Die Natur sucht nämlich Gefallen an ihren Werken, während die Gnade Gott
wohlgefällig sein will.
217-218 «In dem in das die *(fehlt Br1)* minne geslagen ist» *S1, Br1*; die Stelle wird
von den übrigen Textzeugen nur verderbt überliefert. Übersetzungsvorschlag: „in dem,
worin die Minne befestigt ist"; vgl. mhd. *slahen*, stV.: ‚schlagend befestigen' (Lexer, II,
Sp. 959).
219-221 Diese Leute, die von außen und innen erkennen, „sind von zwei Geburten".
Unser Autor führt hier den Begriff der „Gottesgeburt in der Seele" ein. Wenn sie sich
„geistlichen Bildern" widmen (Wirkung der Gnade) oder gute Werke tun (Wirkung der
Natur) denken sie entweder an (*Au1, y*) bzw. behagen (*S1, N1*) sie Gott oder (an) sich
selbst. [Vgl. Zeile 218-219 : «Wenn die natur wil behagung haben an iren werken vnd
die gnod wil got beheglich leben»] Das Verb *behagen* in *S1* dürfte an dieser Stelle aus
behugen verschrieben sein, vgl. Zeile 221: «Nach dem daz sú got behúgent».
221-223 Insofern diejenigen, die im Gnadenlicht erkennen, an Gott denken, verleug-
nen und verlieren sie sich selbst bis hin zur völligen Vernichtung ihrer eigenen Natur;
denn nur so können sie in Gott leben. Vgl. Gal 2, 20 und Mt 16, 24.

Wenn als vil sich der mensch got glichet an *dem* leben, als vil gebirt *er* in got
225 vnd als vil sich got der sel glichen mag, als vil gebirt er sich in die sele vnd
daz beschiht nach offenbarung, *jn* einer nuwen wise. Nit *also* daz got ein
anderer werde in der sel, mer er wúrt anders in ir. Er ist in im selber on wise,
aber die sel begriffet in in ettlicher wis, wenn die sel bewunden ist. Wenn
sú denn geistliche oder gőtliche gaben enpfohen sol, die müssent bewunden

224 dem *x3, y, fehlt S1*   gebirt er *(fehlt S1)* jnn got *x1*] wert hi gheboren in gode *y*   225 glichen
mag *S1, y*] geleich macht *x3*   gebirt er sich *x1*] wert hi gheboren *y*   226 jn *x3, y, fehlt S1*
also *x3, y, fehlt S1*   227 anderer *S1*] ander *y;* anders *x3*   228-230 wenn sú denn geistliche ...
bewunden ist *S1, y, fehlt x3 (Homoioteleuton)*

224-226 Voraussetzung für die Gottesgeburt in der Seele ist das Angleichen an Gott
im Leben, die *imitatio*, die eine Angleichung Gottes an die Seele zur Folge hat und ein
gegenseitiges Gebären: der Mensch gebiert (sich) in Gott, und Gott gebiert sich in den
Menschen. Dieses Sich-Gebären Gottes geschieht «nach offenbarung, jn einer nuwen
wise».
226 Mhd. *offenbârunge*, stF.: ‚Offenbarung, Verkündigung'; Eckhart verwendet das
Lexem im Sinne von ‚Enthüllung' (lat. *revelatio*), ‚Sichtbarmachen', z. B. Pr. 40: «Daz
vierde ist, daz got alle zît in dem menschen geborn wirt ... Wan bî geberunge dâ ist bî ze
merkenne diu offenbârunge gotes; wan, daz der sun heizet geborn von dem vater, daz ist
dâ von, daz im der vater veterlîche offenbârende ist sîne tougene. Und dar umbe, sô der
mensche ie mê und ie klærlîcher gotes bilde in im entblœzende ist, sô got ie klærlicher in
im geborn wirt. Und alsô ist diu geberunge gotes alle zît ze nemenne nâch dem, daz der
vater daz bilde blôz entdecket und in im liuhtende ist» (DW II, S. 275, 3 - 276, 6). *Offen-
bârunge* ist hier ein Synonym für *geberunge*; die Gottesgeburt ist also eine Selbstof-
fenbarung Gottes in der Seele. Vgl. auch *Spruch* 1: «Dô wart er *(sc.* Meister Eckhart)
gevrâget, waz gotes geberen wêre? Dô sprach er, gotes gebern in der sêle enwêre niht
anders, denne daz sich got der sêle offenbâret in eime niuwen bekantnüsse und mit einer
niuwer wîse» (Pfeiffer, S. 597, 15-18).
226-230 Dabei „paßt sich" Gott den menschlichen Erkenntnisbedingungen „an".
Er wird „anders", d.h. denkbar. Die Seele, die im irdischen Leib gleichsam verhüllt ist
(mhd. *bewunden*; lat. *circumvelatum*), kann Gott nicht „ohne Weise", also unmittelbar
erkennen, sondern nur unter der Hülle einer Vorstellung. Das bedeutet natürlich Erkennt-
nisminderung. Mit dem part. Adj. *bewunden* verwendet unser Autor einen Fachtermi-
nus aus der Ps.-Dionysius-Lektüre, der auf der bereits eingebürgerten Übersetzung des
dionysischen *circumvelatum* beruht. Er findet sich so bei Eckhart, Pr. 57: «Sant Diony-
sius sprichet: ist, daz daz götlîche lieht in mich schînet, sô muoz ez bewunden sîn, als
mîn sêle bewunden ist» (DW II, S. 603, 1-2). Vgl. Ps.-Dionysius Areopagita, *De divinis
nominibus*, c. 1, § 2: «Etenim neque possibile aliter nobis supersplendere thearchicum
radium nisi varietate sanctorum velaminum sursumactive circumvelatum» (PG 3, Sp.
721B-C, *Dionysiaca, S.* 733, 1-3; vgl. auch Eckhart, *In Ioh.* n. 74, LW III, S. 62, 7-9).
Bewunden ist ein wichtiges Stichwort der Gotteserkenntnis im irdischen Leben. In
den deutschen Predigten Eckharts erscheint das Lexem fünfmal stets im gleichen Kon-
text: solange die Seele im irdischen Leben steht, kann sie das göttliche Licht nicht unmit-
telbar empfangen, ebensowenig wie das menschliche Auge ungeschützt das Sonnenlicht
ertragen kann. Das Sonnenlicht „hüllt sich" in Luft, Gottes Licht „hüllt sich" in das Licht
des Engels, in der Terminolgie des *Geistbuchs* wäre dies das Licht der Gnade (s.o.). Vgl.
Eckhart, Pr. 32 (DW II, S. 134, 6 - 135, 4) und Pr. 31 (DW II, S. 116, 4-7).

230 sin in der wise als sú bewunden ist. Es ist mer sele denn es got sÿe. *Das*
sprichet ein *heidnisch* meister: «Was wir der ersten sach bekennen, daz sind
wir mer selber denn es die erste sach sÿe». Daz wir von got bekennen, daz
ist got nit. Es ist wol ettwaz des sinen, daz bekentlich ist. Des nemment ein
glichniss an der sunnen, die *da* schinet in ein glas venster, daz *da* ist von
235 manigerhand varwe vnd in einer ieglichen varw haltet sich die sunn nach
der wis der varwe vnd blibet doch an ir selber vnuermenget. Also haltet sich
got nach der wise, als es der mensch begriffen mag. Nach dem vssern leben
so gebirt der mensch in Christum und Christus wider in in, also daz er sin
leben wúrt. Paulus *spricht*: «Ich enlebe ÿeczunt nit, aber Christus lebet in

---

230-231 das spricht *(sprach N1)* ein heidnisch meister *x3, y]* Ein meister sprichet *S1*   232 selber
S1, y, fehlt x3   es die erste sake *S1]* es der ersten sach *x3;* die ierste sake *y*   daz *S1, y]* was
x3   233 wol *S1]* do *x3, fehlt y*   234 da *x3, y, fehlt S1*   da ist von mangerhand varbe *x3,*
y] von manigerhand varwe ist *S1*   235-236 nach der wis der varwe vnd blibet doch *(doch ein*
sun *Au1)* an ir selber *S1, Au1, y]* an ir selber *N1*   237 es *x1]* hem *y*   238 er *S1, y, fehlt x3*
239 leben *S1, Au1, y]* leben christus ihesus *(christus ihesus am Rand nachgetragen) N1*   spricht
x3, y2] seit *Ga1, fehlt S1*

Die Tatsache der irdischen Existenz und damit des Bewunden-Seins legt die Art und
Weise der Gotteserkenntnis fest, nämlich „gebrochen" durch Gleichnisse oder Gnade:
Vgl. Eckhart, Pr. 82: «Wan alsô, als diu sêle bewunden ist in dem lîchamen und in mate-
rielîchen dingen, waz man ir geistlîcher dinge bewîsen sol, diu müezen bewunden sîn in
materielîchen dingen, ob si ez bekennen sol» (DW III, S. 423, 5-7) und Pr. 97 (DW IV,
S. 228, 55-58).
   231-232 Das Meister-Zitat ist nicht nachgewiesen, gehört aber zum Fundus der in
volkssprachlicher Mystikliteratur kursierenden Zitate. Vgl. Meister Eckhart, Pr. 83: «Har
vmb spricht ein heidens meister: Swas wir verstant oder sprechent von der ersten sachen,
das sin wir me selber, dan es die erste sache sî» (DW III, S. 441, 2-4). Ebenso im Traktat
Vom wesen gottes (Spamer, S. 96, 4-7) und Jundt, Nr. 16 (S. 278, 10-12).
   232-237 Daraus ergibt sich die Unmöglichkeit wahrer Gotteserkentnis *in via* nach
den Grundsätzen der negativen Theologie, wie sie in zahlreichen Beispielen bei Eckhart
zu finden sind. Vgl. Pr. 83 (DW III, S. 441, 1-2) und Pr. 57: «Plâtô sprichet: waz got ist,
des enweiz ich niht – und wil sprechen: die wîle diu sêle bewunden ist in dem lîbe, sô
enmac si got niht bekennen –, aber waz er niht enist, daz weiz ich wol, als man merken
mac bî der sunnen, der schîn nieman gelîden enmac, er enwerde von êrste bewunden in
dem lufte und enschîne alsô ûf daz ertrîche. Sant Dionysius sprichet: "ist, daz daz göt-
lîche lieht in mich schînet, sô muoz ez bewunden sîn, als mîn sêle bewunden ist"» (DW
II, S. 602, 6 - 603, 2). Der *Geistbuch*-Autor „modernisiert" das klassische Sonnengleich-
nis der Mystikliteratur mit den technischen Errungenschaften im Kirchenbau, nämlich
mit dem Effekt der Sonneneinstrahlung durch farbige Glasfenster. So wie das Sonnen-
licht die Farbe der jeweiligen Glassegmente annimmt und doch in seiner Substanz farb-
los bleibt, ebenso paßt sich Gott scheinbar dem menschlichen Erkenntnisvermögen an,
ohne in seiner Substanz zu verlieren.
   237-240 Diese „erste Geburt" vollzieht sich in zweierlei Weisen: nach dem äußeren
Leben, in dem der Mensch in perfekter Nachfolge Christus lebt (mit Verweis auf das
Paulus-Wort aus Gal 2, 20: «Vivo autem, iam non ego. Vivit vero in me Christus».

240   mir». In dem leben wúrt *man* ein lib mit Christo, aber nach dem inren *leben*
      so gebirt got in die sel vnd die sel wider in in, also daz sú ein geist mit got
      wúrt. Ein meister spricht: «Mit got ein geist vnd mit Christo ein lib, daz ist
      geware eynung». *Zu den mag der vatter wol sprechen: «Ditz ist mein lieber*
      sun, jn dem ich mir wol behage».

245   Die ander geburt ist nach dem daz der mensch im selb gehúget vnd
      daz ist in hoffart. *Da spricht Sant* Augustinus: Die tugend hat an ir selber
      enkeinen enthalt. Antweder sú enthaltet sich in got oder in hoffart.

      Wann nach dem, daz der mensch von vssen ist, so fallet er in drÿerhand
      gebresten. Der erst ist hoffart, daz daz bekantniss vngehorsam ist der minne.

240 man *x3, y, fehlt S1*   inren *x1*] indersten *(iersten P1) y*   leben *x3, y, fehlt S1*   241 so *S1,*
y, fehlt x3   in (3) *S1, N1, y, fehlt Au1*   243 geware *S1*] war *x3;* ghewarighe *y2;* rechte *Ga1*
243-244 zu den ... wol behage *x3, y, fehlt S1*   244 g(b *darüber korr.)*ehage *Au1,* behaghen *y*]
gehage *N1*   245 der *S1, y*] ein *x3*   gehúget *S1, Au1, y*] wolgefellet *N1*   246 Da
spricht *(sprach N1)* Sant Augustinus *x3]* Sint augustijn sprect *(seet P1, Ga1) y;* Augustinus *S1*
247 enthaltet sich *S1, y*] wirt enthalten *x3*   in (2) *x3*] aber in *S1;* inder *y*   248 der *S1, y*]
ein *x3*   drÿerhand *S1, y*] dreÿerley *x3*   249 gebresten *S1, Au1*] geprechen *N1, y*

240-242 Nach dem inneren Leben jedoch vollzieht sich die Gottesgeburt in der Seele
und die Seele erreicht die *unio* im Geist.
      242-243 Das unidentifizierte Meisterzitat gehört zum „Repertoire" der ps.-eckharti-
schen Traktatliteratur. Vgl. *Von der wúrkunge der sele*: «Ein meister sprichet: mit got ein
geist und mit x͞po ein lip, daz ist warú einunge» (Spamer, S. 101, 7-8); ebenso *Von dem*
anefluzze des vater (Pfeiffer, S. 522, 13-15).
      243-244 Mt 3, 17: «Hic est filius meus dilectus, in quo mihi bene complacui». Die
Kombination aus beiden Zitaten findet sich in *Gaesdoncksche Traktate*, Nr. III: «Want
si sijn myt god een geest ende myt cristo een licham. Tot desen mach die vader wael
sprecken: Dit sijn mijn lieue kynderen in dien ic my wael behage» (Gaesdonck, Coll.
August., ms. 16, fol. 56v). Vgl. auch *Diu glôse über daz êwangelium S. Johannis* (Pfeif-
fer, S. 584, 8-16). Eckhart selbst diskutiert Mt 3, 17 in Pr. 10 (DW I, S. 168, 9 - 169, 4),
wobei seine Folgerung: «Nû sol der mensche alsô leben, daz er ein sî mit dem eingebor-
nen sune und daz er der eingeborne sun sî. Zwischen dem eingebornen sune und der sêle
enist kein underscheit» als häretisch angeprangert wurde: 169, 2-4 = *Responsio* RS II,
art. 59 (LW V, S. 351, n. 139).
      Unser Autor präsentiert mit dem vorgestellten Meisterzitat, in Abgrenzung zu Eck-
hart, die Quintessenz seiner Lehre: Die Gottesgeburt ist nur zusammen mit der perfekten
Imitatio Christi möglich. Nur die Einheit im Geist und im Leben führt zur vollkomme-
nen Sohnschaft (Mt 3, 17), die *vita contemplativa* ist nicht von der *activa* zu trennen, der
Lesemeister muß auch Lebemeister sein.
      245-247 Die „zweite Geburt" vollzieht sich als Akt der Selbstgefälligkeit in Hoffart,
auch im Falle tugendhafter Werke, was mit einem Augustinus-Zitat bekräftigt wird.
      248-282 Im Folgenden werden die Fehler (*defectus*) dieser auf das Äußere konzen-
trierten Menschen aufgezählt. Es sind drei «gebresten»: Hoffart, geistliche Gier, unge-
ordnete Minne.
      249-252 Hoffart entsteht, wenn sich die Erkenntnis nicht der Minne und der Einung
unterwirft, sondern selbständig um der Erkenntnis willen agiert. Bestätigung mit einem
Augustinus-Zitat. Über die Sünde der Hoffart wurde schon oben S. 32, 117-120 gehan-

50 Wenn als vil, als *das* bekantniss vsswendig minn vnd eÿnung ist, als vil treit
es sich in ettwaz anders, vnd daz ist hoffart. Augustinus *spricht*: Als vil als
der mensch vssenan ist, als vil ist er hoffartig. Davon behaget der mensch
im selber wol vnd wil öch *andern* lúten gefallen. Daz ist sin eigenheit, daz
er wil gesehen werden. *Das* spricht ein heilig: Môhtestu dich allein bewaren
55 vor der bekorung, daz du nit woltest gesehen werden, so v́berwundestu alle
súnd on arbeit. Wen dise *leut* v́t gůtes gedenkent, daz tůnd sú in einer wise,
als ob sú mit lúten reden oder mohten reden oder geredt haben. Ettliche
gedenkent vil me, wie es vmb got sÿ *dan* wie sú got gesigen vnd v̊ben
sich vil me in dem geist denn sú den geist v̊ben. Davon sind sú stolczgeistig.
60 Wenn da *[165r]* behaltet sich die natur ettwaz an irm wollust. Aber in dem
gedenken, wie man got sÿ, daz ist pinlich, da mǔss die natur wichen.
    Der ander gebrest ist *geistlich* gittikeit. Wenn als sich die vernunfft vff

250 als (2) *S1, y, fehlt x3*   das *x3*] die *y, fehlt S1*   vsswendig *S1*] ausserhalb *x3;* buten *y*
251 in (mit *x3*) ettwaz anders *x1*] in anderheit *Ga1;* in archeiden *y2*   hoffart *S1, Ga1, Br1*]
jn hochfart *x3, P1*   spricht *Au1, Br1*] seet *P1, Ga1;* sprach *N1, fehlt S1*   252 vssenan *S1*]
von aussen *x3;* van buten *y*   als vil *S1, Au1, y*] als ist vil *N1*   behaget *S1, y*] so behaget *Au1;*
so gefelt *N1*   253 andern *x3, y*] den *S1*   gefallen (wol gefallen *S1*) *N1, S1*] behagen *Au1,*
y   eigenheit *S1, y*] eigenschaft *x3*   254 Das spricht ein heilig (heilige *Au1*) *x3*] dat sprect
(seit *Ga1*) een heilich man *y;* Ein heilig spricht *S1*   255 vor *S1, Ga1*] von *x3, y2*   gesehen
werden *S1, y, fehlt x3*   256 leut *x3, y*] menschen *S1*   258 dan *x3, y*] wenn *S1*   259 vil
S1, y, fehlt x3   stolcz geistig *S1, Au1*] stolcz ym (*nachtr. eingefügt*) geist *N1;* stoute gheeste *y*
261 wie man got sÿ (gesey *x3*) *x1*] hoe hem god ghesij *Ga1;* hoe dien gode si of hoe si gods ghesijn
Br1; hoemen gode ghesiet *P1*   262 gebrest *S1, Au1*] geprech *N1, y*   ist *S1, Ga1, Br1*] das
ist *x3, P1*   geistlich *x3, y*] gôtliche *S1*   wenn als *S1, y*] wen *x3*

delt, jedoch aus genau umgekehrter Perspektive: „blinde Minne", die sich nicht von der
Erkenntnis leiten läßt. In beiden Fällen ist Hoffart die Folge mangelnder Ausgewogen-
heit zwischen Erkenntnis und Liebe. Das Lexem *hoffart* ist weder bei Eckhart noch Ps.-
Eckhart belegt.
    256-261 Es folgt eine psychologische Analyse des Seelenzustands der Hoffärtigen.
Jeden guten Gedanken machen sie sich in einer Art innerem Dialog bewußt und zerstö-
ren so jede unbewußte Spontaneität. Sie reflektieren über Gott anstatt zu erfahren „wie
sie Gott sein können", denn das ist schmerzlich, das setzt völlige Selbstaufgabe voraus.
Sie üben sich im Geist und üben nicht ihren Geist (d.h. behandeln Gott als Gegenüber
der eigenen Person).
    259 Mhd. *stolzgeistig Adj. ist nicht belegt, nur *stolzmuthig*, Adj. (Baufeld, S. 227).
    260-261 Dogmatisch problematisch ist die wiederholte Aussage: «wie sú got gesi-
gen» (‚wie sie Gott sein können' **258**); «wie man got sÿ» (‚wie man Gott sein kann'
261). Die ndl. Version versucht, die Stelle zu entschärfen. Kein einziger Textzeuge wie-
derholt diese riskante Aussage.
    262-271 Auch über die geistliche Gier als Hang sich zu zerstreuen war oben S. 32,
120-126 schon gehandelt worden: vor lauter Geschäftigkeit in äußeren Werken kommen
diese Menschen nicht zu sich selber. Hier ist es die intellektuelle und sinnliche Neugier-
de, die sich nach außen öffnet und von der reinen Gotteserkenntnis ablenkt. Das Lexem
gîticheit erscheint bei Eckhart nur innerhalb von zwei Augustinus-Zitaten; Pr. 11 (DW I,

tůt, so wirt die mengi entslossen der synn. Die wolten sú gern alle begriffen
vnd wandelung dar inne haben vnd da von wúrt ir hercz zerströwet, daz sú
265　in einen vnfrid irs herczen gesaczt werden. Daz sú die wil ir gebet sprechent
oder andere vssere werk teten, daz wer in vil núczer. Dise geistliche gittikeit
hindert manigen menschen luters bekantniss. *Sant* Augustinus wart gefraget,
waz den menschen aller meist hindert. Da sprach er: sÿnn vnd sÿnnlicheit.
Daz ist, daz man ze vil *vnd* ze wit *begreiffet*. Da wúrt das lieht got ze uil
270　frȯmd vnd den sÿnnen ze vil gesippe.

　　Der dritt gebrest in dem *bekennen* ist von vngeordenter minn, die sú hand
in der wissheit. Wann dike ist das licht vnd das vinden des vnderscheids ein
sach irs geistlichen werkes, die ȯch ir gůten werk durch wollustes willen
tůnd. Daz ist geistliche vnkúscheit. *Da spricht Sant* Augustinus: Die bilde,

263 die menichfuldicheit ontsloten der sinnen *y]* entslossen die meinunge der synne *x3;* in die
mengi entslossen der synn *S1*　　264 vnd (2) *S1, y2, fehlt x3, Ga1*　　zerströwet *S1, y]* zerstort
vnd zerstrewt *x3*　　265 irs herczen *S1]* des hertzen *x3, fehlt y*　　266 vssere *S1]* ausserlich
x3, Br1; wtwindeghe *P1, Ga1*　　daz *S1, y]* Es *x3*　　núczer *S1, y]* pesser *x3*　　Dise *S1,
Au1, y]* die *N1*　　267 luters *(claere Ga1)* bekantniss *S1, Ga1]* claers bekinnens *y2;* zu einem
lautern bekentnuß *x3*　　*Sant x3, y, fehlt S1*　　268 da sprach er *S1, y]* do antburt er vnd sprach
x3　　269 man *S1, y]* er *x3*　　vnd *x3, y2]* oder *S1; Lücke Ga1*　　begreiffet *x3, y]* griffet *S1*
270 got ze uil frȯmd *S1]* alder *(alte Ga1;* alre *Br1)* vremst *(vremt Ga1, Br1)* gode *y;* zu fromd gott
x3　　den sÿnnen ze vil gesippe *S1]* zu gesippt den synnen *x3;* den ghesibbelden sinne *P1;* den
gesubtilen synnen *Ga1;* den geesteliken sinne *Br1*　　271 in dem erkennen *(bekinnen y)* ist *S1, y]*
ist in dem bekennen der kunst *x3*　　272 in *S1, y]* zu *x3*　　273 irs geistlichen werkes *S1, y]*
ir geistlichen vbung *x3*　　273-274 die ȯch ir gůten werk durch wollustes willen tůnd *S1]* vnd
auch ir gutten werck die sie dick durch wollust tun *x3;* Ende oec *(oec datse P1)* hare goede wercken
doer wellust wille doen *(fehlt Ga1) y*　　274 da spricht Sant augustinus *x3]* Augustinus *S1, fehlt y*
die bilde *S1, P1]* Dat *(Want dat Ga1)* beelde *Br1, Ga1;* das die pild *x3*

S. 178, 7-10) und *Liber Benedictus* (DW V, S. 17, 15 - 18, 2).

　　262-265 Vgl. Eckhart, Pr. 11: «Sant Augustînus sprichet: ez kumet von gîticheit
der sêle, daz si vil wil begrîfen und hân, und grîfet an die zît und die lîplicheit und
die manicvalticheit und verliuset dâ mite daz selbe, daz si hât» (DW I, S. 178, 7-10).
Das Zitat stammt aus Augustinus, *Confess.*, X, c. 41, n. 66: «at ego per avaritiam meam
non amittere te volui, sed volui tecum possidere mendacium ... itaque amisi te, quia non
dignaris cum mendacio possideri» (Verheijen, S. 191, 5-8) Das Augustinus-Zitat wird
von Eckhart noch dreimal im Original in seinem lat. Werk zitiert: *In Ioh.* n. 242 (LW III,
S. 202, 12-14); *Sermo* XII (LW IV, S. 131, 12-14) und XXIV (LW IV, S. 223, 4-7).

　　271-282 Der dritte Fehler, die geistliche Unkeuschheit, wurde ebenfalls oben schon
besprochen als „geistliche Wollust" (S. 32, 126 - 33, 140) und zwar als Genugtuung, die
der Mensch an den eigenen guten Werken empfindet. Hier entsteht sie als Konsequenz
übertriebener Liebe («vngeordenter minn») zur Weisheit. Aus Liebe zur Erleuchtung und
intellektuellen Durchdringung tun sie ihre geistlichen Werke, nicht um Gottes willen.
Bestätigung mit einem Augustinus-Zitat.

　　Es folgt die psychologische Analyse dieses Seelenzustands: Die Neigung zur Weis-
heit liegt in der Natur der Seele. Um intellektueller Erkenntnis willen ist die Seele auch
bereit zu leiden. Schon die Heiden sind von Natur aus zu großer Weisheit gelangt.

75 *da* sich der mensch selber an *mynnet, das* synd apgo̊t. Wenn die su̇chend
sel hat so gross genůgde in dem vinden des vnderscheides, daz sú da durch
vill leidet vnd grosse werk tůt, des doch die natur ein mitfolgen hat. Wenn
die sel ist von natur geneiget zů der wissheit. Von natur mag man zů grosser
wissheit komen, als die *heidnischen meister* taten. Ist aber daz sú durch
80 genůgde willen ire werk nit tůnd, komen sú aber, sú lident sú doch. Also
sere ist der mensch zů im selber geneiget, daz ir wenig ist, die got luterlich
dienent.

1 [4] Das dritte lieht ist gemenget mit natur vnd *mit* gnade vnd nit *oder
wenig* mit kunst. Das lieht geho̊rt zů den volkommen. In disem lieht bekennet
der mensch in im vnd nit vssewendig im oder wenig. *Paulus spricht:* Ir
súllent nit wise sin vss úch selber, mer ir súllent wise sin in úch selber
5 vnd vss úch selber. Er meÿnet: innblibend vss gon. Wann da mit daz man in
gat, da mit gat man o̊ch vss. ‚Ÿn‛ daz meÿnt, daz ein mensch in sich selber
gang vnd in im durch in in sin inrest lieht vnd in dem lieht sich bekenne vnd

---

275 da sich der mensch selb an mynnet *x3, y*] der sich der mensch selber an nÿmt *S1*   synd apgo̊t
S1, y] das die abtgott sind *x3*   276 Vnderscheides *S1, y*] vnterscheidens *x3*   277 vill leidet
vnd *x3, y2, fehlt S1, Ga1*   des *S1*] daer *Ga1;* das *x3, y2*   ein *S1, y*] alles ein *x3*   279 als
die heiden *(heydensche Meysters Ga1)* taten *S1, Ga1*] Also tetten auch die heidnischen meister
x3, y2   aber *x1*] oec *y*   sú *S1, y*] sich *x3*   280 komen sú aber *S1]* kumet sie aber *Au1;*
komnetz sÿ ab *N1;* comense *y*   1 mit *x3, y, fehlt S1*   1-2 oder wenig *x3*] oft lettel *y;* vil *S1*   3 in *S1*] jnwendig *x3, Ga1;* binnen
y2   paulus spricht *x3*] Sinte pauwels seet *(sprect Br1) y;* Augustinus *S1*   4 in *S1*] binnen *Au1,*
y; beÿ jnnen *N1*   5 vss *S1*] außwendig *x3;* buten *y*   Wann *S1, y, fehlt x3*   6 ÿn daz meÿnt
S1] jn dien meynt hi *y;* das meinet *x3*   7 inrest *S1, Ga1, P1*] iersten *Br1;* ersten *x3*

280-281 «... komen sú aber, sú lident sú doch». Übersetzungsvorschlag: „Auch im
Falle, daß diese Menschen nicht um der Genugtuung willen ihre Werke (des Erkenntnis-
gewinnes) tun, so leiden sie sie doch, wenn sie sich ergeben («komen»)".
[4] 1-5 Das dritte Licht, und zwar das Licht des Glaubens, ist getrübt durch Natur,
enthält aber Gnade, und es fehlt fast völlig die „Kunst". Mit dem dritten Licht hat unser
Autor die Stufe der zunehmenden Menschen verlassen und die Stufe der Vollkomme-
nen erreicht. Die Vollkommenen praktizieren Selbsterkenntnis und sind nahezu frei von
äußerer Objekterkenntnis, was mit einem Paulus-Zitat bekräftigt wird.
5-12 Im Folgenden wird das (nicht identifizierte und von *S1* Augustinus zugewie-
sene) Paulus-Zitat ausgelegt: Paulus meint damit, „innenbleibend ausgehen". Die Ein-
wärts-Bewegung entspricht der Auswärts-Bewegung. „Eingehen" heißt Selbsterkenntnis
und damit Selbstverleugnung. Und in einem Akt der Selbstverleugnung setzt der „Ausgang"
ein, indem sich der Mensch als Gott zugehörig erkennt. Diese Erkenntnis erfolgt jedoch
außerhalb des natürlichen Lichts der Vernunft in einem übernatürlichen Licht, das Gott
enger verwandt ist. Damit kehrt unser Autor zu einem wichtigen Schlüsselbegriff des
Anfangs zurück, nämlich aus dem eigenen Willen ausgehen, und zwar in der Weise des
«blibend vss gon» (s.o. S. 15, 169 - 17, 192).

in dem bekennen sin selbes verlôkene. Mit dem selben, das er sin selbes
lôknet, so bekennet er sich gottes vss; daz meÿnt, vss sÿme natúrlichen liehte
10   in ein ´vbernatúrlich lieht, wenn daz ist got gesipper *dan* daz natúrlich lieht.
Das naturlich licht wúrt in der minn vnd in der eÿnung gnade vnd da ist es
´vbernatúrlich. Wen da vergeistet es got mit der krafft sins liehtes. Der mensch
sol öch innebliben in einer gesamentheit sins gemûtes vnd doch vss gon
an sin vorspil vnd an sin werke, an dem er im selber ein vngenûgde sin sol.
15   Nach dem daz ein ieglicher mensch innblibend vss gat vnd sich versament
vnd lediklichen wúrket sine werk, *darnach* ist er volkomen vnd öch nach
dem daz daz lieht vnd minne in im glich wúrke.

Drÿ gebresten hand dise volkommen menschen. Der erst ist, daz sú dik
vermenget sint in irme bekantniss. Dar vss entspringt ein ander, daz ist ein

---

8 verlôkene *S1*] laugen *x3, y*   9 lôknet *S1, y2*] verlaugnet *x3, Ga1*   so *S1, y2*] do *x3, Ga1*
gottes vss daz meÿnt *x1*] gods vter ghemeynheit *y*   10 gesipper *S1, N1*] gesippe *Au1;* besibbere
Br1; besighende *P1; Lücke Ga1*   dan *x3, y, fehlt S1*   11 Das *(wan das N1)* naturlich licht *x3,*
P1, Ga1, fehlt S1, Br1   vnd (2) *S1, Ga1, fehlt x3, y2*   15 vnd sich versament *S1, Ga1, Br1*]
vnd gesament *x3;* in hem saement *P1*   16 darnach *x3, y*] dar an *S1*   17 daz *(fehlt y)* lieht *S1,*
y] das bekenntnuß *x3*   in im glich wúrke *S1*] ghelijc in hem werken *(werden P1) y2;* jn hem
wercken *Ga1;* jn *(jn dem werk)* dem werk *expungiert Au1)* jm wurckt *x3*   18 menschen *am Rand*
nachgetr. S1   19 in *S1, y*] mit *x3*   ander *(anders Au1) x3, y*] ander gebrest *S1*

---

10 Mhd. *übernatiurlich lieht:* bei Eckhart einmal belegt in Pr. 90, wo von «vierleie
kunst und wîsheit» Christi die Rede ist. Die zweite Kunst/Weisheit ist übernatürlich. Mit
ihr erkennt Christus alles, was Gott je geschaffen hat und noch schaffen wird, nicht aber
das unendliche Wesen Gottes. Diese Weisheit ist ein „übernatürliches Licht“: «Diz lieht
ist crêatûre und ist doch sîner sêle übernatiurlich» (DW IV, S. 62, A 104-105). Mit dieser
übernatürlichen Kunst lehrt uns Christus, «daz wir übergân allez daz natiurlich ist» (S.
67, A 153). Die Texte 140-142 aus dem sog. *Liber positionum* diskutieren die Frage nach
dem übernatürlichen Licht und seinem Verhältnis zur Seele Christi sowie zu denjenigen,
die „so weit über sich selbst hinauskommen“, daß sie sich für Gott halten. (Pfeiffer, S.
674, 20 - 675, 17). **10** Mhd. *(ge)sippe,* Adj.: ‚verwandt‘. Das Adj. ist bei Eckhart mehr-
fach belegt, in der Form *gesippe* einmal in einem Meister-Zitat in Pr. 7 als Übersetzung
von lat. *proprium* (DW I, S. 121, 1-8).

12-17 Ferner bedeutet „innebleibend ausgehen“ innere Sammlung und Konzen-
tration, die aber zugleich Vorstellungskraft (*vorspil*) und Aktivität zuläßt, insofern der
Mensch „ledig“ seine Werke tut, d.h. insofern sie ihm keine emotionale und affektive
Befriedigung verschaffen. Diese Haltung kennzeichnet den vollkommenen Menschen.

18-21 Die vollkommenen Menschen haben drei Fehler: getrübte («vermenget»)
Erkenntnis und getrübte («vermenget») Liebe, woraus sich der dritte Defekt ergibt, daß
sie sich mit dem übernatürlichen Licht begnügen und nicht darüber hinaus streben: «...
daz sú in der geistung (i.e. die geistige Überformung des natürlichen Lichts in überna-
türliches Licht) mit willen zûm lesten gebildet sint vnd ir lest end ist»

Die Formulierung „zu dem letzten gebildet“ taucht hier zum dritten Mal auf. Der
Geistbuch-Autor verwendete sie zum ersten Mal, als er die Defekte der Zunehmenden
beschrieb, genauer der Minner, die ohne Erkenntnis blind lieben und sich ganz auf ihre
Minnewerke konzentrieren (o. S. 29, 94-95): «Sie haben gar hertes leben vnd vindent sich

0 vermenget minne. Vss den zweÿn entspringt der drit, daz ist, daz sú in der
geistung mit willen zům lesten gebildet sint vnd ir lest end ist. Wenn die wil
daz ein mensch die gůten bild haben wil, so můss er öch die bösen haben.
Dar vmb so můss er die gůten vnd *die* bõsen *pild* vss werffen, daz er sich
bloss vinde, vnd er sol denn die gůten wider in nemen vnd sol die als lang
5 in im haben, die wil *das* er sich nit alzů sere vindet da mit gebildet.

1   [5] Di vierden daz sint die v́berkommen menschen oder die toten. Iohan-
nes sprichet: «Selig sint die toten, die in got sterben». Die hand in ettlicher

20 dritte *x3, y]* drit gebrest *S1*   21 mit willen *x1, fehlt y*   zům *S1]* ten *Ga1;* zu dem *x3;* tot
den *y2*   23 die gůten vnd bõsen *S1]* die posen pild vnd die gutten *x3;* die goede ende die quade
beelden *y2;* die guede beelden mit die quade *Ga1*   24 die gůten *S1, y]* daz gut *x3*   25 im *S1,*
N 1, y] jn *Au1*   das *x3, y, fehlt S1*   alzů sere *S1]* te sere *y;* also uast *x3*   da mit gebildet
S1] daer mede *(fehlt Ga1)* verbeelt *y;* mit gepilded *x3*
1 Die vierden daz sint die v́berkommen menschen *S1]* die virden menschen das sind die uber komen
x3; Die vierde dat ouercomende lieden hebben *y2;* Die vierde dat sijn auercomende lude *Ga1*   1-2 io-
hannes sprichet *S1]* van dien Sinte ian in apocalipsi sprect *y, fehlt x3*   2 Selig sint die toten *S1,*
x2, fehlt x3 (Homoioteleuton)

zu dem leczten daran gebildet vnd geformet vnd es ist ir lestes ende». Ihr Fehler besteht
nicht darin, daß sie Askese üben, sondern daß sie nicht darüber hinaus streben (S. 29, 95-
98). Zum zweiten Mal verwendet unser Autor eine ähnliche Formulierung, wenn er die
Psychologie dieser falschen Minner erklärt: sie sind gefangen in äußeren Dingen. Wenn
sie ein wenig erleuchtet werden, kommen sie zwar zu Erkenntnis wesenhafter Dinge,
aber sie wagen es nicht, zu den überwesentlichen Dingen aufzusteigen, was bekräftigt
wird mit einem Dionysius-Zitat (s.o. S. 31, 112 - 32, 115) über diejenigen, die glauben,
in den wesenhaften Dingen den zu erkennen, «der die vinsterniss hat gesaczt zů siner
winkel hůt». ‚Finsternis‘ wird glossiert: «Die vinsterniss ist die saczung zů dem lesten in
weselichen dingen» (S. 32, 115-116). Das mhd. Syntagma *zu dem letzten* bedeutet also
‚endgültig‘ und das endgültige Verharren auf einer Stufe, die noch nicht die allerhöchste
ist, wird im *Geistbuch* grundsätzlich als *defectus* angeprangert.
21-25 So lange jemand positive Vorstellungen haben will, muß er auch die negativen
akzeptieren. Deshalb muß man alle Bilder entfernen, um sich ganz frei zu machen. Wenn
man frei und leer ist, soll man die positiven wieder aufnehmen, aber nur so lange behal-
ten, so lange man sich nicht allzu sehr darauf fixiert, d.h. auch das übernatürliche Licht
ist nur „Bild", an das man sich nicht endgültig hängen darf, sondern das überwunden
werden muß.
[5] 1 Die vierte und letzte Gruppe derer, die aus ihrem Eigenwillen ausgehen und
den spirituellen Stufenweg durchlaufen, sind die Überkommenen.
2 Apo 14, 13: «Beati mortui, qui in Domino moriuntur». Die Stelle wird von Eck-
hart nicht zitiert, erscheint aber dreimal in der ps.-eckhartischen Traktatliteratur: *Von der
geburt des êwigen wortes in der sêle* (Pfeiffer, S. 480, 4-18). Das Zitat „Selig sind die
Toten" bezeichnet diejenigen, in deren Seele Gott gebiert. *Von der übervart der got-
heit* (Pfeiffer, S. 508, 37 - 509, 4). Das Zitat bezeichnet diejenigen, deren Seele sich frei
gemacht hat von allen Bildern und Formen. *Sant Johannes sprichet 'ich sach daz wort in
gote'* (Pfeiffer. S. 530, 30 - 531, 3). Der Traktat gründet auf dem Schriftwort Apo 14, 13
und handelt von der „Überfahrt in das ungeschaffene Leben".

wise v́ber schritten vnd getŏt daz vermenget lieht vnd ŏch die vermenget minne. Die bekennen allermeist mit eÿme gŏtlichen lieht vnd minnent mit
5 gŏtlicher minne. Eÿa, nvn merkent: Sú tŏten daz bekantniss vnd wissheit, da man got mit zů leget materien vnd formen. Wann hie mit begriffet die sel mit sich. Hier vmb vindet sú sich alles mit gebildet. Hier vmb ist die wissheit ein hinderniss der infallenden erlúhtung, wann die sele ist noch nit ledig vnd bloss ir selbes. Darvmb mag sú got nit begriffen. Davon spricht
10 ein meister, daz man von bekantniss der wissheit sterben súlle vnd von aller vnledikeit. *Auch* spricht Maximus, daz man mit demů̂tikeit komet zů dem riche vnd mit einfaltikeit durchgat man *den* himel. Gregorius *spricht*: Die sel, die got bekennen sol, die mů̂ss von wissheit doreht werden vnd von wissen vnwiss*ent. Auch spricht* Dauid *jn vnsers herrn person*: «Sind

---

4 Die *S1, y2*] Dese *Ga1;* vnd *x3, N1a, fehlt M1*   allermeist *S1, x2, fehlt x3*   5 gŏtlicher *S1, x2*] einer götlicher *x3*   wissheit *S1, y*] die weißheit *x3*   7 mit sich *x1*] in sich selber *x2* Hier vmb *S1, x2*] Hie jnnen *x3*   alles mit gebildet *x1*] met al ghebeelt *y;* pild habent aller ding *x4*   hier vmb *S1, y*] vnd darumb *x3*   8 infallenden *S1, Au1, y2*] jnuallender *(am Rand korr.)* inwendigen *N1;* een voldigher *Ga1, x4*   9 mag *x3, y*] so mag *S1*   got nit begriffen *S1, y*] von *(fehlt Au1)* not nit begriffen *x3* (*N1 korr.* got von not nit begriffen*);* got niht bekennen *x4*   10 súlle *S1, Au1, y*] sulle vnd musse *(am Rand nachgetr.)* N1   11 vnledikeit *S1, y*] enpfindunge *x3*   Auch spricht *(seit Ga1)* Maximus *(sinte maximus y) x3, y;* Wan ez spricht der maister Maximus *x4*] Maximus spricht *S1*   mit *x1*] in der *x2*   12 den *x3, y2, x4*] die *S1, Ga1*   spricht *x3, x4, y2*] seyt *Ga1, fehlt S1*   13 bekennen *S1, x2*] begriffen *x3*   14 von wissen *(wissent x3) x1*] avs wizzen *x2*   vnwissent *x3, x2*] vnwisse *S1*   Auch spricht *x3 y, fehlt S1*   jn vnsers herrn person *x3, y, fehlt S1*

2-6 Diese haben das getrübte Licht und die defekte Liebe überschritten. Sie erkennen mit göttlichem Licht und lieben mit göttlicher Liebe Sie töten Erkenntnis und Weisheit ab, da beide Erkenntnisweisen mit Materie und Form arbeiten. Vgl. Eckhart, Predigt 90: die vierte und höchste Erkenntnis Christi im göttlichen Licht wird erreicht durch „Über-schreiten" *(transitio)*. Damit lehrt er uns, «... daz wir übergân allez daz natiurlich ist. Ze dem êrsten suln wir übergân unsere eigene sinne und dar nâch dünken und wænen. Nû schrît, edeliu sêle, ziuch ane dîne schritschuohe, daz ist verstantnisse und minne. Dâ mite schrît über diu werk dîner krefte und über dîn eigen vestantnisse und über die drîe ierar-chien und über daz lieht, daz dich kreftiget, und sprinc in daz herze gotes, daz ist in sîne verborgenheit: dâ solt dû inne verborgen werden allen crêatûren. Diz lêret er uns mit der übernatiurlîchen kunst» (DW IV, S. 67 A, 153 - 68, 167)
7 «alles mit gebildet»: ‚ganz und gar mitgebildet' *(con-formatus)* Ein Lexem **mite-bilden* ist im mhd. Wortschatz nicht belegt.
8 Mhd. *erliuhtunge*, stF.: lat. *illuminatio* ist bei Eckhart nicht belegt, nur das Lexem *înerliuhtunge* (Pr. 31), als morphologische Übersetzung von *in-luminatio*. Laut *Finde-buch*, S. 185 gibt es dieses Lexem nur bei Eckhart. Die «infallende erlúhtung» des *Geist-buchs*, die nur einmal an dieser Stelle belegt ist, ist möglicherweise ein analoger Versuch einer morphologischen Übersetzung oder eine modifizierte Übernahme aus Eckhart.
8-17 Die Seele muß sich also von menschlicher Erkenntnis und Weisheit frei machen, wenn sie Gott erkennen will. Dies wird in einer Reihe von Zitaten bekräftigt.
14-15 Ps 45, 11: «Vacate et vedete quoniam sum Deus».

15 müssig vnd sehend, wenn ich got bin». Paulus *spricht*: «Wen da dunket,
daz er wise sÿe, *der werd toret, auf das er weiß werd*». *Wan sol die sele* got
bekennen, so *muß* sú bloss sin aller kunst. Also ist es öch vmb die minne.
Sol die sel got luterlich minnen, so müss sú gescheiden sin von aller ander
minn. *Sant* Augustinus *spricht*: Minnestu v̂t mit got, daz du durch got nit
20 minnest, also vil minnestu in deste mŷnder. Sú v̂ber schriten die geistung
vnd teilmachung in der hohen redlicheit. Kurczlich geseit: Sú v̂berschriten

15 wenn *S1*, want *y*] wie *x3*   sprichet Pavlus *x2*] Sant paulus spricht *x3*; Paulus *S1*   da *x1*] dien *P1*,
Ga1; dat *Br1*, fehlt *x4*   16 der werd toret auf das er weiß werde *(werden Au1*; sey *M1) x3, x2, fehlt S1*
16-17 wan sol die sele *x3, x2*] wellen die leren *S1*   17 muß *x3, x2*] müssen *S1*   19 Sant Augustinus
spricht *(seit Ga1) x3, y*] Augustinus *S1*   got *S1, Ga1*] jn *x3, y2*   20 in *S1, N1, P1, Ga1, fehlt Au1*,
Br1   21 vnd *x3, y*] vnd die *S1*   redlicheit *S1, y*] edelkeit *x3*   21 v̂berschriten *S1, N1, y*]

15-16 I Cor 3, 18: «Si quis videtur inter vos sapiens esse in hoc saeculo, stultus fiat,
ut sit sapiens».
18-20 Auch von der Minne muß die Seele sich frei machen, wenn sie Gott alleine
lieben will. Bekräftigung mit einem Augustinus-Zitat.
20-23 Die Überkommenen, die sich von irdischer Erkenntnis und Liebe frei gemacht
haben, überschreiten die „Geistung", d.h. die Begnadung durch Gott, und jede „Zerstük-
kelung" in ihrer Vernunft.
21 Mhd. *geistunge*, stF.: Im *Geistbuch* wurde das Lexem eingeführt bei den Fehlern
der Vollkommenen, die sich mit dem übernatürlichen Licht begnügen. Dieses überna-
türliche Licht ist das von Gott „vergeistete" natürliche Licht. (s.o. S. 48, 11-12 und 48,
18 - 49, 21). *Geistunge* erscheint ein zweites Mal nur an der vorliegenden Stelle. Bei
Eckhart, Tauler und Seuse ist das Lexem nicht belegt, nur mhd. *geisten*, swV. Mhd. *gei-
stunge*, stF. ist scholastischer Übersetzungsterminus für lat. *spiratio* in der Mhd. *Summa
theologiae*: z.B. «Ez ist ze merken, daz vier widertragung sint in got, daz ist dinklich,
daz ist veterlicheit unde sünlicheit unde geistung und usgaunge»; «STh. I q. 28, a. 4:
Utrum in deo sint tantum quatuor relationes reales, scilicet paternitas, filiatio, spiratio et
processio» (Morgan/Strothmann, S. 308, 17-18; 309, 46-47). – Mhd. *teilmachunge*, stF.:
Im *Geistbuch* kommt das Lexem nur an dieser Stelle vor. Bei Eckhart, Tauler, Seuse fehlt
es. Allerdings exisiert bei Eckhart das Konzept der *teilmachung* in der Bedeutung ‚zer-
stückelte Vielfalt' (des Kreatürlichen). Eckhart verwendet einmal das Lexem *teilunge* in
Pr. 91: «Driu dinc sint, dar umbe diu sêle keine genüegede gehaben mac an der crêatûren.
Daz eine ist, daz si teilunge habe» (DW IV, S. 90, 43-44); einmal das Lexem *zerteilunge*
in Pr. 64: «‚ich sol dich seczen enboben all mein gůt', als 'al mein gůt' gespraitet ist in
die creaturen: ‥vber die zertailung sol ich dich seczen in ain (DW III, S. 88, 2-3). Vgl.
auch Pr. 44: «Swâ iht ûzzerteilet ist, dâ envindet man got niht» (DW II, S. 341, 4). – Mhd.
redelicheit, stF.: ‚Vernunft' (lat. *ratio*). Das Lexem kommt besonders häufig in Ps.-Eck-
hartischer Traktatliteratur vor. *Redelicheit* ist die dritte und höchste der niederen Seelen-
kräfte, nämlich *gerunge* (lat. *appetitus*), *betrahtunge* (lat. *contemplatio*) und *redelicheit*
(lat. *ratio*). Die oberen Kräfte sind dagegen *gehügnisse*, *verstantnisse* und *wille*. Vgl. *Der
înslac (Von der edelkeit der sêle*): «Diu *(sc.* betrahtunge) schouwet ez *(sc.* den Sinnesreiz)
an unde biutet ez aber vort der dritten, diu heizet ein redelicheit, daz ist ein vernunft.»
(Pfeiffer, S. 383, 15-19). *Von der übervart der gotheit* beschreibt die perfekte Ordnung
der Seele wie folgt: «Diu sêle sol mit den nidersten kreften gordent sîn under die obersten
unde mit den obersten under got: mit den ûzeren sinnen under die inneren sinne, mit den

das enpfohen in mittels wise als verr als es mŭglich ist dem menschen, daz
er keins lerers noch vorbilder bedarff. *Sant* Johannes spricht: «Die salbung,
die ir enpfangen hand, die blib in úch vnd ir sind nit durfftig, daz man úch
25 lere, mer als sin salbung úch leret, also tŭnd». *Sant* Paulus *spricht*: «*Das*
ewangelium han ich vom menschen nit genomen noch gelert, sunder durch
die offenbarung Christi». Er kom eins zu Sant Petter vnd zu Sant Johans vnd
wolt sich ir bessern. Da engaben sÿ jm nicht, wan er was so volkumen, das
jm niemant gegeben noch genemen mocht. Er was so nach dem vrsprung
30 der warheit, daz er darvss schŭff alle warheit. Zŭ disem wesen môhten
noch vil menschen komen, die es mit flisse sŭchtent vnd die öch got dar zŭ
zúge. Dise lut entgeistent sich, daz ist, sú wúrkent sich vss dem gebildeten

---

uber streitten *Au1;* vertretent *x4*   das enpfohen in mittels wise *S1, y]* allez daz man enphaecht
*(*enpfachen mag *N1a)* in pilden vnd in formen *x4;* das enpfencklich mittel biß *x3*   23 vorbilders
(s getilgt) S1] voerbeeldens *y;* volpilders (1 *in* r *korr. N1) x3*   Sant *x3, y, fehlt S1*   24 úch
S1, y] ewangelio *(euch korr. N1) x3*   25 mer *S1, y]* sunder *x3*   sin *S1, y]* ein *x3*   Sant
paulus spricht *(seet P1, Ga1) x3, y]* paulus *S1*   26 das ewangeli *x3]* dis ew° *S1;* Des *y*
26-27 noch gelert ... Christi *S1, y, fehlt x3*   27-29 Er kom eins ... gegeben noch genemen mocht
x3, y, fehlt S1   28 sich ir bessern *x3]* van hem ghebetert werden *y*   nicht *x3]* niet noch
sy en namen hem niet *y*   so *N1, P1, Ga1]* als *Au1;* alsoe *Br1*   nach *S1, y]* nahent bey *x3*
30 schŭff *S1, Ga1]* schepffet *x3; Lücke y2*   31 menschen *S1]* lieden *y;* ding *(*ding oder menschen
am Rand korr. N1) x3*   32 entgeistent *S1, x2]* eingeisten *x3*

---

innern under die redelicheit (s.o. *Der înslac*); den gedanc under daz bekentnisse, daz
bekentnisse under den willen unde den willen in die einekeit ...» (Pfeiffer, S. 514, 15-19).
Vgl. auch *Die drîe persône geschuofen die crêatûre von nihte* (Pfeiffer, S. 538, 10-17).

23-25 I Io 2, 27: «Et vos unctionem quam accepistis ab eo, maneat in vobis. Et non
necesse habetis ut aliquis doceat vos: sed sicut unctio eius docet vos de omnibus».

25-27 Gal 1, 12: «Neque enim ego ab homine accepi illud, neque didici, sed per
revelationem Jesu Christi»

27-30 Ein Hinweis auf diesen „Vollkommenheits-Wettstreit" zwischen Petrus, Johannes
und Paulus findet sich in Eckharts Predigt Par. an 56 und zwar in der Version Jostes 69.1:
«'Illumina oculos meos' (Textwort fehlt bei Jostes) Sanctus Dionisius spricht von dreierlei
licht, daz die sele haben sol, die do kumen sol in ein lauter bekantnuzz gotes» (Jostes, S. 67,
35-36). Zusatztext in Jostes 69.1: «Sanctus Paulus spricht: Allez daz unerbere waz, daz getet
ich nie niht, und alles daz erbere waz, daz (versmahet) versaumet ich nie niht; und alle tugent
han ich uf daz hohste, und ich en gesprach noch enlert nie niht, daz ich selber niht enwer.
Uber daz alles so bin ich bezzer dann ich ieman sagen welle oder mug, wann ich en wil
noch en mak (muz) mich niht mer zeigen noch offenbaren mit reden, wann ez di leut [niht]
getragen mugen und geleiden. Mir en mak noch endarf auch nieman bild vortragen, wan ich
enmak von niemans bild noch lere gebezzert werden, wann ich bin selber got als nahen, daz
ich selb in got scheppfen und nemen [mak] auzzer im allez, daz ich wil und dez ich bedarf.
Ich han geweset bei Peter und bei Johanne den hosten und schied also von in, daz ich ir ie ein
[*muß heißen*: nie ein] punt gebezzert wart. Her um gedank ich dir, herre Jhesu Criste, daz ich
mein hertz alle zeit in einer slehte gehalten han an aller meiner wandelunge. daz ich noch nie
dekeiner ding geergert enwart, sider daz ich mich ie begund versten» (Jostes, S. 69, 17-32).

32-33 Der entscheidende Fortschritt der Überkommenen ist, daß sie sich „entgei-
sten", d.h. sie „überschreiten" die gnadenhafte *spiratio* (*geistunge*) Gottes und befreien

wesen in ein vngebildet wesen. Da bekennent sú stillich in vnbekantheit on
bezeichnung. Augustinus *spricht*: «Da alles das gesweig, *das jn mir sprach,*

---

34 bezeichnung *S1, y*] bezeichunge vnd bewerunge *x3* Agustinus spricht *x3*] Sinte augustijn seet
(sprect Br1, x4) x2; Augustinus *S1* das jn mir sprach *x3, x4*] dat doer my *(fehlt Br1)* sprack *y2;*
datter placht te sprecken *Ga1, fehlt S1*

---

sich von allen Formen und Bildern. In diesem bildlosen Zustand erkennen sie unmit-
telbar. – **32** Mhd. *ent-geisten*, swV., das im *Geistbuch* nur an der vorliegenden Stelle
erscheint, ist bei Eckhart und Tauler nicht belegt, gehört aber zum Wortschatz Seuses,
der in den spekulativen Kapiteln 51-53 seiner *Vita* den letzten Schritt des „Entgeistens"
hin zur Unio ausführlich darstellt. (*entgeisten*: ‚den Geist in der höchsten Beschauung
absorbieren'; Übersetzungsvorschlag Bihlmeyers). Seuse, *Vita*, c. 51: Der Diener belehrt
seine geistliche Tochter: «Wie aber der mensch engeistet sul werden, da hŏr den under-
scheid ...» (Bihlmeyer, S. 182, 14-15). Nachdem der beginnende Mensch sich vom Leib
abgewandt hat, richtet er seine innere Betrachtung auf den überwesentlichen Geist, wie
er sich mit ihm vereinen könne. Solche Menschen heißen geistliche Leute. Wenn sie
sich lange darin geübt haben und ihnen stets der überwesentliche Geist vorspielt, ohne
daß sie ihn voll erfassen können, so beginnt der creatürliche Geist des Menschen sein
eigenes Unvermögen anzusehen und seine Schwäche zu erkennen und sich selbst zu ver-
achten, bis er sich selbst vergißt und verliert, wie Paulus sagt: Ich lebe nicht, sondern
Christus lebt in mir, und wie Christus spricht: Selig sind die Armen des Geistes. «Alsus
blibet der geist nah siner wesentheit, und wirt entgeistet nah besizlicher eigenschaft dez
sinsheit» (Bihlmeyer, S. 182, 32 - 183, 2). *Vita*, c. 52: «Da stirbet der geist al lebende
in den wundern der gotheit. Daz sterben dez geistes lit dar an, daz er underscheides nit
war nimt in siner vergangenheit an der eigenlichen weslichkeit, mer nah dem usschlag
haltet er underscheid nah der personen driheit und lat ein ieklich ding underscheidenlich
sin, daz es ist, als der diener underscheidenlich hat us geleit an dem bŭchlin der warheit.
Und merk noch ainen puncten: daz in der vordren entgangenheit schinet uss der einikeit
ein ainvaltiges lieht, und dis wiseloses lieht wirt gelúhtet von den drin personen in die
luterkeit des geistes. Von dem inblike entsinket der geist im selben und aller siner selbs-
heit, er entsinket och der wúrklicheit siner kreften und wirt entwúrket und entgeistet.
Und daz lit an dem inschlag, da er uss sin selbsheit in daz frŏmd sinsheit vergangen und
verlorn ist, na stillheit der verklerten glanzenrichen dúnsterheit in der blossen einvalti-
gen einikeit. Und in disem entwistem wa lit dú hŏhstú selikeit» (Bihlmeyer, S. 189, 10
- 190, 2). Und schließlich *Vita*, c. 53, analog zum *Geistbuch*: «... so wirt der creatúrlich
geist von dem überweslichem geist begrifen in daz, da er von eigenr kraft nit mohte hin
komen. Der inschlag entschleht im bild und form und alle menigvaltekeit, und kunt in
sin selbs und aller dingen warnemenden unwússentheit, und wirt da mit den drin perso-
nen wider in daz abgrúnd nah inswebender einvaltekeit in geswungen, da er gebruchet
siner selikeit nah der hŏhsten warheit. Hie fúrbaz ist enkein ringen noh werben, wan
daz begin und ende, als es hie na mit bilden ist entworfen, sind eins worden, und der
geist in entgeisteter wise ist eins mit im worden» (Bihlmeyer, S. 193, 17-26). Außerdem
erscheint *entgeisten* in *Der înslac (Von der edelkeit der sêle)* (Pfeiffer, S. 390, 37 - 391,
14) und in *Von dem überschalle* mit *Glôse*, der zur Seuse-Schule gehört (Pfeiffer, S. 517,
13-16 und 519, 33 - 520, 3). Vgl. noch *Liber positionum*, n. 125 (Pfeiffer, 670, 19-34)
und *Spiegel der Seele*, Vogl, S. 356, 410 - 358, 419).
   34-37 Das unidentifizierte Augustinus-Zitat, das an *Confess.*, IX, c. 10, n. 25 (s. u.)
anklingt, gehört zum Zitatenschatz der ps.-eckhartischen Traktatliteratur. Vgl. *Von der
sêle werdekeit und eigenschaft*: «Ouch sprichet sant Augustînus: dô allez daz in mir

35   da sprach got ein still wort zů mÿner sele vnd daz verstunt niemant denn ich
      vnd wenn daz wort gesprochen wúrt zů einer ieglichen sele, so vergisst sú
      bilden vnd formen». Sú bekennet in dem nidergang vnd in der lȯcknunge
      vnd in dem abnemmen vnd an zů legung. *Sant* Dÿonisius *spricht*: Ẏe me wir
      ablegen von got, ẏe me wir sin bekennen». Das ist: Waz wir gesprechen von
40   got, das er daz sẏe, des enist er nit. Ẏe me die sel von rehtem vnderscheid

---

35 zů mÿner *S1, y*] jn meiner *Au1, x4;* jn myn *N1*   36 wenn *x1*] wo *x2*   vergisst sú bilden
vnd formen *(form vnd pild x3) x1*] vergaet sijn *(si y2, fehlt x4)* formen ende beelden *(alle pild x4)*
x2 (Ga1) 37 nidergang *S1*] vntergang *x3, y2;* auergaen *Ga1*   lȯcknunge *S1, y*] ablegunge *N1;*
lengunge *Au1*   38 an *(an* alle *am Rand korr. N1)* zů legunge *x1*] aenden toe legghene *y*   38-39
Sant dionisius spricht *(seet P1, Ga1) x3, y*] Dionisius *S1*   40 des *S1, y*] das *x3*

sweic daz in mir was, dô sprach got ein stillez wort in mîner sêle, daz verstuont nieman
dan ich. Unde zuo welher sêle daz wort gesprochen wirt, diu vergizzet aller bilde unde
formen unde wirt ein inwonerinne mit gote» (Pfeiffer, S. 414, 3-7); *Sechs Übungen zur*
Vollkommenheit: «Eyn meister spricht: Wer in allen stetin ist do heyme, der ist godis
werdig. In weme alle creaturen sint gesweigit, do gebert god synen eyn geborn son ane
vnderlos. Augustinus spricht: Mittene inder nacht, do alle creaturen wordin bewegit in
myr, do sprach *[2r]* got sin ewiges wort zcu myner sele. Dez enhorte nymant mer denne
ich. Welchir sele dit wort czu gesprochin worde, dy vorgeze aller bilde vnd formen» (zit.
Nürnberg, Cod. Cent. IV 37, 1v-2r; das Meister-Zitat entspricht Meister Eckhart, *Spruch*
4; Pfeiffer, S. 598, 22-23 und 24-25). Vgl. schließlich Eckhart, der *In Sap.*, n. 280, Augu-
stinus, *Confess.* IX, c. 10 n. 25 (Verheijen, S. 148, 33-40) zitiert: «„si cui sileat tumul-
tus carnis, sileant phantasiae terrae" „et poli, ipsa sibi anima sileat et transeat se non se
cogitando, sileant somnia et imaginariae revelationes", „et loquatur ipse solus" „per se
ipsum, ut audiamus verbum eius". Hoc est ergo quod dicitur: cum quietum silentium
contineret omnia» (LW II, S. 612, 11 - 613, 12).

      37-38 Die Erkenntnis der Überkommen läßt sich nur in den Termini der negativen
Theologie ausdrücken: ‚Niedergang' (*descensus*), ‚Verleugnung' (*negatio*), ‚Abnahme'
(*ablatio*).

      38-39 Das unidentifizierte Zitat steht in diesem Wortlaut auch in dem Mosaiktraktat
Vom wesen gottes (Spamer, S. 98, 4-5). Vgl. dazu den Prolog des Johannes Sarracenus
zu seiner Übersetzung von Ps.-Dionysius, *De mystica theologia*: «Videtur autem dici
mystica quasi occulta et clausa, quia cum iuxta eam per ablationem ad dei cognitionem
ascenditur ... » (Simon, S. 453, 58-59).

      39-40 Vgl. Eckhart, Pr. 95: «(Nû sprichet sant Dionysius:) ... Allez daz man gespre-
chen mac, daz enist got niht» (DW IV, S. 189, 162-63) und Pr. 71: «Ein meister sprichet:
swer von gote redet bî deheiner glîchnisse, der redet unlûterlîche von im. Der aber bî
nihte von gote redet, der redet eigenlîche von im» (DW III, S. 224, 2-3). Vgl. dazu Ps.-
Dionysius, *De mystica theologia,* c. 5; PG 3, Sp. 1048A, *Dionysiaca,* S. 598, 4.

      40-42 Zusammenfassend gilt: erst die „unterscheidungslose" Erkenntnis der Über-
kommenen ist „die rechte Unterscheidung der Geister". Vgl. Eckhart, Pr. 73: «Ez spri-
chet sant Dionysius: allez, daz wir bekennen, daz wir teilen oder dem wir underscheit
geben mügen, daz enist got niht, wan in gote enist weder diz noch daz, daz wir abegezie-
hen mügen oder mit underscheit begrîfen» (DW III, S. 265, 1-3).

      Unser Autor ist damit an seinen Ausgangspunkt zurückgekehrt: s.o. S. 3, 23-34: «Wer
sinen willen reht mit got vereinet in warer minne ... <die> werden ... also erlúhtet, daz sie
kein vngliche valscher gnade betriegen mag. Also waz Sant Paulus erlúht ... Sant Iohan-

vnderscheidlos wúrt, ẙe me sú vnderscheid hat enpfangen, *wan* denn aller
erst komet sú zů rehtem vnderscheid der geiste.

    Sant Dẙonisius spricht, daz got wone in einem niht, das ist in eẙme
vnbegrif vnd vnberůrlicheit aller creaturen. Also wolt öch die sele ir iht für
45 niht bekennen vnd wonen in eẙme niht ir selbes, daz ist in eẙme *vnbegrif*
vnd in einer vnberůrlicheit aller creaturen.

41 wan *x3, y*] vnd *S1*   42 kumt *x3, y*] so komet *S1*   43 Sant *x3, x2, fehlt S1*   44 vnbegrif
x3, P1] vnbegriffen *S1;* onbegrijpelickheit *Ga1;* begripe *Br1;* vnbekanthait *x4*   vnberůrlicheit *x,*
y2] onbekantheit *Ga1;* vebervart *x4*   öch *S1, y*] auch gern *x3*   ir *S1, y, fehlt x3*   45 vnbegrif
(vnbegreif korr. N1) x3] vnbegriffen *S1;* onbegripelicheit *y*

nes spricht: «Man sol haben vnderscheid der geist» («Probate spiritus ...»; 1 Io 4, 1-2).
    43 Das unidentifizierte Dionysius-Zitat findet sich in zwei ps.-eckhartischen Trak-
taten. *Sant Johannes sprichet 'ich sach daz wort in gote':* «Kristus spricht 'sêlic sint
die armen des geistes: gotes rîche ist in inen.' Die armen des geistes daz sint die, die
got elliu dinc gelâzen hânt, als er sie hâte, dô wir niht enwâren (Vgl. Eckhart Pr. 52
„Armutspredigt"), unde niht an im selber. In dem nihte wonet got unde diu sêle wonet
in gote. Dâ hêt si enhein wonen unde dâ kan enhein crêatûre zuo komen mit ir kraft
noch enhein crêatûre enmac niht hœher komen» (Pfeiffer, S. 533, 19-25); ebenso in *Die
drîe persône geschuofen die crêatûre von nihte*: eingeleitet von derselben Definition der
Armut im Geiste folgt hier am Ende sogar das Dionysius-Zitat «Kristus spricht 'sêlic
sint die armen des geistes .. unde kein crêatûre mac niht hœher komen. Her ûf spricht
sant Dionysius: got wont in dem nihte. Ô Dionyse, daz wêre ze klein gesprochen! got
wonet in dem nihtesniht, daz ê was denne niht, daz ist diu verborgen gotheit, diu dâ
blôz ist an ir künste, dâ man niht von gesprechen tar» (Pfeiffer, S. 539, 9-19). Eckhart
bestimmt die „Wohnung" Gottes in seinem deutschen Werk in erster Linie mit einem
Paulus-Zitat: «got wonet in einem liehte, dâ niht zuoganges enist» (I Tim 6, 15-16), so in
den Predigten 3, 29, 69, 70, 71. Die eigentlich Eckhartsche Definition dürfte jedoch wie
folgt lauten: «Niergen wonet got eigenlîcher dan in sînem tempel, in vernünfticheit ...»
(Pr. 9; DW I, S. 150, 3-4). Nirgendwo sagt Eckhart, Gott wohne in einem Nichts.
    44 Das Nichts wird definiert als «vnbegrif vnd vnberůrlicheit aller creaturen». Vgl.
dazu *Sant Johannes sprichet...*: «Sant Dionysius sprichet: got ist niht; dâ meinet er, daz
got als unbegrîfenlich ist alse niht» (Pfeiffer, S. 531, 13-14). Das Lexem **unbegrif*,
das im mhd. Wortschatz nicht belegt ist, wird in einer Paarformel mit einem Synonym
erläutert. Das synonyme mhd. Substantiv *unberüerlîcheit*, stF., Abstraktbildung zum
Adj. *unberüerlich*, das seinerseits eine deverbale Ableitung (Funktionsklasse passivisch-
modal) zum swV. *berüeren* darstellt, ist in subst. (ein Beleg) und adj. Form nur bei Eck-
hart belegt (vgl. *Findebuch*, S. 373; auch ein Beleg in *Lib. pos.*, 155, Pfeiffer, S. 681, 4)
und wird grundsätzlich für Prädikationen Gottes verwendet. Vgl. Eckhart, Pr. 77: «(daz
wort ‚ich') ... meinet eine unbewegelicheit und unberüerlicheit, und dar umbe meinet ez,
daz got unbewegelich und unberüerlich ist und êwigiu stæticheit ist» (DW III, S. 340, 12
- 341, 1); Pr. 5b: «... dâ entspringet in got ein wille, der behœret der sêle zuo. Die wîle
der wille stât unberüeret von allen crêatûren und von aller geschaffenheit, sô ist der wille
vrî» (DW I, S. 94, 1-3). Die Neubildung **unbegrif*, stM., Stammkonversion zu *begrîfen*
stV. mit Negationspräfix *-un* basiert wie im Fall von *berüeren* auf einem mit *be-* präfi-
giertenVerb, das Kontakt signalisiert und auch den Abschluß einer Handlung mit Errei-
chen eines Ziels. Übersetzungsvorschlag: ‚... in einem Nichts, d.h. in der Tatsache, daß
Gott von allen Creaturen nicht begriffen wird und nicht berührt werden kann'.

Nvn merkent *[165v]* vier stúk von dem wort niht. Das erst ist, daz niht iht niht begriffet vnd hat öch niht. Also wolt öch die sele ir iht niht begriffen vnd iht niht haben, wenn daz wer der blossen sel ein helle wise, daz sú iht

50 bekante mit sich des sinen, das sin alleine ze bekennen vnd ze begriffen ist. Wenn sú bekennet wol, das sú mit sich *sein* eigenschafft nit begriffen noch bekennen mag. Doch wil sú sich mit sýme begriffende begriffe begriffen lassen, *wan* mit sýme eýgenen begriffe begriffet er niht denn sin selbes eigenschafft. Hier vmb begriffet er die sele mit sýme begriffenden begriffe,

49 haben wann daz *(wann daz getilgt)* wenn daz *S1 x1;* pein vnd ein hell *x4*] helle wijt *(waert Ga1) y x3, y*] im *S1*   52 begriffen *S1, y*] genugen *x3* wan *x3*

helle wise (hell weitz *am Rand* pein *N1)* 50 sin *S1, y (fehlt Br1)*] sie *x3*   51 sein 53 wan *x3, y*] vnd *S1*   denn *S1, y*]

47-55 Das erste Lehrstück über das Nichts: „Nichts begreift nichts und hat nichts" klingt an die Armutsdefinition Eckharts an: arm ist «der niht enweiz und niht enwil und niht enhât» (DW II, S. 488, 6). Auch die Seele will nichts begreifen und nichts haben. Für die aller Dinge entblößte Seele wäre es eine Höllenqual, etwas zu erkennen, was allein Gott zu erkennen und zu begreifen zukommt. Die Seele, die das Nichts erreicht hat, läßt sich von Gott denken. Dafür wird unterschieden: Gottes «begrîfender begrif» und Gottes «eigen begrif», d.h. Gott, der das andere denkt (Schöpfung) und Gott, der sich selbst denkt («ego sum qui sum»; *istikeit*). Die Seele kann sich nur mit dem «begrîfenden begrif» denken lassen, ist damit aber grundsätzlich noch von Gott unterschieden und im Besitz von Eigenschaft.
    49 *helle wise* ('Höllenqual') wird nur von *x* überliefert. Mhd. *wîze,* stswF., stN.: ,Strafe, Folter, Qual' ist im Niederländischen nicht belegt. Die niederl. Version transkribiert phonetisch in *wijt:* ,weit', was den Sinn verfehlt. Hier liegt ein Hinweis darauf vor, daß das Original des *Geistbuchs* in oberdeutscher Mundart verfaßt war.
    52-55 Mhd. *begrif,* stM.: ,Begriff; Bedeutung, Vorstellung; Vorstellungsvermögen' (Hennig, S. 22) ist selten belegt, dreimal bei Eckhart, einmal bei Tauler, einmal bei Seuse; in der scholastischen Terminologie wird lat. *comprehensio* in exakter Nachahmung der Wortbildung mit *begrîfunge* wiedergegeben (vgl. *Mhd. Summa theologiae;* Morgan/Strothmann, nr. 286-288). «begrîfender begrif» und «eigen begrif» findet sich, in Übereinstimmung mit dem *Geistbuch,* in Pfeiffers *Liber positionum.* Vgl. *Lib. pos.,* 125: «'Eyâ, wie gebrûchent die persône irs nâtûrlîchen wesennes?' ... alle die persône mit dem înslage in ir nâtûre sint begriffen in der dunstern stilheit irs nâtiurlîchen wesennes. In dem begriffe haltent sie niht eigenschefte, want swaz inder begrif begrîfet, dem benimet er sîne eigenschaft. Seht, dâ ist got entgeistet. Dâ wirt diu ungruntlîche tiefe gegründet mit dem grüntlîchen verstentnisse gotes ...» (Pfeiffer, S. 670, 19-31). Ebda., 129: «Nû merkent underscheit des begriffes. Ez ist ein begrîfender begrif und ein einiger *(muß heißen:* eigener) begrif. Der begrîfender begrif daz ist, daz diu nâtûre gemeinlîche begrîfet die persônen alle drîe. Aber der eigen begrif daz ist, daz ein ieclich eigenschaft in ir eigenschaft begrîfet sunderlîche nâ dem, daz sie ir eigenschaft haltent in der nâtûre» (Pfeiffer, S. 671, 21-26). Ebda., 130: «'Nû sagent mir: swenne got die sêle begrîfet weder begrîfet er sî denne mit dem begrîfenden begriffe oder mit dem eigenen begriffe?' Daz sag ich dir. Er begrîfet sî mit dem begrîfenden begriffe, wand der begrîfende begrîfet al in eime; begriffe er sî mit dem eigenen begriffe, daz benême ir ir eigenschaft, wan der eigene begrif begrîfet niht denne die blôze eigenschaft sîn selbes. Daz ist wol nâ einunge unde nâch redenne unde niht nâ angebornem adel» (Pfeiffer, S. 671, 27-34).

55 wann waz der eigen begriffe begriffet, dem benymmet er sin eigenschafft.
Das ander ist, das daz niht ledig vnd bloss ist alles vnderwindens vnd an
nemmens. Wenn das ist das hôhste der minne vnd das tieffest der demût, das
sich der mensch kein der ambaht vnderwinde noch an nemme, die gottes
allein sint vnd die got allein haben wil: das ist lob *vnd* ere, rache vnd vrteil;
60 vnd ôch das man got minne ob allen dingen. Wenn als vil als *ein mensch*
got sin ambaht lasset, also vil ist *er* demût̊ig vnd als vil minnet *er* got. Wann
ye tieffer demût̊, ÿe hôher minne vnd ÿe hôher minne, ÿe tieffer demût̊.
Sanctus Bernhardus spricht: Das hôhste der minn lit vnd <lestet> in dem
aller tieffesten der demût̊. Das dritte ist, das *das* niht got bereit *ist* on

---

55 dem benymmet *x1*] daer beneemt *P1;* daer becomt *Br1;* dat beuynt *Gal*   56 alles *S1, Au1, x2,*
fehlt N1   56-57 an nemmens *S1, y, fehlt x4*] an nemens vnd also wlt die sele auch gern ledig vnd
ploß sein alles vnterwindens vnd annemens *x3*   58 kein der ambaht *S1*] gheerne ambahte *(wercke
Gal) y;* keins der ding *x3*   vnderwinde noch an nemme *S1, y*] icht an neme oder vnterwinde *x3*
59 lob vnd ere rach vnd vrteil *x3, y2*] lof ende eer ende wracke ende ordel *Gal;* lob ere vnd rache
vnd vrteil *S1*   60 ob *S1*] vber *(vber rein N1) x3;* bouen *y*   als vil als *S1*] alsoe vele als *y;* als
vil *(vil nachtr. korr.) N1;* als *Au1*   ein mensch *x3, y*] man *S1*   61 also *S1, y*] als *x3*   er
x3, y] man *S1*   als *S1, N1, y*] als vil demutigt er *(vil demutigt er getilgt) Au1*   er *x3, y*] man
S1   63 Sanctus *x3, y2, x4, fehlt S1, Gal*   das *S1, Au1, y*] daz das *N1*   vnd leschet *S1*] vnd
lost *N1;* vnd loft *Au1, fehlt x2*   64 aller *S1, y2, fehlt x3, Gal*   das das *x3, P1*] dat *Gal, Br1;*
das vns *S1, fehlt x4*   64-65 ghereet es sonder onderlaet *y;* gerait an vnterloß *N1a;* g*[überschr.*

56-64 Das zweite Lehrstück über das Nichts: „Nichts" ist frei und ledig von jeglicher
Geschäftigkeit und Exekutivgewalt. „Nichts" überläßt alles Gott, was zugleich Ausdruck
höchster Gottesliebe und tiefster Demut ist.
58 Mhd. *ambaht* ist im Geistbuch ein wichtiger Begriff, der die zweite Gruppe der
Beginner kennzeichnet. Ämtertätigkeit bringt sie zu Fall. Hier geht es um die Aufgabe
der „Ämter", die Gott angehören, d.h. Beurteilung und Verfolgung der Mitmenschen.
    Mhd. *underwinden*, stV., refl. mit Gen.: ‚sich kümmern um, auf sich nehmen, sich
annehmen' ist belegt bei Eckhart, auch in der Paarformel *underwinden und annemen;*
vgl. Pr. 15: «Dirre mensch lebt nu in ainer ledigen frihait vnd in ainer lutern bloshait,
wan er enhat sich enkainer ding ze vnderwinden noch an ze nemende lützel noch vil;
wan alles das gottes aigen ist, das ist sin aigen» (DW I, S. 246, 5-8); Pr. 104: «Dir ist nôt
vor allen dingen, daz dû dich nihtes anenemest, sunder lâz dich alzemâle und lâz got mit
dir würken und in dir, swaz er wil.» (DW IV, S. 600, A 410-413). Es hat den Anschein,
als ob der *Geistbuch*-Autor eine Korrektur an Eckharts Konzept der absoluten Gelassen-
heit vornimmt. Gegen den Eckhartschen „Quietismus" empfiehlt er, „Gott zu überlassen,
was Gottes ist". Bezeichnenderweise fehlt im *Geistbuch* der Begriff des Sich-Lassens
und der Gelassenheit.
63 Zur Emendatio der Paarformel «lit vnd leschet» in «lit vnd <lestet>» vgl. unten S.
77, 83 und 86, wo *erleschen* von *S1* in *überlesten* verschrieben wurde; mhd. *lesten,* swV.
‚belasten' (Lexer, I, Sp. 1890) ist hier allerdings intr. im Sinne von ‚lasten auf' gebraucht.
64-70 Das dritte Lehrstück über das Nichts: „Nichts" ist für Gott bereit und offen, so
daß er von (!) ihm alles wirken (= schaffen) kann, «was er will, wenn er will vnd wie er es
wil». In derselben Weise will auch die Seel für Gott bereit sein, daß er in ihr wirke «wenn
er wil, was er wil vnd wie er es wil». Denn das ist der größte Wunsch der aller Dinge ent-
blößten Seele, Gott stets zur Verfügung zu stehen, daß er seine Werke in ihr wirke.

65 vnderlos vnd in niemer gehindert enkein siner werke, er wúrke von im, was
    er wil, wenn er wil vnd wie er es wil. Also wolte öch die sele got gern bereit
    sin, daz sú in niemer gehinderte enkein siner werke, daz er in ir worchte,
    wenn er wil, was er wil vnd wie er es wil. *Wan* die gröste begerung, die die
    blosse sele hat, das ist, das sú got *on* vnderlos bereit sÿ, sine werk in ir ze

p *M1*]erait vnd vnderloz *M1*] bereit on vnderlos *S1;* an vnterlaß bereit ist *x3*   65 in *S1, y, fehlt x3*
enkein *S1*] aen *(in Ga1)* gheen *y;* von cheinen *x4;* kein *x3*   von *(von [an überschr.] N1) x1, y3*]
in *Ga1*   65-66 was er wil wenn er wil vnd wie er es wil *S1*] wat hi wilt ende wanneer hi wilt
ende hoe hi wilt *y;* was er *(korr. am Rand N1;* ee *Au1)* wil *x3*   öch *S1, y, fehlt x3 (auch über der
Zeile korr. N1)*   67 das (1) *x3, y*] also daz *S1*   niemer *S1, Au1, Ga1, Br1*] nÿmer mer *N1, P1*
68 wenn er wil was er wil vnd wie er es wil *S1*] wan er wolt vnd was vnd wie er wolt *x3, fehlt y
(Homoioteleuton)*   wan *x3, y*] vnd *S1*   69 on *x3*] sonder *y, fehlt S1*

65 Die ungewöhnliche Präposition *von* ist ein Relikt der Aussage, daß Gott alles
«von nihte geschuof» (vgl. *Lib. pos.*, 148; Pfeiffer, 678, 1-12). In diesem Sinne ist das
„Nichts" Schöpfungsmaterial Gottes.
    Die Begrifflichkeit des ‚Bereitseins', ‚Bereitens' und der ‚Bereitschaft' gehört zu
Eckharts Konzept der Gelassenheit. ‚Bereit sein' hat zur Folge, daß sich Gott der Seele
notwendigerweise mitteilt: Eckhart, Pr. 103: «Nû sî, daz ez geteilet sî, daz dîn sî daz
bereiten und sîn sî daz înwürken oder îngiezen, daz doch unmügelich ist, sô wizzest
daz, daz got würken und îngiezen muoz, als schiere er dich bereit vindet ... Wâ oder
wenne dich got bereit vindet, sô muoz er würken und sich in dich ergiezen. Ze glîcher
wîse als der luft lûter und rein ist, sô muoz sich diu sunne ergiezen und enmac sich niht
enthalten» (DW IV/1, S. 484, 88-94); Pr. 42: «Jâ, bî guoter wârheit: wære mîn sêle als
bereit als diu sêle unsers herren Jêsû Kristî, sô würhte der vater in mir als lûterlîche als in
sînem eingebornen sune und niht minner; wan er minnet mich mit der selben minne, dâ
er sich selben mite minnet» (DW II, S. 306, 10-13).
    65-68 Die Formel «was er wil, wenn er wil vnd wie er es wil» ist bei Eckhart nicht
belegt. Sie paßt nicht zur metaphysischen Notwendigkeit des Wirkens Gottes in der
Seele, die bereit ist. Vgl. Eckhart, Pr. 104: «Dir ist nôt vor allen dingen, daz dû dich
nihtes anenemest, sunder lâz dich alzemâle und lâz got mit dir würken und in dir, swaz
er wil.» (DW IV, S. 600, A 410-413). Die Formel ist dagegen belegt in zwei ps.-eckhar-
tischen Traktaten und im *Liber positionum*; vgl. *Diu zeichen eines wârhaften grundes*
(Pfeiffer, S. 476, 11-12) und *Von dem anefluzze des vater*: «Dar umbe sülen wir mit flîze
uns dâ vor hüeten, daz wir niemer gehinderen deheines der werke, diu der hôhe wercmei-
ster an uns wirken welle ze sînen êren, unde sülen uns alsô halten, daz daz gezouwe âne
underlâz bereit sî dem wercmeister, sîn werc an uns ze würkenne. Unde dâ von sprichet
sant Paulus 'der geist des herren kumt verborgenlîche von oben har nider unde würket,
in den er wil, swie er wil, swanne er wil und als er wil, in dem er kein hindernisse vin-
det'. Daz sint gotes kint» (Pfeiffer, S. 526, 3-11). Die Formel „was er will, wann er will
und wie er will" wird hier als paulinischer Ausspruch angegeben. Vgl. besonders *Lib.
pos.* 148: «Alsô geschach ouch an der sêle, die er *(sc.* Gott) ouch von nihte geschuof,
unde gab ir vrîen willen ... Swenne denne diu sêle gelidiget und entplœzet wirt alles des,
daz gotes liebsten willen an ir gehindern mac, unde si mit vrîheit kêret den edelen willen
gote vrî ze sagenne, als ob si nie vrîe kür enpfangen hête, daz got alsô vrîlîche würken
mac an ir, als dô er alliu dinc von nihte geschuof, diz werc behaltet zwei punt vor allen
werken. Daz ein ist, daz der vrîe wille gote dehein hindernis enist, der doch wider den
vrîen willen niht enwil, got der enwürke als vrîlîch swie er wil, swaz er wil, swan er wil
und als er wil, als ob diu sêle enkeinen vrîen willen hête» (Pfeiffer, S. 678, 1-12).

70 wúrken. Das vierde ist, daz daz niht kein bewegen noch gefůlen hat. Also
wolte die sele gern kein bewegen noch gefůlen han aller *der* ding, die ir sint
vnd die ir zů gehŏrent. Mer sú wolte gern bewegung haben der ding, die
gottes sint vnd die im zů gehŏrent, vnd daz sú sich alle zit gottes gefůlet vnd
daz sú ire kleinheit nach gottes willen stettiklich in ir gegenwúrtikeit hette
75 vnd klebte also an irem niht.

Wenn die sele ir iht fúr niht bekennet vnd ir iht fúr niht hat, also vil
glichet sú sich dem gŏtlichen nihte. So enmag sich iht mit niht enthalten

---

70 kein *S1, y*] weder *x3*   gefůlen *S1, y*] enphinden *x3*   71 gherne *y*] ŏch gern *S1, fehlt x3*
gefůlen *S1, y*] enpfinden *x3;* enpfindunge *x4*   der *x3, y, fehlt S1*   72 ir *S1, Ga1*] ir selber *x3,*
y2   Mer *S1, y*] Aber *x3*   74 in ir *S1, y* (in sijn *Ga1*)] in *(über der Zeile korr.) N1, fehlt Au1*
75 klebte *S1, y*] haftet *x3*   76 wenn *x1*] Wanneer als *y*   nicht *x3, y*] ir niht *S1*   77 sich iht
mit niht *S1, Br1*] hem iet niete niet *P1;* hem nyet nyet nyet *Ga1;* sich *(es sich N1)* nicht *x3*

70-75 Das vierte Lehrstück über das Nichts: „Nichts" hat keine Emotionen und Emp-
findungen. Ebenso will die Seele nichts empfinden von dem, was ihr selbst zugehört,
sondern sie will nur das empfinden, was Gott zugehört, so daß sie sich beständig «gottes
gefůlet» und sich ihrer Kleinheit bewußt ist und also «an irem nihte klebt».

73 «daz sú sich alle zit gottes gefůlet»: Oben S. 37, 177-181 hatte der *Geistbuch*-
Autor bereits den Zustand des „Sich-Gottes-Fühlen" erwähnt, und zwar im Kontext des
Gnadenlichts, das dem Menschen Selbsterkenntnis schenkt, also auch Gewißheit über
sein Empfinden. Wie oben schon festgestellt ist das Syntagma „sich Gottes fühlen" bei
Eckhart oder den ps.-eckhartischen Traktaten nicht belegt. Es erscheint einmal bei Tauler
in der Form: «do sich der mensche Gottes eigen gefůlet» (Pr. 12; Vetter, S. 60, 14). Auch
„Gott fühlen" und der Unterschied zwischen eigentlicher Präsenz Gottes und bloßem
menschlichem Fühlen (Dafürhalten) wird von Tauler thematisiert: «do man Gottes in
gegenwertikeit gefůlet und gewar wurt» (Pr. 12; Vetter, S. 59, 17-18); «daz enwas nút
wesenliche Got, sunder ir gefůlen» (Pr. 21; Vetter, S. 86, 27).

75 Mhd. *kleben*, swV.: ,haften, hängen an/in' ist in der mystischen Literatur äußerst
verbreitet, um enge Fusion auszudrücken; bei Eckhart in sechs Predigten belegt, auch
bei Tauler; bei Seuse nur einmal (Bihlmeyer, S. 156, 7). Auch nur einmal in den ps.-
eckhartischen Traktaten, hier allerdings inhaltlich dem *Geistbuch* nahe: *Von der übervart
der gotheit*: «Got hât alliu dinc durch sich selben getân unde hât die sêle gemachet ime
gelîch ... Doch ist daz edeler, daz si an der wüestenunge klebe, dâ si niht enist unde dâ
kein werc ist. Sant Dionysius sprichet: herre, zuich mich in die wüeste, dâ dû niht gebil-
det bist, daz ich in dîner wüeste aliu bilde verliere» (Pfeiffer, S. 511, 32-38).

76-79 Im nächsten Schritt beschreibt der *Geistbuch*-Autor die Angleichung der Seele
an Gott, so daß die *unio* sich vollziehen muß. Wie Eckhart rekurriert auch unser Autor
auf Naturgesetze, um den zwanghaften Automatismus auszudrücken. Vgl. Eckhart, Pr.
95: «Daz dritte ist einunge; diu kumet von glîchnisse und reht einunge kumet von glîchen
dingen als lieht und lieht» (DW IV/1, S. 199, 299-301B).

77 und **79** Mhd. *enthalten*, stV.: ,unterstützen, aufrecht erhalten' und ,bewahren,
festhalten'; in letzterer Bedeutung, im Sinne von lat. *supportatio, conservatio*, bei Eck-
hart, Pr. 1: «Swenne diu sêle kumet in daz ungemischte lieht, sô sleht si in ir nihtes niht
sô verre von dem geschaffenen ihte in dem nihtes nihte, daz si mit nihte enmac wider
komen von ir kraft in ir geschaffen iht. Und got der understât mit sîner ungeschaffenheit
ir nihtes niht und entheltet die sêle in sînem ihtes ihte. Diu sêle hât gewâget ze nihte ze

es můsse sich einigen mit sÿme nihte, also wenig als lieht vnd lieht sich
nit enthalten můgen, sú einigen sich in ein. In dem vnuermengten lieht wirt
80   der geist von bekennen kennlos, da bekennet er in dúnsterniss, vnd von
minnen minnelos. Daz ist in der gotwerdenden eÿnung svnder mittel. Wenn

79 Sú einigen sich *x1*, *Br1*] sij enenygen hem *Ga1*; si eneghen *P1*   in *S1*, *Au1*, *y*] aber *(am
Rand korr.)* in *N1*   vnuermengten *S1*, *Au1*, *y*] vermengten *(Korrekturen am Rand unleserlich) N1*
80 der geist *S1*, *y*] die sele *x3*   kennlos *S1*, *y*] bekenloß *N1*; bekennenloß *Au1*   er in *S1*, *y*]
sie die *x3*   dvnsternuß *N1*] dúnsternissheit *S1*, dunsterheit *Au1*, *y*   81 in der gotwerdenden
eÿnung *S1*, *y*] das sie gott werde jn der eynunge *x3*

werdenne und enkan ouch von ir selber ze ir selber niht gelangen, sô verre ist si sich
entgangen, und ê daz si got hât understanden. Daz muoz von nôt sîn» (DW I, S. 14, 2-8).
Vgl. auch Pr. 44: «Daz würket got, daz diu sêle im glîch werde. Von nôt muoz daz sîn,
daz si warte, daz got in ir geborn werde und daz ir enthaltnisse werde in gote, und beger
einer einunge, daz si in gote enthalten werde. Götlich natûre giuzet sich in daz lieht
der sêle, und si wirt enthalten dar inne» (DW II, S. 342, 10-13). Bei Eckhart wird die
zunichte gewordene Seele im Sein Gottes aufgefangen, im *Geistbuch* findet die aktive
Vereinigung des „seelischen" und „göttlichen" Nichts statt.
   79-85 Der Geist (i.e. die denkende Seele) erfährt im „unvermengten" Licht, das ist
die höchste Stufe der Erleuchtung, die Einung mit dem göttlichen Licht. Diese Einung
bezeichnet unser Autor als «gotwerdende eÿnung svnder mittel», d.h. zum einen die
Identität («svnder mittel») von Geist und Gott (*gotwerdend*), zum anderen die absolute
Passivität des Geistes («svnder werk»), was der eckhartschen *lîdenden vernunft* entspre-
chen würde. Die Überkommenen («sú») erkennen in der Einheit ohne Form, lieben ohne
Gleichnis und genießen ohne Eigenschaft (Klimax: *bekennen-minnen-gebruchen*). Die-
ser Zustand wird als „rechte Armut des Geistes" bezeichnet.
   80-81 Das „Überschreiten" von Erkenntnis und Minne wird von unserem Autor in
paradoxen Formulierungen ausgedrückt, die sich wiederholt in der ps.-eckhartischen
Traktatliteratur finden. Vgl. Ps.-Eckhart, *Von abegescheidenheit*: «Dâ zuo mügen wir
ouch nemen daz wort, daz Augustînus sprichet: diu sêle hât einen heimlîchen încanc
in götlîche natûre, dâ ir alliu dinc ze nihte werdent. Dirre încanc enist ûf ertrîche niht
anders dan lûteriu abegescheidenheit. Und sô diu abegescheidenheit kumet ûf daz hœh-
ste, sô wirt si von bekennenne kennelôs und von minne minnelôs und von liehte vinster.
Dâ von mügen wir ouch nemen, daz ein meister sprichet: die armen des geistes sint die,
die gote alliu dinc gelâzen hânt, als er sie hâte, dô wir niht enwâren» (DW V, S. 428, 4-
11); so auch in *Von der sêle werdikeit und eigenschaft* (Pfeiffer, S. 399, 24-30), *Von der
übervart der gotheit* (Pfeiffer, S. 504, 34-37) und Jostes 37 (S. 34, 36-39).
   Zu vergleichen ist auch noch Tauler, Pr. 55 («Sequere me! et ille relictis omnibus
secutus est eum»): «Us disem (*sc.* Grund) mag man sprechen das man werde kennelos
und minnelos und werklos und geistlos. Dis enist nút von natúrlicher eigenschaft, sunder
von über formunge, die der Gotz geist dem geschaffenen geist hat gegeben ... Von disen
mag man sprechen das sich Got in disen kenne und minne und gebruche ...» (Vetter, S.
257, 35 - 258, 3).
   81 Das Lexem *gotwerdende ist im mhd. Wortschatz nicht belegt. Das Konzept die-
ser Einung ist jedoch bei allen Mystikern vorhanden. Vgl. Eckhart, Pr. 69, 47, 85. Eck-
hart spricht auch von „Gott werden" / „Gott sein", jedoch strikt bezogen auf die Liebe
und hier stets mit Verweis auf die Schrift: Ps 81, 6: «Ego dixi: Dii estis et filii excelsi
omnes». Vgl. Pr. 5a: «die liebe, die ein mensch gibt, do ensind nit zwey, me eyn und
eynung, und in der liebe bin ich me got, dann ich in mir selber bin. Der prophet spricht:

er *wirt* da begriffen vnd vmbfahen mit eÿme gŏtlichen liehte, also daz er svnder werk geeÿniget wúrt. Da bekennen sú sunder formen vnd minnen one glichniss vnd gebruchen sunder eigenschafft, das ist sunder an nemmen.
85 Daz ist ŏch rehte armůt an dem geiste. Aber in des menschen begriff vnd in der wúrkenden eÿnung da lúhtet er anders. Wann die sele hat ein gemeÿn lieht, das *ir leuchtett* zů iren minne werken. Da wůrket got mit der sele boben die sele wunderliche werke.

---

82 wert daer *y]* wirt *x3;* wúrcket da *S1*   83 da bekennen sú *S1, Ga1]* da *(das Au1)* bekennet sie *x3;* daer es bekinnen *P1;* een bekennen *Br1*   minnen *S1, y]* mÿnnet *N1;* mynne *Au1*   84 gebruchen *S1, y]* gepraucht *N1;* angeprauchet *Au1*   sunder *S1, Au1, y]* an all *N1*   85 ŏch *S1, y, fehlt x3*   an dem *S1]* inden *y2;* des *x3, Ga1*   86 da *S1, y, fehlt x3*   87 ir leuchtett *x3, y]* ist erlúhtet *S1*   88 boben *S1, y]* vber *x3*

'Ich hab gesprochen, ir sind gött und kinder des aller höchsten'. daz hellt wunderlich, daz der mensch also mag got werden in der liebe; doch so ist es in der ewigen warheit war. unnser herr Jesus xps hatt es» (DW I, S. 80, 1-6); Pr. 38: «Sant Augustînus sprichet: "swaz du sêle minnet, dem wirt si glîch. Minnet si irdischiu dinc, sô wirt si irdisch. Minnet si got", sô möhte man vrâgen, "wirt si danne got?" Spræche ich daz, daz lûtte unglouplich den, die ze kranken sin hânt und ez niht vernement. Mêr: sant Augustînus sprichet: "ich enspriche ez niht, mêr: ich wîse iuch an die schrift, diu dâ sprichet: 'ich hân gesprochen, daz ir gote sît'» (DW II, S. 238, 10 - 239, 3). Eckhart beruft sich mit seiner „unglaublichen" Formulierung auf Augustinus und dieser auf dei Hl. Schrift. Unser Autor formuliert autonom, ohne Rückbezug auf Autoritäten.

85-88 Diese „Gott-werdende" Einung ist kontemplativ: Gott „begreift" die Seele/den Geist. Daneben gibt es eine aktive „wirkende Einung", die den Menschen verwandelt: Doch «in des menschen begriff vnd in der wúrkenden eÿnunge» „leuchtet er (der Geist) anders", und zwar in einem «gemeÿn lieht». In diesem gemeinsamen Licht wirkt Gott in der Seele und über der Seele «wunderliche werke».

86 «wúrkende eynung»: Vgl. oben S. 20, 29-34 bei der Diskussion der Beginner: sie erlangen eine „Einung außer sich", i.e. Ekstase, und eine „Einung mit sich selbst", i.e. die «wúrkende eÿnung», in der eine Entwicklung stattfindet: «Sú nement aber zů an der wúrkenden eÿnung, wenn da sint sú mit sich vereint ...» (S. 20, 33-34)

86-87 «gemeÿn lieht»: nur belegt als «gemein lieht» von Seele und Engel: *Von der sêle werdekeit und eigenschaft:* «... wan diu sêle hât ein gemeinez lieht mit den engeln, in dem si got erkennet, unde daz lieht, daz ir angeschaffen ist, daz ist diu vernunft unde treit âne underlâz in die sêle die wîsheit gotes. Aber swenne si in den lîcham gozzen wirt, sô ervinstert si» (Pfeiffer, S. 410, 35-38). Vgl. auch *Die drîe persône geschuofen die crêatûre von nihte* ...: «Ein lieht hât diu sêle gemeine mit den engelen. Daz ist, daz ir ein bilde în gedrucket wirt, daz si in ir selber bekennet diu dinc, diu dâ geschehen sint unde diu nû geschehent; aber diu noch geschehen süllent, der bekennet si niht in dem bilde, got gebe ir si denne ze bekennen. Unt daz ist der sêle übernâtiurlich» (Pfeiffer, S. 535, 3-8). (Vgl. Eckhart, Pr. 90; DW IV/1, S. 62: statt *lieht* verwendet Eckhart *kunst*).

1   [6] Got wúrket den menschen vss vihelichem leben in menschlich leben.
Der mensch lebet vihelichen, der in sinen notturfftigen werken, die zů sines
libes notturft gehǒrent, das er der wercke vnd aller ding in vihelicher wise
gebruchet on gǒtliche minne vnd meÿnung. Da ist der geist vnder dem
5   fleisch vnd also ensolte es nit sin. Daz fleische sol *zerecht* sin vnder dem
geist. Also waz der mensch notturfftig werke wúrkte, das er doch mit siner
meÿnung an got hafftete. Ǒch lit menschlich leben dar an, daz der mensch
die gerechtikeit vnd truwe halte gegen syme eben *cristen*.

1   [7] Got wúrket ǒch *menschlich* leben in heilig leben. Heilig leben lit dar
an, daz der mensch heilige sine werke. Wann alle tugend sind nit heilig an

2 notturfftigen werken *S1, Au1, Ga1, Br1*] notturfften wercken *N1;* noetdorften *P1*   3 libes
S1, y] selbs *x3*   aller *x3*] aller der *S1;* alrehande *y2;* alle ander *Ga1*   5 vnd *S1, y, fehlt x3*
zerecht *x3, y*] von reht *S1*   6 werke *S1, y*] dinge *x3*   8 truwe *S1, y*] die trewe *x3*   eben
cristen *x3, y*] eben menschen *S1*
1 menschlich *x3, y*] der menschen *S1*   2 heilige sine werke *S1*] heyleghe sijn wercken (werc
Br1) y; hab die gewar mÿnne *x3*

    Im Folgenden beschreibt der *Geistbuch*-Autor die Ergebnisse dieses göttlichen Wir-
kens in der Seele für den Menschen in vier Schritten.
    [6] 1-8 Gott führt den Menschen aus einem tierischen Leben in ein menschliches
Leben. Als „tierisch" wird die instinkthafte Befriedigung der rein körperlichen Bedürf-
nisse bezeichnet, ohne geistige Hinwendung zu Gott. Ein solches Leben ist verkehrt,
denn der Geist wird vom Fleisch regiert. „Menschlich" heißt ein Leben, das vom Geist
dominiert ist und das sein Verhältnis zum Nächsten durch die Prinzipien der Gerechtig-
keit und Treue bestimmt.
    1-3 Mhd. *vihelich*, Adj.: ‚viehisch; sinnhaft fleischlich' gehört zum Wortschatz der
geistlichen Literatur. Vgl. Ps.-Eckhart, *Von abegescheidenheit*: «Nû solt dû wizzen, daz
ein geistlîcher mensche, der got minnet, gebrûchet der sêle krefte in dem ûzern men-
schen niht vürbaz, wan als die fünf sinne ze nôt bedürfen; und diu inwendicheit enkêret
sich niht ze den fünf sinnen, wan als verre als si ein wîser und ein leiter ist der fünf
sinne und ir hüetet, daz sie niht gebrûchent irs gegenwurfes nâch vihelicheit, als etlîche
liute tuont, die lebent nâch ir lîplîcher wollust, als diu vihe tuont, diu âne vernunft sint;
und solhe liute heizent eigenlîcher vihe dan liute.» (DW V, S. 419, 13 - 420, 6). Vgl.
auch Seuse, *Vita*, c. 51: Der anfangende Mensch auf dem Weg der „Entgeistung" beginnt
mit der Überwindung der *vihlichkait* und «machet den lip dem geist undertenig». Dieser
Mensch heißt „geistlich, heilig" (Bihlmeyer, S. 182, 14 - 183, 2).
    [7] 1-5 Gott führt den Menschen aus einem menschlichen Leben in ein heiliges
Leben. Die Qualität ‚heilig' besteht darin, daß der Mensch seine Werke heiligt. Der *Geist-
buch*-Autor nimmt hier, wie Eckhart, Stellung gegen die Werkgerechtigkeit, wenn auch
weniger radikal; vgl. *Reden* c. 4: «Niht engedenke man heilicheit ze setzenne ûf ein tuon;
man sol heilicheit setzen ûf ein sîn, wan diu werk enheiligent uns niht, sunder wir suln
diu werk heiligen. Swie heilic diu werk iemer sîn, sô enheiligen sie uns zemâle niht, als
verre sie werk sint, mêr: als verre als wir heilic sîn und wesen hân, als verre heiligen wir
alliu unsriu werk ...» (DW V, 198, 1-5). Dazu auch Eckhart, *In Sap.* n. 237: «Non enim
sufficit facere iusta, nisi fiant iuste. Non enim merentur nomina sed adverbia. Unde phi-
losophus ait: non qui facit grammaticalia, grammaticus est, sed qui grammatice. Neque

in selber on die gewar minne allein. Die ist heilig an ir selber vnd heiliget
alle tugend. Man spricht, das arbeit heilig sÿ. Aber heiliget sú der mensch
5   nit, so ist sú an ir selber nit heilig. Wan alle gůten werk hand den namen
'heilig', als vasten, betten, fenien, almůsen geben, mess hŏren, singen,
lesen, studieren, betrahten. Öch ist cristen namen heilig an im selber. Aber
heiliget in der mensch nit mit cristnem leben, so ist er an im selber nit heilig.
Och sind die sacrament heilig an in selber, als bihten vnd daz sacrament
10 enpfahen etc. Aber enpfaht sú der mensch on bereitung, so enheiligen sú
in nit. Man sol sich darzů bereiten mit geneigter liebe, mit hicziger begirde
vnd mit luter andaht *vnd* mit richen geordenten fúrsacz vnd mit reinigung

5 nit *S1, y*] mit der mÿnne nicht *x3*   an ir selber *S1*] aen hem *y2;* an die myn *x3, fehlt Ga1*
6 beten *x3, y*] wachen betten *S1*   fenien *S1*] weinen *x3, fehlt y*   lesen *S1, y*] lesen gottes
wort horen *x3*   studieren betrahten *S1*] trachten studiren *x3, Br1;* waken studeren *P1; Lücke*
Ga1   ist cristen namen *S1, Au1, y*] cristen nam ist *N1*   8 cristnem leben *S1, Br1*] kersteliken
leuenne *P1, Ga1;* cristenlichen wercken (an ÿm *am Rand N1*) *x3*   selber *S1, P1, fehlt x3, Ga1,*
Br1   9 daz sacrament enpfahen etc *S1*] gods licham te ontfaen *Ga1;* gods lichame etc *P1;* gottes
leichnam zu nemen *x3;* gods worde horen etc *Br1*   11 geneigter liebe *S1*] genechter lieb zu gott
x3; heilegher begheringen *y*   hicziger begirde *(begerung x3) x*] grooter (groter berrender *Br1*)
minnen te gode *y*   12 vnd *x3, y, fehlt S1*   richen geordenten *S1*] gheordeneerden rijcken *y;*

qui iusta facit iustus est, sed qui iuste ... et Ambrosius De officiis l. I: "affectus tuus operi
tuo nomen imponit". Sic ergo ex praemissis patet quod non quid fiat sive in iusto sive in
malo, pensandum est, sed quo affectu et qualiter fiat» (LW II S. 570, 4 - 571, 4).
    5-18 Es folgt eine Reihe von Beispielen für den oben definierten Begriff von Heiligkeit.
    6-7 «als vasten, betten ... singen, lesen, studieren, betrahten». Auffällig in dieser kon-
ventionellen Reihe von Tugendübungen ist lediglich ‚studieren'. Vgl. Eckhart, *Reden*, c.
1: «ez sî messe lesen, hœren, beten, contemplieren oder swaz dû maht gedenken» (DW
V, S. 186, 2-3); *Reden*, c. 16: «und hindert dich des dehein ûzerlich werk, ez sî vasten,
wachen, lesen oder swaz ez sî, daz lâz vrîlîche âne alle sorge, daz dû hie mite iht ver-
sûmest deheine pênitencie; wan got ensihet niht ane, waz diu werk sîn, dan aleine, waz
diu minne und diu andâht und daz gemüete in den werken sî» (DW V, 247, 3-7); Pr. 104:
«Nû möhtest dû sprechen: ach, herre, wie sol sich der mensche halten, der sîn selbes und
aller dinge zemâle sol ledic und wüeste werden: Weder sol der mensche alzît in einem
wartenne sîn des werkes gotes und niht würken, oder sol er etwenne selber etwaz würken
als beten und lesen und anderiu tugentlîchiu werk würken, ez sî predige hœren oder die
geschrift üeben?» (DW IV/1, S. 602, 426-434A).
    7 Das Lexem *studieren*, stN. und swV. ist bei Eckhart ein einziges Mal belegt, in den
Reden, c. 5 (DW V, S. 199, 4-6). Sehr gebräuchlich ist das Lexem bei Seuse, vgl. beson-
ders *Büchlein der Ewigen Weisheit*, c. 14: «Und do er (der bredier) ze einer zit also sas in
der zelle nach dem imbis, da hat in daz liden überwunden, daz er enmoht weder studie-
ren noch betten noch nút gůtes getůn ...» (Bihlmeyer, S. 256, 27-29). Zweimal erscheint
das Lexem bei Tauler mit eher negativer Konnotation: «... lant die hohen pfaffen darnoch
studieren und disputieren ...» (Pr. 28; Vetter, S. 115, 2-3); «dar zuo gehört nacht und tag
studieren und ymaginieren und sich selber visitieren ...» (Pr. 56; Vetter, S. 260, 14-15).
    12 Mhd. *vorsaz*, stM.: ‚Vorsatz, Vorhaben'; fehlt bei Eckhart und Tauler; häufig
belegt bei Seuse.

von súnden, wenn reinikeit ist ein fass der heilikeit, *spricht ein heilig.* Och
lit heilikeit an liden. *Spricht Sant* Paulus: Als vil als ich lide vnd liden mag,
15 als vil bin ich heilig. Der lidet wol, der sin natur tȏtet. Wann als *vil als* ain
mensch sine werk wúrcket in dem leben siner natur, also vil sind sú tot vor
got vnd als vil *er sein werck* wúrket *jn dem tod seiner naturn*, also vil sind
sine werk lebend vor got.

1   [8] Got wúrket öch heilig leben in geistlich leben. Der geist geistet in
sin enpfohen vnd begriffen. *Da* vnderscheidet er die teile vnd daz gemeÿne.
Got hat ein teil, das ist wesen vnd leben vnd lieht. So hat got vnd die creatur
ein gemeÿne. *Das* ist ein beslossene vnbesliesslich wesung vnd lebung

---

georntem vnd reichem *x3*   sunden *x3, y]* allen sünden *S1*   13 spricht en heilig *x3, y, fehlt S1*
14 spricht sant paulus *x3]* Sinte pauwels sprect *y2;* Sunte peter seit *Ga1;* paulus *S1*   als vil als *S1,*
y] als vil *x3*   15 alsoe vele als *y]* als fi*(unleserlich)* als *Au1;* als falsch *(korr.* vil*)* als *N1;* als *S1*
17 er *x3, y]* ein mensch *S1*   sein werck wurcket *x3, y2]* sij werckt *Ga1;* wúrket *S1*   jn dem
tod seiner naturn *x3, y]* in siner ertȏten natur *S1*   17-18 sind sine werk lebend *S1]* leuen si *y;*
lebt er *x3*   1 heilig *S1, y]* die heiligen *x3*   2 sin enpfohen vnd begriffen *(sijn begripen P1) S1,*
y] seim enpfachen vnd da er begreiffet *x3*   da vnterscheidet er *x3, y]* vnd er vnderscheidet *S1*
3 vnd lieht *S1, y, fehlt x3*   3-4 vnd die creatur ein gemeÿne *S1, y]* sein materie allein gemein *x3*
4 das *x3, y]* da *S1*   vnbesliesslich *S1]* vnbeslossen *x3, y2;* besluytlicke *Ga1*

---

13 Vgl. Eckhart, Pr. 57: «Sant Dionysius sprichet, «daz heilicheit ist ganziu lûterkeit,
vrîheit und volkomenheit»» (DW II, S. 596, 1-2); Ps.-Dionysius Areopagita, *De divinis
nominibus,* c. 12 § 2 (PG 3, Sp. 969B; *Dionysiaca,* S. 528, 4 - 529, 1).
   [8] 1-8 Gott führt den Menschen aus einem heiligen Leben in ein geistliches Leben.
Dank des Geistes kann der Mensch die wesentlichen Gemeinsamkeiten und Unterschie-
de zwischen Schöpfung und Schöpfer, zwischen Kreatur und Gott bestimmen.
   1-2 «Der geist geistet in sin enpfohen vnd begriffen»; mhd. *geisten* swV. + präp. Akk.
mit *in:* ‚strömen, fließen, geistig wirken in'. Übersetzungsvorschlag: ‚Der Geist wirkt in
sein Aufnehmen und Erfassen'. *Geisten* mit Präpositionalangabe ist kaum belegt: vgl.
Hermann von Fritzlar, *Heiligenleben,* zum «Sancte Pêters tag»: «wie daz gotlîche licht
lûchtet und geistet in diz licht» (Pfeiffer I, S. 171, 34).
   2-5 Der Geist / Intellekt unterscheidet „die Teile" (*particularia*) und „das Gemeine"
(*commune*). Gott und Kreatur haben jeweils «wesen vnd leben vnd lieht». Das „Gemei-
ne" von beiden ist «wesung vnd lebung vnd lúhtung»; mhd. **lebunge* stF., Abstraktbil-
dung zu *leben* swV., ist sonst nicht belegt.
   4 Mhd. **un-besliez-lich* Adj: ‚unbegrenzbar, undefinierbar' ist in den Wörterbüchern
nicht belegt. Es dürfte sich um eine Parallelbildung zu *un-beslozzen-lich* handeln, und
zwar *-lich-* Ableitung des Typus passivisch-modale Deverbativa vom Part. Prät. anstelle
des Infinitivs ihres Basisverbs; vgl. analog: *unbegriffenlich* neben *unbegrîfelich, unge-
sprochenlich* neben *unsprechelich* (Klein/Solms/Wegera III, S. 323-324).
   Bezogen auf das Wirken Gottes in der Seele ist *unbeslozzenlich* nur bei Eckhart und
im *Liber positionum* belegt. Vgl. Eckhart, Pr. 60: «Götlich werk enmac got in der sêle
niht gewürken, wan allez, daz in die sêle kumet, daz wirt mit mâze begriffen ... Alsô
enist ez niht umbe götlîchiu werk: diu sint unbegriffen und sint beslozzen unbeslozzen-
lîche nâch götlîcher offenbârunge» (DW III, S. 21, 3-6); vgl. auch Pr. 67 (DW III, S. 130,

5 vnd lúhtung. So hat die creatur ein teil, daz ist wesen vnd leben vnd lieht. *Dauon spricht* Dÿonisius: «Got ist wesen der wesenden vnd leben der lebenden vnd lieht der liehte». Alsus ist die creatur dazselbe, daz got ist, vnd ist doch anders vnd *anders vnd<er> ein ander.*

Nvn vernemet fúrbas von dem geisten. Da der geist ist an sines geistes
10 gewerbe, da schȯpfft er vnd formet, das ist: er glichet geistliche vnd gȯtliche ding. Die zúhet er in liphaffter wise in sich nach dem, das er selber liphafft ist. Er glichet ȯch liphafft creaturen. Die zúhet er geistlichen durch die fúnff sÿnne ine die bilderinne vnd durch die bilderine in die andern krafft der sele

5 lúhtung *S1, y*] nichtunge *x3*   creatur *S1, y*] nature *x3*   wesen vnd leben *S1, P1, Ga1*] wesend vnd lebend *x3, Br1*   6 Dauon spricht *(seit Ga1)* dionisius *(S* dionisius *Au1, Br1) x3, y*] Dÿonisius *S1*   wesen der wesenden *S1, y*] wesenden der *(nachtr. korr. N1)* wesenden *x3* 7 vnd (1) *x3, y*] vnd ist *S1*   8 anders vnd ein ander *Au1, y;* anders vnd ein anders *N1;* ander vnd ein *(am Rand nachgetr.)* ander *S1*   10 da schȯepfft er *S1*] vnd da schȇpfet *x3;* Daer sprickt hij *Ga1;* Dat sprac hi *y2*   geistliche *S1, Au1, Ga1*] geistige *N1;* ghelijc *y2*   11 wise *S1, y*] werck weis *x3* 13 in *S1, y*] vnd *x3*   andern krafft *S1;* ander crafft *N1, y2*] ander creft *Au1, Ga1*

6-7); *Lib. pos.*, 2: «(Frage: Wo ist das Nichts, aus dem die Seele geschaffen wurde?) ... zwischen gote und gotheit an sîner alvermügender gewalt ist diz niht beslozzen unbeslozzenlich. Wêre ez beslozzenlich dâ beslozzen, sô enwere ez niht niht, sô hête ez stat oder wêre got wesenlich, sô wêre diu sêle von dem wesen gotes geschaffen. Alsô enist ez niht» (Pfeiffer, S. 631, 19-23).
6-7 Ps.-Dionysius, *De divinis nominibus*, c. 1 § 3, PG 3, Sp. 589C: «ad laudandum principium universae sanctae luminis apparitionis ... ut simpliciter dicatur viventium vita et existentium substantia » (*Dionysiaca*, S. 19, 1-2. 22, 1-3); vgl. Eckhart, *Sermo die b. Augustini*: «Et sic verbum dei patris est omnium "existentium substantia" et omnium "viventium vita" et "omnis substantiae et vitae principium est et causa", secundum Dionysium De divinis nominibus» (LW V, S. 91, 9 -92, 2).
7-8 Vorschlag zur *emendatio* der gestörten Textüberlieferung (vgl. Var.-Apparat), die keinen Sinn ergibt: «Alsus ist die creatur dazselbe, daz got ist, vnd ist doch anders vnd anders vnder ein ander».
9-38 Es folgt eine Digression über das *geisten*, ausgehend von wahrnehmungspsychologischen Aspekten aus *De anima*.
9-14 Die Tätigkeit des Geistes, sein „Gewerbe", besteht in der Assimilation von körperlichen, geistigen und göttlichen Dingen mit dem Ergebnis, daß er sich alles in seiner Vorstellung vergegenwärtigen kann. Dieser „Abstraktionsprozeß" beginnt bei den fünf Sinnen, führt über die *virtus phantastica* bzw. *imaginaria* und endet im Intellekt.
9-10 Zur Formulierung «an sines geistes gewerbe» vgl. *Lib. pos.*, 120: «Daz sol man alsô verstân an sîme *(sc. des Geistes)* geistlîchen gewerbe, niht an sîme wesen» (Pfeiffer, S. 668, 33-34); *Von der wúrkunge der sele*: «... so wirt si *(sc. die Seele)* geheiliget, swenne si sich scheidet nút alleine von vsserlich manigvaltikeit, mer ȯch von innerlichem geistlichem gewerbe in ein einvaltikeit ...» (Spamer, S. 106, 1-3).
13 Mhd. *bildærin(ne)*, stF.: ‚Einbildungskraft' (lat. *virtus phantastica / imaginaria*), in dieser Bedeutung von Eckhart, Tauler und Konrad von Megenberg verwendet:vgl. Eckhart, Pr. 90: «Wan swaz die sinne begrîfent von bûzen, daz wirt geistlîche getragen in die bildærinne und dâ sô vazzet ez daz înblicken des verstantnisses» (DW IV/1, S. 64-65, A 123-126); Konrad von Megenberg, *Buch von den natürlichen Dingen*, I, 1: «Diu hirn-

vnd machet sú im glich. Also hat der geist múglicheit ze enpfahen bilde aller
15   ding vnd nit ir substancie. Daz spricht ein Philosophus: «Das ich verston,
das ist iht in mir», wenn der geist enpfohet mit syme lieht bilde aller ding
in sine gegenwurtikeit. Vnd in dem bilde entspringt ein liebe zů got vnd in
der liebe ein vereinigung, die lit an glichung, vnd die glichung lit an den
tugenden vnd in der vereinigung wirt got lebend in dem geist vnd der geist
20   wirt lebend in got. Also gibt der geist allen dingen leben v́ber mittel der
vereinigung.

Das ist in drÿerhand wise ze verston: Daz erst *ist*, daz der mensch aller

---

15 Philosiphus *S1*   17-18 gegenwurtikeit Vnd in dem bilde ... vnd in der liebe ein *S1, y, fehlt*
x3   18 die *S1, Au1, y]* vnd die *N1*   19-20 in dem geist ... in got also gibt der geist *S1]* in
got Also gibet der geist *x3 (Homoioteleuton);* inden gheest Ende die gheest *y (Homoioteleuton)*
21 vereinigung *S1, Ga1]* eÿnunge *x3, P1; Lücke Br1*   22 drÿerhand *S1, y]* dreyerley *x3*
verston *S1, y]* uernemen *x3*   erst ist *x3, Ga1]* erst *S1;* een *y2*

---

schal hat driu chåmerlein: Daz ain vorn in dem håupt, vnd in dem ist der sel chraft, die da
haizzt fantastica oder ymaginaria. Daz ist als vil gesprochen sam dev pilderinne darvmb,
daz sie aller bekantleicher ding pild vnd geleichnizz in sich samnet» (Luff/Steer, S. 28,
15 - 29, 3). So auch *Von der wúrkunge der sele:* «so daz ore icht gehoret oder daz őge
icht gesehet, zehant hat es dú bilderinne vnd gibet es der redelicheit vnd der betrachtun-
ge» (Spamer, S. 101, 20-22); vgl. auch Tauler, Pr. 37 (Vetter, S. 144, 8-14). Das Lexem
scheint in der volkssprachlichen Literatur des 14. Jhs. bereits terminologisiert.
    Anders in Übersetzungstexten: In der Mhd. *Summa Theologiae* steht das Lexem für
lat. *exemplar* (Morgan/Strothmann, S. 128, 22); in einer volkssprachlichen Version des
Compendium theologicae veritatis des Hugo Ripelin für lat. *causa formalis* (Steer, *Scho-
lastische Gnadenlehre*, S. 101, A2 112); unklar im *Spiegel der Seele:* «Estimacio. Es ist
ain gedechtnus der vernüftigen sel, die da haist die vernüftig pilderin, als in den vnuer-
nüftigen diern» (Vogl, S. 624, 2771-2773).
    14-15 Vgl. Eckhart, Pr. 3: «Ez sprechent etlîche meister, diu sêle sî gemachet von
allen dingen, wan si eine mügelicheit hât alliu dinc ze verstânne» (DW I, S. 49, 5 - 50, 1)
und Pr. 17: «Ein meister sprichet: diu sêle hât eine mügelicheit in ir, daz aller dinge bilde
in sie gedrücket wirt» (DW I, S. 291, 1-2), auch Pr. 90 (DW IV/1, S. 69, A173-175); der
„Meister" ist Aristoteles, *De anima*, III, 8, 431 b 21.
    15-17 Vgl. Aristoteles, *De anima* III, 8, 432 a 8-9; vgl. auch *Auctoritates III libri
Aristotelis De anima*, 167: «Necesse est quemcumque intelligentem phantasmata specu-
lari» (Hamesse, *Les Auctoritates Aristotelis*, S. 188).
    17-20 Aus der Imagination entspringt die Liebe zu Gott und aus der Liebe die Verei-
nigung, die auf „Angleichung" beruht, welche ihrerseits auf Tugenden, d.h. auf Lebens-
praxis gründet. In diesem Sinne „wird Gott lebend im Geist und der Geist lebend in
Gott".
    22-37 Das „Geisten" als intellektuelle Vereinigung mit Gott ist in dreierlei Weise zu
verstehen:
    22-24 1. Der Mensch trägt in seinem Intellekt die Bilder aller Dinge, insofern alles
denkbar ist. Wenn sich das intellektuelle Bild mit Gott vereint, vereinigen sich auch alle
denkbaren Gegenstände in dem einen intellektuellen Akt. «bilde aller ding» (14-15, 16,
22-23) in der Seele/im Geist ist fester Bestandteil aristotelischer Seelenlehre; so bei Eck-
hart, Pr. 17: «Ein meister sprichet: der sêle natûre und natiurlîchiu volkomenheit ist, daz

dingen bild in im hat. Also sich das bilde vereinet mit got, so vereinent
sich alle ding in dem bilde. Das ander ist, was der mensch der creaturen
25 gebruchet, das wúrt ettwaz lebend in im vnd der mensch wúrt in der
ordenung lebend in got. Also bringet der mensch alle *[166r]* ding wider in
iren *ersten* vrsprung, da sú vss geflossen sint. Daz dritte ist, daz er alle ding
got vff treit vnd das vff tragen treit er fúr got vff vnd wúrt villiht von vff
tragen vff traglos. Daz ist da von: Er wiget vnd ahtet die gabe úber alle wort
30 vnd gedenke vnd verstummet also von worten vnd von gedenken. Wonn das

23 also *S1*] als *y;* wen *x3*   vereinet *S1, y*] vereiniget *x3*   23-24 so vereinent *(vereinigen x3)*
sich alle ding in *(an x3)* dem bilde *x1, fehlt y*   24 creaturen *S1, y*] creature *x3*   26 ordenung
S1, y] vereÿnunge *x3*   27 iren ersten *x3*] sinen iersten *y;* iren *S1*   28 vff tragen *S1, y*] tragen
x3   er *S1, y, fehlt x3*   29 vff traglos *S1, y*] tragloß *x3*   er wiget *(wegt Au1)* vnd ahtet *S1,*
Au1, y] Er wiget *(korr.* wegt) *(am Rand:* got) vnd auch *N1*   30 verstummet *S1, P1*] erstumet
x3; verstont *Ga1;* verstout *Br1*   vnd *x3, y*] vnd öch *S1*

si in ir werde ein vernünftigiu werlt, dâ got in sie gebildet hât aller dinge bilde. Swer dâ
sprichet, daz er ze sîner natûre komen sî, der sol alliu dinc in im gebildet vinden in der
lûterkeit, als sie in gote sint, niht als sie sint in ir natûre, mêr: als sie sint in gote» (DW I,
S. 288, 7 - 289, 5).
   24-27 2. Was der Mensch von den creatürlichen Dingen kraft seiner intellektuel-
len Tätigkeit „genießt" *(frui)*, wird lebendig in ihm. Der Mensch aber (und mit ihm die
gedachte Kreatur), der sich denkend mit Gott vereint, wird lebendig in Gott. Auf diese
Weise führt der Mensch alles in seinen Ursprung zurück. Vgl. Eckhart, Pr. 90: «... mit
der *(sc.* kunst) lêrte er *(sc.* Christus) uns, wie wir widerkêren suln und ordenen alliu dinc
in irn êrsten ursprunc: Daz geschiht in dem menschen, in dem gesament werdent alliu
manicvelticheit und alliu lîplîchiu dinc ûfgetragen werdent in got in irn êrsten ursprunc,
daz got ist. Und swenne der mensche dar zuo kumet, daz er sich ein mit gote vindet,
denne aller êrste kêret er alliu dinc ze irn êrsten sachen» (DW IV/1, S. 66, A133-143).
   27-37 3. Der Mensch „trägt alle Dinge Gott auf", d.h. er überantwortet sie Gott,
indem er alle Dinge und Werke Christus anheimgibt und Gott empfängt sie über das
Opfer seines Sohnes. Christus ist also der wesentliche Vermittler dieser Vereinigung von
Mensch und Gott.
   28-29 Mhd. *ûftragen,* stV.: ,darbringen, opfern'. Das Verb *ûftragen,* mit substanti-
vierter Form und Partizipialadj., ist ganz überwiegend in der myst. und geistl. Literatur
belegt *(Findebuch,* S. 369).
   29 Mhd. **ûftraglos,* Adj. ist nicht belegt. Es handelt sich um eine analoge Bildung
zu *kennlos* und *minnelos;* vgl. oben S. 60, 79 - 81. Mit *-los* gebildete Privativa, abgeleitet
von Substantiven, sind für die mhd. Sprachperiode besonders produktiv. Produktivitäts-
und Verwendungsschwerpunkt bilden die, besonders alemannischen, höfischen Romane
(vgl. Klein/Solms/Wegera III, S. 327-328).
   29-30 Vgl. Eckhart, Pr. 17: «Ein ander (meister) sprichet: niemer ist diu sêle komen
in ir blôze natûre, si envinde alliu dinc in ir gebildet in der vernünftigen werlt, diu unbe-
grîfelich ist; enkein gedanc enhœret dar zuo» (DW I, S. 291, 2-5)
   30-34 Vgl. Eckhart, Pr. 31: «Nû sprichet er: 'alzehant wirt er geopfert in sînem tem-
pel, des wir beitende sîn'. Diu sêle sol sich opfern mit allem dem, daz si ist und daz si
hât, gebresten und tugende: daz sol si allez mit einander ûftragen und opfern mit dem
sune in den himelischen vater. Allez, daz der vater minne geleisten mac, als vil ist der

ist ein reht geistlich wercke, das ein mensch alle sine werk lege *jn vnssern herren* Ihesum Christum vnd opffer sú in Christo sinem himelschen vatter. Die werke enpfahet got der vatter nit als von dem menschen, sunder als von sýme eingebornen sun. Wenn der vatter hat allen gůten lúten gegeben sin
35 eingebornen sun zů einem opffer fúr alle ire gebresten, sine wúrdige bůss zů einer erfúllung ir vnwúrdigen bůss, sine volkomne werk zů einer erfüllung ir vnvolkomnen werke. *Des sey er jmmer gelobet.*

1   [9] Er wúrket öch die geistlicheit in gŏtlicheit. Der geist geistet in sýme geiste vnd in sine art, *do* er got begriffet. Nvn merckent: Got ist mit siner eigenschafft vsswendig allen creaturen. Dar vmb mag in die creatur mit ir eigenschafft nit berůren vnd doch enpfahet in der geist in creatúrlicher wise
5   vnd besiczet in in sinem gemúte in der bewegung sines willen. Wenn sú haben got ettwas alse wellen. Wan die geiste behalten noch vil ires willen. Aber in

---

31 ein (2) *S1, y*] der *x3*   lege *(*leget *x3) x1*] latet *y*   31-32 jn vnssern herren Jh̄m xp̄m *x3, y*]
an ih̄m xp̄m *S1*   32 opffer *S1, Br1*] opffert *x3*; drach *Ga1; Lücke P1*   xp̄o *S1, y*] cristum
Au1; cristu jhm *(am Rand) N1*   33 die werke *S1, y*] das werck *x3*   35 eingebornen *S1, y, fehlt*
x3   gebresten *S1, Au1*] geprechen *N1, y*   36-37 vnwúrdigen bůss sine volkomne werk zů einer
erfüllung ir vnvolkomnen werke *S1*] volkumen *(am Rand:* vn *N1)* werck *x3 (Homoioteleuton)*;
onwerdigher boeten sijn volcomen werck *y (Homoioteleuton)*   37 des *(das N1)* sey er jmmer
gelobet *x3*] Des moet hij ewelick gelaeft sijn *Ga1*; Des moet hi gheloeft sijn Amen *y2, fehlt S1*
1 gŏtlicheit *S1, Au1, y2*] gottheit *(am Rand korr.* gotlicheit*) N1*; godheit *Ga1*   1-2 sýme geiste
vnd in sine art *S1*] seinen geist jn seiner art *x3*; sinen aert *y2*; sijne aert *Ga1*   2 do *x3, y*] daz
S1   3 siner eigenschafft *S1, Au1, y*] seinen eygenschafften *N1*   vss wendig *x1*] bouen *y*
mit *x*] in *y*   5-8 besiczet in in sinem ... besiczet ir gemúte in der bewegung sines willen *S1, y*]
besitzett in seine gemut jn der bebegvnge seins willen *x3 (Homoioteleuton)*

---

sun minniclich. Der vater minnet kein dinc dan sînen sun und allez, daz er vindet in sînem sune. Dar umbe sol sich diu sêle ûftragen mit aller ir kraft und opfern sich dem vater in dem sune, und alsô wirt si geminnet mit dem sune von dem vater» (DW II, S. 114, 5 - 115, 4).

[9] 1-18 Gott führt den Menschen aus einem geistlichen Leben („Geistlichkeit") in ein göttliches Leben („Göttlichkeit"), das ist die höchste, nicht weiter zu steigernde Vereinigung mit Gott. Der Geist ist tätig («geistet») in sich selbst und, insofern er sich mit Gott vereinigt, begreift er Gott. Dieses Begreifen bleibt jedoch partiell, da noch vom Geist gewollt. Erst in der göttlichen „Inspiration" («ingeistene») überformt Gott den Geist und begreift ihn vollständig. Der Geist verliert seinen eigenen Willen und steht vereint mit Gott ohne trennendes „Mittel". Hiermit ist unser Autor an seinen Ausgangspunkt zurückgekehrt, nämlich zur Forderung nach Aufgabe des Eigenwillens.

2-3 «Got ist mit siner eigenschafft vsswendig allen creaturen. Dar vmb mag in die creatur mit ir eigenschafft nit berůren ...». Vgl. Eckhart, Pr. 29: «Wan daz ist gotes eigenschaft und sîn natûre, daz er unglîch sî und niemanne glîch sî» (DW II, S. 89, 6-7); *Sermo* XLIV n. 437: «Dei enim proprium est non habere similem aut simile» (LW IV, S. 367, 7-8)

6-7 «Aber in dem ingeistene geistet sú got vnd artet sú ȳn sine art vnd besiczet ir gemúte in der bewegung sines willen». «ingeistene» entspricht hier mhd *ent-geisten*,

dem ingeistene geistet sú got vnd artet sú ўn sine art vnd besiczet ir gemúte
in der bewegung sines willen. Wann got hat sú als er wil. Wenn da verlúrt
der geist willen kiesen. *Das* ingeisten ist sin hŏhste ingegeist<*icheit*>, wann
10   die eўnung hat da *[nemmeer]* mittels in dem ingeistene. Wann er minnet

---

7 in geistene *S1*] ongheesten *Br1*, ontgheestene *P1*, *Ga1*, *fehlt x3*   7 ir *(seine x3)* gemúte in der
bewegung sines willen *x1*] haer ghemoede in die beweginghe sijns willens *y*   8 gott *x3*, *y (Lücke
Ga1)*] got der *S1*   sú *S1*] dese *y2;* sich *x3; Lücke Ga1*   willen kiesen *S1, y*] willenkvre *x3*
9 das *x3, y*] vnd *S1*   in geisten ist *S1*] ongheesten es *y2;* nicht geisten jn *x3;* ontgeesten sij *Ga1*
ingegeisticheit *J* in gegeist *S1, Br1;* in geisten *x3;* in gheeste *P1;* ingeesticheit *Ga1*   10 nemmeer
y2] nyet meer *Ga1;* mer *x3;* minner *S1*   in dem in geistene *S1*] jn dem ein geisten dan jnn
dem geisten *x3, fehlt y*

---

wie aus der ndl. Überlieferung deutlich wird. Mhd. *arten*, swV.: hier in der Bedeutung
,Art, d.h. Natur, Wesen, Eigenschaft, verleihen' (analog zu *natûren*). Daß auch Gott *art*
zukommt, ist bei Eckhart und Pfeiffer, *Von dem adel der sêle* und *Von dem überschalle*
mit *Glôse* belegt; vgl. Eckhart, Pr. 52: «Wan, dô der mensche stuont in der êwigen art
gotes, dô enlebete in im niht ein anderz; mêr: waz dâ lebete, daz was er selber» (DW II, S.
495, 1-3), in der lat. Version: «Quia, quando homo stetit in eternitate in deo, tunc viuit in
eo ...» (ebd., S. 519, 71-72). Ferner *Von dem adel der sêle*: «Nû merkent, waz ist diu über-
geschrift? Daz ist diu unsagelîche art götlîcher nâtûre und nâch allem irem grunde wür-
kenlich und wesenlich, sô ist ein blôz gegenwurf in dem geiste âne allez mittel, dâ von der
geist nâch frîer art unde nâch vernünftigem glîch allez daz gelîden mac, daz got gewürken
mac über alle redelicheit» (Pfeiffer, S. 417, 12-16); *Von dem überschalle*: «Dâ der geist ûf
nihte an einekeite bestât, dâ verliuret er daz mitel von gotlîcher art» (Pfeiffer, S. 517, 3-4),
glossiert, ebd. S. 519, 26-27: «... sô verliuret er alle mittel, daz ist von der gotlîchen art,
diu ist aine alliu dinc»; entspricht Seuse, *Vita*, c. 52 (Bihlmeyer, S. 187, 21-23).
    7 Mhd. *gemüet(e), gemuot(e)* stN.: ,Geist, Herz, Wesen, Gemüt', Übersetzung für
lat. *mens*, den höchsten Teil der vernünftigen Seele *(apex mentis)*; *Lib. pos.,* 126: «Aber
daz blôze ganster des geistes daz ist daz mens. Mens daz ist nâtiurlich bilde des geistes»
(Pfeiffer, S. 670, 38-39); vgl. auch *Lib. pos.,* 142 (Pfeiffer, S. 675); *Glôse über den über-
schal*: «Alleine der geist an dem bilde habe ein êwikeit an sich, nochdanne ist er ein iht
geschaffen an sîn selbesheit. Daz geschaffen iht daz ist mens; mit dem mens meinet man
den kleinen ganster, die lebelicheit des geistes» (Pfeiffer, S. 520, 6-9).
    9 Das Lexem *in gegeist* ist offensichtlich verderbt, gehört aber zum ursprünglichen
Text. Die jüngeren Textzeugen versuchen, dieser *lectio difficilior* einen Sinn zu geben.
In der *Glôse über den überschal* ist mhd. **îngegeistikeit* stF. belegt (Von den Wörterbü-
chern nicht verzeichnet). Das Lexem bezeichnet in der *Glôse*, wie auch im *Geistbuch*,
den innersten Grund aus der Perspektive Gottes, wo die Vereinigung zwischen Geist und
Gott ohne Mittel stattfindet. Vgl. *Glôse über den überschal*: «Nû merket ouch, waz diu
geistekeit der sêle sî. Daz ist, daz si gescheiden sî von dem gewerbe niderer dinge unde
wone in deme obersten mit gedenken und mit minne. Alsô wirt si ein geist mit gote ...
Diz ist diu geistekeit der sêle. Aber ir entgeistikeit lît an dem înslage, dâ si mê ûf daz sîne
gêt dan ûf daz ire, unde daz ist diu hôcheit irs volmahten wesens. Aber diu îngegeistikeit
gotes daz ist diu verborgenheit, nâch der hangende ist der geist, der disem ouch entsin-
ket, wan diu tougenlîche stilheit der einekeit diu ist verborgen in einer stillen tiefe, alsô
daz al crêatûre niemer ze grunde gegründet ir iht» (Pfeiffer, S. 520, 24-35).
    9-10 «ingeisten» und «ingeistene» steht wieder für mhd. *ent-geisten;* vgl. die ndl.
Überlieferung; *x3* schrieb schon oben S. 52, 32 anstelle von *entgeistet: eingeisten.*

got me mit siner minne. Do wil daz gemůte daz gehúgde haben vngeteilt
vnd das verstantniss vnuerbildet vnd den willen geeiniget sunder vereynen,
als verr als daz múglich ist vnd im got geordnet hat, daz ein mensch mag
geeiniget werden boben materien vnd formen. *Sant* Dÿonisius spricht: «Die
15   sele werde denn erhaben ob allen materÿelichen dingen, so ist sú des nit
wúrdig, das sich got mit ir vereine». Wann da begriffet got den geist me
denn der geist got begriffet. Da minnet der geist got in siner wúrdigen varwe
sitte. Die farwesitten daz sind gőtliche tugend vnd werk.

Nvn merkent: Got ist vnbeweglich vnd im sind alle tugend natúrlich,

---

11 Do *S1, y*] das *x3*   12 vnuerbildet *S1, y*] vngepildet *x3*   geeiniget *S1, y*] vereiniget *x3*
sunder *S1, Au1, y*] an *N1*   vereynen *S1, y*] vereinigen *x3*   13 im *S1, y*] jn *x3*   14 boben *S1,
y*] vber *x3*   formen *S1, y2*] forme *x3, Ga1*   Sant *x3, y, fehlt S1*   15 ob allen materÿelichen
S1] bouen alle materelijc (naturliker *Br1*) y; uber alle naturliche *x3*   ist *S1, N1*] enist *Au1, y*
16 sich got *S1, Au1, y*] gott sich gott *N1*   Wann da *S1*] da *x3;* Voert meer *y*   17 varwe sitte *S1*]
varbe Secht *x3;* veruwe sede *y2;* heilige leuen *Ga1*   18 farwesitten *S1*] veruwen der seden *y2;*
varbe *x3; Lücke Ga1*   werk *S1, y*] gottlich werk *x3*

11-14 Der Status dieser höchsten Einheit verlangt «daz gehúgde ... ungeteilt», «daz
verstantniss vnuerbildet», «den willen geeiniget sunder vereynen», d.h. die Seelenkräfte
memoria, intellectus und *voluntas* konzentriert und in sich versammelt. Mhd. *un-ver-
bildet*, Part. Adj.: ‚bildlos, frei von Bildern'; das Lexem fehlt Eckhart und Seuse, es ist
belegt bei Tauler, Pr. 6: «Las, wie edel und wie luter die bilde sint, alle machent sú mittel
des unverbildeten bildes daz Got ist» (Vetter, S. 26, 16-18) und *Diu glôse über daz êwan-
gelium S. Johannis* (Pfeiffer, S. 587, 40 - 588, 11).
17-18 Das Syntagma «in siner wúrdigen varwe sitte» und das folgende Komposi-
tum «farwesitten», die übereinstimmend von der mhd. und der mndl. Version überlie-
fert werden, sind in ihrer Bedeutung nicht leicht zu erfassen. Basissubstantiv ist mhd.
site stswM. ‚Art und Weise (wie man lebt und handelt), Beschaffenheit, Gewohnheit'.
Im ersten Fall erscheint es in Verbindung mit vorangestelltem Gen. «siner wúrdigen
varwe», was sich auf *Geistbuch*, S. 43, 233-236 beziehen läßt. Wir erkennen Gott nur
„gebrochen" («bewunden»), wie die Sonne, die durch ein farbiges Glasfenster scheint.
Auf die vorliegende Stelle bezogen assorbiert der liebende Geist Gott und leuchtet „in
seiner würdigen Farbe Art". Dieser „Farbglanz" («farwesitten») wird hervorgerufen von
„göttlichen Tugenden und Werken". Das Hapax mhd. *varwe-site* läßt sich als analoge
Bildung zu *varwe-tuoch* stN.: ‚gefärbtes Tuch', verstehen (vgl. Lexer, III, Sp. 27); Über-
setzungsvorschlag: ‚Färbung'.
19-26 Die „Färbung" des liebenden Geistes sind «gőtliche tugend vnd werk». Gott
ruht unbeweglich in sich selbst und alle Tugenden gehören zu seiner Natur, sie müssen
nicht errungen werden. Insofern die Seele ihm in dieser „Unbeweglichkeit" (*aequanimitas*)
gleich wird, wird sie göttlich. Dazu gehört auch, daß der Mensch die Tugend nicht hat,
sondern verkörpert, und seine Werke völlig spontan («lediklichen») wirkt, so daß sie sei-
ner Meinung nach («in siner ahte») gar keine Anstrengung («arbeit») darstellen. Vgl. dazu
Von zweierlei wegen: «daz hœhste dâ der geist zuo komen mac in disem lîbe, daz ist daz
er wone ob nôturft der tugende; daz ist daz alle güete in ime alsô genâtûret sî, niht alleine
daz er tugende habe, mêr daz diu tugende weslich in im sî; daz ist daz er tugende üebe niht
von nôt, mêr von einer weslîcher guotheit» (Pfeiffer, S. 244-245); Eckhart, Pr. 29: «Wan
nieman enminnet die tugent, dan der diu tugent selber ist» (DW II, S. 79, 11 - 80, 1); Pr.

20 also das er die tugend selber ist. Öch wúrket er alle sine werk on arbeit
vnd hat alles gůt in im selber, also daz er es nit bussen sich holen bedarff.
Als vil als die sele dirre glicheit enpfahet, als vil ist sú gǒtlich. Wenn an
vnbeweglichem leben lit die gǒtlicheit, daz in *noch* lieb noch leid bewegen
múg vss sýme wesen vnd öch das im alle tugend also eigen sigent, nit allein
25 daz er die tugend habe, mer das er selber die tugent sýe vnd daz er alle
sine werk *also* lediklichen wurke, das sú im in siner ahte nit arbeit sigent.
Bernhardus *spricht*: Sit daz ich got einest gesach, sid enmǒhte ich nie tugend
vff ir höhstes gewúrken. Er meýnt, daz er die tugend selb waz worden, das
sú sich vss im ǔbte also mer als ane arbeit, reht als sin ander natur. Den
30 die tugend ǔbet, der ist der tugend eigen vnd der die tuget ǔbet, des ist die
tugend eigen. Doch ist, daz ein mensch die tugend gancz behaltet mit strit
vnd mit arbeit, er ist öch gǒtlich, vnd öch das er alles gůt in im selber habe,
daz er es an keiner creatur von vssen holen bedarff, das wúrket er alles in der
liebe. Die in geistere hand me minne vnd die geistere hand me liebe.

21 bussen *S1, y]* außwendig *x3* 22 an *S1, y, N1 (nachtr. korr.), fehlt Au1* 23 noch *x3, y]*
weder *S1* leid *S1, Au1, y]* leiden *N1* 24 sigent *S1]* sijn *y;* sein *N1;* sind *Au1* 25 mer *S1,*
y] sunder *x3* 26 also *x3, y]* so *S1* sú *S1, y]* es *x3* im in siner ahte nit arbeit sigent *S1]*
jm jn seiner arbeit chein erbeiten *(erbet Au1)* sey *(nicht ensey Au1) x3;* sijn achtinghen niet een
arbeit *(een arbeit] arch Br1)* en sijn *y* 27 spricht *x3]* seet *y, fehlt S1* Sit daz *S1, y2]* Seit
x3, Ga1 sid *S1, Au1, y, fehlt N1* nýe *x3, y2]* nie kein *S1;* noiet *Ga1* 29 also mer als *S1]*
alsmar als *Au1;* asmar *(als mer am Rand nachgetr.)* als *N1, fehlt y* sein *x3, y]* vmb sin *S1*
29-30 den die tugend ... des ist die tugend eigen *S1, P1]* vnd der die tugent ubet dem ist die tugent
eýgen *x3 (Homoioteleuton);* die *(Dien Ga1)* de doghet oeffent hi *(fehlt Ga1)* es der *(die Ga1)* doghet
eyghen *(fehlt Ga1)* *Br1, Ga1 (Homoioteleuton)* 33 an *S1, y]* von *x3* holen *S1, y]* nemen
x3 34 in geistere *S1]* nit geister *x3;* ongheest *P1;* ontgheest *Br1;* ontgeesten *Ga1* geistere
(geister x3) x1] ghegheeste *(Br1) y*

16b: «Dû solt alle tugende durchgân und übergân und solt aleine die tugent nemen in dem
grunde, dâ si ein ist mit götlîcher natûre» (DW I, S. 276, 3-5).
    31-34 Der *Geistbuch*-Autor gesteht die Göttlichkeit auch demjenigen zu, der in har-
ter Anstrengung («mit strit vnd mit arbeit») die Tugend festhalten muß. Auch er trägt das
Gute in sich und muß es nicht von außen holen. Er bewirkt dies „in der Liebe".
    34 Zu unterscheiden sind zwei Formen der Liebe: die der «in geistere», entspricht
mhd. *ent-geister*, und die der «geistere». Die erste Form ist eher die kontemplative
Minne, die zweite Form ist eher die aktive Liebe. Mhd. *ent-geister* ist nicht belegt,
ebensowenig *geister* in der Bedeutung des aktiven „Gottesdenkers". Seuse kennt das
Lexem *geister* und *geisterin* für die Vertreter der Brüder und Schwestern des freien Gei-
stes (*Vita*, c. 28; Bihlmeyer, S. 83, 14 und 15). Laut *Findebuch*, S. 117, existiert *geister*
(-*in*) nur in dieser Bedeutung (‚Begarde/Begine; Bruder/Schwester des freien Geistes')
und nur bei Seuse. Tauler kennt den Ausdruck «nûwe geiste» als Diffamierung der Got-
tesfreunde (Vetter, S. 138, 4).
    35-55 Digression zum Unterschied zwischen Minne und Liebe.
    35-37 Die kontemplative „Minne" gehört dem Zustand der Einheit an («einikeit»),
die aktive „Liebe" dem Vorgang («vereinigung»). Im Zustand der Einheit ist die Seele
über und außer sich mit Gott vereint in der Ewigkeit.

35   Nvn *mocht man sprechen, was* vnderscheid *ist* zwúschent minn vnd
liebe. *Das merckt*: Nach dem das die sele geeiniget ist mit got, so ist es
minne. Aber nach der vereinigung, so ist es liebe. In der einikeit ist die
sele boben ir geeiniget mit ewigen dingen. Augustinus *spricht*: Wenn sich
die vernunfft vnd das verstantniss wúrffet an die ewigen ding, so wúrt sú
40   ein mit den ewigen dingen. Augustinus *spricht*: «Die sele ist me, da sú
minnet, denn da sú leben git». Aber nach der liebe ist die sele me in der zit.
Wenn sú ist ein creatúrliche tugend, da die sele ỹn ir selb mit got wúrket ir
minne werk. Sant Peter hat me liebe vnd Sant Iohans *hett* me minne. *Wan*
Sant Petter was mer von aussen jn der wurckenden quelenden mỹnne vnd
45   *Sant Johannes worcht mer jnwendig vnd was* öch *mer* in der stillen min-

---

33 mocht man sprechen *(vraghen P1, Ga1)* was *x3, y]* merkent den *S1*   ist *x3, y, fehlt S1*
zwúschent *S1, y, fehlt x3*   36 liebe *S1, y]* lieb hab *x3*   Das merckt *Au1, Ga1]* Das merck *N1;*
Dat *y2, fehlt S1*   37 vereinigung *S1, y]* einung *x3*   einikeit *S1, y2]* einunge *x3, Ga1*   ist
S1, y2] so ist *x3, Ga1*   38 boben *S1, y]* oben *x3*   spricht *x3, Ga1, Br1]* seet *P1, fehlt S1*
39 wúrt *S1, y]* werden *x3*   40 ein *S1, y2]* eins *x3; Lücke Ga1*   spricht *x3, Br1]* seet *P1,*
Ga1, fehlt S1   me *S1, y, fehlt x3*   42 sú *S1]* lieb *x3;* het *y*   ein *S1, y, fehlt x3*   mit *x1]*
in *y*   wúrket *S1, Au1, y]* wurcken *N1*   43 hett *x3, y, fehlt S1*   43-45 wan sant petter ...
mer jnwendig vnd was *x3, y, fehlt S1*   44 wurkenden *Au1, y]* wurckenden lieb *(lieb getilgt)*
N1   45 mer *x3, y, fehlt S1*

40-41 Das in der geistlichen Traktatliteratur unter dem Namen des Augustinus ver-
breitete Zitat stammt aus Bernhard von Clairvaux, *De praecepto et dispensatione*, c. 20,
n. 60: «Neque enim praesentior spiritus noster est ubi animat, quam ubi amat» (Leclercq/
Rochais, S. 292, 24-25). Zitiert z.B. bei Eckhart, Pr. 93: «Sant Augustînus sprichet: „diu
sêle ist eigenlîcher dâ si minnet, dan dâ si daz leben gibet"» (DW IV/1, S. 130, 50-51);
Von der sêle werdikeit und eigenschaft (Pfeiffer, S. 409, 23-30); *Von armuot des geistes*
(Pfeiffer, S. 494, 24-26); *Von der übervart der gotheit* (Pfeiffer, S. 496, 24-29).
      41-43 Im Vorgang der Vereinigung und in der Liebe bewegt sich die Seele in der Zeit
und wirkt, als geschaffene Tugend, zusammen mit Gott.
      43-48 Beispielhafte Vertreter dieser beiden Liebesformen sind der Apostel Petrus als
Repräsentant der tätigen Liebe und der Evangelist Johannes als Repräsentant der kontem-
plativen Minne. Die Gegenüberstellung von Petrus und Johannes nimmt Bezug auf das
letzte Kapitel des Johannesevangeliums (Io 21), das von dem wunderbaren Fischzug im
See Tiberias berichtet, wo der Auferstandene seinen Jüngern zum dritten Mal erscheint.
Hier fragt Jesus den Petrus dreimal nach seiner Liebe zu ihm und prophezeit ihm den
Märtyrertod (Io 21, 18: «cum esses junior, cingebas te, et ambulabas ubi volebas. Cum
autem senueris, extendes manus tuas, et alius te cinget, et ducet quo tu non vis»). Jesus
schließt mit der Aufforderung an Petrus: „Folge mir nach" (Io 21, 19: «Sequere me»).
Doch Petrus sieht, daß Johannes Christus folgt, und fragt: „Was wird mit diesem?". Dar-
auf die rätselhafte Antwort Christi: „Wenn ich will, daß er bleibe, bis ich komme, was
geht es dich an?" (Io 21, 22: «Sic eum volo manere donec veniam, quid a te? tu me
sequere»). Io 21, 18-23 liest sich wie die biblische Grundlage des *Geistbuchs*: Nachfolge
als Willensaufgabe, was bedeutet „bleibend ausgehen (folgen)", also die Synthese von
vita activa und *contemplativa*, Petrus und Johannes. Die Deutung des Petrus als *vita*
activa und des Johannes als *vita contemplativa* geht auf Augustinus zurück: Petrus liebt,

ne, die sunder werk ist. *Das [bediet alsoe vele]: Er was jm selber mer benomen dan Sant Petter vnd* Sant Iohans was öch seliger nach eÿnung halb. Aber Sant Peter was seliger nach der manigfaltikeit des lones. Aber Sant Paulus hat volkomenlich beÿde, minn vnd liebe. Von der liebe halb tet
50 er grosse werk vnd leÿd grosse bekorung. Er waz im selb also *ser* gelassen, das er in ettlich*er* wise zwifelte, ob er der were, der in gezuket was oder

46 sunder *S1, Au1, y]* an *N1*   46-47 Das ... Sant Petter vnd *x3, y, fehlt S1*   46 bediet alsoe *(soe P1)* vele *y]* drit *x3*   47 Sant iohans *S1, y]* er *x3*   seliger *S1]* heilegher *y;* pesser *x3*   lones *x3, y]* lones wann er was me in der vssen quellenden minne *S1*   49 hat *S1, Au1, y]* het sie *N1* von *S1, y]* vnd *x3*   tet *x3, y]* so tet *S1*   50 ser *x3, y]* gar *S1*   51 ettlicher *x3, y]* ettliche *S1*   in gezuket *S1]* entzuckt *x3;* van gode ghetrocken *P1;* ghetrect *Br1;* getagen *Ga1*

doch Johannes wird geliebt; vgl. Augustinus, *In Iohannis evangelium*, tr. 124, bes. n. 4 (Willems, S. 682, 24 - 683, 45). Zu diesem Themenkomplex vgl. Hamburger, *St. John the Divine*, S. 152-157.

47-54 Die perfekte Synthese aus *vita activa* («liebe») und *vita contemplativa* («minne») stellt der Hl. Paulus dar. Zeichen seines Vollkommenheitsstatus ist die absolute Gelassenheit: er war «im selb also ser gelassen», daß er sich seiner Entrückung nicht bewußt war (Anspielung auf II Cor 12, 2-4), doch zugleich war er so vereint mit Gott, daß «er sich im selber nie geliess». Mhd. *(ge)lâzen*, stV., refl.: ,sich gedulden; sich ergeben, sich loslassen, aufgeben', hier zusätzlich mit Dat. der Person, der seinerseits im Reflexivpronomen besteht. Konstruktion nicht belegt. Übersetzungsvorschlag: «Er war sich selbst (= von sich selbst) so sehr gelöst, daß er in gewisser Weise zweifelte, ob er der sei, der entrückt war, oder nicht. Doch andererseits war er mit Gott so vereint, daß er sich nie sich selbst (= von sich selbst) löste». Ein vergleichbare Konstruktion mit elliptischem Genitiv und Personalpron. im Dat. oben S. 37, 179-180. Der Wortschatz des *lâzen* und der *gelâzenheit* ist typisch für Eckhart.

52-53 Mhd. *vinden* stV., refl. + Gen.: Konstruktion in dieser Form nicht belegt; wohl elliptisch zu verstehen: «... vnd vand mich alle zit (Sohn/Kind) gottes».

Wieder wird vom Autor des *Geistbuchs* Paulus als der Vollkommenste dargestellt wie oben S. 52, 27-30, wo schon einmal von einem Vollkommenheitswettstreit zwischen Paulus, Petrus und Johannes die Rede war. Auch Eckhart bedient sich der Figuren von Petrus und Johannes, wobei Petrus, entsprechend der Deutung seines Namens: «,Pêtre', daz ist als vil als ,der got schouwet'» für Erkenntnis und Johannes für Wille/Liebe steht. Die Verkörperungen der beiden Seelenkräfte nutzt Eckhart für die Diskussion um den Vorrang von «verstantnisse» oder «wille», so in Pr. 45 (DW II, S. 363, 8 - 364, 4); noch markanter in seiner Kommentierung von Io 20, wo Eckhart den Lauf der Jünger Petrus und Johannes zum Grab Christi am Ostermorgen in diesem Sinne auslegt: «Exiit ergo Petrus et ille alius discipulus, et venerunt ad monumentum. Currebant autem duo simul, et ille alius discipulus praecucurrit citius Petro, et venit primus ad monumentum ... non tamen introivit. Venit ergo Simon Petrus sequens eum, et introivit in monumentum ...» (Io 20, 3-6); vgl. *In Ioh.*, c. 20, v. 4 (LW III, S. 608-613), bes. nr. 692: «Verba praemissa possunt parabolice dupliciter exponi, primo ut sub ipsis notetur proprietas creatoris et creati ... Secundo ut sub eisdem verbis notetur in speciali proprietas intellectus et voluntatis, cognitionis et amoris». In seiner Auslegung von Io 21, 20 dagegen greift Eckhart die augustinische Unterscheidung von Petrus, der liebt, und Johannes, der geliebt wird, auf; vgl. ebda., c. 21, v. 20, nr. 737-738 (LW III, S. 642, 12 - 644, 8).

nit. Doch was er mit got also vereint, das er sich im selber nie geliess. Das *spricht* er selber: Ich bekant vnd vand mich alle zit gottes. Nach dem daz er *sich* gottes *vant,* so waz er in der minne, vnd nach dem daz er grosse
55 werke tet, so waz er in der liebe.

Von der wúrkenden eynung halb vallen dise go̊tliche *lewtt* in drÿerhand *geprechen.* Der erst ist, daz niemant weselich alle götliche gabe hie in der zit mag gehaben. Die gabe vnd die offenbarung, die der mensch enpfahet mit sich vnd in sine wise, die koment vnd faren, als *vnser herr* spricht: «Ein
60 wenig vnd ÿezunt *vnd* ir ensehet mich nit vnd aber ein wenig vnd ir werden mich sehen». Disen gebresten vnd wandelung haben sú in der liebe vnd in der wúrkenden eynung, wenn da sind sú mit sich geeiniget. *Aber jn der mynne sind sie sunder sich geeinigt.* Wan da sind sú in got vnd got in in. *Sant* Iohannes spricht: «Wer in der minne wonet, der wonet in got vnd got

---

52 sich im selber *x1*] hi hem seluen *y* 53 spricht *x3, y*] sprach *S1* 54 sich gottes vant *x3, y*] gottes befand *S1* 56 der wúrkenden eynung *x*] den *(der P1)* werken der eninghen *y* lewtt *x3, y*] menschen *S1* drÿerhand *S1, y*] dreÿerleÿ *x3* 57 geprechen *x3, y*] gebresten *S1* hie *S1, y2, fehlt x3, Ga1* 58 die (1) *S1, y*] das ist die *x3* 59 in sine wise die koment vnd faren *S1, y*] jm (jn *Au1*) den dick entzogen wirt *x3* vnser herr *x3, y*] x̄p̄s *S1* 60 vnd ÿezunt *x1, fehlt y* ende ghi en siet *y*] vnd ir seht *x3;* ensehet ir *S1* ein wenig *S1, y*] eins vnd ein wenig *x3* 62 der wúrkenden eynung *x1*] den wercken ende inder *(fehlt Br1)* eeninghen *y2;* wercken der verenyngin *Ga1* mit sich *x1*] in hen seluen *y* 62-63 Aber jn der mynne sind sie sunder sich geeinigt *Au1, y, fehlt S1, N1 (Homoioteleuton)* 64 Sant *x3, y, fehlt S1*

56-57 Doch selbst die Vergöttlichten, insofern sie tätig sind, haben Fehler. Der *Geistbuch*-Autor bezieht sich auf die „wirkende Einung", im Gegensatz zur „gottwerdenden Einung"; s. oben S. 61, 85-86: «Aber in des menschen begriff vnd in der wúrkenden eÿnung da lúhtet er (*sc.* der Geist) anders». Der Begriff wurde eingeführt S. 20, 33-34 auf der Stufe der *incipientes,* die wohl Fortschritte machen können in der „wirkenden Einung", i.e. in der „Einung mit sich selbst", nicht aber in der „Einung außer sich selbst", i.e. Ekstase, mit Verweis auf II Cor 12, 2-4.

57-58 Der erste Defekt besteht darin, daß in diesem irdischen Leben keine Dauer gegeben ist, sondern nur ständiger Wandel. Denn niemand hat „wesentlich" (*essentialiter*) die göttlichen Gaben *in via.*

59-61 Io 16, 16: «Modicum et iam non videbitis me: et iterum modicum, et videbitis me».

61-63 Der genannte Defekt betrifft die tätige Liebe und die „wirkende Einung", die wie oben S. 20 als „Einung mit sich" definiert wird. Die kontemplative Minne dagegen führt zur Einung «sunder sich».

64-65 1 Io 4, 16: «(Deus caritas est) et qui manet in caritate, in Deo manet, et Deus in eo».

65-67 Und doch ist die Liebe unverzichtbar, denn sie ist das Substrat für Minne und deren spezifische wirkende Einung, nämlich „die ohne Werk": «ein vnderstoss der minne vnd der wurkenden eÿnung, die sunder werke ist. Wann ir keine mag on die ander gesin». Mhd. *understôz,* stM., Lehnübersetzung für lat. *suppositum, subiectum,* gehört zum Wortschatz von Eckhart und Ps.-Eckhart und wird im Kontext der Trinitätsspekulation

65   in im». *Da* mag kein gebrest an sú gefallen. Doch ist die liebe ein vnderstoss
der minne vnd der wurkenden eÿnung, die sunder werke ist. Wann ir keine
mag on die ander gesin.

Der ander gebrest ist, daz sú nit lediklichen ledig sint, sú mŭssen sich
ledigen von gebresten der schulde, da sú dike in fallen. Der val ist an der
70   mosse, daz sú ze vil oder ze wenig tŭnd. *Sant* Gregorius spricht: Tŭ alle
ding ze mosse, so blibestu on vnderlos ze friden. Die vnmass ist, daz sú

65 da mag *N1*] da enmag *Au1, y;* vnd enmag *S1*   gebrest *S1, Au1*] geprech *N1, y*   vnderstoss
x1] onderscheet *y2;* onderstant *Ga1*   66 der wurkenden eÿnung die sunder werke ist *S1, Br1*] die
werckende eninghe diere die sonder werc es *P1;* die wurckend einunge ein vnterstoß der der *(fehlt
Au1)* einunge die an werck ist *x3;* die wercken der verenyngin sijn een onderstant der verenynginge
die sonder werck is *Ga1*   67 on *S1, N1*] sunder *Au1, y*   68 mŭssen *S1, N1*] enmussen
Au1, y   69 der schulde *S1*] vnd von schulde *x3;* der sonden *y*   70 mosse *S1, y*] vn maz *x3*
Sant *x3, y2, fehlt S1, Ga1*

verwendet; vgl. Eckhart, Pr. 67; DW III, S. 135, 4-7 (hier zum Verhältnis von Gottheit
und trinitarischen Personen); ferner Ps.-Eckhart, Pr. 54 Pf., S. 175, 4-7 (Verhältnis von
Vater und Väterlichkeit), Pr. 103 Pf. (= Jostes 11), S. 337, 8-10 (Verhältnis von Person
und Natur) und den, u.a. auch Eckhart zugeschriebenen, Traktat *Von zweierlei wegen*,
Pfeiffer, S. 249: «seht, alsô merket daz daz wesen keine wîs mac âne underscheit und
understôz. persôn und understôz mac keine wîs sîn âne nâtûre, daz daz wesen ist. seht,
alsô ist bewîset daz daz wesen niht ursprunget die veterlicheit, noch diu veterlicheit ouch
niht ursprunget daz wesen, wan ir kein âne daz ander sîn mac». Das Lexem *understôz* ist
belegt in *Lib. pos.*, 108 (Pfeiffer, S. 660, 19), 147 (S. 677, 21) – beide Quaestionen dis-
kutieren die Möglichkeit der Vereinigung von menschlicher und göttlicher Natur – und
Lib. pos., 161: «Wan diu ungeschehenheit muoz einen understôz hân, daz ist diu êwige
geschehenheit» (Pfeiffer, S. 682, 30-31). Tauler und Seuse verwenden das Lexem nicht,
sondern *understant* bzw. *understandunge.* Schließlich ist *understôz* in der Pr. 101 Pf.
belegt, die z.T. eine Bearbeitung der *Summa theologiae*, I, q. 15 des Thomas ist. Die
entsprechende Passage greift *S. th.*, I, q. 15, a. 3 auf, und zwar die Frage, ob Gott auch
Ideen der Accidentien habe. Dabei werden zwei Arten von Accidentien unterschieden.
Die fest mit ihrem Substrat verbundenen sind ohne eigene Idee: «Similiter etiam est de
accidentibus quae inseparabiliter concomitantur subiectum: quia haec simul fiunt cum
subiecto. Accidentia autem quae superveniunt subiecto, specialem ideam habent» (Alba
1962, S. 88-89). Vgl. dazu Pr. 101 Pf.: «Doch ist dâ underscheit der anevelle. Alle, die
von dem anvange <un>underscheiden mit ir understôze blîbende wesen sint, der hât got
niht sunder bilde von den bilden irre gruntveste ...» (S. 327, 27-30). Die *Mhd. Summa
theologiae* (Morgan/Strothmann) verwendet *understôz* nicht.

Neben der Bedeutung von ‚Substrat' (*subiectum*) bezeichnet *understôz* offenbar
komplementäre Sachverhalte, so sind in unserem Text «minne» und «liebe» nur die akti-
ve und passive Seite ein und derselben Größe.

68-76 Der zweite Defekt besteht darin, daß sie nicht «lediklichen ledig» sind. Sie
müssen sich von der Schuld der Maßlosigkeit, nämlich «daz sú ze vil oder ze wenig
tŭnd» befreien. Ziel ist die rechte Balance zwischen Körper und Geist, sowohl die
Überbeanspruchung des einen als auch des andern behindert die Seele. Vom Problem,
das rechte Maß zu finden, war schon die Rede bei den *proficientes*, deren Fehler darin
bestand, entweder zu viel zur Minne oder zu viel zur Erkenntnis zu tendieren; vgl. oben
S. 28, 85 - 29, 88.

des libes krafft vnd öch des geistes ze vil oder ze wenig vertůnd. <*Ver*>tůt
er ze wenig, so blibet in im der fleischliche bra*tem*. Der hindert die sel,
daz sú sich nit erheben mag. Vertůt er denn des libes krafft ze vil, so blibt
75　daz gehúgniss ettwaz bý der pin. Das hindert aber die sele, daz sú sich nit
erheben mag. Daz ist, daz sich der mensch an den inren werken ze vil v̊bet
vnd an den vssern ze wenig. Vertůt er die inner krafft ze vil, das ist höbt
brechen. Vertůt er ze wenig, so blibet daz gemůte vnúberwunden. Wenn
als vil als die zwo krefft noch nit glich *[166v]* gesåczt sint, also vil ist der
80　mensch noch nit komen zů siner stillen ganzen růwe, wann die gewissene
hat noch ze wúrken. Also vil ist der geist gehindert, daz er nit bekennen
noch begriffen mag geistliche vnd g̊tliche ding. Dar vmb sol der mensch

72 vertůnd *S1*, *y*] verczeren *x3*　　tůt er ze wenig *S1*] Verdet hijs te luttel *y;* verczert er ze wenig
Au1; Verczert er des leibs crafft (des ... crafft *am Rand nachgetr.*) zu wenig *N1*　　73 der fleischliche
bräte *S1*] das (der *Au1*) fleischlich pradem *x3;* die vleeschelike lusteghe (vleelustech *Br1*) brant
y2; die veelustege brant *Ga1*　　74 ver tůt *S1*, *y* (*Lücke Ga1*)] vertzert *x3*　　denn *S1*] aber *x3;*
oec *y* (*Lücke Ga1*)　　libes *S1*, *Au1*, *y* (*Lücke Ga1*)] gaistes (*am Rand anstelle eines getilgten,*
nicht mehr leserlichen Wortes) *N1*　　75 das (2) *S1*, *y* (*Lücke Ga1*)] vnd *x3*　　77 vertůt *S1*, *y*]
vertzert *x3*　　die *S1*, *Ga1*] der *x3*, *y2*　　77-78 das ist höbt brechen *S1*, *y*] das tut jm daz haupt
prechen *x3*　　78 vertůt *S1*, *y* (*Lücke Ga1*)] verzert *x3*　　zewenig *S1*, *Au1*, *Ga1*, *Br1*] der aussern
crafft (*am Rand nachgetr.*) zu wenig *N1;* inder cracht te luttel *P1*　　vnvber wunden *x3*, *y*] vnuerbunden
vnd vnúberwunden *S1*　79 die *S1*, *Ga1*] dise *x3*, *y2*　also *S1*, *y*] als *x3*　80 stillen ganzen *S1*] gan-ser
stilre *P1;* gantzen vnd stillen *x3*, *Ga1*, *Br1*　　wann die gewissene *S1*] want die conciencie *y;* wer
die samwitzigkeit *x3*　　81 also *S1*, *y*] als *x3*　　bekennen *S1*, *y*] bekomen *x3*　　82 vnd *S1*, *y*] noch *x3*

72 Mhd. *vertuon*, anV.: ‚verschwenden, verbrauchen'. Das Präfix *ver-* evoziert hier
die Bedeutung ‚verkehrte Durchführung der Handlung', und zwar genauer ein Übermaß
der Verbhandlung mit negativer Konnotation.

73 «der fleischliche bratem»: mhd. *brâdem*, stM.: ‚Hauch', einmal bei Eckhart, Pr.
54b, in strikt naturwissenschaftlichem Kontext belegt: es handelt sich um eine Art Aura,
die Einfluß auf den umliegenden Bereich ausübt. So ist die Anziehungskraft des Magnet-
steins sein «brâdem» (DW II, S. 567, 9).

71-76 Wer seinen Körper zu wenig strapaziert, beläßt ihm die Dominanz über den
geistig/seelischen Bereich. Wer jedoch zu viel Askese treibt, blockiert sein Gedächtnis
im Schmerz und behindert ebenfalls die Seele an ihrem Aufstieg zu Gott. Vgl. oben S.
20, 29, wo die Vereinigung zu «aller pin» noch als positives Merkmal der erfolgreichen
Beginner beschrieben wird.

76-86 „Maßlosigkeit" bedeutet auch, daß sich der Mensch an seinen inneren Werken
zu viel übt und an seinen äußeren zu wenig.

77-78 Verbraucht er zu viel innere Kräfte, so bedeutet das «höbt brechen», verbraucht
er zu wenig, «so blibet daz gemůte vnúberwunden». („Gemüt" steht hier für „Herz").
– Zu «höbt brechen» vgl. Tauler, Pr. 43: «Dis enwellent die lúte nút gelőben und brechent
mir min hőbt» (Vetter, S. 189, 31-32). Mhd. *houbetbrechen*, stN. nicht belegt. Übersetz-
zungsvorschlag: „Kopfzerbrechen", „Kopfschmerzen".

78-84 Anzustreben ist die Balance zwischen beiden Kräften. Nur der perfekte Aus-
gleich führt zu Gewissensruhe und setzt den Geist in seiner Tätigkeit der Erkenntnis
«geistliche(r) vnd g̊tliche(r) ding» frei. „Rechtes Maß" heißt also, in diesem Kontext,
das „Herz" überwinden, aber den Geist nicht überlasten.

die mosse haben an allen sinen werken, also daz er sinen geist *nit erlesche*
vnd daz die werk it sin hercz v́berwinden. Sant Franciscus wart gefraget
von sinen brůdern, ob sú it arbeiten solten. Da sprach er: «Ir súllet arbeiten,
aber ze massen, daz ir it *erlesche<t>* die scherpffi uwers geistes». Och
vallet der mensch an der mosse, daz er vff den geistlichen bilden ze vil
blibet oder ze wenig. Denn blibet er vff in ze wenig, also er komet in ein
stilli růwe aller dinge vnd denn dar inne zelang blibet, daz er nit wider zů
werke gat, wann wer mit Christo wil sin in *dem* wunne wesene, der sol öch
mit im sin in dem wesen der pin, wan ẙe grősser rů̊w, ẙe grősser vnrů̊w.
Wann der fal der mosse ist das leste mittel an der tugend, das die tugend
nit volkomenlich tugend gesin mag. Wann daz mittel der tugend ist das
ende der tugend, da alle tugend in endent. Denn *so* blibet der mensch vff
den bilden ze vil, als daz gemut vorinzilt wúrt in den sẙnn*en*, also daz er
vngewaltig wúrt siner gedenke, daz er nit gedenken mag, was er wil. *Sant
Dẙonisius spricht*: Das gőtlich lieht ist v́berbleckend der vernunffte, sich

85

90

95

---

83 die *(sein x3)* mosse haben *x1]* die mate houden *(doen Br1) y*   an *S1, Au1, y (fehlt Br1)]*
all an *N1*   nit *x3, y]* it *S1*   erlesche *N1]* verlesche *Au1;* v́berleste *S1;* en verlaest *y*   83
it *x1]* niet *y*   hercz v́ber winden *S1]* herte en verwinne *y2;* herte en verwijnnen *Ga1;* herre
werden *x3*   86 ze *S1, Ga1, Br1]* met *P1;* zu der *x3*   ir it erlesche<t> *]* ir it v́berlesten *S1;*
ghi niet en verlaest *y;* icht erlesche *x3*   scherpffi *x1]* cracht *y*   87 mosse *S1, y]* vnmaß
x3   bilden *S1, y]* sinnen *N1;* synnen vnd bilden *Au1*   88 in (1) *S1]* die beelden *y;* dem pild
x3   also *S1]* Als *y;* wen *x3*   89 denn *S1, Au1, fehlt N1, y*   wider *x1, fehlt y*   90 mit
x1] in *y*   dem *x3, y]* sinem *S1*   wunne wesene *S1] wesen der wunne *Au1;* wessn der pein
(getilgt) wune *N1;* vroliken wesene *y*   91 mit *x1]* in *y*   ẙe grősser rů̊w ẙe grősser vnrů̊w *x1,*
Ga1] soe groeter pinen soe groeter raste *P1;* te groter pinen van groter onraste *Br1*   92 der mosse
S1, Ga1, Br1] an der maß *x3;* van der maten *P1*   an *S1, y, fehlt x3*   das *S1, y (Lücke Ga1)]*
da *x3*   94 so *Au1, y]* die *(getilgt) N1, fehlt S1*   95 als *S1, y]* wen *x3*   vor in zilt *S1]*
zerstrewet *x3;* ontstelt *P1;* ontsteelt *Ga1;* onstelt *Br1*   den synnen *x3, y]* den sẙnn *S1*   96 was
x1] hoe *y*   Sant *x3, y, fehlt S1*   spricht *x3, Br1]* seet *P1, Ga1, fehlt S1*   97 vber pleckende *x3;*
ouerblickende *y]* v́berblenkend *S1*   der vernunffte *S1]* den vernuften *x3, y*   97-98 sich *(ende*

84-86 Vgl. Regula Bullata OFM, c. 5: «Fratres ... laborent fideliter et devote, ita quod
... sanctae orationis et devotionis spiritum non exstinguant ...» (ed. Menestò, S. 175).

86-103 Maßlosigkeit besteht schließlich darin, daß der Mensch seinen Geist zu viel
oder zu wenig den *phantasmata* («geistlichen bilden») aussetzt. „Zu wenig“ bedeutet
Rückzug in Innerlichkeit und Quietismus, „zu viel“ dagegen Zerstreuung des „Gemüts“
(*mens*) und damit Behinderung der intellektuellen Kraft des Denkens.

88-91 Defekte grammatische Konstruktion; die gesamte Periode besteht nur aus
einem konditionalen ‚Vordersatz‘, während der ‚Nachsatz‘ fehlt.

92, 93 «mittel an der tugend» «mittel der tugend»: das Verfehlen des rechten Maßes
ist das letzte ‚Hindernis (an) der Tugend‘.

95 «vorinzilt wúrt»: mhd. *vereinzeln*, swV., ‚verteilen‘. Einziger Beleg: Eckhart
Rube, *Sermo de sanctis*: «forenzilit ubernaturlichin in fornuftigin creaturen» (*Par. an.*
32, Strauch, S. 69, 17). Das Lexem wurde von den ndl. Kopisten nicht verstanden, die
mit *ontstellen*, ‚verderben, entstellen‘ eine phonetische Transkription versuchen.

v́ber in giessende den gemv̊ten. Wer aber die ögen des gemv̊tes beslv́sset
da vor, der verfallet in den nidersten dingen. Wer aber vermesselich sich
100   insenket, das im von got erlȯbt ist, daz mag er nit vinden, vnd das er
funden mȯht haben, des wúrt er berȯbet. Vnser frow was als gewaltig ir
gedenke, daz sú gedaht, was sú wolt. Noch ist vil ander ding, da man an
der masse an fallet als an *sprechen*, an swigen, an essen vnd an trinken etc.
      Der dritte gebrest ist ein entwichen der ordenung. Súnd ist vsserhalb
105   ordenung, wenn got hat ir nit geordnet ze tůn. Nvn ist niemant so volkomen
noch so gar tot, er valle in gebresten teglicher súnde. *Sant* Johannes spricht:
«Wer da sprichet, das er one súnde sȳ, der ist lugenhafft vnd die warheit
ist nit in im». Nvn sind ettlich lút, die fallen in teglich súnd vnd blibet die
schuld an in nit. *Sant* Paulus *spricht*: «Ich bin mir nit wiczig, dennoch bin
110   ich nit gereht. Ich vrteil mich nit, der herre ist, der mich vrteilt». Wenn er
viel an der aller mȳnsten teglichen súnd. Aber das fúr der minne was so
gross in ime, reht als ein glůgend ofen, da man ein kleinen wassers tropffen

---

hem *Br1)* v́ber in giessende *S1, Br1*] ende hem ouer ghietende *P1, Ga;* vber sich jn sehend *x3*
99 vermesselich *S1, y (Lücke Ga1)*] vmb zeitlich ding *x3*   100 das (1) *S1, y (Lücke Ga1)*] also
das *x3*   mag *S1, N1*] enmag *Au1, y*   101 was *S1, y*] ward *x3*   103 masse *S1, y*] vnmaß *x3*
an (1) *x1*] met *y2;* voelle *Ga1*   sprechen *x3, y*] reden *S1*   an *S1, Ga1*] vnd an *x3, y2*   etc
S1, P1, Ga1, fehlt x3, Br1   104 entwichen *x1*] ontbliuen *y*   vsserhalb *S1*] auß der *x3;* buten *y2;*
buten der *Ga1*   105 hat *S1, y*] der hat *x3*   106 noch so gar tot *x1, fehlt y*   valle *S1, Br1*]
enualle *x3, P1, Ga1*   gebresten *x1*] ghebreken *y*   Sant *x3, y, fehlt S1*   107 lugenhafft *S1]*
lugenhafftig *x3;* loeghenachtich *y*   108 Nvn *x1*] Dits van daghelijcske sonden Nv *y*   die (2)
S1, Br1] doch die *x3;* nochtan die *P1, Ga1*   109 Sant *x3, y, fehlt S1*   spricht *x3, Br1*] seet *P1,
Ga1, fehlt S1*   109-110 Ich bin mir nit wiczig ... der herre ist der mich vrteilt *S1, y*] Jch vrteil
mich nicht vnd darumb pin ich nicht gerecht Aber der mich vrteilt das ist gott *x3*   109 bin mir nit
wiczig *S1*] byn on wetich *Ga1;* ben mi wettech *Br1;* en kinne my niet sculdich *P1*   111 viel an
der aller mynnsten teglichen súnd *S1*] wille *(meynt Ga1)* vanden alre minsten daghelijcste sonden
y; will pussen den aller mynsten geprechen teglicher sund *x3*   112 ime *S1, y*] Sant pauls *x3*
reht *S1, Au1, y, fehlt N1*   112-113 ein kleinen wassers tropffen ...ein kleinen wassers tropffen
verswendet *S1, y*] einen cleinen wassers tropfen verswendet *x3 (Homoioteleuton)*

99-101 «Wer aber vermesselich sich insenket»: wer „vermessen", und d.h. „maß-
los", sich versenkt, dem bleibt auch das, was sonst von Gott zugestanden wird, vorent-
halten. Die Konstruktion ist anakoluthisch, wobei das Objekt des Hauptsatzes («mag er
nit finden») proleptisch als Relativsatz vorgezogen ist.
      104-149 Der dritte Defekt besteht in einem Abweichen von der (göttlichen) Ord-
nung, d.h. im Sündigen.
      107-108 1 Io 1, 8: «Si dixerimus quoniam peccatum non habemus, ipsi nos seduci-
mus et veritas in nobis non est».
      107 Mhd. *lugenhaft*, Adj. ‚verlogen‘ ist sonst in der Form *lügenhaftic* belegt (vgl.
Lesarten-App.); die Form von *S1* läßt sich als Analogiebildung zu *klagehaft* oder *trügehaft*
mit dem Suffix *-haft* in aktivisch-modaler oder kausativ-faktitiver Funktion verstehen.
      109-110 I Cor 4, 3-4: «Nihil enim mihi conscius sum, sed non in hoc iustificatus
sum, qui autem iudicat me Dominus est».

in wúrffe. Vnd als daz fúr ein kleinen wassers tropffen verswendet, also
verswendet die volkomen *hitz der* minne die schulde der súnde. Aber vnser
15 herr vnd vnser frow entwichen nie vss der ordenung, wenn sú nie súnd
getaten. Vss disem gebresten entspringet der ander, daz ist, daz niemant die
tugend one strit gehaben mag. Wenn die wil, daz wir súnd getůn mugent, so
mǔssen wir stritten. Vss den zwein entspringet der dritte, das ist, daz niemant
volle frǒd gehaben mag wesenlich an der gerehtikeit gottes. Wen als vil vnd
20 als dike als wir tretten *auß* der gerehtikeit, also vil werden wir gepiniget in
vnser *selbs* gewissne. Dẏonisius *spricht*: *Volle* frǒde ist ein luter gewissene.
Auch sprichet *Sant* Augustinus, daz die gerehtikeit in der gotheit vnd in
der drifaltikeit vnd in allen creaturen die meiste frǒde sẏe, die in himelrich
ist. Also ist die vngerehtikeit die meiste pin, die in der helle ist. *Wan die*
25 *gerechten frewen sich gottes gerechtẏkeit vnd die vngerechten peinigen sich.*
Die reht heiss minnende sele *hat* so grosse ruw vmb ir súnd, das sú daz *wil*
vnd begert, das got niemer kein missetat an *ir* vngerochen lasse vnd frowe*t*

113 vnd als *S1*] Alsoe *y; Lücke x3*   verswendet *x1*] verswelghet *y*   114 verswendet *x*]
verswelghet *y*   hitz der *x3, y*] heisse *S1*   115 herr *S1, y2*] lieue heer *Ga1;* herr Jhesus christus
N1; lieber herr ihesus christus *Au1*   entwichen *x1*] en ontbleuen *y*   116 getaten *S1*] tåtten *x3;*
en deden *y*   disem *S1, y*] dem *x3*   gebresten *S1, Au1*] geprechen *N1, y*   117 súnd *S1, y*] die
sund *x3*   getůn *S1*] thun *x3, y*   118 zwein *S1, y2*] zwein gepresten (gebrecken *Ga1) x3, Ga1*
119 an der gerehtikeit gottes *S1, y*] das ist gottes gerechtikeit *x3*   120 auß *x3, y*] von *S1*
gerehtikeit *x1*] gherechticheit gods *y*   121 selbs *x3, y, fehlt S1*   Dẏonisius *x1*] Sinte dyonisius *y*
spricht *x3, Br1*] seet *P1, Ga1, fehlt S1*   Volle *x3, y*] vil *S1*   luter gewissene *S1*] lauter
conscientz *x3;* puer claer same wetenheit oft conciencie *P1;* clare scone wetercheit of consientie
Br1; puer claer conciencie *Ga1*   122 Auch sprichet (seit *Ga1) x3, y*] sprichet *S1*   Sant *x3, y,*
fehlt S1   123 hẏmelreich *x3, y*] dem himelrich *x3*   124-125 wan die gerechten ... die vnge-
rechten peinigen sich *x3, y, fehlt S1*   125 peinigen sich (sich etc *N1) x3*] die *(fehlt Ga1)* pijnt
sy *y*   126 reht heiss *x1, Ga1*] gherechtecheit *Br1;* gherechteghe *P1*   mynende sele hat *x3, y*]
minnenden selen hand *S1*   súnd *S1, N1*] sunde *(expung.)* missetat *Au1;* sunden ende mysdaet *Ga1;*
mesdaet *P1;* sondeghe mesdaet *Br1*   126-127 wil *(bil N1)* vnd begert *x3, y*] alle zit begeren *S1*
127 ir *x3, y*] in *S1*   frewet *x3, Ga1*] frowen *S1;* verbliden *Br1;* die gherechteghe verbliden *P1*

116-118 Daraus ergibt sich als Folge-Defekt (er wird als „zweiter" gezählt und noch
um einen dritten und vierten ergänzt): man muß um die Tugend kämpfen.
118-136 Der dritte Folge-Defekt: niemand kann «wesentlich» (*essentialiter*) voll-
kommene Freude besitzen ohne die Gerechtigkeit Gottes.
121-122 Das unidentifizierte Dionysius-Zitat findet sich z.B. auch im Traktat *Die*
drîe persône geschuofen die crêatûre von nihte: «Sant Dionysius sprichet, volliu vreude
sî ein lûter consciencie» (Pfeiffer, S. 536, 4-5).
122-124 Das unidentifizierte Augustinus-Zitat findet sich ähnlich im Traktat *Von der*
übervart der gotheit: «Her ûf sprichet sant Augustînus, daz diu gerehtikeit gotes in der
gotheit und in der drîveltikeit und in allen crêatûren diu meiste fröude sî, diu in dem
himel ist» (Pfeiffer, S. 500, 37-39).
126-132 Es ist eine Eigenschaft der heiß liebenden Seele, daß sie, erfüllt von Reue
und dem Verlangen nach Buße, Gottes strafende Gerechtigkeit sucht.

sich *mer* siner rache *den sie sich betrûbe*. Welher mensch von rehte*m grund der* minn zů der rŭwe keme also lang, als man ein aue maria gesprechen

130 moht, got vergeb im all sin súnd, *vnd nicht allein die sund, mer auch die puß*. *Allein jm gott die sůnd vergebe*, so enwil diser mensch *si* im selber niemer vergeben. *Des haben wir ein vrchund an Sant Maria* Magdalena. Da *sie vnsern herren* sůchte, da sprach Sant Peter: «Waz sůchestu? Nvn *hat* dir doch *der munt gottes* all din sůnde vergeben». Da sprach sú: «Waz ist daz?

135 Dar vmb wil ich sú mir selber niemer vergeben. Mŏht ich ewiklich ruw dar vmb han, daz wolt ich tůn». Vss den drÿen gebresten entspringet der vierde, daz ist, daz sú gottes dúrffen ze minnen. Daz komt von zweÿn puncten. *Das* ein ist, daz die schuld der minn vergolten wúrt. Wenn ist gebrest ein schuld, so bedúrffen su besserung. Doch enmúgen sú nit gebessern *den* da mit, daz

140 sú hiczlich got minnen. Wenn von vnser minn vallen wir in schulde, aber

128 mer *x3, y, fehlt S1* den sie sich *(sich ir N1)* betrube *x3, y, fehlt S1* rehtem grund der *x3, y*] rehter *S1* 129 der *x1*] desen *y* gesprechen *S1*] sprechen *x3, y* 130 sůnd *x3, y*] súnd vnd schulde *S1* 130-131 vnd nicht allein die sund mer auch die puß *x3, Ga1, Br1, fehlt S1, P1* 131 allein jm gott die sůnd vergebe *x3, y, fehlt S1* So *x3*] doch so *S1, fehlt y* diser mensch *S1*] er *x3;* si *y* 132 si *x3, y*] die súnd *S1* niemer *S1*] niet *P1, Ga1;* nÿmer mer *x3, Br1* des haben wir ein vrchund an *x3, y*] als *S1* sant maria *x3, y2*] Maria *Ga1, fehlt S1* 133 sie vnsern herren *x3, y*] die x̄pm *S1* sant peter *S1, y*] pettrus *x3* 133-134 nür dir hat doch der munt gottes *x3*] nvn sind dir doch *S1;* en heeft *(Ja enheeft Ga1)* di *(v P1)* die mont gods *y* 134 waz ist daz *S1*] was ist *x3, y2; Lücke Ga1* 135 darumb *x3, y2*] daz dar vmb *S1; Lücke Ga1* wil ich *S1*] Ic enwil *x3;* doch so enwil ich *x3* selber *S1, y, fehlt x3* niemer *S1, N1, Ga1*] nymmer mer *Au1, Br1;* niet *P1* mocht *x3, y*] vnd mŏht *S1* 136 han *S1, y*] gehaben *x3* daz wolt ich tůn *S1*] ich wolt sie haben *x3;* ick wolt doen *Ga1;* ic woudet gheerne hebben *P1;* ic wouden hebben *Br1* 137 dúrffen *S1*] bedurffen *x3;* behoeuen *y* daz *S1, y*] das das *x3* puncten *S1, y*] stucken *x3* Das *Au1, y;* daz ist *(getilgt) N1*] Der *S1* 138 daz *S1, N1, y*] das das *Au1* 138-139 wenn ist gebrest ... besserung *x1*] met beteringhen *y* 139 enmúgen *S1, y*] en mochten *x3* den *x3, y*] wen *S1* 140 hiczlich *S1, P1, Ga1*] heiligklichen *x3;* hercelike *Br1* Wenn von *S1*] wan jn *x3;* Van *y* vallen *x3, y*] so vallen *S1*

132-136 Vorbildhaftes Beispiel dieser «reht minnenden sele» ist Maria Magdalena. Wieder wird die Szene des Ostermorgens (Io 20, 11-18) angesprochen. Vgl. Hermann von Fritzlar, *Heiligenleben* zum «Sancte Marîen Magdalênen tac»: «Aber die gemeine kirche hildet, daz si nit juncvrowe wêre und daz ir unser herre vorgêbe allle ire sunde ... Alsô lêrit sanctus Gregorius: Kristus irschein ir billîchen alse ein gertener, wanne her hate daz bôse unkrût alliz ûz gerouft, dô her sprach: „dir sint vorgeben alle dîne sunde"» (Pfeiffer, I, S. 164, 17-31). Hermann bezieht sich auf Gregorius Magnus, *Homil. in Evang.*, hom. 25 in Ioh. 20, 11-18 (PL 76, Sp. 1188-1196). Unser Autor folgt einer der zahlreichen volkssprachlichen Maria Magdalenen-Legenden.
136-142 Der vierte Folge-Defekt: man braucht Gott, um zu lieben. Dies ergibt sich aus zwei Punkten: erstens muß die Minne-Schuld vergolten werden; zweitens: «daz sú daz mittel ir minne verminnen an gŏtlicher minn»; mhd. *ver-minnen*, swV. ist nicht belegt. Das Präfix *ver-* dürfte hier die vollständige Durchführung der Verbhandlung signalisieren, bis hin zur Vernichtung, also „daß sie das Hindernis ihrer Liebe zugrunde-lieben in göttlicher Liebe".

in gȯtlicher minn wúrt vertilket die schuld. Daz ander ist, daz sú daz mittel
ir minne verminnen an gȯtlicher minn. Wann als vil als vnser minn mit
gȯtlicher minne lȯffet, als vil ist die sel vermittelt, daz sú got mit siner minne
nit geminnen mag. Diser gebrest ist sach, daz vil lút got durch got minnen.
45 Wenn an siner minne verminnen sú ir minne. Daz minne verminnen ist die
meiste minn. Aber wenig ist der *lewt*, die sich selb durch got minnen. *Das
selb claget Sant* Bernhard, *do er sprach*:«Ich kam dar zȯ wol, daz ich *gott
minnete in mir vnd durch got*. Aber da zȯ kund ich nie kommen, daz ich
mich minnete in got vnd durch in».
50 Daz ist nit ein gebreste, daz ein mensch got durch got minnete, denn als vil
als er sin gȯte me minnet denn sin gerehtikeit. Wenn als vil stot der mensch
noch vff im selber vnd sȯchet sinen eigen nucz. Aber daz der mensch got
minnet durch sine gerehtikeit, da hat er eigen nucz verlorn vnd da minnet

---

141 wirt *x3, y]* so wúrt *S1*   vertilket die schuld *S1, y]* sie vergolten *x3*   142 mit *x1]* in *y*
gȯtlicher *S1, y]* gottes *x3*   144 got durch got *S1, Au1, y]* got *N1*   145 minne verminnen
x1] minne wert (t *expung.)* minne *P1;* minne wert *(unleserliches Wort)* Br1; mynnen werck *Ga1*
146 lewt *x3, y]* menschen *S1*   selb *S1, y, fehlt x3*   146 das selb claget Sant *x3, y, fehlt S1*
Bernhard *S1, y2]* Bernhardus *x3, Ga1*   do er sprach *x3]* Ende sprac *Br1;* Ende seet *P1;* spricht
S1, fehlt Ga1   148 gott *x3, y, fehlt S1*   minnete in mir vnd durch got *S1, y]* mynens myne
durch gott *x3*   kund *S1, y]* mocht *x3*   149 mich minnete in got *x1]* my mynde doer gode
Ga1; minnde gode *y2*   150 ist *S1, N1, y]* enist *Au1*   minnete *S1]* mynne *N1;* minnet *Au1, y*
Denn *S1]* dan *x3, P1, Ga1;* Ende *Br1*   151 gȯte *S1]* godheit *y;* barmhertzigkeit *x3*   denn
S1] dan *x3, y*   gerehtikeit *S1, N1, y]* barmherczigkeit *Au1*   wenn *S1]* wan *x3;* want *y*

---

143 Mhd. *vermitteln*, swV. ,sich dazwischen stellen, (be-)hindern, fernhalten von'.

144-146 Viele gelangen dazu, Gott um Gottes willen zu lieben Denn in der Liebe
Gottes vernichten sie ihre eigene Liebe und dieses Vernichten («verminnen») ist die
höchste Liebe.

146 Doch nur wenige gelangen dazu, sich selbst um Gottes willen zu lieben.

147-149 Vgl. Bernhard von Clairvaux, *De diligendo Deo*, 15, n. 39: «et nescio si a
quoquam hominum quartus [*sc.* gradus] in hac vita perfecte apprehenditur, ut se scilicet
diligat homo tantum propter Deum. Asserant hoc si qui experti sunt; mihi, fateor, impos-
sibile videtur.» (Leclercq/Rochais, S. 153, 4-6).

150-161 *Conclusio*: Wer Gottes Güte mehr liebt als seine Gerechtigkeit, ver-
folgt noch seinen Eigennutz. Wer aber Gott um seiner Gerechtigkeit willen liebt, hat
allen Eigennutz verloren und liebt sich selbst um Gottes willen. Dagegen Eckhart,
der sowohl Güte als auch Gerechtigkeit als „Kleid" Gottes definiert, das sein bloßes
Wesen umhüllt: vgl. Pr. 40: «Daz dritte ist, daz er got niht nemen ensol, als er guot oder
gereht ist, sunder er sol in nemen in der lûtern, blôzen substancie, dâ er sich selben blôz
nemende ist. Wan güete und gerehticheit ist ein kleit gotes, wan ez bekleidet in» (DW II,
S. 274,1-4).

154-155 «Wenn da tȯt er vnd begert vnd wil im selber als wenig als da er nit enwas».
Diese Formulierung steht Eckharts Armutsdefinition nahe: «Alsô sprechen wir: sol der
mensche arm sîn von willen, sô muoz er als lützel wellen und begern, als er wolte und
begerte, dô er niht enwas» (Pr. 52; DW II, S. 494, 1-3). „Gottes Gerechtigkeit lieben"

er sich durch got. Wenn da tůt er vnd begert vnd wil im selber als wenig als
155   da er nit enwas. In diser minne wúrt die sel das *selbe*, daz si minnet. Das
werden der minne ist nach der einigung nach dem glichen sin oder wesen
vnd nach der einigung nach dem werdene das selbe das sú minnet. *Sant
Dÿonisius sprach*: Die minne gestattet des nit, daz got v́t v́berblibe, die sele
werde es alzemol. Aber daz geschiht von gnaden. Augustinus *[sprect]*: Ich
160   minne vnd minne vnd wil niemer vff gehŏren, *ee* ich alzemol minne werd.

Dis bůchli git vil vnderscheides, wie man in dem geist wandelen sol vnd
in der nature.

154 sich *S1, y]* sich selber *x3*   wenn *S1]* wan *x3;* Want *y*   wil im *S1, y]* wil er sich *x3*
155 wirt *x3, y]* so wúrt *S1*   selbe *x3, y, fehlt S1*   156 einigung *S1]* eÿnunge *x3;* eninghen *P1;*
verenyngin *Ga1, Br1*   dem glichen ... nach der einigung nach *S1, y, fehlt x3 (Homoioteleuton)*
sijn *Ga1]* sijnde *Br1;* sinnen *P1;* sind *S1*   157 werdene *S1, Au1, y]* werden wirtz *(am Rand
nachgetr.) N1*   Sant (Sant St das *[St das expung.] N1) x3, y, fehlt S1*   158 sprach *N1, Br1]*
spricht *Au1;* seet *P1, Ga1, fehlt S1*   gestattet *S1]* gestat *N1;* engestat *Au1, y*   159 werde es
S1, Ga1] enwert es *Au1;* enwert *N1;* ende wert *y2*   alzemol *S1, Au1, y]* all zemoll got *(am
Rand nachgetr.) N1*   159 Sinte augustijn sprect *(seit Ga1) y]* Augustinus *S1;* Angesprochen *x3*
160 ee *x3, y]* bis daz *S1*   werde *x3, y]* werd amen *S1*   161-162 Dis bůchli ... vnd in der
nature *S1]* Hie endet sich das puch der geistlichen ubung daz vill vntscheidens gibt wie man jn
dem geistlichen schauen *(am Rand nachgetr. N1)* wandeln schulle das helf vns gott mit seinem
vngeschaffen geist vnd der vater vnd der sun vnd der heilige geist Amen *x3;* Hier indet des gheest
boeck *(bouwe Ga1)* dat *(welck ons Ga1)* veel onderscheets heeft *(gheeft Ga1)* hoemen inden gheest
wiselijc vandelen *(wanderen Ga1;* leuen *Br1)* sal *(sal ende wandelen Br1)* Dat ghewerdeghet ons
(fehlt Ga1, Br1) god te *(aen ons te Ga1, Br1)* veruullne Amen *y*

heißt also im *Geistbuch*: seinen eigenen Willen aufgeben. Damit ist unser Autor an den
Anfang seines Traktats zurückgekehrt.
155 «In diser minne wúrt die sel das selbe, daz si minnet», d.h. hier ist die Identität
mit dem göttlichen Grund erreicht.
155-157 «Das werden der minne ist nach der einigung nach dem glichen sin oder
wesen vnd nach der einigung nach dem werdene das selbe das sú minnet». Der schwer
verständliche Satz ist eine Erläuterung zum Vorausgehenden: „in dieser Liebe wird die
Seele dasselbe, das sie liebt". Grundlage ist das Augustinische Dictum «anima, qualia
amat, talis est», das auch Eckhart immer wieder heranzieht, z.B. Pr. 5a: «wir sollend mit
aller unser liebe und mit aller unser begerung do sin, als S. Augustinus spricht: waz der
mensch liebhat, daz wirt er in der liebe. sollend wir nun sprechen: hatt der mensch gott
lieb, daz er dan got werde? daz hilt, als ob es ungloub syg. die liebe, die ein mensch gibt,
do ensind nit zwey, me eyn und eynung, und in der liebe bin ich me got, dann ich in mir
selber bin» (DW I, S. 79, 10 - 80, 3).

Pommersfelden
Graf von Schönborn Schloßbibliothek
Hs. 120: LXIV

Salzburg
Universitätsbibliothek
Cod. M I 476 (Sigle: S1): XVI,
XXXII, XXXVIII, XXXIX, LXIX,
XCIX

St. Gallen
Benediktinerabtei, Bibliothek
Cod. 972a: LXXIV

Strasbourg
Bibliothèque nationale et universitaire
Ms. 2795: LXXIV

ehem. Bibliothèque de la Ville
Ms. A 98 (Kriegsverlust): LXIX

Utrecht
Universiteitsbibliotheek
Ms. 9 B 8: LXXII

Weimar
Herzogin Anna Amalia Bibliothek
Cod. Q 51: XXIX

Wien
Österreichische Nationalbibliothek
Cod. 15383: LXIX

Zürich
Zentralbibliothek
Cod. C 127: LXIX

Personenregister

Abraham, XXVI, LI, 17
Adriaen, M., CIII, 27
Alaerts, J., XXXIII, CIII
Albertus Magnus, hl., LVI, LXI, CI, CIV, 2, 7, 27
Ambrosius, hl., 63
Ampe, A., XXXI, CVI
Andreas de Zerwesth, XXX
Aristoteles, IX, LIX, LXXVI, LXXVII, CI, 8, 33, 66
Augustinus, hl., IX, XXXIV, LXX, LXXVII, LXXXIV, LXXXV, LXXXIX, XCI, CI, 6, 10-12, 21-23, 27, 32, 34, 37, 39, 44-47, 51, 53, 54, 60, 61, 65, 72, 73, 79, 82

Bach, J., XLVI, CI
Bampi, M., CIII
Baufeld, Chr., CI, 12, 45
Beccarisi, A., X, XIV, XXVIII, CI
Benecke, G. F., CI
Benz, E., CV
Bernhard von Clairvaux, hl., LIII, LXXXI, LXXXIX, CI, 2, 6, 22-24, 72, 81
Berteloot, A., XXVIII, CII
Berthold von Regensburg, 9
Besch, W., XXXII, CIV
Beuken, J. H. A., XXVIII, CI
Bihlmeyer, K., XVII, LIV, LXXIII, LXXXI, LXXXIII, XCIV, CIII, 23, 24, 53, 59, 62, 63, 69, 71
Blumrich, R., LI, LV, LXI, XCII, XCV, CIII, 25, 36
Bonaventura von Bagnoregio, hl., XCIV
Borgnet, A., LVI, CI, 27
Brandt, R., XXXI, CVII
Bray, N., X

Cesalli, L., XIV, XXXI, CI, CII, CVII, CIX
Christ, C., CV
Clemens V., Papst, XLIV
Colberg, K., XCVIII, CIV

David, LIX, 33
David von Augsburg, XXV, CV
De Boer, D., XI
De Vooys, C. G. N., XLIV, CII
Decker, B., CV
Dietrich von Freiberg, XXVIII, LXI
Dionysius Areopagita, Ps., XV, XXI, XXX, XLI, LVIII, LIX, LXIII, LXIX, LXXIII, LXXVII, LXXXII, CII, CVI, 2, 30, 31, 34, 42, 43, 49, 52, 54, 55, 59, 64, 65, 79

Ebbinge Wubben, C. H., CVIII
Eckhart, VII, VIII, X, XIII, XIV, XVI-XIX, XXI-XXVI, XXVIII, XXIX, XXXI, XXXIX, XLIII, XLIV, XLVI-XLVIII, LV, LVII, LIX, LXI-LXIV, LXVI, LXVII, LXIX-LXXV, LXXVII, LXXX-LXXXVII, LXXXIX-XCIII, XCV-XCVII, C-CIX, 1, 2, 4-10, 12-16, 23-28, 30-32, 34-39, 42-46, 48-70, 72-76, 81, 82
Eckhart Rube, LXVI, 77
Egerding, M., CII, 24
Eichler, W., XXXI, XXXIII, CII
Eifler, M., XXIX, XXX, CII
Engelhart von Ebrach, Ps., LV, CII, 24
Eroms, H.-W., CVI
Evans, E., CI, 21

Ferrari, F., CIII
Filthaut, E., LXXI, CVI
Fischer, H., CV
Fleith, B., XXXI, XXXVIII, CV, CIX
Fournier, G., XXI, CV
Franz von Assisi, hl., X, LXXXVIII

Gartner, Jörg, XVI, XVII, XXXVII-XL
Gärtner, K., CII
Germann, N., XIV, XXXI, CI, CII, CVII, CIX
Geyer, B., CV
Giselher von Slatheim, LVII

Wörter- und Namenverzeichnis

Das Wörterverzeichnis bezieht sich auf den Wortschatz des edierten Textes. Aufgenommen wurden Substantive, Adjektive, Adverbien, Numeralia und Verben, mit Ausnahme der Modal- und Hilfsverben sowie des Verbums *tun*, und die im Text vorkommenden Personennamen. Die Lemmatisierung orientiert sich an K. Gärtner u. a., *Findebuch zum mittelhochdeutschen Wortschatz* und B. Hennig, *Kleines Mittelhochdeutsches Wörterbuch*. Lemmata, die sich nicht in diesen beiden Wörterbüchern nachweisen lassen, wurden mit * gekennzeichnet und ihnen ist eine nhd. Übersetzung beigegeben. Ansonsten beschränken sich die Angaben auf die üblichen grammatischen Bestimmungen, sowie Seite und Zeile des Vorkommens im Text. Erscheint ein Lemma zweimal oder öfter in einer Zeile, wird dies nicht besonders vermerkt. Reicht ein Lemma über zwei Textzeilen, so wird nur die erste Zeile angegeben. Die wenigen mndl. Stellen im edierten Text wurden in derselben Weise behandelt. Gibt es für ein mndl. Lemma eine mhd. Entsprechung, so wurde es unter dem mhd. Pendant verbucht. Fehlt eine mhd. Entsprechung, so wird das mndl. Lemma nach J. Verdam, *Middelnederlandsch Handwoordenboek* in das Wörterverzeichnis aufgenommen, durch Kursivdruck markiert und mit einer nhd. Übersetzung versehen.

abegescheiden *part. Adj.* 3, 27
abekêr *stM.* 14, 156
abe legen *swV.* 54, 39
abe nemen *stV.* 19, 26
abenemen *stN.* 38, 182; 54, 38
Abraham *PN.* 17, 186
adel *stMN.* 6, 71; 7, 77
ahte *stF.* 71, 26
ahten *swV.* 29, 93; 32, 119; 37, 180; 67, 29
al *Adj.* 9, 98; 19, 21; 20, 29; 22, 29; 23, 32; 23, 35; 24, 40; 25, 54; 30, 105; 34, 149; 35, 159; 35, 161; 37, 171; 37, 172; 37, 173; 38, 190; 39, 193; 39, 197; 39, 201; 40, 207; 40, 209; 45, 255; 46, 263
Albreht (Albertus Magnus) *PN.* 27, 77
aleine *Adv.* 33, 137; 34, 147; 34, 148; 37, 177; 39, 199; 45, 254
allerbest *Adj.* 37, 176
allerêrst *Adv.* 55, 41
allerglîchest *Adj.* 1, 9; 16, 182
allergrœste *Adj.* 29, 93
allerhœhste *Adj.* 19, 19
allermeiste *Adv.* 15, 174; 38, 186; 46, 268; 50, 4
allerminnest *Adj.* 78, 111

alles *Adv.* 50, 7
almuosen *stN.* 63, 6
ambahte *stN.* 35, 150; 35, 151; 35, 152; 35, 156; 57, 58; 57, 61
andâht *stF.* 63, 12
ander *Num.* 5, 51; 12, 147; 17, 187; 17, 188; 17, 194; 19, 18; 21, 1; 21, 5; 26, 60; 28, 86; 29, 88; 32, 120; 33, 141; 33, 142; 34, 147; 37, 177; 40, 210; 41, 223; 44, 245; 45, 262; 48, 19; 57, 56; 67, 24; 71, 29; 75, 67; 75, 68; 79, 116; 81, 141
anderer *subst. Pron.* 42, 227
anders *Adv.* 65, 8
anderwerf Adv.: zum zweiten Mal 33, 135
ane bringen *V.* 18, 4
anegenge *stN.* 10, 120
ane heben *stV.* 22, 20; 22, 21
ane nemen *stV.* 57, 58; 61, 84
anenemen *stN.* 57, 56
ane trîben *stV.* 8, 90
ane tuon *an. V.* 18, 4
ane vallen *stV.* 78, 103
ane vehten *stV.* 18, 6
apgot *stMN.* 47, 275
apgrunt *stM.* 21, 3

arbeit *stFN*. 45, 256; 63, 4; 71, 20; 71,
   26; 71, 29; 71, 32
arbeiten *swV*. 77, 85; 77, 85
Aristoteles *PN*. 33, 143; 34, 144
arm *Adj*. 22, 24
armuot *stF*. 37, 178; 61, 85
art *stF*. 9, 101; 68, 2; 69, 7
arten *swV*. 69, 7
Ave Marîâ *lat*. 80, 129
Augustînus *PN*. 1, 6; 3, 25; 7, 75; 7, 81;
   10, 119; 14, 160; 22, 20; 32, 122; 33,
   133; 37, 175; 39, 200; 44, 246; 45,
   251; 46, 267; 46, 274; 51, 19; 53, 34;
   72, 38; 72, 40; 79, 122; 82, 159

bedecken *swV. refl*. 36, 169
bedenken *swV*. 21, 6; 21, 10; 22, 23; 22,
   24; 22, 26
bediedinge F.: Erklärung,
   Auslegung 35, 164
bediuten *swV*. 34, 144; 73, 46
bedurfen *an. V*. 9, 96; 9, 97; 52, 23; 71,
   21; 30, 105; 71, 33; 80, 139
begern *swV*. 32, 127; 33, 129; 39, 198;
   39, 200; 79, 127; 82, 154
begerunge *stF*. 3, 28; 22, 28; 58, 68
begin *stMN*. 19, 19; 27, 75
beginnære *stM*. 17, 193; 18, 1; 21, 1
beginnen *stswV*. 18, 1; 18, 2; 18, 6; 19,
   15; 19, 18; 20, 29
begirde *stF*. 17, 188; 63, 11
begrif *stM*. 56, 52; 56, 53; 56, 54; 57,
   55; 61, 85
begrîfen *stV*. 7, 77; 23, 37; 35, 162; 42,
   228; 43, 237; 46, 263; 46, 269; 50, 6;
   50, 9; 56, 48; 56, 50; 56, 51; 56, 52;
   56, 53; 56, 54; 57, 55; 61, 82; 68, 2;
   70, 16; 70, 17; 76, 82
begrîfen *stN*. 64, 2
begrîfende *part. Adj*. 56, 52; 56, 54
behagen *swV*. 39, 200; 44, 244; 45, 252
behagunge *stF*. 15, 175; 39, 199; 41,
   214; 41, 218
behalten *stV*. 1, 3; 11, 127; 19, 24; 19,
   25; 41, 217; 45, 260; 68, 6; 71, 31
behegelich *Adj*. 5, 51; 5, 52; 5, 58; 6,
   70; 10, 115
beheglîche *Adv*. 41, 219
behegelicheit *stF*. 12, 140
behügen *swV*. 41, 221

beide *Num*. 21, 1
bekantnisse *stN*. 2, 14; 10, 118; 11, 124;
   25, 46; 25, 46; 28, 86; 29, 89; 29, 91;
   32, 118; 32, 119; 33, 143; 44, 249;
   45, 250; 46, 267; 48, 19; 50, 5; 50, 10
bekennen *swV*. 2, 15; 3, 32; 3, 36; 4, 37;
   21, 3; 29, 87; 31, 109; 35, 150; 35,
   151; 35, 152; 37, 173; 37, 178; 37,
   179; 38, 182; 39, 195; 39, 196; 39,
   197; 40, 207; 40, 211; 40, 212; 40,
   213; 43, 231; 43, 232; 46, 271; 47, 2;
   48, 8; 50, 13; 50, 4; 51, 17; 53, 33;
   54, 37; 54, 39; 55, 45; 56, 50; 56, 51;
   56, 52; 59, 76; 60, 80; 61, 83; 74, 53;
   76, 81
bekennen *swV. refl*. 41, 215; 47, 7
bekenner *stM*. 33, 141
bekentlich *Adj*. 43, 233
bekorunge *stF*. 32, 125; 45, 255; 73, 50
belîben *stV*. 10, 121; 12, 144; 13, 153;
   15, 167; 15, 171; 15, 176; 16, 180;
   23, 36; 33, 132; 33, 141; 40, 213; 43,
   236; 52, 24; 75, 71; 76, 73; 76, 74;
   76, 78; 77, 88; 77, 88; 77, 89; 77, 94;
   78, 108
belîben *stN*. 29, 98
belîbende *part. Adj*. 15, 169; 15, 175;
   16, 179
benemen *stV*. 20, 31; 57, 55; 73, 47
benemen *stV. refl*. 32, 122; 32, 123
benüegen *swV. refl*. 33, 132
berouben *swV*. 78, 101
bereite *Adj*. 58, 64; 58, 66; 58, 69
bereiten *swV*. 63, 11
bereitunge *stF*. 63, 10
Bernhart (Bernhardus) *PN*. 30, 100; 32,
   125; 57, 63; 71, 27; 81, 147
*berüeft part. Adj.: berufen (lat.
   vocatus) 18, 11
berüeren *swV*. 68, 4
*berüerlich Adj.: beeindruckbar,
   erregbar 30, 103
beschehen *stV*. 18, 5; 19, 26; 42, 226
bescheiden *part. Adj*. 27, 75
bescheidenheit *stF*. 27, 74
beschœnunge *stF*. 21, 8
besitzen *stV*. 26, 67; 40, 207; 68, 5; 69, 7
besliezen *stV*. 78, 98
beslozzen *part. Adj*. 64, 4
bestân *an. V*. 18, 5; 19, 24

eigenschaft *stF.* 16, 180; 16, 184; 56, 51;
   56, 54; 57, 55; 61, 84; 68, 3; 68, 4
eigentuom *stMN.* 16, 180; 16, 183
eigenwille *swM.* 6, 69; 12, 140
eigenwillec *Adj.* 30, 102
ein *Num.* 2, 13; 2, 22; 3, 29; 4, 42; 23,
   36; 24, 44; 24, 45; 30, 105; 33, 137;
   38, 184; 44, 241; 44, 242
einecheit *stF.* 72, 37
einegen *swV.* 3, 23; 61, 83; 70, 12; 70,
   14; 72, 36; 72, 38; 74, 62; 74, 63
einegen *swV. refl.* 7, 75; 16, 184; 38,
   186; 60, 78; 60, 79
eingeborn *part. Adj.* 68, 34; 68, 35
einigunge *stF.* 82, 156; 82, 157
*einsinnec *Adj.: eigensinnig* 30, 103
einunge *stF.* 2, 15; 2, 22; 6, 71; 9, 100;
   12, 144; 12, 147; 19, 19; 20, 32; 20,
   33; 20, 34; 38, 182; 44, 243; 45, 250;
   48, 11; 60, 81; 61, 86; 69, 10; 73, 47;
   74, 56; 74, 62; 75, 66
einvaltec *Adj.* 4, 48; 5, 50; 16, 181; 23,
   36; 25, 50; 25, 52; 38, 187; 38, 188;
   38, 190; 38, 191
einvaltecheit *stF.* 4, 49; 36, 168; 50, 12
enbrennen *swV.* 22, 28
ende *stMN.* 10, 115; 10, 121; 19, 25; 29,
   95; 39, 197; 49, 21
enden *swV.* 40, 213; 77, 94
enge *Adj.* 31, 110
engel *stM.* 13, 150
enphâhen *stV.* 19, 20; 38, 185; 42, 229;
   52, 22; 52, 24; 55, 41; 63, 10; 64, 2;
   66, 14; 66, 16; 68, 33; 68, 4; 71, 22;
   74, 58
entgeisten *swV. refl.* 52, 32
entgeisten *stN.* 69, 7; 69, 9; 69, 10
*entgeister *stM.: Entgeister,* d.h. *der sich*
   von Gott denken und lieben läßt 71,
   34
enthalt *stM.* 44, 247
enthalten *stV.* 3, 28; 12, 138; 12, 141;
   14, 163; 14, 164; 15, 166
enthalten *stV. refl.* 44, 247; 59, 77; 60,
   79
enthalten *stN.* 9, 99
entschuldigunge *stF.* 21, 7
entsliezen *stV.* 46, 263
entspringen *stV.* 48, 19; 49, 20; 66, 17;
   79, 116; 79, 118; 80, 136

entwîchen *stV.* 79, 115
entwîchen *stN.* 78, 104
erbieten *stV.* 17, 191
erbietunge *stF.* 12, 142
erde *swF.* 4, 41; 4, 44; 4, 46
êre *stF.* 2, 20; 17, 189; 17, 190; 20, 28;
   40, 205; 57, 59
êren *swV.* 17, 189; 17, 190; 17, 192; 20,
   27
ergerunge *stF.* 21, 3
erhaben *part. Adj.* 2, 21; 6, 72
erheben *stV.* 2, 19; 2, 20; 2, 21; 5, 53; 6,
   72; 70, 15
erheben *stV. refl.* 6, 64; 31, 112; 76, 74;
   76, 76
erkennen *swV.* 1, 8; 21, 12; 31, 114; 34,
   145
erleschen *swV.* 77, 83; 77, 86
erliuhten *swV.* 3, 31; 24, 43; 32, 119
erliuhtet *part. Adj.* 3, 32; 20, 38
erliuhtunge *stF.* 38, 185; 50, 8
erlouben *swV.* 5, 54; 78, 100
erloubet *part. Adj.* 5, 53
ernest *stM.* 22, 18; 22, 19
êrst *Num.* 5, 51; 6, 67; 7, 77; 12, 147;
   17, 188; 17, 193; 18, 1; 21, 2; 26, 59;
   32, 117; 39, 193; 43, 231; 43, 232;
   44, 249; 48, 18; 56, 47; 66, 22; 67,
   27; 74, 57
ervarn *stV.* 23, 35
*ervarunge *stF.: Erforschung* 23, 34
ervolgen *swV.* 34, 149; 35, 155; 35, 163
ervüllen *swV.* 1, 8; 38, 191
ervüllunge *stF.* 68, 36
erwahsen *part. Adj.* 31, 113
erweln *swV.* 10, 116; 10, 117; 11, 136;
   18, 11; 19, 12
erwelte *sw. Subst.* 12, 137; 37, 174
erwerben *stV.* 12, 146
êwangelium *lat.* 2, 10; 52, 26
êwic *Adj.* 7, 76; 7, 79; 7, 81; 14, 156;
   14, 157; 39, 198; 39, 201; 39, 202;
   72, 38; 72, 39; 72, 40
êwicheit *stF.* 10, 118; 11, 124
êwiclich *Adj.* 10, 117; 11, 124;
êwiclîche *Adv.* 5, 55; 10, 116; 11, 122;
   11, 123; 11, 126; 11, 128; 80, 135
ezzen *stN.* 78, 103

gâbe *stswF.* 12, 142; 20, 27; 22, 24; 22,

25; 22, 27; 33, 128; 42, 229; 67, 29;
74, 57; 74, 58

gân, gên *an. V.* 2, 14; 21, 2; 47, 7; 77,
90

geben *stV.* 2, 20; 4, 40; 7, 79; 12, 145;
22, 19; 22, 24; 35, 162; 37, 174; 52,
28; 52, 29; 66, 20; 68, 34; 72, 41; 82,
161

geben *stN.* 63, 6

geber *stM.* 22, 23

gebern *stV.* 42, 224; 43, 238; 44, 241

gebern *stV. refl.* 40, 208; 42, 225

gebet *stN.* 46, 265

gebezzeren *swV.* 80, 139

gebieten *stV.* 15, 173; 15, 177; 22, 15

gebildet *part. Adj.* 29, 97; 52, 32

gebot *stN.* 5, 60; 15, 174

gebreche *swM.* 29, 96; 32, 124; 33, 128;
74, 57

gebrest *swM.* 21, 6; 29, 97; 32, 120; 32,
117; 32, 126; 33, 130; 44, 249; 45,
262; 46, 271; 48, 18; 68, 35; 74, 61;
75, 65; 75, 68; 75, 69; 78, 104; 78,
106; 79, 116; 80, 136; 80, 138; 81,
144; 81, 150

gebrûchen *swV.* 5, 55; 39, 199; 39, 201;
39, 202; 40, 203; 40, 204; 40, 206;
61, 84; 62, 4; 67, 25

gebrûchen *stN.* 25, 48

geburt *stF.* 10, 110; 41, 219; 44, 245

gedanc *stM.* 67, 30; 77, 96; 78, 102

gedenken *swV.* 78, 102; 77, 96; 45, 256;
45, 258

gedenken *stN.* 45, 261

geformet *part. Adj.* 29, 95; 31, 113

gegenwurticheit *stF.* 59, 74; 66, 17

gehindern *swV.* 58, 65; 58, 67

gehœren *swV.* 38, 186; 47, 2; 62, 3

gehôrsam *Adj.* 1, 4

gehügede *stF.* 70, 11

gehügen *swV.* 41, 221; 44, 245

gehugnisse *stN.* 76, 75

geist *stM.* 7, 74; 7, 75; 7, 78; 8, 87; 3,
33; 3, 34; 3, 34; 16, 185; 17, 189; 26,
60; 26, 63; 26, 66; 26, 67; 27, 69;
27, 69; 30, 105; 33, 133; 33, 134; 33,
135; 35, 160; 36, 170; 36, 168; 40,
205; 40, 207; 44, 241; 44, 242; 45,
259; 45, 259; 55, 42; 60, 80; 61, 85;
62, 4; 62, 6; 64, 1; 65, 9; 66, 14; 66,

16; 66, 19; 66, 19; 66, 20; 68, 1; 68,
2; 68, 4; 68, 6; 69, 9; 70, 16; 70, 17;
70, 17; 76, 72; 76, 81; 77, 83; 77, 86;
82, 161

*geistbuoch *stN.: Geistbuch* 1, 1

geisten *swV.* 64, 1; 68, 1; 69, 7

geisten *stN.* 65, 9

*geister *stM.: Geister*, d.h. *der Gott denkt
und liebt* 71, 34

geistlich *Adj.* 12, 138; 17, 189; 18, 4;
22, 27; 23, 33; 24, 44; 32, 120; 32,
124; 32, 125; 32, 127; 33, 133; 36,
165; 41, 220; 42, 229; 45, 262; 46,
266; 46, 273; 46, 274; 64, 1; 65, 10;
65, 12; 68, 31; 76, 82; 77, 87

geistlîcheit *stF.* 68, 1

geistunge *stF.* 49, 21; 51, 20

geladen *part. Adj.* 12, 139

gelâzen *stV. refl.* 74, 52

gelâzen *part. Adj.* 73, 50

(ge)lêren *swV.* 26, 61; 35, 153; 35, 160;
52, 26

gelêret *part. Adj.* 35, 153; 35, 156

gelîch *Adj.* 2, 16; 16, 182; 22, 27; 22,
29; 66, 14; 82, 156

- *subst. Adj.* 27, 73; 35, 155

gelîche *Adv.* 48, 17; 76, 79

gelîcheit *stF.* 9, 100; 71, 22

gelîchen *swV.* 65, 10; 65, 12

gelîchen *swV. refl.* 13, 149; 27, 81; 30,
100; 42, 224; 42, 225; 59, 77

gelîchnisse *stN.* 36, 169; 43, 234; 61, 84

gelîchunge *stF.* 13, 149; 66, 18

geloube *swM.* 37, 171; 38, 188; 38, 190

gemach *stMN.* 40, 204

gemeine *Adj.* 9, 102; 9, 103; 10, 106;
25, 52; 25, 53; 37, 172; 61, 86

gemeine *subst. Adj.* 64, 2; 64, 4

gemeinen *swV.* 11, 127

gemeinlich *Adj.* 9, 98

gemeinlîche *Adv.* 10, 106

gemenget *part. Adj.* 39, 193; 39, 194;
40, 210; 47, 1

geminnen *swV.* 2, 15; 81, 144

gemüete *stN.* 33, 139; 48, 13; 68, 5; 69,
7; 70, 11; 76, 78; 77, 95; 78, 98

genâde *stswF.* 3, 32; 12, 139; 12, 142;
12, 146; 18, 7; 18, 8; 19, 18; 19, 19;
19, 21; 19, 21; 19, 23; 19, 26; 20, 35;
23, 38; 25, 57; 27, 78; 34, 145; 34,

148; 34, 148; 35, 159; 35, 162; 35,
162; 36, 166; 37, 171; 37, 177; 38,
184; 38, 187; 40, 210; 41, 214; 41,
215; 41, 216; 41, 219; 47, 1; 48, 11;
82, 159

*genâdenlieht *stN.: Gnadenlicht* 31,
108; 39, 195

geneiget *part. Adj.* 47, 278; 47, 281;
63, 11

genemen *stV.* 52, 29

geniez *stM.* 15, 175

genüegde *stF.* 15, 170; 39, 202; 40, 203;
47, 276; 47, 280

genüegen *swV.* 29, 97

geordenet *part. Adj.* 63, 12

gereht *Adj.* 5, 59; 78, 110

gerehte *swM.* 79, 125

gerehtecheit *stF.* 62, 8; 79, 119; 79, 120;
79, 122; 79, 125; 81, 151; 81, 153

*gesamentheit *stF.: Sammlung,
Einheit* 48, 13

gescheffede *stFN.* 20, 27

geschefnisse *stN.* 9, 97

geschehen *stV.* 26, 67; 27, 74; 82, 159

geschrift *stF.* 26, 58; 35, 153; 36, 165

gesehen *stV.* 71, 27

geselleschaft *stF.* 2, 17

gesellich *Adj.* 2, 17

gesetzet *part. Adj.* 30, 102

gesippe *Adj.* 46, 270; 48, 10

*gesluten *stV.: schließen 16, 183*

gespitzet *part. Adj.* 19, 14

gesprechen *stV.* 25, 54; 26, 66; 54, 36;
54, 39; 80, 129

gestân *an. V.* 18, 11

gestaten *swV.* 5, 57; 82, 158

geswîgen *stV.* 30, 107; 53, 34

geteilet *part. Adj.* 5, 50

getwanc *stMN.* 26, 64

geüeben *swV.* 5, 54

geüeben *swV. refl.* 24, 41

geüebet *part. Adj.* 27, 79

gevallen *stV.* 45, 253; 75, 65

gevliezen *stV.* 31, 109

gevüelen *swV.* 37, 179; 37, 181

gevüelen *swV. refl.* 37, 180; 59, 73

gevüelen *stN.* 37, 179; 59, 70; 59, 71

gewalt *stM.* 5, 61; 6, 67; 8, 90

gewaltec *Adj.* 78, 101

gewant *stN.* 18, 4

gewâre *Adj.* 2, 12; 3, 35; 44, 243; 63, 3

gewerbe *stN.* 65, 10

gewinnen *stV.* 3, 26; 35, 158; 35, 163;
37, 172

gewisheit *stF.* 19, 16

gewizzen *stF.* 11, 134; 33, 138; 76, 80;
79, 121

gewonheit *stF.* 18, 2; 18, 9; 19, 17

gewonlich *Adj.* 35, 157

gewürken *swV.* 26, 62; 32, 122; 71, 28

geziuge *stN.* 8, 93; 9, 98

gezouwe *stN.* 6, 73; 8, 93; 10, 111; 10,
113

gîtecheit *stF.* 32, 120; 32, 124; 40, 209;
45, 262; 46, 266

glasevenster *stN.* 43, 234

glüejende *part. Adj.* 78, 112

got *stM.* 1, 5; 1, 7; 2, 19; 2, 20; 3, 24;
3, 26; 3, 29; 4, 37; 4, 39; 4, 40; 4,
43; 4, 44; 4, 47; 4, 49; 5, 53; 5, 54;
5, 57; 5, 60; 5, 61; 5, 62; 6, 63; 6,
65; 6, 68; 6, 70; 6, 72; 6, 73; 7, 74;
7, 75; 7, 78; 7, 80; 7, 85; 8, 88; 8,
91; 8, 95; 9, 99; 9, 105; 10, 106; 10,
108; 10, 112; 10, 116; 10, 119; 11,
122; 11, 126; 11, 128; 11, 131; 11,
133; 11, 134; 12, 137; 12, 139; 12,
141; 12, 144; 12, 145; 12, 147; 13,
152; 13, 153; 13, 154; 14, 155; 14,
156; 14, 157; 14, 158; 14, 163; 15,
173; 16, 182; 17, 190; 18, 10; 19,
16; 21, 5; 21, 12; 23, 38; 25, 54; 25,
55; 26, 64; 29, 90; 29, 99; 33, 137;
33, 138; 35, 164; 37, 178; 37, 179;
37, 180; 37, 181; 38, 183; 38, 186;
39, 196; 39, 200; 41, 215; 41, 219;
41, 221; 41, 222; 42, 224; 42, 225;
42, 226; 43, 230; 43, 232; 43, 233;
43, 237; 44, 241; 44, 242; 44, 247;
45, 258; 45, 261; 46, 269; 47, 281;
48, 9; 48, 10; 48, 12; 49, 2; 50, 6;
50, 9; 50, 13; 51, 15; 51, 16; 51, 18;
51, 19; 52, 31; 54, 35; 54, 39; 54,
40; 55, 43; 57, 58; 57, 59; 57, 60;
57, 61; 58, 64; 58, 66; 58, 69; 59,
73; 59, 74; 61, 87; 62, 1; 62, 7; 64,
1; 64, 3; 64, 17; 64, 18; 65, 6; 65,
7; 66, 17; 66, 19; 66, 20; 67, 23; 67,
26; 67, 28; 68, 2; 68, 6; 68, 33; 69,
7; 69, 8; 70, 11; 70, 13; 70, 16; 70,

17; 70, 19; 71, 27; 72, 36; 72, 42;
74, 52; 74, 53; 74, 54; 74, 63; 74,
64; 78, 100; 78, 105; 79, 119; 79,
125; 79, 127; 80, 130; 80, 131; 80,
134; 80, 137; 80, 140; 81, 143; 81,
144; 81, 146; 81, 147; 81, 148; 81,
149; 81, 150; 81, 150; 81, 152; 82,
154; 82, 158
goteheit *stF.* 79, 122
götelich *Adj.* 1, 4; 3, 35; 13, 154; 20, 35;
22, 27; 40, 205; 42, 229; 50, 4; 50, 5;
59, 77; 61, 82; 62, 4; 65, 10; 70, 18;
71, 22; 71, 32; 74, 56; 74, 57; 76, 82;
77, 97; 81, 141; 81, 142; 81, 143
gotelîcheit *stF.* 68, 1; 71, 23
*gotwerdende *part. Adj.: Gott
werdend* 60, 81
Grêgôrius *PN.* 3, 28; 50, 12; 75, 70
grôz *Adj.* 3, 27; 3, 28; 3, 30; 17, 190; 21,
4; 21, 7; 21, 8; 21, 12; 21, 13; 22, 20;
22, 21; 25, 47; 25, 48; 27, 72; 29, 96;
31, 110; 35, 157; 36, 165; 47, 276;
47, 277; 47, 278; 58, 68; 73, 50; 74,
54; 77, 91; 78, 112; 79, 126
grôzlîche *Adv.* 17, 192
grunt *stM.* 19, 22; 80, 128
güete *stF.* 81, 151
guot *Adj.* 4, 39; 7, 79; 7, 85; 10, 107; 10,
113; 15, 176; 18, 3; 33, 131: 33, 136;
35, 154; 41, 220; 46, 273; 49, 22; 49,
23; 49, 24; 63, 5; 68, 34
guot *stN.* 4, 37; 4, 38; 13, 148; 13, 149;
22, 29; 23, 32; 37, 173; 45, 256; 71,
21; 71, 32
guotdunken *stN.* 12, 140
guote *swM.* 12, 145; 17, 190; 37, 173;
guotheit *stF.* 30, 102

haften *swV.* 62, 7
halten *stV.* 2, 17; 15, 174; 62, 8
halten *stV. refl.* 43, 235; 43, 236
hant *stF.* 17, 193
*hantleitunge *stF.: Anleitung* 35, 151;
35, 154
haz *stM.* 25, 47
heidenisch *Adj.* 43, 231; 47, 279
heilec *Adj.* 8, 87; 26, 58; 26, 60; 26, 63;
26, 66; 27, 69; 35, 159; 62, 1; 62, 2;
63, 3; 63, 4; 63, 5; 63, 6; 63, 7; 63, 8;
63, 9; 64, 1; 64, 15

heilige *swM.* 35, 159; 45, 254; 64, 13
heiligen *swV.* 62, 2; 63, 3; 63, 4; 63, 8;
63, 10
heilecheit *stF.* 27, 77; 34, 144; 64, 13;
64, 14
heimelich *Adj.* 3, 33
heize *Adv.* 79, 126
heizen *stV.* 35, 163
helfe, hilfe *stF.* 9, 96; 9, 98; 9, 105; 12,
145
helle *stF.* 11, 135; 79, 124
hellewîze *stFN.* 56, 49
hêrre *swM.* 1, 2; 2, 10; 5, 61; 6, 65; 6,
66; 14, 160; 14, 161; 17, 186; 21, 14;
22, 24; 28, 82; 38, 191; 50, 14; 68,
32; 74, 59; 78, 110; 79, 115; 80, 133
herte *Adj.* 29, 94; 29, 96
hertmüetec *Adj.* 30, 103
herze *swN.* 10, 120; 19, 13; 21, 6; 21,
7; 33, 138; 40, 209; 46, 264; 46, 265;
77, 84
himel *stM.* 4, 42; 50, 12
himelisch *Adj.* 68, 32
himelrîche *stN.* 4, 47; 7, 83; 11, 136;
79, 123
hindern *swV.* 28, 83; 29, 99; 46, 267; 46,
268; 76, 73; 76, 75; 76, 81
hindernisse *stN.* 50, 8
hitze *stF.* 79, 114
hitzec *Adj.* 63, 11
hitzeclîche *Adv.* 80, 140
hôch *Adj.* 20, 30; 20, 31; 51, 21; 57, 57;
57, 62; 57, 63; 69, 9; 71, 28
hôchvart *stF.* 32, 118; 40, 208; 40, 208;
44, 246; 44, 247; 44, 249; 45, 251
hôchvertec *Adj.* 45, 252
hoffen *swV.* 4, 39
holn *swV.* 71, 21; 71, 33
hœren *swV.* 18, 3; 35, 164; 63, 6
houbet *stN.* 2, 12
*houbetbrechen *stN.: Kopfzerbrechen,
Kopfschmerzen* 76, 77
hüeten *swV.* 24, 41
hüeten *swV. refl.* 24, 41
hütten *swV. refl.* 31, 111
Hugo von Sant Victor *PN.* 41, 216

iht *stN.* 56, 48; 56, 49
îndruc *stM.* 12, 143
în gân *an. V.* 41, 216; 47, 5

240; 62, 1; 62, 1; 62, 7; 64, 1; 64, 3;
64, 16; 65, 5; 65, 6; 66, 20; 71, 23;
72, 41
lebende *part. Adj.* 41, 223; 64, 18; 65, 7;
66, 19; 66, 20; 67, 25; 67, 26
*lebunge *stF.: Belebung* 64, 4
ledec *Adj.* 50, 9; 57, 56; 75, 68
ledeclîche *Adv.* 48, 16; 71, 26; 75, 68
ledegen *swV. refl.* 75, 69
legen *swV.* 68, 31
leit *stN.* 71, 23
leiten *swV.* 28, 85
lenge *stF.* 7, 82
lêræne *stM.* 26, 59; 52, 23
lêre *stF.* 26, 60
lêren *swV.* 15, 177; 26, 61; 26, 62; 52,
25
lernen *swV.* 21, 3; 35, 153; 35, 157
lesen *stN.* 63, 7
*lesten *swV. intr.: lasten auf* 57, 63
lezzist *Adj.* 19, 24; 29, 95; 29, 97; 32,
116; 49, 21; 77, 92
*lîben *swV. refl.: sich körperlich
angleichen* 27, 81
lîden *stV.* 5, 57; 47, 277; 47, 280; 64, 14;
64, 15; 73, 50
lîden *stN.* 2, 18; 21, 11; 64, 14
liebe *stF.* 19, 14; 29, 91; 63, 11; 66, 17;
66, 18; 71, 34; 72, 36; 72, 37; 72, 41;
72, 43; 73, 49; 74, 55; 74, 61; 75, 65
lieht *stN.* 2, 11; 12, 139; 20, 38; 23, 38;
24, 41; 24, 42; 25, 57; 31, 110; 34,
145; 34, 146; 34, 147; 34, 149; 35,
159; 37, 177; 38, 184; 38, 185; 38,
187; 38, 188; 38, 189; 38, 190; 39,
193; 40, 210; 46, 269; 46, 272; 47, 1;
47, 2; 47, 7; 48, 9; 48, 10; 48, 11; 48,
12; 48, 17; 50, 3; 50, 4; 60, 78; 60,
79; 61, 82; 61, 87; 64, 3; 65, 5; 65, 7;
66, 16; 77, 97
liep *Adj.* 3, 26; 5, 51; 5, 54; 5, 59; 6, 70;
10, 115; 44, 243
liep *stN.* 71, 23
ligen *stV.* 3, 29; 17, 189; 17, 191; 57, 63;
62, 1; 62, 7; 64, 14; 66, 18; 71, 23
lîhte *Adv.* 18, 5
lîp *stMN.* 10, 112; 44, 240; 44, 242; 62,
3; 76, 72; 76, 74
lîphaft *Adj.* 65, 11; 65, 12
listec *Adj.* 36, 167

liuhten *swV.* 61, 86; 61, 87
*liuhtunge *stF.: Lichtgebung* 65, 5
liut *stN.* 17, 191; 17, 193; 17, 194; 17,
195; 18, 3; 19, 24; 25, 56; 26, 66;
28, 82; 30, 102; 30, 104; 34, 144; 35,
153; 35, 156; 35, 163; 38, 191; 39,
198; 40, 211; 41, 219; 45, 253; 45,
256; 45, 257; 52, 32; 68, 34; 74, 56;
78, 108; 81, 144; 81, 146
loben *swV.* 68, 37
locken *swV.* 12, 143
loyca *lat.* 24, 44; 24, 45
lôn *stM.* 7, 79; 7, 81; 7, 83; 20, 35; 73,
48
lop *stMN.* 2, 19; 2, 20; 57, 59
loufen *stV.* 81, 143
lougenen *swV.* 41, 214; 41, 222; 48, 9
lougenunge *stF.* 54, 37
luft *stFM.* 9, 104
*lügenhaft *Adj.: lügnerisch, verlogen* 78,
107
lust *stM.* 3, 30; 3, 31
lûter *Adj.* 27, 77; 46, 267; 63, 12; 79,
121
lûterkeit *stF.* 7, 84
lûterlîche *Adv.* 20, 29; 47, 281; 51, 18

machen *swV.* 7, 78; 14, 155; 66, 14
machen *swV. refl.* 32, 120
mâl *stN.* 17, 187; 17, 188
man *an. M.* 20, 37
manecvaltec *Adj.* 25, 51; 38, 185; 38,
189
manecvaltecheit *stF.* 73, 48
manegerhande *Adj.* 43, 235
manegerleie *Adj.* 12, 142
Marîâ *PN.* 80, 129
Marîâ Magdalêna *PN.* 80, 132
marter *stF.* 21, 1
Marthâ *PN.* 27, 71; 27, 76; 27, 79
materie *stswF.* 6, 73; 10, 111; 14, 165;
50, 6; 70, 14
materielich *Adj.* 70, 15
Maximus *PN.* 50, 11
mâze *stF.* 9, 101; 28, 85; 75, 70; 75, 71;
77, 83; 77, 86; 77, 87; 77, 92; 78, 103
mê *subst. Adv.* 10, 109
meinen *swV.* 2, 22; 11, 135; 19, 16; 26,
62; 33, 133; 39, 202; 47, 5; 47, 6; 48,
9; 71, 28

meinunge *stF.* 4, 49; 5, 55; 62, 4; 62, 7

meist *Adj.* 81, 146

meister *stM.* 6, 73; 10, 111; 10, 112; 10, 113; 22, 25; 23, 39; 24, 40; 35, 160; 38, 188; 38, 190; 43, 231; 44, 242; 47, 279; 50, 10

menige *stF.* 7, 82; 32, 121; 46, 263

mensche *swM.* 1, 3; 1, 8; 5, 53; 5, 61; 6, 64; 6, 67; 6, 72; 7, 80; 10, 108; 10, 109; 10, 113; 10, 113; 10, 118; 11, 131; 11, 133; 11, 135; 12, 147; 14, 155; 14, 158; 15, 168; 15, 171; 15, 174; 20, 30; 20, 32; 21, 10; 21, 6; 22, 17; 22, 18; 22, 23; 22, 24; 22, 26; 23, 32; 23, 35; 24, 43; 25, 56; 26, 58; 26, 67; 26, 68; 27, 71; 27, 76; 27, 79; 27, 81; 32, 125; 33, 129; 33, 131; 33, 132; 33, 137; 35, 154; 35, 156; 37, 177; 40, 203; 42, 224; 43, 237; 43, 238; 44, 245; 44, 248; 45, 252; 45, 252; 46, 267; 46, 268; 47, 275; 47, 281; 47, 3; 47, 6; 48, 12; 48, 15; 48, 18; 49, 1; 49, 22; 52, 22; 52, 26; 52, 31; 57, 58; 57, 60; 61, 85; 62, 1; 62, 2; 62, 2; 62, 6; 62, 7; 63, 10; 63, 4; 63, 8; 64, 16; 66, 22; 67, 24; 67, 25; 67, 26; 68, 31; 68, 33; 70, 13; 71, 31; 74, 58; 76, 76; 76, 80; 76, 82; 77, 87; 77, 94; 80, 128; 80, 131; 81, 150; 81, 151; 81, 152

menschlich *Adj.* 10, 112; 14, 159; 62, 1; 62, 7

mêren *swV.* 7, 82

merken *swV.* 7, 85; 8, 95; 14, 163; 18, 1; 34, 147; 35, 164; 38, 184; 39, 193; 50, 5; 56, 47; 68, 2; 70, 19; 72, 36

messe *stF.* 63, 6

minder *Adj.* 25, 48

minder *Adv.* 51, 20

minder *subst. Adj.* 10, 109

minnære *stM.* 29, 88; 32, 117

minne *stF.* 2, 14; 3, 24; 6, 69; 6, 72; 7, 80; 7, 84; 8, 88; 19, 19; 19, 22; 19, 25; 20, 31; 25, 47; 26, 64; 29, 87; 29, 92; 29, 99; 30, 101; 32, 118; 33, 142; 39, 195; 40, 204; 40, 206; 41, 217; 41, 218; 44, 249; 45, 250; 46, 271; 48, 11; 48, 17; 49, 20; 50, 4; 50, 5; 51, 17; 51, 19; 57, 57; 57, 60; 57, 62; 57, 63; 62, 4; 63, 3; 70, 11; 71, 34;

72, 35; 72, 37; 72, 43; 72, 44; 72, 45; 73, 49; 74, 54; 74, 63; 74, 64; 75, 66; 78, 111; 79, 114; 80, 129; 80, 138; 80, 140; 81, 141; 81, 142; 81, 143; 81, 145; 81, 146; 82, 155; 82, 156; 82, 158; 82, 160

minnelôs *Adj.* 60, 81

minnen *swV.* 8, 87; 29, 87; 33, 131; 37, 174; 39, 197; 40, 212; 40, 213; 47, 275; 50, 4; 51, 18; 51, 19; 51, 20; 57, 61; 61, 83; 69, 10; 70, 17; 72, 41; 80, 137; 80, 140; 81, 144; 81, 146; 81, 148; 81, 149; 81, 150; 81, 151; 81, 153; 81, 153; 82, 155; 82, 157

minnen *stN.* 4, 47; 7, 74; 60, 81

minnende *part. Adj.* 12, 138; 79, 126

minnewerc *stN.* 29, 89; 61, 87; 72, 43

minste *subst. Adj.* 29, 92

missetât *stF.* 79, 127

*mitegebildet *part. Adj.*: gleichgeformt (lat. conformatus)* 49, 25; 50, 7

mitevolgen *stN.* 47, 277

mitewirken *stN.* 14, 160

mitewirkunge *stF.* 8, 93; 8, 94

mittel *stN.* 29, 99; 38, 182; 52, 22; 60, 81; 66, 20; 69, 10; 77, 92; 77, 93; 81, 141

mitteln *swV.* 25, 49

müezec *Adj.* 51, 15

mügelich *Adj.* 2, 16; 4, 45; 52, 22; 70, 13

mügelicheit *stF.* 13, 148; 66, 14

munt *stM.* 80, 134

murmelunge *stF.* 1, 4

nâch *Adj.* 52, 29

nâch gân *an. V.* 2, 13; 2, 14

nâchvolgen *stN.* 14, 159

næhste *swM.* 21, 12; 26, 64

name *swM.* 63, 5

natûre *stF.* 6, 71; 9, 101; 10, 110; 12, 145; 18, 2; 18, 6; 19, 17; 19, 18; 19, 20; 19, 21; 19, 22; 19, 25; 34, 147; 34, 148; 37, 171; 37, 181; 38, 186; 39, 194; 40, 210; 40, 211; 41, 218; 41, 222; 41, 223; 41, 223; 45, 260; 45, 261; 47, 1; 47, 277; 47, 278; 47, 278; 64, 15; 64, 16; 71, 29; 82, 162

- *swF.* 9, 100; 64, 17

natûren *swV. refl.* 9, 97

underscheiden *stV.* 34, 146; 64, 2

underscheit *stMN.* 3, 34; 8, 92; 31, 109; 46, 272; 47, 276; 54, 40; 55, 41; 55, 42; 72, 35; 82, 161

*underscheitlôs *Adj.: frei von Unterscheidung* 55, 41

understôz *stM.* 75, 65

underwinden *stV. refl.* 4, 38; 57, 58

underwinden *stN.* 57, 56

*ungebildet *part. Adj.: ungeformt* 53, 33

ungehôrsam *Adj.* 32, 118; 44, 249

ungelêret *part. Adj.* 35, 163

ungelîch *subst. Adj.* 16, 183

ungemach *stMN.* 40, 206

ungemeine *Adj.* 25, 52

ungenüegede *stF.* 48, 14

ungeordenet *part. Adj.* 36, 170; 46, 271

ungereht *stM.* 79, 125

ungerehtecheit *stF.* 79, 124

ungerochen *part.Adj.* 79, 127

ungeteilet *part. Adj.* 70, 11

ungevolgic *Adj.* 28, 84

ungewaltic *Adj.* 77, 96

unglîche *stF.* 3, 31

unkiusche *stF.* 33, 133

unkiuschheit *stF.* 46, 274

unledecheit *stF.* 50, 11

unmâze *stF.* 75, 71

unmüezec *Adj.* 32, 121

unmügelich *Adj.* 3, 36

unnütze *Adj.* 16, 178

unreht *Adj.* 11, 132; 19, 13

unruowe *stF.* 77, 91

unsat *Adj.* 40, 203

unschuldic *Adj.* 12, 144

untugent *stF.* 40, 209

unüberwunden *part. Adj.* 76, 78

unverbildet *part. Adj.* 70, 12

unvermanecvaltiget *part. Adj.* 16, 185

unvermenget *part. Adj.* 43, 236; 60, 79

unvermischet *part. Adj.* 17, 186

unverschuldet *part. Adj.* 33, 138

unvolkumen *Adj.* 68, 37

unvride *stM.* 46, 265

unwandelhaftic *Adj.* 14, 157

unwirdec *Adj.* 68, 36

unwirdecheit *stF.* 22, 23

unwizzende *part. Adj.* 50, 14

urkünde *stFN.* 80, 132

ursache *stF.* 10, 106; 10, 107; 10, 108; 10, 109; 10, 110; 10, 111; 10, 112; 10, 114; 11, 130; 19, 15; 20, 28

ursprunc *stM.* 52, 29; 67, 27

urteil *stFN.* 57, 59

urteilen *swV.* 30, 103; 78, 110

*ûz bekennen *swV. refl.: sich in einem auswärts gewandten Erkenntnisakt erkennen* 48, 9

ûz drücken *swV.* 26, 65

ûzen *Adv.* 23, 33; 39, 194; 40, 211; 40, 212; 43, 237; 44, 248; 76, 77

ûzenân *Adv.* 45, 252

ûzer *Adj.* 29, 93; 32, 121; 32, 126; 46, 266

ûzerlich *Adj.* 19, 26; 27, 72; 29, 98; 30, 100; 30, 106

ûzerwelt *part. Adj.* 4, 40

ûz gân *an. V.* 15, 168; 15, 169; 15, 175; 16, 179; 17, 186; 17, 187; 17, 191; 17, 192; 17, 193; 41, 216; 47, 5; 47, 6; 48, 13; 48, 15

ûz sprechen *stV.* 26, 65

ûz vliezen *stV.* 67, 27

ûzwendic *Adj.* 40, 207

ûzwendic *Adv.* 12, 143; 25, 56

ûz werfen *stV.* 49, 23

val *stM.* 13, 154; 18, 10; 19, 15; 19, 24; 20, 28; 37, 171; 75, 69; 77, 92

vallen *stV.* 36, 170; 44, 248; 74, 56; 77, 87; 78, 106; 78, 108; 78, 111; 80, 140

valsch *Adj.* 3, 31; 3, 33; 36, 168; 37, 175

varn *stV.* 74, 59

varwe *stF.* 14, 165; 43, 235; 43, 236; 70, 17

*varwesite *stswM: Färbung* 70, 18

vasten *stN.* 27, 72; 63, 6

vater *stM.* 2, 22; 7, 76; 8, 87; 8, 88; 8, 89; 10, 110; 27, 70; 44, 243; 68, 32; 68, 33; 68, 34

vaz *stN.* 64, 13

vedere *swF.* 9, 104

venjen *stN.* 63, 6

verbieten *stV.* 6, 65

verdamnen *swV.* 11, 129; 11, 131

verdamnen *stN.* 11, 130

verderren *swV.* 23, 32

vereinen *swV.* 3, 24; 4, 48; 7, 80

vereinen *swV. refl.* 2, 16; 13, 154; 20, 29; 67, 23; 70, 16

vereinen *stN.* 70, 12
vereinet *part. Adj.* 4, 44; 20, 34; 25, 49;
    74, 52
vereinigunge *stF.* 20, 30; 66, 18; 66, 19;
    66, 21; 72, 37
vereinunge *stF.* 20, 35
vereinzeln *swV.* 77, 95
vergeben *stV.* 14, 161; 14, 162; 80, 130;
    80, 131; 80, 132; 80, 134; 80, 135
*vergeisten *swV.: geistig überformen* 48,
    12
vergelten *stV.* 80, 138
vergezzen *stV.* 54, 36
verhencnisse *stN.* 5, 52; 5, 56; 6, 64; 10,
    121
verhengen *swV.* 21, 5
verhengen *stN.* 14, 156
verlâzen *part. Adj.* 19, 12
verliesen *stV.* 11, 122; 11, 123; 33, 143;
    69, 8; 81, 153
verliesen *stN.* 11, 123
verlougenen *swV.* 48, 8
vermenget *part. Adj.* 48, 19; 49, 20; 50,
    3
vermezzenlîche *Adv.* 78, 99
*verminnen *swV.: lieben bis zur*
    Vernichtung, "zugrunde-lieben" 81,
    142; 81, 145
vermittelt *part. Adj.* 81, 143
vermügen *an. V.* 13, 148; 26, 68
vernemen *stV.* 65, 9
vernunft *stF.* 11, 134; 24, 42; 45, 262;
    72, 39; 77, 97
verren *swV. refl.* 30, 101
versamenen *swV. refl.* 48, 15
verstân, verstên *an. V.* 10, 114; 24, 44;
    24, 45; 25, 53; 33, 132; 34, 149; 54,
    35; 66, 15; 66, 22
verstantnisse *stN.* 27, 78; 70, 12; 72, 39
verstummen *swV.* 67, 30
verswenden *swV.* 79, 113; 79, 114
vertîlgen *swV.* 81, 141
vertüemen *swV.* 11, 132
vertuon *an. V.* 76, 72; 76, 74; 76, 77;
    76, 78
vervallen *stV.* 78, 99
vîent *stM.* 3, 33
vier *Num.* 17, 193; 56, 47
vierde *Num.* 13, 149; 17, 194; 22, 22;
    49, 1; 59, 70; 80, 136

vihelich *Adj.* 62, 1; 62, 3
vihelîche *Adv.* 62, 2
vil *Adj., Adv.* 2, 16; 7, 80; 11, 136; 17,
    190; 17, 192; 18, 5; 18, 10; 19, 14;
    19, 24; 19, 25; 19, 26; 20, 27; 20, 28;
    21, 9; 23, 35; 26, 68; 27, 72; 27, 74;
    28, 82; 28, 86; 29, 87; 29, 88; 30,
    100; 30, 102; 32, 126; 33, 128; 33,
    130; 33, 143; 34, 144; 36, 170; 40,
    212; 41, 215; 41, 222; 42, 224; 42,
    225; 42, 225; 45, 250; 45, 251; 45,
    252; 45, 258; 45, 259; 46, 269; 46,
    270; 47, 277; 51, 20; 52, 31; 57, 60;
    57, 61; 59, 76; 64, 14; 64, 15; 64, 16;
    64, 17; 68, 6; 71, 22; 75, 70; 76, 72;
    76, 74; 76, 76; 76, 77; 76, 79; 76, 81;
    77, 87; 77, 95; 78, 102; 79, 119; 79,
    120; 81, 142; 81, 143; 81, 144; 81,
    150; 81, 151; 82, 161
villîhte *Adv.* 67, 28
vinden *stV.* 3, 29; 27, 74; 27, 77; 28, 86;
    78, 100; 78, 101
vinden *stV. refl.* 29, 94; 33, 138; 49, 24;
    49, 25; 50, 7; 74, 54
vinden *stN.* 46, 272; 47, 276
vinsternisse *stF.* 2, 11; 31, 114; 32, 115
visch *stM.* 9, 104
viur *stN.* 22, 27; 78, 111; 79, 113
vleisch stN. 40, 205; 40, 206; 62, 5
vleischlich *Adj.* 17, 188; 76, 73
vliegen *stN.* 9, 104
vlîz *stM.* 15, 176; 35, 154; 37, 172; 52,
    31
vlîzec *Adj.* 23, 33
vlîzeclîche *Adv.* 25, 56; 27, 71; 35, 156;
    35, 164
vogel *stM.* 9, 103
vol *Adj.* 3, 35; 26, 63; 28, 84; 36, 167;
    79, 119; 79, 121
volbringen *V.* 4, 42
volgen *swV.* 1, 2; 1, 3; 2, 10; 2, 13; 2,
    19; 3, 23; 12, 137; 12, 140
volkomen *part. Adj.* 5, 52; 5, 58; 17,
    194; 28, 83; 47, 2; 48, 16; 48, 18; 52,
    28; 68, 36; 78, 105; 79, 114
volkomenheit *stF.* 1, 3; 1, 7; 4, 40; 7, 83
volkomenlich *Adj.* 77, 93
volkomenlîche *Adv.* 73, 49
*volmüetikeit *stF.: Standesbewußtsein,*
    Dünkel 40, 208